互联时代
知识产权管理

HULIAN SHIDAI

ZHISHI CHANQUAN GUANLI

◎覃 波 黄君军 编著

知识产权出版社
全国百佳图书出版单位
—北京—

图书在版编目（CIP）数据

互联时代知识产权管理 / 覃波，黄君军编著. —北京：知识产权出版社，2022.12
ISBN 978-7-5130-8441-3

Ⅰ.①互… Ⅱ.①覃…②黄… Ⅲ.①企业-知识产权-管理-中国 Ⅳ.①D923.4

中国版本图书馆 CIP 数据核字（2022）第 207041 号

内容提要

本书聚焦在"互联时代"语境下企业知识产权管理工作中所面临的难点、痛点问题。概述了企业参与商业竞争时如何彰显知识产权价值；阐述了知识产权工作者在推进过程中如何克服遇到的难点问题；同时还介绍了不同类型企业专利挖掘与布局的策略，技术交底书传递的信息如何"保真"，专利申请文件质量标准化管控，以及专利审查意见答复实战等内容；阐述了企业在不同阶段知识产权工作重点，以及知识产权获取、运用、刑事合规等热点问题；最后讨论了如何选择专利服务机构、专利代理师，以及如何把控案件的质量管理等。

本书适合企业知识产权管理和运营人员阅读参考。

责任编辑：彭喜英　　　　　　　　　责任印制：孙婷婷

互联时代知识产权管理
HULIAN SHIDAI ZHISHI CHANQUAN GUANLI

覃　波　黄君军　编著

出版发行：知识产权出版社有限责任公司		网　　址：http://www.ipph.cn	
电　　话：010-82004826		http://www.laichushu.com	
社　　址：北京市海淀区气象路 50 号院		邮　　编：100081	
责编电话：010-82000860 转 8539		责编邮箱：laichushu@cnipr.com	
发行电话：010-82000860 转 8101		发行传真：010-82000893	
印　　刷：北京建宏印刷有限公司		经　　销：新华书店、各大网上书店及相关专业书店
开　　本：720mm×1000mm 1/16		印　　张：19.75	
版　　次：2022 年 12 月第 1 版		印　　次：2022 年 12 月第 1 次印刷	
字　　数：372 千字		定　　价：98.00 元	

ISBN 978-7-5130-8441-3

出版权专有　侵权必究
如有印装质量问题，本社负责调换。

推荐序

进入21世纪，虽然世界多极化与经济全球化仍在深入发展，但国际形势的不确定性也依然存在，人类面临环境保护、能源危机、粮食安全、气候变化等全球性挑战，2020年年初暴发的新冠肺炎疫情更是改变了人类长久以来习以为常的生活方式。

解决这些全球性挑战议题，固然有赖于国际社会加强合作，增强互信，更依赖科学技术的进步和发展。以当下"碳达峰、碳中和"为例，要实现经济高质量发展，能源的获取、使用、转化等各个环节自然也离不开绿色、低碳、可持续要求的重要内涵。对此，提高传统能源的利用效率、提高清洁能源使用占比都是实现"碳达峰、碳中和"目标的不同技术创新路径。同时，以往被人们认为是"微创新"代表的互联网技术，也成为我国成功应对疫情的重要手段之一，特别是以"健康码、远程办公、直播电商"为代表的大数据、互联网技术，不仅为有序恢复社会生活和人员流动提供了精细化的防控手段，也成为各类市场主体恢复经营、生产的重要手段之一。在数字经济发展的当下，新技术、新业态、新应用不断涌现，让人们加快适应了"互联网+"的便利生活方式。

回到科技创新源头，作为最重要、最活跃的创新主体，企业在提高创新投入产出比等方面相较以往有了长足进步，然而对于加强企业内部创新体系建设，优化创新成果保护和运营机制以及培养知识产权管理人才等方面，仍存在较大进步空间。虽然在宏观层面，知识产权相关法律制度发挥了保障企业研发创新的机制作用，但聚焦企业内部实操层面，能够系统、全面地介绍企业知识产权管理中专业人才队伍搭建、知识产权质量管控、知识产权事务推动、知识产权资产运用等内容的书籍并不多见，与此相关的技巧和诀窍往往以商业秘密、Know-How的形式掌握在大中型企业的管理人员手中，而这些正是广大中小企业，特别是知识产权工作刚起步企业的知识产权从业者所急需的。

覃波和黄君军所编著的《互联时代知识产权管理》一书正是直面解决知识

产权工作中所面临上述难点与痛点问题的应时之作，撰者紧抓万物互联时代下数字经济与 IP 价值之间的共生关系这一主线，以互联网、智能制造、车联网、新能源汽车、芯片设计制造等行业共同面临的知识产权前沿热点问题为抓手，选取了互联网企业和新能源汽车相关企业作为典型企业和行业代表。互联网企业作为新兴经济的代表，其创新强度和市场活跃度一直位居各行前列，而新能源汽车行业不但上下游产业链更加复杂，相关知识产权工作更具代表性，新能源汽车行业在智能化、网联化过程中与通信行业、互联网行业不断交叉融合，使这两个行业对于知识产权保护的需求存在一些共同点，包括人工智能 AI 领域知识产权保护，计算机程序类专利申请挖掘、审查、运用方面的困惑，以及共同面临的数据使用合规等一系列共性问题。

　　本书系统地介绍了企业知识产权从业者如何借助国际知识产权大环境下之"天时"、国内知识产权保护环境改善之"地利"、企业内外专家共同做好知识产权工作之"人和"因素的契机，整合多方面资源来创造、保护、用活知识产权资产。从内容上看，既有知识产权相关的政策、法条、典型司法案例解读，也包括利用数据图表对不同行业、不同企业知识产权运用特点进行实证分析与解读，此外，在如何从人性特点出发，激发企业不同人员知识产权意识与积极性以及整合公司资源等"软性"技巧方面也着墨颇多，这些都使本书的可读性大大提高。

　　本书作者毫无保留地分享了企业开展知识产权工作中所面临问题的解决之道与应对策略，这不仅为企业更好地专注于研发创新和保护知识产权成果提供了实务经验支持，也可以作为企业相关从业人员的实战指南。

中南财经政法大学知识产权研究中心主任、博士生导师
中国知识产权法学研究会副会长、湖北省法学会知识产权法学研究会会长
曹新明

自序

本书写作源于一次"非正式"学术晚宴,席间我很荣幸获赠师兄杨斌博士刚付梓的《专利权无效判定双轨制研究》一书,同时杨斌博士建议我尝试将这些年知识产权管理经验进行归纳总结。我早年在珠海一家芯片设计上市公司从事知识产权及法务管理工作,随后陆续在知识产权服务机构从事专利代理、专利代理机构管理等实务,之后又回到企业全面负责知识产权管理工作,这种兼具甲、乙双方的工作背景使我经常思考如何凝聚各方力量,共同让知识产权在企业中真正发挥价值;同时,我在各种场合参加的讲座、分享活动中,也感受到知识产权同行对于知识产权工作的热情、困惑与期待,自此,著书这一想法最终成形。

知识产权是一个宏大概念,并且各行各业知识产权工作特点和形态各有差异,我将本书的知识产权工作聚焦在"互联时代"语境下,主要考量是基于以下几个方面的因素:第一,国家从战略层面明确万物互联时代下数字经济是把握新一轮科技革命和产业变革新机遇的战略选择,而万物互联时代中又以互联网、人工智能、大数据、云计算、物联网、车联网、金融科技等分支技术领域创新最为活跃;第二,万物互联时代下互联网、工业互联网、智能制造、车联网、芯片设计制造等行业共同面临的知识产权前沿热点问题都偏"软",如人工智能AI算法模型保护、新的商业模式保护、计算机程序类专利申请与审查、核心技术源代码的保护、开源风险等问题,这些都不同于传统行业;第三,从我个人的经历来说,我在芯片设计公司、互联网公司有实务工作、管理经验,芯片是万物互联中的核心一环,同时由于我身处"中国车都"武汉,也时常和传统汽车企业、新能源汽车企业进行交流碰撞与研讨,对于新能源汽车行业有了深入了解,因此,本书的主要内容框定在"互联时代"语境下的知识产权工作。

本书的最大特点在于追求实务与"干货",不求全,以点带面,重点介绍企业在开展知识产权工作中所面临的难点、痛点问题,从知识产权管理各个环节入手来推动知识产权价值的实现。本书共分为六章。

第一章介绍企业参与商业竞争时如何彰显知识产权价值,这里面既有国际知识产权大环境下"天时"的优势,也有国内知识产权保护环境改善的"地利"因素。

第二章主要介绍公司自上而下，从老板到员工在知识产权工作中所扮演的角色，并介绍如何引导不同人员共同发力做好知识产权工作，即知识产权工作的"人和"因素。

第三章主要介绍知识产权工作推进过程中会遇到哪些难点，以及如何克服这些难点。例如，如何让老板乐于在知识产权工作上花钱，如何将知识产权工作成果"显现化"，如何让研发人员对专利申请工作从"畏难"走向"积极"再到"精通"。

第四章以专利生命周期为基线，以策划高价值专利资产为目标，以互联网企业和新能源汽车企业为代表，系统介绍了在立项过程中的风险防控与结果输出，不同类型企业专利挖掘与布局的侧重点与策略，挖掘产生的技术交底书传递的信息如何"保真"，专利申请文件质量如何进行标准化管控，以及从实战角度重点介绍知识产权从业人员容易忽视的专利审查意见答复环节。

第五章从企业产品形态、企业所处行业及产业链位置、企业所处生命周期等不同维度介绍不同阶段知识产权工作重点、工作策略、知识产权运用方式，使知识产权始终与企业发展同步，并针对近年来知识产权获取、运用、刑事合规等热点问题进行了介绍。

第六章将知识产权服务机构定位于企业的密切合作伙伴，分别从服务机构、专利代理师的选择、管理，案件的质量把控等方面进行了详细的介绍，并介绍知识产权服务机构如何让企业知识产权资产增值的尝试性工作。

本书能够最终成稿并交付知识产权出版社出版，离不开各位领导、同行的支持和指导，在我将著书这一想法与武汉斗鱼网络科技有限公司副总裁、首席法务官邓扬女士进行沟通时，她对我这一想法非常赞同，并鼓励我充分准备、认真提炼，分享武汉斗鱼网络科技有限公司的经验。本书副主编武汉智嘉联合知识产权代理事务所执行合伙人黄君军也同时具有企业知识产权和事务所丰富的管理经验，在本书撰写过程中，黄君军以其在F公司的知识产权管理及武汉智嘉联合知识产权代理事务所如何赢得客户信任的经验，从知识产权权利获取、保护、运用、变现等各个维度对本书的内容、视角提出了众多宝贵意见和建议。此外，国家知识产权专家库专家黄璐、《IP之道》系列主编林炮勤，以及武汉斗鱼网络科技有限公司知识产权团队对丰富本书内容和校对付出了众多心血，此处一并致谢。身处知识产权行业，最不能缺的就是情怀，我能拥有这么多优秀的领导、同行、同事，是我的荣幸，也是中国知识产权事业的荣幸。

覃 波

2022年4月于武昌

目录

第一章　万物互联时代下商业竞争中知识产权价值如何彰显　▶001
第一节　万物互联时代下数字经济与知识产权价值的关联/001
第二节　国际大环境变化放大知识产权价值/004
第三节　国内大环境调整有利于知识产权价值实现/013
第四节　趁"天时"，顺而为/036

第二章　知识产权价值实现过程中"人和"因素　▶037
第一节　做好知识产权，老板掌握关键钥匙/037
第二节　知识产权总监如何当好"知识产权舵手"/053
第三节　知识产权工程师应该具备的素质/070
第四节　知识产权接口人，知识产权工作的"第二战场"/084

第三章　抓住主要矛盾，顺利推动知识产权工作　▶091
第一节　"兵马"未动，"粮草"先行/091
第二节　从"单兵作战"走向"集团作战"，知识产权团队如何管理/100
第三节　从源头出发，激发研发部门积极性/105

第四章　以生命周期为基线，策划高价值知识产权资产　▶119
第一节　立项过程中的知识产权工作介入/119
第二节　专利挖掘、布局的策略与实施/129
第三节　紧扣专利申请各个环节，打磨知识产权资产质量/166

第五章　不同场景下知识产权运用与合规　▶202
第一节　企业的产品形态决定知识产权的气质/202
第二节　企业在行业中的地位决定知识产权的形态/215

第三节　企业所处生命周期影响知识产权价值实现方式/226
第四节　如何开展知识产权合规工作/248

第六章　知识产权服务机构的选择与管理 ▶273
　　第一节　为什么说知识产权服务机构是必需的/273
　　第二节　如何选择合适的知识产权服务机构/274
　　第三节　知识产权服务机构服务质量如何管控/281
　　第四节　如何用好知识产权服务机构/299

参考文献 ▶305
后　　记 ▶307

第一章

万物互联时代下商业竞争中知识产权价值如何彰显

第一节 万物互联时代下数字经济与知识产权价值的关联

一、万物互联时代下数字经济发展现状

随着大数据及计算机技术的发展，全球已经进入了万物互联时代，在万物互联时代产生的经济活动，一般将其归纳到数字经济的范畴。根据 G20 杭州峰会发布的《二十国集团数字经济发展与合作倡议》对数字经济的定义❶，数字经济是指以使用数字化的知识和信息作为关键生产要素、以现代信息网络作为重要载体、以信息通信技术的有效使用作为效率提升和经济结构优化的重要推动力的一系列经济活动。中共中央政治局第三十四次集体学习时也强调发展数字经济是把握新一轮科技革命和产业变革新机遇的战略选择。

中国信息通信研究院在 2021 年 8 月发布的《全球数字经济白皮书》显示❷，全球 47 个国家数字经济增加值规模在 2020 年达到了 32.6 万亿美元，同比增长 3.0%，数字经济增加值在 47 个国家 GDP 中的比重上升到 43.7%。2020 年美国数字经济仍然蝉联全球第一，规模达到 13.6 万亿美元，全球比重高达 41.7%。在万物互联时代中又以互联网（Internet）、人工智能（Artificial Intelligence，AI）、大数据（Big Data，BD）、云计算（Cloud Computing，CC）、物联网（Internet of Things，IoT）、金融科技（Fintech）这几个分支技术领域创新最为活跃，给全球经济发展提供了新鲜活力。

---

❶ 中国网信网. 二十国集团数字经济发展与合作倡议 [EB/OL]. [2021-09-29]. http://www.cac.gov.cn/2016-09/29/c_1119648520.htm.

❷ 中国信通院. 全球数字经济白皮书——疫情冲击下的复苏新曙光 [EB/OL]. [2021-08-30]. http://www.caict.ac.cn/kxyj/qwfb/bps/202108/t20210802_381484.htm.

二、万物互联时代下数字经济典型行业

在万物互联时代,数字经济产业涉及的行业非常广泛,如互联网行业、工业互联网行业、智能制造行业、物联网行业、车联网行业、人工智能行业、芯片设计制造行业等,在本书中仅以互联网行业和车联网行业为代表对数字经济典型行业的特点及知识产权管理工作进行介绍。

1. 互联网行业

互联网行业是数字经济最典型的代表,互联网行业已经从早期的资讯分享、BBS 交流等简单的业务形态发展成与人民的衣食住行紧密结合的"互联网+"形态。例如,在购物消费领域,淘宝、京东、拼多多等电商平台极大地丰富了消费场景,而以直播带货为代表的新型电商平台也从商品信息推荐转变到消费场景体验优化上,给用户提供了更多购物体验选择。据报道,仅在 2021 年"双十一"期间,天猫的累计成交额达到了 5403 亿元,同比增长 8.5%,而京东的累计成交额为 3491 亿元,同比增长 28.6%。此外,抖音电商直播间累计时长达 2546 万小时,直播间累计观看 395 亿次。在购物消费领域之外,本地生活服务的典型公司包括美团、饿了么,泛娱乐类型公司包括腾讯、网易、米哈游等,在中短视频与直播领域,字节跳动、快手、斗鱼等公司也丰富了人们的精神生活,此外还存在社交、在线教育、招聘、出行、酒店预订、安全等大大小小不同类型的公司。在这些企业当中,腾讯、阿里巴巴、字节跳动等公司已经成长为超级互联网平台,这些公司用户数量突破 10 亿,其业务不仅局限在某一特定领域,还拓展到生活场景的方方面面,这些企业的创新活动、重大产品功能调整都会对经济、社会产生重要影响。

2. 车联网行业

将车联网行业作为数字经济代表,主要基于以下两个方面的原因。

第一,汽车定义"软件化"趋势。传统意义上,汽车是一种以机械结构和电气组件相结合、为人们提供出行便利的工具。但随着互联网、计算机、通信等技术的发展,软件定义汽车(Software Defined Vehicles,SDV)已经成为一种潮流,在 2020 年 8 月 14 日下午举办的"中国汽车论坛"分论坛上,华为智能汽车解决方案 BU 部门 CTO 蔡建永在题为《华为计算与通信架构使能软件定义汽车》演讲中提到:软件定义汽车意味着软件将深度参与到汽车的定义、开发、验证、

销售、服务等过程中，并不断改变和优化各个过程，实现体验持续优化、过程持续优化、价值持续创造。❶ 不但每辆车中软件代码数量在不断攀升，单台车辆软件成本在整车成本中的占比也在不断提高。很多车辆在销售过程中，如辅助驾驶套件等软件产品也作为车辆选装包为用户提供个性化服务。

第二，汽车产品横跨多个数字经济中的产业。例如，汽车产品中车路协同功能就涉及互联网和通信行业；汽车人机交互功能，特别是语音控制技术就涉及人工智能AI产业，提供相关产品服务的企业包括科大讯飞公司等；而作为汽车产品中最重要亮点功能的自动驾驶技术，则涉及众多产业、公司。例如，自动驾驶测试与模型训练就涉及大数据产业，自动驾驶技术中算力提升与计算实时性要求就同时涉及云计算、边缘计算（Edge Computing，EC）产业，自动驾驶中海量数据采集、计算、传输所需要的硬件、模组则涉及传感器、系统级芯片（System on Chip，SoC）、物联网和芯片产业，典型的公司如Mobileye、寒武纪、英伟达、博世等。

第三，汽车成为万物互联的重要节点。以往汽车只作为人们出行的交通工具，随着汽车功能越来越丰富，其承担的角色也逐渐发生变化。例如，车载显示屏的广泛应用，汽车已经逐渐成为人们众多智能终端的其中一种，利用汽车进行社交、娱乐、资讯获取、休憩也成为一种常态，汽车通过加入智能手机、家居等各个终端共同构成的物联网络中，成为重要的交互节点之一，如小鹏汽车公司提出的智能座舱概念。

三、万物互联时代对知识产权保护的需求

不论是互联网产业，还是车联网产业，尤其是车联网产业中新能源汽车行业的发展，不能缺少知识产权的护航。本书将互联网产业及代表车联网行业的新能源汽车行业作为重点介绍的原因就在于，这两个产业对于知识产权保护的需求存在一些共同点，主要体现在以下几个方面。

①都关注人工智能AI领域知识产权保护问题。例如，各种AI算法模型的保护，AI算法训练场景、训练测试用例的保护，对于AI算法核心商业秘密的保护等。

②都面临计算机程序类专利申请挖掘、审查、运用方面的困境，不同于传统的实体结构类产品，不论是互联网企业，还是新能源汽车企业，很多创新点都在

---

❶ 第一电动汽车网. 蔡建永：华为计算与通信架构使能软件定义汽车［EB/OL］.
［2021-08-14］. https://ishare.ifeng.com/c/s/7yw4YAnH5pM.

于计算机程序流程构成的技术方案，而这一类技术方案普遍都在《专利审查指南2010》第二部分第九章的一些特殊规定中。

③都面临数据使用合规的问题，随着《中华人民共和国网络安全法》（以下简称《网络安全法》）、《中华人民共和国数据安全法》（以下简称《数据安全法》）、《中华人民共和国个人信息保护法》（以下简称《个人信息保护法》）的颁布实施，互联网行业和新能源汽车行业都面临数据合规、个人信息合规的共性问题，这也是将互联网行业和新能源汽车行业作为典型代表在本书中着重介绍的原因所在。

第二节　国际大环境变化放大知识产权价值

随着近年来国际知识产权摩擦加剧，以及我国持续不断地加码知识产权保护力度，企业要不要开展知识产权工作已经不再存有争议，如何做好知识产权工作则日益成为摆在企业面前的一道难题。

虽然我国的专利申请数量已经连续多年位居全球第一，但专利工作在我国企业内铺开依然遵循"二八定律"，即大型企业，特别是龙头企业占据了国内市场主体专利申请量的大头，至于发明专利授权数量则更能体现大型企业的绝对优势。

以2019年专利申请数量为例，根据国家知识产权局公布的数据❶，在2019年国内发明专利授权中，职务发明为34.4万件，职务发明中包括企业、科研院所、高校等主体，因此国内企业的实际发明授权数量低于这个数据，而国家知识产权局公布的数据还显示，华为技术有限公司、中国石油化工股份有限公司、OPPO广东移动通信有限公司、京东方科技集团股份有限公司、腾讯科技（深圳）有限公司、珠海格力电器股份有限公司、联想（北京）有限公司、中兴通讯股份有限公司、维沃移动通信有限公司、中国石油天然气股份有限公司这十家企业的授权发明数据位居我国发明专利授权量（不含港澳台数据）前十名，前十名企业发明专利授权量为21 836件，占全国整个职务发明专利授权数量的6.3%。而根据国家统计局公布的数据❷，截至2018年年底，国内规模以上工业

---

❶ 腾讯财经. 国家知识产权局：2019年国内发明专利授权量华为第一［EB/OL］.［2022-01-14］. https://finance.qq.com/a/20200114/063486.htm.

❷ 国家统计局. 中华人民共和国2019年国民经济和社会发展统计公报［EB/OL］.［2022-02-28］. http://www.stats.gov.cn/tjsj/zxfb/202002/t20200228_1728913.html.

企业数量为378 440家❶，也就是说年主营业务收入在2000万元以上的工业企业平均下来，一家规模以上工业企业的授权发明专利数量还不到1件。另外，根据国家知识产权局提供的数据，在2019年年底我国规模以上工业企业中有专利申请的企业占比为22.3%❷，有近八成的规模以上工业企业未进行专利申请。从上述数据可以看出，我国企业知识产权工作呈现极不平衡的局面，具备创新能力的工业企业比例较低，规模以上工业企业还未真正重视知识产权工作。

如果从另外一个角度来看，在已经开展知识产权工作的企业中，知识产权质量也仍然存在较大提升空间，国家知识产权局2018年主要工作统计数据显示❸，2018年我国国内发明专利授权平均权利要求项数为8.3项，较2017年提高0.3项。虽然权利要求数量并不能完全反映专利申请文件的质量，但通常来说，权利要求数量越多，才越可能对发明创造进行全面保护。例如，根据IncoPat数据库的统计数据，筛选范围为2020年发明专利授权量前100名的知识产权代理所，计算每家代理所发明授权的权利要求数量，并取平均值作为发明授权平均权利要求数量，数据显示知名的知识产权代理所代理的授权发明专利中权利要求数量大多在10项以上，而更多的知识产权代理所代理的授权发明专利中权利要求数量则在10项以下，可以看出，我国企业在知识产权申请文件质量管控上也存在较大的提升空间。

但是不管企业开展知识产权工作的现状如何，知识产权严保护、大保护、快保护、同保护的力度只会加强，不会减弱，因此不管企业愿不愿意，通过做好知识产权工作来应对知识产权可能发生的挑战是企业必然的选择。

一般来说，企业开展知识产权工作的动机来源于外部和内部两个方面的因素，内部因素通常源自企业保护自身创新成果、提升品牌价值等内在需求，但这种内在需求能否实现则往往更依赖外部因素，即企业知识产权价值离不开外部知识产权大环境。知识产权大环境变化与企业知识产权价值的实现是相互影响的。一方面，如果知识产权大环境不佳，则企业知识产权价值实现的渠道自然有限，并且可能连最基本的知识产权保护这一价值也无法实现；另一方面，企业拥有的知识产权价值如果不能得到彰显，必然影响到企业创造知识产权、运用知识产权

---

❶ 前瞻经济学人. 2018截止到现在，有多少规模以上工业企业关闭？外资占多少？[EB/OL]. [2021-07-22]. https://www.qianzhan.com/wenda/detail/190722-791c6415.html.

❷ 知识产权局. 国家知识产权局就2019年主要工作统计数据及有关情况举行新闻发布会[EB/OL]. [2022-01-15]. http://www.gov.cn/xinwen/2020-01/15/content_5469519.htm.

❸ 知识产权局网站. 国家知识产权局公布2018年主要工作统计数据[EB/OL]. [2022-01-13]. http://www.gov.cn/xinwen/2019-01/13/content_5357464.htm.

的积极性和动力，进而影响到企业创新研发的热情，那么知识产权大环境也必须作出相应的调整，来满足各类创新主体对于知识产权大环境的需求，从而激励各类创新主体投入创新活动中。

知识产权价值实现离不开"天时"，这里的"天时"指的是国内外知识产权大环境的变化。国际知识产权大环境一直是影响企业知识产权价值实现的重要因素。在国际贸易，特别是与技术相关的交易中，知识产权始终是绕不开的话题。且不论我国加入WTO之后一系列知识产权相关法律的制定、完善，当下随着国际贸易环境的不断变化，知识产权也成为国与国之间需要沟通和协调的重要议题之一，甚至是首要议题。因此，企业在制定知识产权战略时，必然无法绕开国际知识产权大环境这一因素的影响。

一、国际形势与主要经济体知识产权政策变化

1. 中美经济贸易协议的签订

近几年中国企业遇到的国际知识产权大环境的最大变量即中美贸易争议，虽然中美贸易之间一直存在合作与竞争的关系，但近年来，这种竞争和对抗在很大程度上被放大了。经过中美双方多轮磋商，在2020年1月15日，中美双方在美国华盛顿签署的《中华人民共和国政府和美利坚合众国政府经济贸易协议》（以下简称《贸易协议》）中总共有八章内容，其中第一章知识产权、第二章技术转让均以知识产权为最主要的内容。[1] 以下列举《贸易协议》中几个主要内容：第一章知识产权，主要涉及商业秘密和保密商务信息、药品相关的知识产权、专利有效期的延长、电子商务平台上的盗版与假冒、地理标志、盗版与假冒产品的生产和出口等相关内容。第二章技术转让，主要涉及不得强制转让技术及强制披露技术等内容。

针对中美之间的竞争形势及已经签订的《贸易协议》，我国相关学者也就此给出了一些对应策略，其中一项建议就是应该加强我国知识产权制度建设。具体而言，在进行知识产权制度建设与优化时，应该考虑参考《贸易协议》中相关知识产权条款，除了与我国现有规定基本一致的条款外，还存在一些较之我国国内法更细化、更具体的条款，以及超出我国国内法保护要求的条款，因此需要对

---

[1] 商务部新闻办公室. 关于发布中美第一阶段经贸协议的公告 [EB/OL]. [2021-01-16] http://www.mofcom.gov.cn/article/ae/ai/202001/20200102930845.shtml.

我国知识产权法律与配套制度进行修改、补充。❶

事实上，对于我国知识产权相关法律制度和政策的调整，只有一小部分原因是基于《贸易协议》中的内容在我国的落地实施，更大程度上是为了满足我国经济发展转型的内在要求。经过数十年的快速发展，我国已经从低端制造大国逐渐转型为工业制造大国、强国，虽然这一转型尚未完全完成，但在此过程中，我国已经在相当多的技术领域处于国际领先地位，特别是互联网应用技术、5G 通信技术、桥梁基建技术、AI 人工智能技术、大数据和云计算技术等领域，我国已经赶上甚至超过美国等发达国家。例如，2020 年 8 月 28 日，商务部、科技部发布对《中国禁止出口限制出口技术目录》（商务部科技部令 2008 年第 12 号附件）（以下简称《技术目录》）内容作部分调整的公告❷，新增了多项禁止出口和限制出口的内容，其中限制出口的部分内容包括：

（十五）计算机服务业

在信息处理技术（编号：056101X）项下增加控制要点："17. 语音合成技术（包括语料库设计、录制和标注技术，语音信号特征分析和提取技术，文本特征分析和预测技术，语音特征概率统计模型构建技术等）。18. 人工智能交互界面技术（包括语音识别技术，麦克风阵列技术，语音唤醒技术，交互理解技术等）。19. 语音评测技术（包括朗读自动评分技术，口语表达自动评分技术，发音检错技术等）。20. 智能阅卷技术（包括印刷体扫描识别技术，手写体扫描识别技术，印刷体拍照识别技术，手写体拍照识别技术，中英文作文批改技术等）。21. 基于数据分析的个性化信息推送服务技术。"

科技部、商务部发布调整后的《技术目录》也直接影响到字节跳动公司海外项目 TikTok 的出售行为，因为按照《技术目录》的规定，相关企业在贸易、投资或对外经济技术合作中涉及向境外转移《技术目录》中所列举的技术，需要企业及时同省级商务主管部门沟通，并按照有关规定办理。除了字节跳动公司之外，类似公司如科大讯飞、阿里巴巴、百度等在开展类似出售行为时，也将受到相应的限制。

---

❶ 曹新明，咸晨旭. 中美贸易战的知识产权冲突与应对 [J]. 知识产权, 2020 (9)：21-30.
❷ 商务部服务贸易和商贸服务业司. 商务部科技部公告 2020 年第 38 号关于调整发布《中国禁止出口限制出口技术目录》的公告 [EB/OL]. [2021-08-28]. http://fms.mofcom.gov.cn/article/a/ae/202008/20200802996641.shtml.

在《贸易协议》签订前后，我国先后完成了《中华人民共和国反不正当竞争法》（以下简称《反不正当竞争法》）、《中华人民共和国商标法》（以下简称《商标法》）、《中华人民共和国专利法》（以下简称《专利法》）、《中华人民共和国著作权法》（以下简称《著作权法》）的修改。这一方面自然是《贸易协议》内容在我国国内的落地，另一方面更多来自我国自身知识产权保护的需求。

2. 英国"脱欧"的影响

欧洲，特别是欧盟一直是知识产权保护的高地，不论是知识产权理论成果，还是知识产权立法、司法实践及人们的知识产权保护意识都相对更加成熟。由于欧洲一直是我国的主要贸易伙伴，欧洲市场的用户购买力相对较强，因此很多国内企业的产品出口地都会将欧洲市场包含在内。

前几年，欧盟一直在推动欧盟内部的专利法、商标法等法律制度的统一，但英国由于地理位置、法律传统与习惯及历史等原因，一直谋求脱离欧盟，英国相关"脱欧"的进程大致如下：

> 2013年1月23日，时任英国首相卡梅伦首次提及"脱欧"公投。2016年6月，英国全民公投决定"脱欧"。2017年3月29日，"脱欧"程序正式启动。根据英国与欧盟的协议，英国应在2019年3月29日正式"脱欧"。2018年11月25日，欧盟除英国外的27国领导人一致通过了英国"脱欧"协议草案。2020年12月，经过多轮激烈谈判，欧盟与英国终于就包括贸易在内的一系列合作关系达成协议，为英国按照原计划在2020年结束"脱欧"过渡期扫清障碍。

事实上，英国"脱欧"不仅对英国、欧盟的居民生活造成一定影响，也直接影响到我国企业在欧洲的知识产权布局与规划。具体而言，将有如下影响。❶

对商标注册和外观设计专利的影响：英国"脱欧"后，根据英国与欧盟达成的"脱欧"协议，在2020年12月31日之前注册的欧盟商标和外观设计专利在英国知识产权局有同等的权利；超过该日期注册的欧盟商标和外观设计专利虽然不会自动在英国知识产权局有同等的权利，但在2021年9月30日之前提交相应的英国申请，可以保留欧盟申请日、优先权日期。此外，英国"脱欧"后，

---

❶ 中国贸易报. 英国脱欧对中企欧盟专利商标影响几何 [EB/OL]. [2022-01-08]. https://www.chinatradenews.com.cn/content/202101/08/c125352.html.

对于商标转让、许可也带来了规则变化。

对发明专利的影响：由于《欧洲专利公约》下的发明专利与欧盟组织是相互独立的，因此只要英国不退出欧洲专利组织，则通过欧洲专利局提交的发明专利暂不受英国"脱欧"影响。

对知识产权司法保护的影响：在英国"脱欧"之后，欧洲法院的角色可能发生变化，相应的裁判可能不再被英国所接受，这也为我国企业在欧洲进行维权或应诉带来更多障碍。

综上，英国"脱欧"不仅是英国独立于欧盟之外，还深刻影响了包括知识产权立法、司法等各个层面的内容，尤其是对中国企业在欧洲进行知识产权布局、保护等提出了更高的要求，使得中国企业在进入欧洲市场时，不仅需要考虑欧盟的法律制度，还需要考虑英国的法律制度安排，给相关知识产权工作带来了更多的不确定性。

3. 日韩知识产权战略

日本知识产权保护及合作促进计划❶：2019年12月24日，日本专利厅总务部国际政策科发布2020年度知识产权保护及合作促进计划，该计划指出日本企业在中国蓬勃发展，迫切需要合理保护在中国的专利、商标、工业品外观设计等知识产权利益，日本有必要同中国知识产权相关部门建立合作机制。

韩国知识产权政策的调整❷：2021年1月4日，韩国知识产权局发布2021年知识产权制度的新变化，将加强信息技术时代知识产权作为核心资产的保护，支援中小企业以及提高知识产权申请便利性。具体如下：通过增加故意侵权的惩罚性赔偿制度来强化侵权行为打击力度，并强化了商业秘密的保护力度；增加了对韩国国内中小企业因为新冠肺炎疫情影响的损失相应资助内容；提高了知识产权申请的便利性，提高了互联网技术在知识产权申请、审查过程中的使用比重。

从日本和韩国的知识产权政策调整可以看出，目前国际上基本达成了强化知识产权保护力度的共识，并且国与国之间合作、分工仍是主流。因此，对于我国企业开展知识产权工作来说，一方面要紧盯当下知识产权政策，特别是要适应知识产权审查、司法保护等制度、流程的调整，来提高在当地进行知识产权布局的

---

❶ 智南针. 2020年度日本知识产权保护及合作促进计划［EB/OL］.［2022-02-03］. https://www.worldip.cn/index.php?m=content&c=index&a=show&catid=64&id=1172.

❷ 腾讯网. 韩国2021年知识产权制度改革［EB/OL］.［2022-02-05］. https://new.qq.com/omn/20210205/20210205A0172600.html.

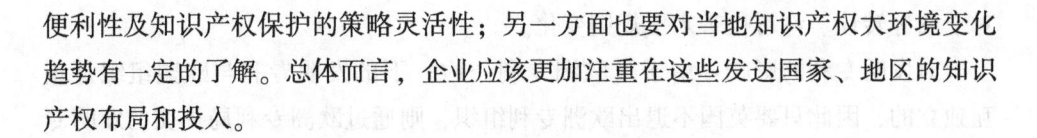

便利性及知识产权保护的策略灵活性；另一方面也要对当地知识产权大环境变化趋势有一定的了解。总体而言，企业应该更加注重在这些发达国家、地区的知识产权布局和投入。

二、国际形势变化对企业知识产权工作的影响

近几年来，国际知识产权环境、法律、政策的变动更为频繁，特别是类似英国"脱欧"等因素的影响，对于公司知识产权部门开展知识产权获权工作也提出了新的要求，具体包括以下几个方面。

1. 对知识产权获权的影响

由于知识产权（特别是专利、商标）的地域性限制特点，企业在域外进行贸易活动时要保护自身知识产权或者防范知识产权侵权风险，进行必要的知识产权布局是不可或缺的。

（1）保持与外部服务机构的密切沟通

虽然公司知识产权部门会关注国际知识产权大环境的变化与趋势，但由于语言、精力、专业的限制，知识产权部门的知识产权工程师不可能对域外法律制度、政策了解如同国内法一般熟练，因此不可避免地需要外部服务机构来对这些法律、政策的调整进行解读。虽然知识产权部门的知识产权工程师离不开外部服务机构的协助，但也并非一味接受对方的意见。一般而言，在收到对方提供的分析意见时，需要对方一并提供法律变化依据及官方出处，便于知识产权部门知识产权工程师进行核查。

（2）灵活调整知识产权布局方式

在应对类似英国"脱欧"带来的知识产权制度变化时，灵活调整商标等知识产权布局的地点，并且根据调整之后的知识产权布局规划，相应增加知识产权预算，对相应的处理域外知识产权事务的知识产权工程师进行增配。

（3）密切跟踪知识产权审查尺度变化

国内专利的审查尺度往往取决于国家知识产权局发布的《专利审查指南2010》中的具体相关规定，因此对成文法国家来说，审查标准还是相对明确的。但类似美国这种判例法国家，专利申请是否能够通过相关部门的审查不仅取决于行政部门发布的审查相关指南这类成文的规定，还取决于美国最高法院、巡回法院的司法审判案例。例如，美国最高法院于2014年6月在Alice v. CLS Bank一案（以下称Alice案）中，对软件的专利适格性作出重要判决，该判决不仅让美国

新增专利侵权诉讼案件大幅降低,半年减幅超过50%,更在随后的软件与商业方法专利侵权案件中,绝大多数争议专利被下级法院依据 Alice 案判决专利无效。Alice 案确立了可专利性测试法(General Patentability Test),也称两步测试法,用于确定软件专利申请是否因主题不合格而不能申请专利。Alice 案对于软件专利申请能否获得授权造成了巨大影响,也许按照之前的美国专利审查标准能够通过审查,在 Alice 案之后可就不再具备可专利性。国内企业的知识产权工程师虽然不可能对美国的所有司法判例进行了解,但对于诸如 Alice 案这类具有重大影响力的案件应该进行仔细分析,研判对于企业在美国专利布局的影响。

2. 对知识产权维权应诉工作的影响

在海外进行知识产权维权或应诉,除了知识产权相关法律规范的调整带来的影响之外,还有相当大一部分来源于法院裁判政策的变化,这种变化不仅存在于英美法系国家,也可能存在于大陆法系国家。

以 HEVC Advance LLC(以下简称"Advance")为例,Advance 是一家管理视频压缩标准技术必要专利的许可的美国专利池管理机构。近几年来,Advance 频繁在德国杜塞尔多夫法院通过诉讼来推动其专利许可业务。2020 年 8 月 17 日,Advance 宣布其 HEVC/H.265 专利池中的部分专利权人已经在德国杜塞尔多夫地区法院提起分别针对电视制造商伟视达集团(Vestel)和小米公司侵犯 HEVC/H.265 数字视频压缩标准的必要专利的侵权诉讼。而在此前不久,Advance 许可方 GE Video Compression LLC、Dolby International AB 和 Koninklijke Philips N.V. 在德国杜塞尔多夫地区法院针对 MAS Elektronik Aktiengesellschaft 侵犯 HEVC/H.265 数字视频压缩标准的必要专利的诉讼中获得了有利的判决和禁令。❶

然而,在 2021 年 10 月,德国杜塞尔多夫法院对美 Advance 起诉伟视达集团的专利侵权案件中,法院初步表示 Advance 专利池因存在重复收费政策不符合公平、合理、无歧视(FRAND)原则,同时认定伟视达集团是善意被许可人,因此德国法院对因专利池收费不透明而导致的双方 FRAND 谈判分歧的情况,将有可能不会自动颁发禁令。❷

可以看出,德国部分法院对于不同专利池之间重叠收费,导致被许可人质疑专

---

❶ 美通社. HEVC Advance 许可方向杜塞尔多夫地区法院提起针对 Vestel 和小米的 HEVC 专利侵权诉讼[EB/OL].[2021-08-17]. https://www.prnasia.com/story/288343-1.shtml.

❷ 企业专利观察公众号. 最新!德国法院对因专利池重叠而出现 FRAND 分歧,或不自动颁发禁令[EB/OL].[2021-11-01]. https://mp.weixin.qq.com/s/ECM9ylC_3OuZ1AReBExG8w.

利池的收费费率是否符合 FRAND 原则，专利权人能否在诉讼中自动获得禁令这一问题上态度有所转变，不管这种转变是因为案件与案件之间存在差异，或者是因为法院对于专利池的许可、收费模式有了更深的理解，还是因为平衡专利权人与被许可人之间利益的政策变化，都会对企业在海外进行维权或者应诉造成影响。

3. 对知识产权风险控制工作的影响

以往知识产权工作大多聚焦在专利、商标、版权这三个方面，在域外进行相关知识产权布局时，也很少脱离上述几个方面。但随着国际知识产权环境的变化，开展知识产权工作时，不仅要关注传统意义上的"三大块"，也要关注以往不够重视的板块。

（1）更加关注商业秘密的保护

企业在对外合作、对外开展项目过程中，必须遵照当地相关法律、政策的要求，同时也要全面履行与合作方签订的保密协议中约定的保密义务。2020 年 4 月 21 日，律商联讯公司（Lex Machina）发布商业秘密诉讼报告❶，揭示了美国《商业秘密保护法》（DTSA）出台后，商业秘密案件量在 2015—2017 年增加了 30%，并指出保险和金融服务公司是最活跃的原告类型，由于这些公司通常采用许可或特许经营方式，如果对方在合作关系结束时没有归还相关资料，原告就会提起盗用商业秘密的诉讼。在一起非典型的商业秘密争议案件中，2019 年美国电动汽车公司 T 公司指控该公司一名工程师 C 在跳槽到中国电动汽车公司 P 公司时，窃取了 T 公司自动驾驶（Autopilot）相关技术的商业秘密，并在美国当地法院要求 P 公司披露自动驾驶相关源代码，虽然最终 T 公司与 P 公司"感知负责人"C 达成和解协议，但 P 公司汽车的品牌形象或多或少受到一定负面影响。除此之外，也时常有新闻报道我国企业在对外合作过程中，被国外公司窃取了商业秘密导致遭受巨大诉讼的案例。因此，企业知识产权工作在商业秘密管理时，一方面要对己方履行保密协议的行为进行管控；另一方面也要加大对员工保密意识的培养，强化保密措施，从而维护好自身商业秘密。

（2）提高隐私保护等合规意识

2018 年 5 月 25 日，欧盟出台的《通用数据保护条例》（General Data Protection Regulation，GDPR）正式实施生效，任何收集、传输、保留或处理涉及欧盟

---

❶ 智南针. Lex Machina 发布 2020 年美国商业秘密诉讼报告［EB/OL］.［2020-05-11］. https://www.worldip.cn/index.php?m=content&c=index&a=show&catid=64&id=1266.

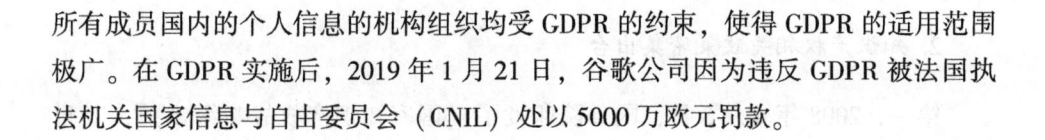

所有成员国内的个人信息的机构组织均受 GDPR 的约束，使得 GDPR 的适用范围极广。在 GDPR 实施后，2019 年 1 月 21 日，谷歌公司因为违反 GDPR 被法国执法机关国家信息与自由委员会（CNIL）处以 5000 万欧元罚款。

第三节　国内大环境调整有利于知识产权价值实现

一、强化知识产权保护的政策密集发布

1. 知识产权政策变化的内在驱动力

近 20 年以来，强化知识产权保护成为我国整个社会的共识。强化知识产权保护力度，不仅是我国融入全球化进程中的一部分，也是我国产业升级的内在需求。2014 年 12 月召开的中央经济工作会议提出❶：

> 我国经济正在向形态更高级、分工更复杂、结构更合理的阶段演化，经济发展进入新常态，正从高速增长转向中高速增长，经济发展方式正从规模速度型粗放增长转向质量效率型集约增长，经济结构正从以增量扩能为主转向调整存量、做优增量并存的深度调整，经济发展动力正从传统增长点转向新的增长点。认识新常态，适应新常态，引领新常态，是当前和今后一个时期我国经济发展的大逻辑。

随着我国经济已经从高速增长逐渐转变为在新常态下平稳运行，知识产权工作自然也无法脱离经济发展规律，特别是经济发展动力正从传统增长点转向新的增长点过程中，必然带来更多的知识产权创造、保护、运用的需求。有学者就指出❷，如何在未来一段时间通过知识产权工作推动我国经济由高速增长向高质量发展转变，以及谋划我国知识产权事业本身如何升级换挡，是每一个知识产权从业者应该考虑的问题。

---

❶ 人民网. 中央经济工作会议首次提出"经济新常态"九大特征［EB/OL］.（2014-12-12）［2021-10-21］. http://politics.people.com.cn/n/2014/1212/c70731-26193637.html.

❷ 詹映. 试论新形势下我国知识产权战略规划的新思路［J］. 中国软科学，2020（8）：1-9.

2. 知识产权相关政策密集出台

第一，2008年6月5日，国务院印发了《国家知识产权战略纲要》[1]，其目标定为：

> 到2020年，把我国建设成为知识产权创造、运用、保护和管理水平较高的国家。知识产权法治环境进一步完善，市场主体创造、运用、保护和管理知识产权的能力显著增强，知识产权意识深入人心，自主知识产权的水平和拥有量能够有效支撑创新型国家建设，知识产权制度对经济发展、文化繁荣和社会建设的促进作用充分显现。

自此，我国正式将知识产权战略与科教兴国战略、人才强国战略并列为国家层面的三大战略。知识产权战略不仅给出了战略目标，并将完善知识产权制度、促进知识产权创造和运用、加强知识产权保护、防止知识产权滥用、培育知识产权文化作为重点任务。

在2020年这一国家知识产权战略的收官之年，根据国家知识产权局的介绍[2]，知识产权战略中提到的"把我国建设成为知识产权创造、运用、保护和管理水平较高的国家"这一目标已基本实现。

第二，2015年3月13日发布的《中共中央国务院关于深化体制机制改革加快实施创新驱动发展战略的若干意见》中明确提到[3]：

> 到2020年，基本形成适应创新驱动发展要求的制度环境和政策法律体系，为进入创新型国家行列提供有力保障。

实行严格的知识产权保护制度

完善知识产权保护相关法律，研究降低侵权行为追究刑事责任门槛，调整损害赔偿标准，探索实施惩罚性赔偿制度。完善权利人维权机制，合理划分权利人举证责任。

---

[1] 国务院. 国务院关于印发国家知识产权战略纲要的通知 [EB/OL]. [2021-06-11]. http://www.gov.cn/zhengce/content/2008-06/11/content_5559.htm.

[2] 国家知识产权局. 知识产权局：正制定面向2035年知识产权强国战略纲要 [EB/OL]. [2021-04-23]. https://www.cnipa.gov.cn/art/2020/4/23/art_1413_151088.html.

[3] 中国政府网. 中共中央国务院关于深化体制机制改革加快实施创新驱动发展战略的若干意见 [EB/OL]. [2022-03-23]. http://www.gov.cn/xinwen/2015-03/23/content_2837629.htm.

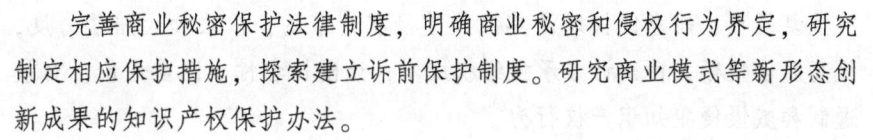

第一章　万物互联时代下商业竞争中知识产权价值如何彰显

完善商业秘密保护法律制度，明确商业秘密和侵权行为界定，研究制定相应保护措施，探索建立诉前保护制度。研究商业模式等新形态创新成果的知识产权保护办法。

完善知识产权审判工作机制，推进知识产权民事、刑事、行政案件的"三审合一"，积极发挥知识产权法院的作用，探索跨地区知识产权案件异地审理机制，打破对侵权行为的地方保护。

健全知识产权侵权查处机制，强化行政执法与司法衔接，加强知识产权综合行政执法，健全知识产权维权援助体系，将侵权行为信息纳入社会信用记录。

第三，2018年2月27日发布的《中共中央办公厅国务院办公厅印发〈关于加强知识产权审判领域改革创新若干问题的意见〉》❶中对知识产权审判工作提出了具体要求，涉及公司主体利益的内容主要有以下几个方面：

（一）建立符合知识产权案件特点的诉讼证据规则

根据知识产权无形性、时间性和地域性等特点，完善证据保全制度，发挥专家辅助人作用，适当加大人民法院依职权调查取证力度，建立激励当事人积极、主动提供证据的诉讼机制。通过多种方式充分发挥公证在知识产权案件中固定证据的作用。加强知识产权领域的诉讼诚信体系建设，探索建立证据披露、证据妨碍排除等规则，合理分配举证责任，适当减轻权利人举证负担，着力破解知识产权权利人"举证难"问题。

（二）建立体现知识产权价值的侵权损害赔偿制度

1. 坚持知识产权创造价值、权利人理应享有利益回报的价值导向。充分发挥社会组织、中介机构在知识产权价值评估中的作用，建立以尊重知识产权、鼓励创新运用为导向，以实现知识产权市场价值为指引，以补偿为主、惩罚为辅的侵权损害司法认定机制，着力破解知识产权侵权诉讼"赔偿低"问题。

2. 加大知识产权侵权违法行为惩治力度，降低维权成本。对于具

---

❶ 中国政府网. 中共中央办公厅国务院办公厅印发《关于加强知识产权审判领域改革创新若干问题的意见》[EB/OL]. [2022-02-27]. http://www.gov.cn/zhengce/2018/02/27/content_5269267.htm.

有重复侵权、恶意侵权以及其他严重侵权情节的，依法加大赔偿力度，提高赔偿数额，由败诉方承担维权成本，让侵权者付出沉重代价，有效遏制和威慑侵犯知识产权行为。

第四，2019年11月24日中共中央办公厅、国务院办公厅印发的《关于强化知识产权保护的意见》[1]中强调知识产权"严保护""大保护""快保护""同保护"四个方面的要求，并对整个社会的知识产权保护状况进行了规划，具体包括：

力争到2022年，侵权易发多发现象得到有效遏制，权利人维权"举证难、周期长、成本高、赔偿低"的局面明显改观。到2025年，知识产权保护社会满意度达到并保持较高水平，保护能力有效提升，保护体系更加完善，尊重知识价值的营商环境更加优化，知识产权制度激励创新的基本保障作用得到更加有效发挥。

第五，2020年5月11日中共中央国务院《关于新时代加快完善社会主义市场经济体制的意见》[2]中在"全面完善产权制度"部分指出：

完善和细化知识产权创造、运用、交易、保护制度规则，加快建立知识产权侵权惩罚性赔偿制度，加强企业商业秘密保护，完善新领域新业态知识产权保护制度。

第六，2020年11月30日，中共中央政治局就加强我国知识产权保护工作举行第二十五次集体学习[3]，内容涵盖了加强知识产权保护工作顶层设计、提高知识产权保护法治化水平、强化知识产权全链条保护、深化知识产权保护工作体制机制改革、统筹推进知识产权领域国际合作和竞争、维护知识产权领域国家安全、强化知识产权工作相关协调机制等各个方面。

第七，2021年9月，中共中央国务院印发的《知识产权强国建设纲要

---

[1] 新华社. 中共中央办公厅国务院办公厅印发《关于强化知识产权保护的意见》[EB/OL]. [2021-11-24]. http://www.gov.cn/xinwen/2019-11/24/content_5455070.htm.

[2] 新华社. 中共中央国务院关于新时代加快完善社会主义市场经济体制的意见[EB/OL]. [2021-05-18]. http://www.gov.cn/zhengce/2020-05/18/content_5512696.htm.

[3] 新华社. 习近平主持中央政治局第二十五次集体学习并讲话[EB/OL]. [2021-12-01]. http://www.gov.cn/xinwen/2020-12/01/content_5566183.htm.

（2021—2035 年）》❶ 中对中远期知识产权强国建设目标进行了规划：

> 到 2035 年，我国知识产权综合竞争力跻身世界前列，知识产权制度系统完备，知识产权促进创新创业蓬勃发展，全社会知识产权文化自觉基本形成，全方位、多层次参与知识产权全球治理的国际合作格局基本形成，中国特色、世界水平的知识产权强国基本建成。

可见，我国对于激发创新，强化知识产权保护的态度和决心是自始至终的，对知识产权保护工作的规划、方式、要求等提出了非常具体的要求，这种知识产权保护的"高要求""严要求"会直接影响到企业知识产权工作开展的积极性及相关资源投入的力度，最终影响到知识产权价值的实现及知识产权保护的效果。

二、立法层面为知识产权价值实现提供制度保障

为了响应政策的要求及社会公众对于加强知识产权保护的需求，我国知识产权相关法律、规章也在不断修改、完善，近几年相关法律修改情况如下。

1. 《反不正当竞争法》修订

2017 年 11 月 4 日，《反不正当竞争法》的修订经全国人大常委会表决通过，2018 年 1 月 1 日起施行，根据全国人大常委会法工委相关负责人介绍❷，本次修改的内容主要集中在如下几个方面：

> 一是混淆行为，即"傍名牌"，新法进一步明确了混淆行为的概念，将"引人误认"作为核心判断标准，对于擅自使用他人的标识作出了限定，要求该标识在相关领域有一定影响；二是商业贿赂，新法对商业贿赂对象作了进一步明确，包括交易相对方的工作人员及受交易相对方委托的单位和个人，还有利用职权和影响力影响交易的单位和个人；三是虚假宣传，新法针对互联网刷单、炒信等方面问题作了有针对性的规定；四是侵犯商业秘密，在现有法律基础上特别规定，如果第三人明知或者应当知道商业秘密是另一企业的员工或前员工，以及其他单

---

❶ 新华社. 中共中央国务院印发《知识产权强国建设纲要（2021—2035 年）》[EB/OL]. [2021-09-22]. http://www.gov.cn/zhengce/2021/09/22/content_5638714.htm.

❷ 工商总局网站. 新修订《反不正当竞争法》获通过相关部门负责人回答记者提问 [EB/OL]. [2017-11-07]. http://www.gov.cn/xinwen/2017-11-07/content_5237723.htm.

位或个人通过不正当方式获取的,他再来使用的话,即属于侵犯商业秘密行为;五是利用互联网技术实施的不正当竞争行为,包括误导、欺骗、强迫用户修改或者卸载他人的合法网络产品的行为等,新法作了进一步规定。

在《专利法》《商标法》《著作权法》等专门法律规定之外的知识产权保护,如对于商业秘密的保护等内容,将由包括《反不正当竞争法》在内的法律进行调整。

2.《商标法》修改

2019年4月23日第十三届全国人大常委会决定对《商标法》作出修改,并于2019年11月1日起施行,修改内容主要体现在:①规定了"不以使用为目的的恶意商标注册申请"的后果;②提高了恶意侵犯商标权的赔偿限额,以及提高了无法确定数额情况下的法定赔偿限额;③增加了法院责令侵权产品及用于制造侵权产品的材料、工具的销毁、禁入商业渠道相关条款;④对商标代理机构的行为进行了相关规范。

相较于以往《商标法》的修改,本次修改的一大亮点是对于恶意注册行为的规制主要涉及以下三个方面[1]:

一是增强商标使用义务,增加"不以使用为目的的恶意商标注册申请,应当予以驳回"的规定,首先在审查阶段予以适用,实现打击恶意注册的关口前移,并将其作为提出异议和请求宣告无效的事由,直接适用于异议程序和无效宣告程序中;二是规范商标代理行为,规定商标代理机构知道或者应当知道委托人存在恶意注册行为的不得接受委托,一经发现,依法追究责任;三是对申请人、商标代理机构的恶意申请商标注册、恶意诉讼行为规定了处罚措施。从而将规制恶意注册行为贯穿整个商标申请注册和保护程序,在责任主体方面既包括申请人和权利人也包括中介服务机构。

本次对于《商标法》的修改,意在从源头上制止恶意申请注册行为,使商

---

[1] 知识产权局网站. 商标法修改相关问题解读[EB/OL]. [2021-05-09]. http://www.gov.cn/xinwen/2017-11/07/content_5237723.htm.

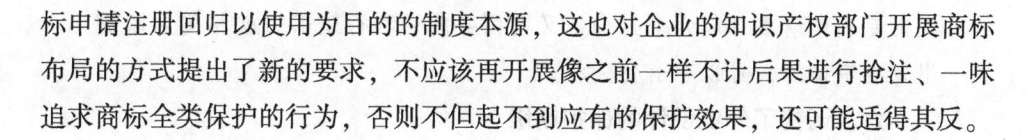

标申请注册回归以使用为目的的制度本源，这也对企业的知识产权部门开展商标布局的方式提出了新的要求，不应该再开展像之前一样不计后果进行抢注、一味追求商标全类保护的行为，否则不但起不到应有的保护效果，还可能适得其反。

3. 《专利法》修改

2020年10月17日第十三届全国人民代表大会常务委员会第二十二次会议通过了修改《中华人民共和国专利法》的决定❶，其中几个主要修改内容如下。

一、增加了局部外观设计的内容

将第二条第四款修改为："外观设计，是指对产品的整体或者局部的形状、图案或者其结合以及色彩与形状、图案的结合所作出的富有美感并适于工业应用的新设计。"

二、对职务发明相关规定修改

将第六条第一款修改为："执行本单位的任务或者主要是利用本单位的物质技术条件所完成的发明创造为职务发明创造。职务发明创造申请专利的权利属于该单位，申请被批准后，该单位为专利权人。该单位可以依法处置其职务发明创造申请专利的权利和专利权，促进相关发明创造的实施和运用。"

三、促进专利实施的内容

将第十六条改为第十五条，增加一款，作为第二款："国家鼓励被授予专利权的单位实行产权激励，采取股权、期权、分红等方式，使发明人或者设计人合理分享创新收益。"

四、增加诚实信用原则和禁止权利滥用原则

增加一条，作为第二十条："申请专利和行使专利权应当遵循诚实信用原则。不得滥用专利权损害公共利益或者他人合法权益。

"滥用专利权，排除或者限制竞争，构成垄断行为的，依照《中华人民共和国反垄断法》处理。"

五、新增外观设计专利申请的优先权

将第二十九条第二款修改为："申请人自发明或者实用新型在中国第一次提出专利申请之日起十二个月内，或者自外观设计在中国第一次

---

❶ 新华网.（受权发布）全国人民代表大会常务委员会关于修改《中华人民共和国专利法》的决定 [EB/OL]. [2020-10-18]. http://m.xinhuanet.com/2020-10/18/c_1126624476.htm.

提出专利申请之日起六个月内,又向国务院专利行政部门就相同主题提出专利申请的,可以享有优先权。"

六、调整了外观设计的保护期限

将第四十二条修改为:"发明专利权的期限为二十年,实用新型专利权的期限为十年,外观设计专利权的期限为十五年,均自申请日起计算。"

七、新增专利保护期补偿机制

"自发明专利申请日起满四年,且自实质审查请求之日起满三年后授予发明专利权的,国务院专利行政部门应专利权人的请求,就发明专利在授权过程中的不合理延迟给予专利权期限补偿,但由申请人引起的不合理延迟除外。

"为补偿新药上市审评审批占用的时间,对在中国获得上市许可的新药相关发明专利,国务院专利行政部门应专利权人的请求给予专利权期限补偿。补偿期限不超过五年,新药批准上市后总有效专利权期限不超过十四年。"

八、新增专利开放许可制度

增加一条,作为第五十条:"专利权人自愿以书面方式向国务院专利行政部门声明愿意许可任何单位或者个人实施其专利,并明确许可使用费支付方式、标准的,由国务院专利行政部门予以公告,实行开放许可。就实用新型、外观设计专利提出开放许可声明的,应当提供专利权评价报告。

"专利权人撤回开放许可声明的,应当以书面方式提出,并由国务院专利行政部门予以公告。开放许可声明被公告撤回的,不影响在先给予的开放许可的效力。"

增加一条,作为第五十一条:"任何单位或者个人有意愿实施开放许可的专利的,以书面方式通知专利权人,并依照公告的许可使用费支付方式、标准支付许可使用费后,即获得专利实施许可。

"开放许可实施期间,对专利权人缴纳专利年费相应给予减免。

"实行开放许可的专利权人可以与被许可人就许可使用费进行协商后给予普通许可,但不得就该专利给予独占或者排他许可。"

增加一条,作为第五十二条:"当事人就实施开放许可发生纠纷的,由当事人协商解决;不愿协商或者协商不成的,可以请求国务院专利行政部门进行调解，也可以向人民法院起诉。"

九、强化了专利行政保护力度

将第六十四条改为第六十九条，修改为："负责专利执法的部门根据已经取得的证据，对涉嫌假冒专利行为进行查处时，有权采取下列措施：

"（一）询问有关当事人，调查与涉嫌违法行为有关的情况；

"（二）对当事人涉嫌违法行为的场所实施现场检查；

"（三）查阅、复制与涉嫌违法行为有关的合同、发票、账簿以及其他有关资料；

"（四）检查与涉嫌违法行为有关的产品；

"（五）对有证据证明是假冒专利的产品，可以查封或者扣押。

"管理专利工作的部门应专利权人或者利害关系人的请求处理专利侵权纠纷时，可以采取前款第（一）项、第（二）项、第（四）项所列措施。

"负责专利执法的部门、管理专利工作的部门依法行使前两款规定的职权时，当事人应当予以协助、配合，不得拒绝、阻挠。"

十、提高专利侵权赔偿限额

将第六十五条改为第七十一条，修改为："侵犯专利权的赔偿数额按照权利人因被侵权所受到的实际损失或者侵权人因侵权所获得的利益确定；权利人的损失或者侵权人获得的利益难以确定的，参照该专利许可使用费的倍数合理确定。对故意侵犯专利权，情节严重的，可以在按照上述方法确定数额的一倍以上五倍以下确定赔偿数额。

"权利人的损失、侵权人获得的利益和专利许可使用费均难以确定的，人民法院可以根据专利权的类型、侵权行为的性质和情节等因素，确定给予三万元以上五百万元以下的赔偿。

"赔偿数额还应当包括权利人为制止侵权行为所支付的合理开支。

"人民法院为确定赔偿数额，在权利人已经尽力举证，而与侵权行为相关的账簿、资料主要由侵权人掌握的情况下，可以责令侵权人提供与侵权行为相关的账簿、资料；侵权人不提供或者提供虚假的账簿、资料的，人民法院可以参考权利人的主张和提供的证据判定赔偿数额。"

十一、完善专利诉前、诉中财产、行为、证据保全制度

将第六十六条改为第七十二条，修改为："专利权人或者利害关系人有证据证明他人正在实施或者即将实施侵犯专利权、妨碍其实现权利的行为，如不及时制止将会使其合法权益受到难以弥补的损害的，可以

在起诉前依法向人民法院申请采取财产保全、责令作出一定行为或者禁止作出一定行为的措施。"

将第六十七条改为第七十三条，修改为："为了制止专利侵权行为，在证据可能灭失或者以后难以取得的情况下，专利权人或者利害关系人可以在起诉前依法向人民法院申请保全证据。"

十二、完善药品专利相关制度

增加一条，作为第七十六条："药品上市审评审批过程中，药品上市许可申请人与有关专利权人或者利害关系人，因申请注册的药品相关的专利权产生纠纷的，相关当事人可以向人民法院起诉，请求就申请注册的药品相关技术方案是否落入他人药品专利权保护范围作出判决。国务院药品监督管理部门在规定的期限内，可以根据人民法院生效裁判作出是否暂停批准相关药品上市的决定。

"药品上市许可申请人与有关专利权人或者利害关系人也可以就申请注册的药品相关的专利权纠纷，向国务院专利行政部门请求行政裁决。

"国务院药品监督管理部门会同国务院专利行政部门制定药品上市许可审批与药品上市许可申请阶段专利权纠纷解决的具体衔接办法，报国务院同意后实施。"

从《专利法》的修改可以看出，本次修改涉及的条文非常多，是一次较大的调整。对于公司等创新主体，尤其是公司知识产权部门的知识产权工程师来说，如局部外观设计的规定、外观设计保护期限及优先权的规定，会直接影响企业在产品外观设计方面的布局方式及申请策略；对于专利开放许可的规定，也给公司对专利资产的运营提供了更多渠道和方式；对于专利诉前、诉中财产、行为、证据保全制度及专利侵权赔偿额的调整，也将降低专利诉讼维权的难度并提高专利诉讼维权的收益，这势必会影响各个行业的企业知识产权诉讼的发生率以及提高专利诉讼的威慑力和影响力。

新《专利法》出台后，专利开放许可制度已经在部分地区得到实施，2021年8月，浙江省市场监管局发布征集通知，拟在全国率先对"免费开放许可"制度进行探索，符合筛选要求的379件专利中发明专利266件，占70.2%。此外，免费开放的379件专利中，单次许可期限一年起步，最长的达五年，且均承诺在许可期限内不收取企业任何许可费用，其中就包括浙江大学74件专利，分别涉及信息技术、新材料、生物医药等领域，免费开放许可期限到期后，根据具体情

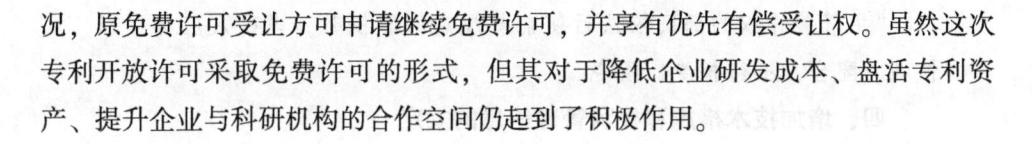

况，原免费许可受让方可申请继续免费许可，并享有优先有偿受让权。虽然这次专利开放许可采取免费许可的形式，但其对于降低企业研发成本、盘活专利资产、提升企业与科研机构的合作空间仍起到了积极作用。

4《著作权法》修改

2020年11月11日第十三届全国人民代表大会常务委员会第二十三次会议通过了修改《中华人民共和国著作权法》的决定，其中几个主要修改内容包括❶：

一、扩大著作权保护客体

将第三条中的"包括以下列形式创作的文学、艺术和自然科学、社会科学、工程技术等作品"修改为"是指文学、艺术和科学领域内具有独创性并能以一定形式表现的智力成果"。

将第六项修改为"（六）视听作品"。

将第九项修改为"（九）符合作品特征的其他智力成果"。

二、增加惩罚性赔偿制度

将第四十九条改为第五十四条，修改为："侵犯著作权或者与著作权有关的权利的，侵权人应当按照权利人因此受到的实际损失或者侵权人的违法所得给予赔偿；权利人的实际损失或者侵权人的违法所得难以计算的，可以参照该权利使用费给予赔偿。对故意侵犯著作权或者与著作权有关的权利，情节严重的，可以在按照上述方法确定数额的一倍以上五倍以下给予赔偿。"

三、加大行政执法力度

增加一条，作为第五十五条："主管著作权的部门对涉嫌侵犯著作权和与著作权有关的权利的行为进行查处时，可以询问有关当事人，调查与涉嫌违法行为有关的情况；对当事人涉嫌违法行为的场所和物品实施现场检查；查阅、复制与涉嫌违法行为有关的合同、发票、账簿以及其他有关资料；对于涉嫌违法行为的场所和物品，可以查封或者扣押。

---

❶ 第十三届全国人民代表大会常务委员会第二十三次会议．关于全国人民代表大会常务委员会关于修改《中华人民共和国著作权法》的决定［EB/OL］．［2021-11-12］．http://scjgj.sc.gov.cn/scjgj/c104474/2020/11/12/8f2428cba0784a7187d22bf96a12654c.shtml.

"主管著作权的部门依法行使前款规定的职权时，当事人应当予以协助、配合，不得拒绝、阻挠。"

四、增加技术措施和权利管理信息的规定

增加一条，作为第五十一条："未经权利人许可，不得进行下列行为：

"（一）故意删除或者改变作品、版式设计、表演、录音录像制品或者广播、电视上的权利管理信息，但由于技术上的原因无法避免的除外；

"（二）知道或者应当知道作品、版式设计、表演、录音录像制品或者广播、电视上的权利管理信息未经许可被删除或者改变，仍然向公众提供。"

根据全国人民代表大会常务委员会第十七次会议关于《中华人民共和国著作权法修正案（草案）》的说明❶，随着以网络化、数字化等为代表的新技术的高速发展和应用，对于以前司法实践中尚不明确的争议地带，例如，抖音等短视频平台上兴起的电影剪辑作品，以及视频直播平台上主播表演的内容，在以往无法通过"类电作品"进行保护，在《著作权法》修改后，将明确可以通过视听作品的形式进行保护，这对于短视频、直播视频平台来说无疑是一个好消息。

三、司法环境改善促使知识产权价值加快变现

1. 司法解释密集出台

近几年来，我国最高人民法院出台的关于知识产权案件的司法解释相较于以往明显更为频繁，以下对近几年出台的司法解释进行列举。

（1）关于知识产权案件行为保全

2018 年 11 月 26 日，最高人民法院审判委员会第 1755 次会议通过了《最高人民法院关于审查知识产权纠纷行为保全案件适用法律若干问题的规定》❷（以

---

❶ 十三届全国人民代表大会常务委员会第十七次会议. 关于《中华人民共和国著作权法修正案（草案）》的说明［EB/OL］.［2021-11-12］. http://www.npc.gov.cn/npc/c30834/202011/f254003ab9144f5db7363cb3e01cabde.shtml.

❷ 最高人民法院. 最高人民法院关于审查知识产权纠纷行为保全案件适用法律若干问题的规定［EB/OL］.［2021-12-13］. http://www.court.gov.cn/fabu-xiangqing-135341.html.

下简称《行为保全规定》）。该《行为保全规定》对知识产权纠纷行为保全案件中向人民法院申请行为保全的条件等内容进行了规定，例如：

第六条规定了有下列情况之一，不立即采取行为保全措施即足以损害申请人利益的，应当认定属于民事诉讼法第一百条、第一百零一条规定的"情况紧急"：

（一）申请人的商业秘密即将被非法披露；

（二）申请人的发表权、隐私权等人身权利即将受到侵害；

（三）诉争的知识产权即将被非法处分；

（四）申请人的知识产权在展销会等时效性较强的场合正在或者即将受到侵害；

（五）时效性较强的热播节目正在或者即将受到侵害；

（六）其他需要立即采取行为保全措施的情况。

一直以来，我国各地法院采取行为保护的力度远不如财产保全，这使得知识产权权利人的相关权益在遭受到侵犯时无法得到及时的保护，最高人民法院出台的《行为保全规定》将有助于提高各地法院采取行为保全措施的积极性，也更有利于保护权利人的合法权益。

（2）关于新设立知识产权法庭

2018年12月3日最高人民法院审判委员会第1756次会议通过了《最高人民法院关于知识产权法庭若干问题的规定》[1]，里面对最高人民法院知识产权法庭的性质、审理案件范围等内容进行了详细规定。

（3）关于新增技术调查官

2019年1月28日最高人民法院审判委员会第1760次会议通过了《最高人民法院关于技术调查官参与知识产权案件诉讼活动的若干规定》[2]，其中对技术调查官的性质、参与的诉讼活动种类、回避、履行职责的内容、相关责任等内容进行了详细规定，例如：

---

[1] 最高人民法院. 最高人民法院关于知识产权法庭若干问题的规定［EB/OL］.［2021-12-28］. http://www.court.gov.cn/fabu-xiangqing-137481.html.

[2] 人民法院报. 最高人民法院关于技术调查官参与知识产权案件诉讼活动的若干规定［EB/OL］.［2021-12-26］. http://www.court.gov.cn/fabu-xiangqing-154952.html.

第六条 参与知识产权案件诉讼活动的技术调查官就案件所涉技术问题履行下列职责：

（一）对技术事实的争议焦点以及调查范围、顺序、方法等提出建议；

（二）参与调查取证、勘验、保全；

（三）参与询问、听证、庭前会议、开庭审理；

（四）提出技术调查意见；

（五）协助法官组织鉴定人、相关技术领域的专业人员提出意见；

（六）列席合议庭评议等有关会议；

（七）完成其他相关工作。

（4）关于审理专利授权确权行政案件

2020年8月24日最高人民法院审判委员会第1810次会议通过了《最高人民法院关于审理专利授权确权行政案件适用法律若干问题的规定（一）》❶，对专利授权确权行政案件的相关内容进行了解释。

自此，公司的知识产权工程师不仅在不服专利驳回复审决定提起行政诉讼时，能够更加科学地评估行政诉讼的胜诉可能性，后续甚至还可能通过引用相关司法指导案例来应用在专利审查意见答复、专利驳回复审活动中。

（5）关于侵犯商业秘密民事案件

2020年8月24日最高人民法院审判委员会第1810次会议通过了《最高人民法院关于审理侵犯商业秘密民事案件适用法律若干问题的规定》❷。该规定对于技术信息、竞争信息的种类，如何判断有关信息为公众所知悉，如何认定权利人采取了相应保密措施，如何认定员工、前员工是否有渠道或者机会获取权利人的商业秘密，如何认定被诉侵权信息与商业秘密是否存在实质性区别等一系列知识产权工作实务中的难点、疑点内容进行了详细规定，不仅可以指导公司知识产权部门进行商业秘密案件起诉维权或应诉，还可以指导其如何完善企业内部商业秘密管理制度、流程及应该采取的保密措施等。

---

❶ 最高人民法院.最高人民法院关于审理专利授权确权行政案件适用法律若干问题的规定（一）[EB/OL].[2021-09-11].http://www.court.gov.cn/fabu-xiangqing-254761.html.

❷ 最高人民法院.最高人民法院关于审理侵犯商业秘密民事案件适用法律若干问题的规定[EB/OL].[2021-09-11].http://www.court.gov.cn/fabu-xiangqing-254751.html.

(6) 关于办理侵犯知识产权刑事案件

2020年8月31日最高人民法院审判委员会第1811次会议、2020年8月21日最高人民检察院第十三届检察委员会第四十八次会议通过了《最高人民法院、最高人民检察院关于办理侵犯知识产权刑事案件具体应用法律若干问题的解释（三）》❶，最高人民法院民三庭负责人、最高人民检察院第四检察厅负责人对该解释的相关内容进行了介绍❷。

> 主要规定了三方面的内容：一是规定了侵犯商业秘密罪的定罪量刑标准，根据不同行为的社会危害程度，规定不同的损失计算方式，以统一法律适用标准；二是进一步明确假冒注册商标罪"相同商标"、侵犯著作权罪"未经著作权人许可"、侵犯商业秘密罪"不正当手段"等的具体认定，以统一司法实践认识；三是明确侵犯知识产权犯罪刑罚适用及宽严相济刑事政策把握等问题，规定从重处罚、不适用缓刑以及从轻处罚的情形，进一步规范量刑标准。

该司法解释对于公司合法经营的意义在于：公司不仅需要将保护商业秘密作为日常知识产权工作去对待，而且应该放在企业合规的高度，特别是公司主体、公司法定代表人、公司高管、各直接业务人员对于侵犯商业秘密行为的法律后果应该有清醒的认识。要做到这些，就需要公司知识产权部门不断强化保护自身商业秘密，尊重他人商业秘密的宣贯和培训，同时对公司现有的制度、流程和开展业务的方式进行重新梳理，降低商业秘密合规风险。

(7) 关于审理涉及电子商务平台知识产权民事案件

2020年9月10日最高人民法院向各省、自治区、直辖市高级人民法院，解放军军事法院，新疆维吾尔自治区高级人民法院生产建设兵团分院印发了《最高人民法院关于审理涉电子商务平台知识产权民事案件的指导意见》❸。该指导意

---

❶ 最高人民法院. 最高人民法院、最高人民检察院关于办理侵犯知识产权刑事案件具体应用法律若干问题的解释（三）[EB/OL]. [2021-09-13]. http://www.court.gov.cn/fabu-xiangqing-254891.html.

❷ 人民法院新闻传媒总社. "两高"相关部门负责人就《最高人民法院、最高人民检察院关于办理侵犯知识产权刑事案件具体应用法律若干问题的解释（三）》答记者问 [EB/OL]. [2021-09-13]. http://www.court.gov.cn/zixun-xiangqing-254901.html.

❸ 最高人民法院. 最高法关于审理涉电子商务平台知识产权民事案件的指导意见 [EB/OL]. [2021-09-13]. http://www.court.gov.cn/fabu-xiangqing-254931.html.

见对涉电子商务平台知识产权纠纷案件中知识产权权利人、电子商务平台经营者、平台内经营者等各方主体之间权利、责任划分进行了相关规定。例如，第三条规定了如下内容。

> 电子商务平台经营者知道或者应当知道平台内经营者侵害知识产权的，应当根据权利的性质、侵权的具体情形和技术条件，以及构成侵权的初步证据、服务类型，及时采取必要措施。采取的必要措施应当遵循合理审慎的原则，包括但不限于删除、屏蔽、断开链接等下架措施。平台内经营者多次、故意侵害知识产权的，电子商务平台经营者有权采取终止交易和服务的措施。

(8) 关于涉网络知识产权侵权纠纷

2020年8月24日最高人民法院审判委员会第1810次会议通过了《最高人民法院关于涉网络知识产权侵权纠纷几个法律适用问题的批复》❶。该批复与《最高人民法院关于审理涉电子商务平台知识产权民事案件的指导意见》一并可以作为公司知识产权部门开展相关涉网络知识产权侵权维权的指导政策。

(9) 关于知识产权民事诉讼证据

2020年11月9日最高人民法院审判委员会第1815次会议通过了《最高人民法院关于知识产权民事诉讼证据的若干规定》❷。该规定对于专利方法制造的产品不属于新产品的，侵害专利权纠纷的原告应当举证证明的事实，提起确认不侵害知识产权之诉的原告应当举证证明的事实，人民法院对当事人对域外形成的证据提出异议不予支持的类型，以及其他各个方面进行了详细的规定。

对于公司知识产权部门来说，在一定程度上降低了专利权人进行专利维权举证的难度。例如，第三条规定了如下内容。

> 专利方法制造的产品不属于新产品的，侵害专利权纠纷的原告应当举证证明下列事实：
> （一）被告制造的产品与使用专利方法制造的产品属于相同产品；
> （二）被告制造的产品经由专利方法制造的可能性较大；

---

❶ 最高人民法院. 最高法关于涉网络知识产权侵权纠纷几个法律适用问题的批复 [EB/OL]. [2021-09-13]. http://www.court.gov.cn/fabu-xiangqing-254921.html.

❷ 最高人民法院. 最高人民法院关于知识产权民事诉讼证据的若干规定 [EB/OL]. [2021-11-16]. http://www.court.gov.cn/fabu-xiangqing-272241.html.

（三）原告为证明被告使用了专利方法尽到合理努力。

原告完成前款举证后，人民法院可以要求被告举证证明其产品制造方法不同于专利方法。

（10）关于知识产权类司法解释的修改

2020年12月23日最高人民法院审判委员会第1823次会议通过了《最高人民法院关于修改〈最高人民法院关于审理侵犯专利权纠纷案件应用法律若干问题的解释（二）〉等十八件知识产权类司法解释的决定》❶，该决定对司法解释修改的内容多、范围广，可能之前公司知识产权部门熟悉的规定将被废止或者修改，所以应该对该决定的内容进行详细的学习和理解。

（11）关于知识产权惩罚性赔偿

2021年2月7日最高人民法院审判委员会第1831次会议通过了《最高人民法院关于审理侵害知识产权民事案件适用惩罚性赔偿的解释》❷。该解释对于如何认定被告具有侵害知识产权的故意，如何认定侵权行为情节严重，如何确定惩罚性赔偿数额进行了规定。例如：

> 第五条　人民法院确定惩罚性赔偿数额时，应当分别依照相关法律，以原告实际损失数额、被告违法所得数额或者因侵权所获得的利益作为计算基数。该基数不包括原告为制止侵权所支付的合理开支；法律另有规定的，依照其规定。
>
> 前款所称实际损失数额、违法所得数额、因侵权所获得的利益均难以计算的，人民法院依法参照该权利许可使用费的倍数合理确定，并以此作为惩罚性赔偿数额的计算基数。
>
> 人民法院依法责令被告提供其掌握的与侵权行为相关的账簿、资料，被告无正当理由拒不提供或者提供虚假账簿、资料的，人民法院可以参考原告的主张和证据确定惩罚性赔偿数额的计算基数。构成民事诉讼法第一百一十一条规定情形的，依法追究法律责任。
>
> 第六条　人民法院依法确定惩罚性赔偿的倍数时，应当综合考虑被

---

❶ 最高人民法院. 最高人民法院关于修改《最高人民法院关于审理侵犯专利权纠纷案件应用法律若干问题的解释（二）》等十八件知识产权类司法解释的决定［EB/OL］. ［2021-12-31］. http：//www.court.gov.cn/fabu-xiangqing-282671.html.

❷ 最高人民法院. 最高人民法院出台知识产权惩罚性赔偿司法解释依法惩处严重侵害知识产权行为［EB/OL］. ［2022-01-03］. http：//www.court.gov.cn/fabu-xiangqing-288861.html.

告主观过错程度、侵权行为的情节严重程度等因素。

因同一侵权行为已经被处以行政罚款或者刑事罚金且执行完毕，被告主张减免惩罚性赔偿责任的，人民法院不予支持，但在确定前款所称倍数时可以综合考虑。

如果说《最高人民法院关于知识产权民事诉讼证据的若干规定》是为了解决专利权人举证难的问题，则《最高人民法院关于审理侵害知识产权民事案件适用惩罚性赔偿的解释》在一定程度上解决了专利侵权行为赔偿低的问题，增强惩罚性赔偿司法适用的可操作性，为公司知识产权部门发起专利诉求提供了明确的诉讼指引。

2. 发挥司法典型案例的引导作用

知识产权相关法律立法、司法解释行为，毕竟仍属于一种普遍性的规范，在一定程度上不如一些典型司法判例给企业等市场主体带来的冲击明显。近年来，最高人民法院和各地方人民法院每年都会发布典型知识产权案例，这些案例的发布，在客观上为企业上了一堂生动的知识产权课。例如，最高人民法院发布的2019年中国法院十大知识产权案件❶中公布了"武侠Q传游戏"侵害改编权及不正当竞争纠纷案，判赔金额超过1600万元。

【案例】明河社出版有限公司、完美世界（北京）软件有限公司与北京火谷网络科技股份有限公司、昆仑乐享网络技术有限公司、昆仑万维科技股份有限公司侵害改编权及不正当竞争纠纷案〔北京市高级人民法院（2018）京民终226号民事判决书〕。

【案情摘要】明河社出版有限公司（以下简称"明河社"）是《射雕英雄传》《神雕侠侣》《倚天屠龙记》《笑傲江湖》等作品在中国境内的专有使用权人。经明河社同意，查良镛（金庸）将上述作品部分区域和期间内移动终端游戏软件改编权及后续软件的商业开发权独家授予完美世界（北京）软件有限公司（以下简称"完美世界公司"）。被诉侵权的武侠Q传游戏由北京火谷网络科技股份有限公司（以下简称

---

❶ 最高人民法院新闻局. 2019年中国法院10大知识产权案件和50件典型知识产权案例[EB/OL]. [2021-12-23]. https://baijiahao.baidu.com/s?id=16647701737201479932&wfr=spider&for=pc&qq-pf-to=pcqq.c2c.

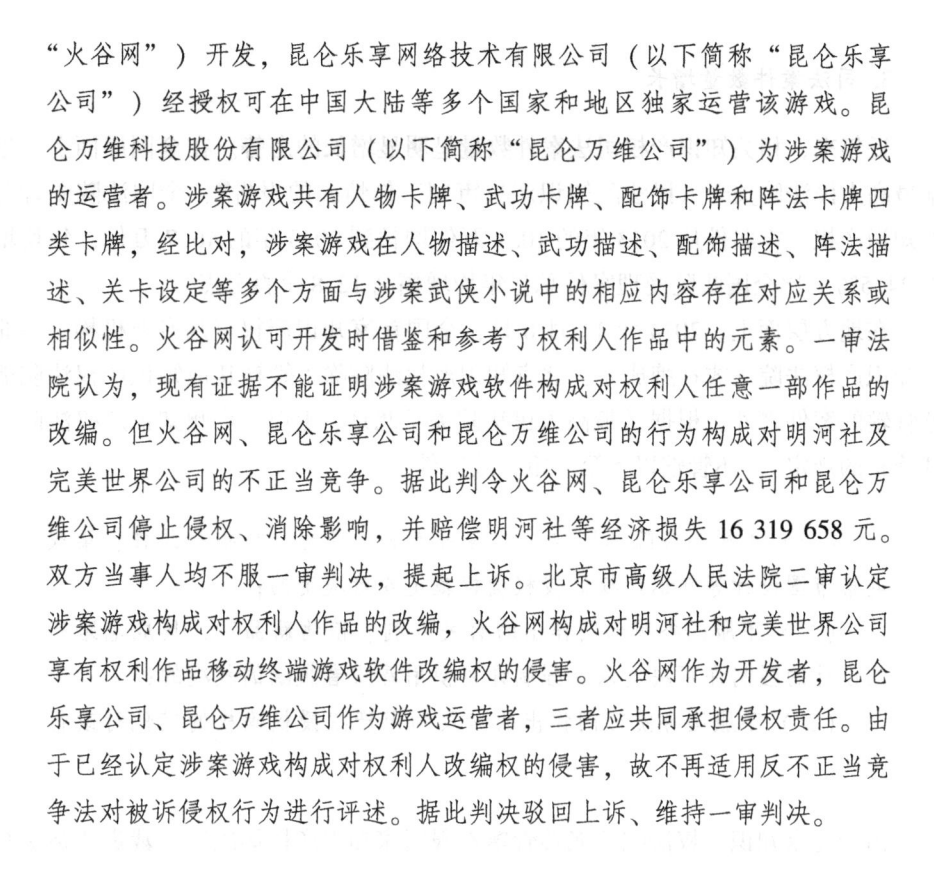

"火谷网")开发,昆仑乐享网络技术有限公司(以下简称"昆仑乐享公司")经授权可在中国大陆等多个国家和地区独家运营该游戏。昆仑万维科技股份有限公司(以下简称"昆仑万维公司")为涉案游戏的运营者。涉案游戏共有人物卡牌、武功卡牌、配饰卡牌和阵法卡牌四类卡牌,经比对,涉案游戏在人物描述、武功描述、配饰描述、阵法描述、关卡设定等多个方面与涉案武侠小说中的相应内容存在对应关系或相似性。火谷网认可开发时借鉴和参考了权利人作品中的元素。一审法院认为,现有证据不能证明涉案游戏软件构成对权利人任意一部作品的改编。但火谷网、昆仑乐享公司和昆仑万维公司的行为构成对明河社及完美世界公司的不正当竞争。据此判令火谷网、昆仑乐享公司和昆仑万维公司停止侵权、消除影响,并赔偿明河社等经济损失 16 319 658 元。双方当事人均不服一审判决,提起上诉。北京市高级人民法院二审认定涉案游戏构成对权利人作品的改编,火谷网构成对明河社和完美世界公司享有权利作品移动终端游戏软件改编权的侵害。火谷网作为开发者,昆仑乐享公司、昆仑万维公司作为游戏运营者,三者应共同承担侵权责任。由于已经认定涉案游戏构成对权利人改编权的侵害,故不再适用反不正当竞争法对被诉侵权行为进行评述。据此判决驳回上诉、维持一审判决。

上述案例在网络游戏公司开发网络游戏中其实是比较常见的,市场上一些基于经典 IP 作品进行改编的游戏,很多都未获得原始版权人的许可授权,特别是这种卡牌类游戏。

在此之前,这一类游戏公司的知识产权工程师或者法务人员对于类似改编行为是否构成知识产权侵权可能还存有不同理解,但最高人民法院将这类未经授权的改编行为认定为侵权,并作为典型案例进行发布,能够在很大程度上解答知识产权工程师的疑惑。并且这也在一定程度上便于公司知识产权部门推动此类知识产权风险控制工作。例如,所在公司再出现类似开发行为,或者不愿意与版权权利人进行谈判以获得许可,那么知识产权工程师可以将该案例展示给公司业务人员、研发人员和相关决策层。

从这几年我国各级人民法院发布的司法案例和相关数据来看,知识产权案件一方面在逐渐提高司法判赔金额,另一方面也在不断以案例的形式厘清新类型、新情况、新形势下的知识产权侵权和版权合理使用的边界,指导市场主体在合法、合规的前提下开展经营活动。

权的保驾护航。在2021年4月16日公布的《关于修改〈科创属性评价指引（试行）〉的决定》（以下简称《修改决定》）中明确要求"支持和鼓励科创板定位规定的相关行业领域中，同时符合下列4项指标的企业申报科创板上市"，其中一项即为"形成主营业务收入的发明专利5项以上"，同时还规定了"支持和鼓励科创板定位规定的相关行业领域中，虽未达到前述指标，但符合下列情形之一的企业申报科创板上市"，其中一项即为"形成核心技术和主营业务收入的发明专利（含国防专利）合计50项以上"。

可从该《修改决定》中明确看出，科创板明显提高了知识产权在企业申报科创板上市的权重，如果企业形成主营业务收入的发明专利5件以上但未达到50件以上，则需要企业同时满足科创板上市的4件指标；如果企业形成核心技术和主营业务收入的发明专利（含国防专利）合计50件以上，就可以直接申报科创板上市，也就是说，除了其他一般性限制性条件（如限制金融科技、模式创新企业在科创板上市；软件行业的企业研发投入占比应在10%以上）、禁止性条件（禁止房地产和主要从事金融、投资类业务的企业在科创板上市）之外，只要企业的知识产权布局达到指标要求，则可以直接申报在科创板上市。据统计，截至2021年6月30日，科创板301家注册公司中，专利总申请量为9.7万件，有效专利量5.1万件，授权发明专利量2.8万件。平均每家科创板上市公司专利申请量为322件，有效专利量为169件，授权发明专利量为94件。

科创板除了对企业知识产权提出数量要求之外，还对发行人的知识产权风险控制提出了要求。在2020年7月7日中国证券监督管理委员会2020年第6次委务会议审议通过的《关于修改〈科创板首次公开发行股票注册管理办法（试行）〉的决定》（第174号令）中明确指出："发行人不存在主要资产、核心技术、商标等的重大权属纠纷，重大偿债风险，重大担保、诉讼、仲裁等或有事项，经营环境已经或者将要发生重大变化等对持续经营有重大不利影响的事项。"因此，这就需要企业申报科创板时，对是否存在知识产权权属争议、发明人争议、知识产权许可情况、知识产权诉讼/仲裁风险等，都需要进行妥善安排和说明。

2. 资产市场涉知识产权情况及案例

根据国家知识产权局委托中国汽车产业知识产权投资运营中心对2016—2018年资本市场知识产权问题开展调查结果[1]：

---

[1] IPRdaily中文网. 注意！科创板企业上市知识产权问题要点 [EB/OL]. [2021-03-03]. http://www.iprdaily.cn/article_21103.html.

在 IPO 过程中，知识产权问题企业数量占比由 2016 上半年的 48% 上升到 2018 年同期的 78%，企业平均问题数量由 2016 上半年的 2.7 个上升到 2018 年同期的 5.0 个。专利和商标问题分别占 IPO 企业知识产权问题的 49% 和 27%，其次是技术秘密问题，占 14%。

55 家赴美上市中国企业中，美国证券监督交易监督委员会对 13 家企业的知识产权提出疑问，涉及 18 个问题。

可见，不论是中国资本市场，还是美国资本市场，知识产权始终是无法绕开的话题，如果知识产权问题处理不当，则会对企业 IPO 首次公开发行股票（Initial Public Offerings）进程造成实质性影响，轻则延缓上市步伐，重则终止上市。

也有媒体对 2020 年科创板终止上市的 41 家企业进行分析❶，这些终止上市的企业中有 20 家涉及知识产权问题，占比近 50%。表 1-3-1 列举了部分终止上市企业涉及的知识产权问题。

表 1-3-1　部分终止上市企业涉及的知识产权问题

企业名称	时间/状态	知识产权问题
昆腾微电子股份有限公司	2020.12.25/主动撤回	专利申请及授权明显断档，可能降低对发行人科创能力的评价
东软医疗系统股份有限公司	2020.11.27/主动撤回	不同类型产品的技术来源、形成过程是否合法合规，以及技术授权具体情况披露不完整
赛赫智能设备（上海）股份有限公司	2020.8.25/主动撤回	专利应用及技术来源、专利数量不高的原因，以及是否存在技术秘密外泄风险

这些企业终止在科创板上市，一方面是由于自身知识产权工作不到位，没有拥有核心技术及知识产权，或者是知识产权管理、运用不当；另一方面，很多企业则是因为竞争对手的狙击导致 IPO 失败。

比较典型的案例是"某翰科技公司诉某 J 科技公司专利侵权案"，某翰科技公司在 2019 年 5 月冲刺科创板上市，在这期间其竞争对手某 J 科技公司以某翰科技公司产品侵犯其 8 项专利权为由，向重庆市第一中级人民法院提起诉讼，索赔 5000 万元，虽然最终以某 J 科技公司的 6 项专利被国家知识产权局宣告无效

---

❶ IPRdaily 中文网. 科创板终止上市企业近半数倒在知识产权问题. [EB/OL]. [2021-04-07]. http://www.iprdaily.cn/article_27473.html.

而撤诉外，剩余2件专利案件被法院认定侵权行为不成立而结束，但某翰科技公司选择主动撤回科创板上市申请，从而终止了IPO进程。某翰科技公司在2016年、2017年、2018年公开的专利数量分别为2件、5件、13件，虽然在2019年公开的专利数量达到43件，但其在2019年1—5月公开的专利数量见表1-3-2。

表1-3-2 某公司2019年1—5月公开的专利数量

申请时间	专利数量/件	申请时间	专利数量/件
201901	2	201904	5
201902	0	201905	4
201903	2		

数据来源：Incopat。

检索日期：2021年4月22日。

可见，某翰科技公司在IPO遇到专利诉讼之前，并未真正地重视知识产权工作，也并未重视公司知识产权布局及IPO过程中的知识产权风险评估，包括专利自由实施分析工作等，最终被竞争对手找到漏洞而导致上市失败。

第四节 趁"天时"，顺而为

从前述内容可以看出，公司在经营活动中不可避免地要受到国内外知识产权大环境变化的影响，从整体趋势来看，强化知识产权保护，对侵权行为进行更严厉的打击已经成为各个国家的共识。

从资本市场层面来看，资产市场越来越关注知识产权工作本身及知识产权价值，特别是对于公司内部如何开展知识产权工作提出了更细致、更具体的要求。如果把这种重视知识产权的大环境视为有利于开展知识产权工作的"天时"，那么公司知识产权部门应该顺势而为，一方面，应该加强与公司管理层的沟通，争取对知识产权工作更多的支持，将IPO遇到的知识产权问题解决关口前移，在平常的知识产权工作过程中就应该加强知识产权风险管控力度，强化知识产权保护，提前进行知识产权布局，从管理制度、流程及不同阶段工作重心等方面进行规划；另一方面，现有知识产权大环境也为知识产权资产变现、增值提供了多种可行性的思路，如专利开放许可等，公司知识产权部门应该抓住机遇，拓宽工作思路，实现知识产权价值。

第二章

知识产权价值实现过程中"人和"因素

第一节 做好知识产权，老板掌握关键钥匙

很多人认为做好知识产权工作是知识产权总监应该操心的事情，但事实上老板才是确定一个公司知识产权工作能否做好的第一责任人。这里的老板，有可能是公司的董事长、总经理，或者实际控制人，在不同企业中有不同的称谓，如CEO、总裁等，甚至可以是一个高管决策团队。在老板眼中，知识产权工作只有融入公司的价值、战略中才有意义。因此，毫不客气地说，如果不能得到老板的支持，知识产权工作将无法顺利开展，老板对于知识产权工作的重要性体现在以下几个方面。

一、决定是否启动知识产权工作

在我国，很多企业并未设置专职人员去处理知识产权事务，即使企业有知识产权事务，比如专利申请、商标注册、版权登记等需求，也是事情来了由其他职能部门人员临时进行处理，事情处理完毕后"人随事走"，负责处理知识产权事务的人也会回到原来的岗位上，如法务人员回到法务事务处理中。即使有人兼职处理知识产权事务，也往往是对接一些流程事务，并没有形成一个完整的知识产权管理体系。

再如企业在申请高新技术企业认定过程中需要一定数量的知识产权作为支撑，又或者是企业在上市过程中面临知识产权指标的要求。然而知识产权事务还未呈现在老板面前，可能事项已经处理完毕，如高新技术企业认证中的知识产权项目要求已经在服务机构的辅导中取得，而最终呈现在老板面前的仅仅是已经通过了高新技术企业认证或者是公司顺利在科创板成功上市的结果，而高新技术企业认证或上市过程中有关知识产权项目要求背后所体现的对于企业创新能力要求

的重要性并未被老板觉察到。

这种情况出现的原因在于企业的老板没有将知识产权工作置于企业整体发展战略中，在这种情形下，知识产权事务也因为其重要性未得到充分展现而不会呈现在老板面前。因此，如果老板没有知识产权意识，则知识产权工作就不会以一种系统的方式去启动和开展，那么即使公司可能会面对一些零散的知识产权事务需求，也仅附随于其他事务。事实上，老板决定启动知识产权工作有多种因素。

1. 个人背景及经历

随着近年来国家大力提倡创新、创业，以及国内的创业、营商环境的不断改善，很多之前在海外留学、就业的人员选择回国创业，这些创业者中很大一部分是技术背景出身，有些甚至还在海外工作期间就有专利申请的经历，因此，海外工作的经验及良好的知识产权保护氛围会直接影响到他们在国内创业的方式，如在创业之初就愿意首先将知识产权保护放在优先的地位，愿意花钱来启动和开展知识产权工作。

例如，国内某搜索引擎公司 B 的创始人 L 早年在国内学习北京大学信息管理专业，随后前往美国纽约州立大学布法罗分校进行计算机科学专业深造。L 在工作期间因为信息系统面对海量的信息，却没有一种快速准确的检索技术帮助用户迅速找到自己想要的信息时，经过思考和反复论证，于 1997 年在美国申请了超链分析技术专利，后来回国基于这项专利技术创建自己的搜索引擎 B 公司，可以看出专利在 L 心中的地位，自然 B 公司启动知识产权工作也是顺理成章的事情。

其实除了海外留学工作经历外，其他个人背景因素也可能会影响老板决定是否启动知识产权工作。以某互联网科技公司为例，启动知识产权工作的契机在于公司 CEO 自身一直从事一线研发工作，主观意愿上不希望任何研发成果被人剽窃，并且认为专利可以保护这些研发成果，虽然 CEO 的主观意愿不能成为知识产权工作必然做好的理由，却足以成为启动知识产权工作的理由。

在广州另外一家从事跨境电商业务的科技公司，启动知识产权工作更加偶然，虽然该公司也曾经申请过几件外观设计专利，但并未将知识产权工作作为一项专业、系统的事务来重视，后来仅仅是因为公司 CEO 从自媒体某篇文章中看到该公司在行业内主要竞争对手的融资报道，而其中融资的一个渠道是以知识产权为质押标的物，因而产生了浓厚的兴趣，遂指示成立知识产权部门来开展知识产权工作。

因此，不论公司老板是基于什么样的个人原因决定启动知识产权工作，也不能否认老板个人背景因素对于知识产权工作的决定性。

2. 对行业发展的洞察力

在公司发展和业务拓展过程中，企业老板往往是从整体来看待企业内部各项工作，如市场、财务、研发等部门的工作，而知识产权工作作为职能工作的一部分，自然也在老板整体谋划范围之内。

虽然老板对于知识产权工作中的具体规则、细节了解不一定很深入，但老板对于市场竞争环境、市场波动等信息掌握的全面性，以及对于市场竞争要素变化的敏锐性在大多数情况下高于企业知识产权工作负责人。因此，老板对于知识产权价值及知识产权工作作用的理解的维度肯定也与知识产权工作负责人有所不同。从一定程度上来说，对于知识产权工作重要性的理解，老板是站在一个更高的层次去看待的。

以 H 公司为例，该公司产品线专注于五金，特别是门锁系列，相对来说该公司的产品线比较单一，然而该公司却持续投入资金到知识产权布局上，已经积累了超过 600 件专利资产（图 2-1-1），特别是近几年来，专利布局力度在不断加强。

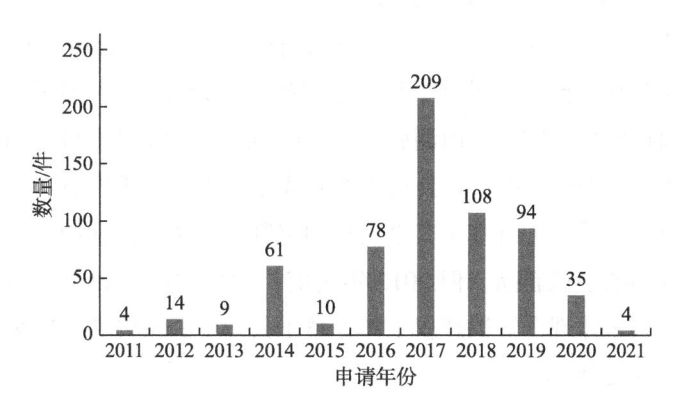

图 2-1-1　H 公司专利申请情况

数据来源：智慧芽

检索时间：2021 年 10 月 13 日

对于 H 公司为何如此重视知识产权工作，该公司董事长在一次会议上分享他对于知识产权工作的认识：虽然当下的智能门锁市场上并未出现绝对的龙头企业，整个市场仍由数十家企业共同"瓜分"，并且行业内少有通过知识产权诉讼的方式来打击各种抄袭及侵权行为，但为什么依然持续加大对知识产权布局的投司缴纳涉及 2G、3G 等技术标准相关的专利费。

从以上内容可以看出，当知识产权诉讼影响到公司的发展和整体战略实施时，则必然要启动知识产权工作，或者要强化知识产权工作的重要性。

二、影响知识产权布局数量与质量

企业各项工作的开展离不开资金的投入，即使一家公司已经决定要启动知识产权工作，也会因为老板最终决定投入到知识产权工作中的资金规模而影响最终知识产权工作成果能否达到预期。具体而言，投入的资金多少可能对知识产权工作造成的影响包括如下几个方面。

1. 影响知识产权布局数量

知识产权布局数量与质量一直是知识产权工作讨论的热点话题，但基于知识产权工作的客观规律，一般认为知识产权布局数量是企业知识产权工作的基础。这是因为不论是构建专利池，还是进行知识产权诉讼与许可，积累庞大的知识产权布局数据是绕不开的步骤。而庞大的知识产权布局需要投入大量的资金用于申请费用、代理服务费用、数据库建设费用、管理系统构建费用、年费等维持费用的支出，因此老板决定投入多少资金，将直接关系到知识产权布局数量。

2. 影响知识产权布局质量

知识产权质量是知识产权价值实现的核心与基础。作为企业来说，一方面，培育高价值专利要同时满足技术先进性、市场前景良好，以及权利稳定、保护范围宽，是非常困难的事情，绝大部分专利往往只能满足其中一个或几个要求；另一方面，在诉讼、交易实践中真正体现高价值的专利往往又无法满足技术、法律、市场三个方面的要求。

虽然无法确定培育的哪些知识产权是高价值的，但就知识产权本身的法律属性和技术属性来说，如何布局一些高质量的知识产权还是有章可循的。以专利为例，高质量专利的诞生及价值的实现离不开企业内、外各方参与主体，这些参与主体包括企业知识产权部门的知识产权工程师、知识产权服务机构的专利代理师、输出创新技术方案的研发人员、律师事务所的律师、专利局审查员及法院法官，这些参与方中企业知识产权部门的优秀知识产权工程师的招募及服务机构中高水平的专利代理师、律师聘任都离不开资金的支持。

还是以专利为例，一件专利最终要体现其价值性，就意味着其在技术交底书、申请文件撰写、审查意见答复、许可等各个环节都要进行质量的严格把控。并且，专利诞生及运用的上述各个环节是一条以时间为维度的单向过程线，这也意味着前面环节处理得是否恰当，其对应结果在相当程度上是不可逆、不可挽救的。比如专利申请文件撰写的质量不高，则后续即使委托了高水平的律师，在维权过程中极有可能会处于不利的位置。因此，为了使专利资产的价值不因为各个环节处理不当而受到影响，必然要求企业在各个环节中寻求更专业、更高水平的专业人员对质量进行把控，也就是说，离开了资金的支持，高质量的专利资产也如同镜花水月一样难以获得。

同样要发起专利诉讼，在不同知识产权工程师与律师的配合下，可能就会存在是否胜诉、赔偿金额高低的区别，因为其中涉及知识产权工程师遴选哪些专利进行诉讼、对于权利要求的解读、证据的理解与适用、庭审过程中的陈述等各个方面因素的影响，因此想要实现企业知识产权高质量布局与价值实现，必定要选用优秀的参与主体（知识产权员工、专利代理师、研发人员、律师等），如同优质的产品往往价格不菲，选用优秀的参与主体也意味着更多的资金投入。

三、影响知识产权管理架构

在那些决定组建知识产权管理部门的企业，也会因为老板对于知识产权理解的不同，而设置不同的知识产权管理架构，这些都会导致实际知识产权工作开展的效果差异。

知识产权管理架构的不同，将直接体现知识产权管理部门在老板心目中的定位。在实践中，如何定位知识产权部门，也就意味着知识产权工作的价值取向。例如，知识产权管理架构与研发部门强相关，则知识产权工作的价值可能在于积累专利等无形资产及研发项目风险防控；而当知识产权管理架构与战略部门强相关时，则知识产权工作的价值可能不仅在于专利布局和风险防控等，还站在一个更高的层面，如引领公司创新的方向等。

1. 定位于一级部门的优势

知识产权管理部门在公司内的层级很大程度会影响知识产权工作在整个公司的地位及知识产权部门在公司各个业务运营过程中的话语权，"人微言轻"与"位高权重"两种截然不同的话语场景所反映的正是这个道理。

例如，有的公司将知识产权管理部门设置为一级部门，则知识产权管理部门在开展工作时能够与研发、市场、财务、法务等部门直接进行横向平行沟通，在协调部门之间的联动关系和协调资源时能够更加游刃有余，并且遇到问题需要从公司层面进行资源争取时，能够直接跟老板进行当面汇报和沟通；反之，如果将知识产权部门设置为二级部门或者三级部门，则知识产权管理部门不但在整个公司内的存在感和重要性不如前者，并且知识产权工作的开展也会受制于上一级部门整体职能及对知识产权工作的定位。将知识产权管理部门定位于一级部门具备如下优势。

（1）将配备直接分管高管

在实践中老板直接过问知识产权工作的毕竟还是少数，特别是对于一些大的集团公司来说，领导组织层级复杂，一些重大决策往往通过董事会或者高管会议来决定。通常，直接由老板来协调和决策的往往都是业务、投资等重大经营活动，因此，配备一个分管的高管对于知识产权工作在重大决策中的推动作用显得尤为重要。这里所说的分管高管是指在董事会中的董事、副总裁等。

配备了分管高管，对于知识产权年度预算的争取、知识产权管理部门人员的配备及重大项目中知识产权的参与等尤为关键，上述事务如果缺少一个在公司内具有相当分量的分管高管去推动，恐怕就很难落实。因为即使企业老板内心很重视知识产权，但他也无法事无巨细地部署知识产权工作的具体细节问题。

尤其是在一些跨部门沟通的场景下，由于各个部门基于本部门利益考虑，往往在一些重大知识产权事务中存在不同的部门利益取向，有些利益取向实际上是不利于公司的整体利益的。例如，某公司因为产品需要而每年向技术许可方支付大额的技术许可费，经过研发部门评估通过自研技术可以取代外部采购以节省开支，并且自研技术实现难度并不大。但知识产权部门经过评估后发现技术许可方针对许可涉及的技术申请了多项专利并获得授权，自研技术想要完全绕开这些专利布局几乎没有可能性，并且未经许可的实施行为还容易被发现、取证。因此知识产权部门和研发部门针对是否要采用自研技术有着不同的理解。如果没有分管知识产权工作的高管从中协调，在公司高层会议中陈明利弊，则很可能将无法阻止一起潜在的重大侵权行为风险。

（2）更容易争取预算

由于知识产权工作需要投入大量的资金，如果将知识产权部门划归为其他一级部门之下，则上级部门内的其他二级部门可能原本部门开支并不多，知识产权部门预算在横向对比时就显得尤为突出。

此外，也可能存在一级部门内有多个二级部门需要资金预算支持时，一级部门负责人会因为不同时期不同二级部门工作重要性在心目中的差异，而对知识产权部门的资金投入预算进行调整。例如，当知识产权部门设置于法务部门之下时，可能在某一时期因为各类型诉讼的增长，而需要投入更多的预算聘用律师，从而对知识产权工作预算进行调减。

而在知识产权管理部门设置为一级部门时，知识产权工作本身的预算可以显著降低因为其他部门预算限制的影响，从而为更好地开展知识产权工作争取更多资金支持。

(3) 便于完善部门内部架构

在知识产权部门被定位为一级部门时，对该部门的管理框架设计上具有更多的自主权，可以针对知识产权业务类型、特点对组织框架进行更加细致的调整。例如，可以根据知识产权业务类型划分为多个二级部门，分别处理商标、专利、版权、流程等事务，甚至可以根据知识产权事务的复杂或难易程度以及工作量在二级部门之下再划分为各个不同的职能小组，如将专利业务板块划分为新案挖掘审核组、审查意见答复审核组、检索分析组、专利资产维护组、诉讼许可组、风险控制组、流程支撑组等，便于精细化管理各项知识产权事务。

而如果知识产权部门为一级部门的下属部门，不但在管理组织框架上受制于一级部门的整体规划，无法划分为多层次更细致的管理组织框架，也无法根据各种知识产权业务的自身特性，对知识产权业务进行精细化管理。

(4) 人员配置更加合理

不论什么样的管理组织框架，都需要相应的人员来实现管理组织架构预定的职能，因此只有把合适的人员充实到管理组织架构中才能发挥组织架构的意义。每个公司都会对不同的部门设置相应人力资源管理目标，这些目标包括部门内的人员数量、具体岗位如何进行绩效考核，以及晋升的要求、条件如何设置、实施等。如果知识产权部门设置在一级部门之下，则人员配置的规模会受到整个部门地位、一级部门负责人对于知识产权理解看法等因素的影响，并且在知识产权人员的绩效考核、人员晋升过程中，极有可能因为一级部门整体的规划而无法全面进行考核与晋升安排。

以员工绩效考核为例，如某公司将知识产权部门设置在法务部门之下，而人力资源部门对公司每个一级部门都设置了绩效考核目标，即获得优秀、合格、不合格三种不同绩效的员工是按照预设的强制比例划分的，如在一个考核周期内优秀员工占比为20%、合格员工占比为60%、不合格员工占比为20%，而一级部门总员工数量较少，因此能够在考核中获得优秀的员工数量不多，那么一级部门的负责人在对各个二级部门所有员工进行最终考核结果确认时，可能会偏向当期取得重大诉讼结果或者排除重大风险控制隐患的二级部门员工，虽然同期知识产权部门内也有员工绩效突出，却因为部门内整体平衡和调整无法获得应有的考核成绩，将极大影响知识产权部门内员工的工作积极性。反之，如果知识产权部门本身具有完全自主的管理权限，则可以根据知识产权工作的特点灵活设置各种考核指标，从而不但可以激励员工有更高、更有质量的产出，也能够真正实现按照绩效达成结果来决定考核等级。

2. 定位于二级部门的特点

有些公司将知识产权部门定位为一级部门，也有相当数量的公司将知识产权管理部门设置在一级部门之下，定位为二级部门。即使将知识产权部门定位为二级部门，也会因为设置在不同的一级部门之下导致知识产权工作的侧重点有所区别。在实践中，将知识产权部门作为二级部门设在不同部门之下主要有如下几种情况。

（1）设置于法务部门内

知识产权部门被设置在法务部门之下时往往会将专利、版权、商标等一并纳入知识产权部门的管理范畴，并且知识产权工作会同时考虑知识产权布局、法律风险控制等众多因素，如一些技术许可合同中所涉及的知识产权条款的审核也会放在知识产权部门。

优点：这种管理架构是大多数企业所选择的架构形式，其优点在于能够将知识产权工作整体纳入法务工作中，对于知识产权法律的解读、适用，对于司法裁判规则的理解、裁判尺度的把控及对于证据规则的掌握都是法务工作者的强项，并且将知识产权部门设置在法务部门内，还能将知识产权风险管理纳入公司整体风险控制体系中。

不足：当然，将知识产权部门设置在法务部门之下也存在一些不足，知识产权工作不仅涵盖了法律权利的行使，还包括知识产权本身作为一种无形资产的运用和运营，这种知识产权运用、运营的行为需要更多其他超出法律工作实务的技能，这些技能并非法务工作者所擅长的，并且法务部门天然强调风险管理，而运营必然存在风险，这使得知识产权运营这项工作本身与法务工作存在一定的矛盾。

（2）设置于研发部门内

也有一部分公司选择将知识产权部门设置在研发部门之下，则知识产权工作的重点可能限于专利挖掘、布局，以及产品的规避设计。总体来说，这种架构虽然不利于知识产权价值实现的最大化，也不利于知识产权整体风险的管控，但却可以使研发过程中专利挖掘更加顺畅。但在一些场景下，将知识产权部门设置在研发部门之下还具有其独特的优势。例如，企业创立之初，将知识产权部门下设于研发部门，能够在最大限度上开展项目研发风险规避设计，因为此时公司可能还未设置专门的法务部门，知识产权部门内人员大部分由之前的研发人员兼任，因此，在沟通方面和技术理解方面，能够避免信息在传递过程中发生衰减。

（3）设置于其他部门内

实践中也存在一些公司将知识产权部门设置在其他部门内，如行政部门、总经办部门，甚至项目申报部门等，这种管理架构明显存在不合理之处，也体现着公司老板并未将其定位为一个真正管控知识产权风险、实现知识产权价值的统一归口管理部门，仅将其作为一种普通的日常管理，或者申报项目的一种辅助职能。但这种架构也并非毫无优点，如设置在行政人事部门内，在文件盖章用印，将专利挖掘和申请量纳入研发人员考核、晋升等方面，存在独到的优势。

此外，在一些大的集团公司涉及母公司、子公司的场景下，还存在知识产权部门是仅设置于集团总部，还是在各子公司也都设置知识产权部门的情形，在集团总部统一进行管理和由子公司自行管理的两种情形下，知识产权工作的侧重点和优势也各有不同。

四、决定知识产权工作边界

目前很多公司将企业知识产权部门定位为专利管理部门，也有些公司将专利、商标、版权统一纳入知识产权部门进行管理，上述两种方式是将知识产权部门作为知识产权资产的管理部门，而知识产权贯穿企业经营等各个方面中的作用，以及知识产权风险如何识别，在识别后有无流程、制度进行防控及风险转换为实际存在的争议之后如何加以解决，这些职能却并不一定放在知识产权部门内。

公司老板对于知识产权部门负责的工作边界的看法和印象，其实并非一成不变。在公司知识产权工作刚起步时，知识产权部门的工作成果尚未凸显，知识产权工作的价值未得到充分彰显，公司老板对于知识产权部门的职能范围定位相对较窄，而随着知识产权工作的不断推进，相关成绩逐渐展示到老板面前，以及公司成功应对了知识产权危机，则知识产权部门的工作边界就有可能得到扩张。

此外，知识产权部门负责人在老板心目中的印象也是决定知识产权部门工作广度的因素之一。如果公司老板认为知识产权部门负责人的专业能力仅限于处理一些知识产权申请、维护工作，则可能就不会将知识产权风险控制事务放在知识产权部门，而如果知识产权部门负责人的专业背景足够扎实、工作履历光鲜，并且经过一段时间的沟通，老板认为知识产权部门负责人有能力处理各类知识产权事务，以及应对各种知识产权风险与纠纷，则知识产权部门工作边界将非常宽泛。

一般来说，知识产权部门工作的内容有以下几种类型。

1. 负责知识产权单项工作

很多公司的知识产权部门仅负责知识产权单项工作，即专利申请工作、商标注册工作，让知识产权部门负责知识产权单项工作虽然一方面可能是由于公司内部组织架构的不合理，另一方面也可能是由公司业务特点所决定的。

例如，在某饮品公司，其主打的产品为一种软饮料，产品本身技术改进的空间不大，其主要配方也是通过商业秘密形式予以保护的，因此公司为了更好地宣传产品，扩大产品在市场上的销量，采用的一个很重要措施就是投放大量的广告来提升产品的知名度，因此该公司知识产权部门的主要工作就在于全方位设计商标的注册布局与保护策略，监控市场上出现的假冒商标行为，并开展行政、司法等不同途径的商标维权工作。

而在某文娱公司的知识产权部门除了进行注册商标对公司品牌进行保护外，还将大部分精力用于视听作品传播过程中的版权保护、预防侵犯他人版权、打击侵权音像制品扩散等行为。例如，在电影拍摄之前，对影视作品的剧本进行审核，防止剧本抄袭行为，通过合同条款对编剧的行为进行约束，在影视作品上映之前，防止片源泄露，并在片源泄露之后及时通过发律师函，以及寻求行政执法、诉前保全等一系列措施来降低片源泄露所造成的损失，在影视作品下线之后，监控线下音像制品租售市场，以及线上直播、点播盗链线索，维护版权权益。

由知识产权部门负责知识产权单项工作，其优点在于职能更加聚焦，对于职责范围内的工作能够做得更加细致，但其缺陷在于没有整体的知识产权保护的框架，使得各类知识产权无法形成一个有机整体进行统一管理。

2. 负责知识产权整体等申请维护工作

大部分公司的知识产权部门负责公司内知识产权整体工作，这些工作包括专利布局、产品知识产权风险管控、产品规避设计、商标布局与保护、版权登记、域名管理、商业秘密保护、知识产权维权、技术许可/被许可等方面。

将公司经营中各个环节、公司内各部门运作中所涉及的知识产权事项统一由知识产权部门来管理，这种方式能够较好地实现知识产权获取、维护、运用、保护价值。

以互联网直播行业为例，涉及的知识产权工作可能包括以下几个方面。

直播平台的域名管理：除了保证直播平台域名的正常维护之外，也要不断监控是否有其他公司有类似"傍名牌"的行为，如域名不正常跳转、域名与商标权的纠纷及域名权与商标权的冲突争议等。

直播平台产品和技术专利保护：除了保护 iOS、安卓、电脑、电视等各个终端的直播平台产品中涉及的技术之外，还重点对直播产品形态、直播商业模式及直播过程中各种交互、玩法等进行专利布局与保护。

直播平台商标权保护：如直播平台的 LOGO、形象、文字及各种组合，特别应注意的是在直播平台的主播很多是采用艺名或花名进行直播，因此对于直播平台内的大主播及潜力主播，应该根据实际情况与主播进行协商，将可能用于宣传、推广，以及可能被人抢注、利用的艺名或花名进行商标注册保护。虽然根据现行《商标法》第七条规定：申请注册和使用商标，应当遵循诚实信用原则。但在实践中还是应该选择这些有价值的艺名或花名进行商标注册保护。

直播平台版权保护：直播平台版权是知识产权部门的工作重点之一，涵盖了直播平台上产生的作品内容的版权归属问题，直播过程中主播是否未经权利人的许可使用、播放、演绎了音视频作品的内容，直播内容被其他平台或者其他第三方盗链盗播，直播平台优质内容在未经许可的情况下，被其他平台或者其他第三方做成小视频传播等，这些都是知识产权部门需要处理和应对的事务。

直播平台商业秘密保护：直播平台产品的源代码及相关技术资料，直播平台的用户、主播产生的使用、消费数据，优质主播的个人信息等技术信息、经营信息等商业信息，都需要知识产权部门进行规范化的管理和采取相应的措施，预防因商业信息的泄露而造成公司的损失。还可以在商业信息泄露情况下，采用合适的手段降低和挽回损失。

直播平台知识产权风险控制体系构建：除了上述提到的专利、商标、版权、商业秘密布局与保护之外，知识产权部门一项很重要的工作就在于降低直播平台的知识产权风险，这些知识产权风险可能是综合性的，如直播平台准备上线一个主播与用户之间的 PK 玩法，除了需要将这种玩法和界面设计申请发明、外观设计进行保护之外，还需要进行风险控制分析，如这种新的玩法有没有在线的授权专利或者申请之中的专利，是否会落入其他人的专利保护范围内，相应的用户交互界面（GUI）中的配图是否会侵犯第三方的版权，GUI 设计中的字体是否为免费使用的字体，如果是收费字体是否购买了许可，相应玩法中流程的设计是否与国家的法律、法规等发生冲突等。

其他知识产权事务：包括相关知识产权项目维护、知识产权政策研究、知识产权合规等。

3. 负责知识产权及相关交叉事务工作

公司知识产权部门除了负责知识产权整体工作之外，还负责公司内与知识产权交叉事务工作，随着法律制度的不断修改和完善，部门法律的适用交叉、冲突也越来越多，如公司行使专利权利，与其他法律规定之间的冲突。例如，《专利法》第二十条规定：

> 申请专利和行使专利权应当遵循诚实信用原则。不得滥用专利权损害公共利益或者他人合法权益。滥用专利权，排除或者限制竞争，构成垄断行为的，依照《中华人民共和国反垄断法》处理。

因此，在一些特殊情况下，行使专利权还可能受到《中华人民共和国反垄断法》（以下简称《反垄断法》）的限制。此外，如果行使专利权涉及标准等，还需要遵循FRAND原则，即标准中的专利权利行使需符合公平、合理、无歧视性的要求。

目前国内外对于互联网领域的个人隐私保护越来越重视，2018年欧盟出台《通用数据保护条例》（GDPR），GDPR的适用范围非常宽泛，即使某公司不在欧盟境内设立机构，却处理了欧盟境内的个人数据，也可以适用GDPR，如某互联网直播公司虽然在中国境内设立，相关服务器也设置在境内，但欧盟境内的用户在该直播平台上注册了相关账户，并且在该直播平台上有使用和消费行为，则相关隐私保护政策也必须符合GDPR的规范，如未遵守相关规定，处罚极其严厉，"对违法企业的罚金最高可达2000万欧元（约合1.5亿元人民币）或者其全球营业额的4%，以高者为准"。

在我国相关法律中也有相关规定，如在《中华人民共和国民法典》（以下简称《民法典》）第一千零三十四条中明确规定：自然人的个人信息受法律保护。

在我国，《个人信息保护法》中对于个人信息的基本定义，个人信息处理的规则等进行了详细的规定。不但规定了处理个人信息应当遵循合法、正当、必要和诚信原则，不得通过误导、欺诈、胁迫等方式处理个人信息，并且处理个人信息应当具有明确、合理的目的，并应当与处理目的直接相关，采取对个人权益影响最小的方式。收集个人信息，应当限于实现处理目的的最小范围，不得过度收集个人信息。因此，互联网公司在利用个人信息时，特别是对个人信息进行加工以形成商业信息时，不能再无限制地使用。如何保证个人信息获取、利用合规、合法，这些都需要公司知识产权部门来参与、制定相应制度，并且匹配相应的流程来推动制度的落实。

五、影响知识产权工作的深度

老板能在很大程度上影响知识产权工作的深度。知识产权工作其实是一种弹性非常大的工作，可以说花多少精力和成本在知识产权工作上，就能获得多大的成效。例如，从早期的知识产权战略规划到知识产权布局，再到知识产权运用和保护等。这些工作的开展，有些可以通过知识产权部门的工作就能够很好地完成，但有些工作的开展却离不开各种资源的投入，从资金的投入到人员的配置，再到跨部门，甚至是公司内部和公司外部资源的整合，很多时候单纯依靠知识产权部门本身很难推进。这时如果能够获得老板的支持，很多不容易推动的事情、不容易解决的问题则可能会柳暗花明。

以企业获得知识产权质押融资为例，知识产权融资质押是一种拓宽企业融资的渠道。虽然企业存在通过股权融资、不动产抵押融资等获得金融资金支持的渠道，但初创型企业或者科创型中小企业往往都是轻资产类型的企业，这些企业可以用于融资的不动产等资产并不多，或者根本就没有，因此通过传统获得资金的渠道很难获得金融机构的支持。虽然各地方政府在大力支持通过专利等知识产权来开展知识产权质押融资，也提供贴息支持等鼓励措施，但一些银行在实际操作知识产权质押融资业务时，虽然冠以知识产权质押融资的名义，还是会要求企业提供一些额外的担保措施，这些担保不一定是不动产等形式，也可能表现为企业的大股东或者法定代表人进行担保。因此，类似知识产权质押融资这种工作的开展，就离不开企业老板的决心和魄力。

《深圳商报》曾报道[1]："2016年深圳光峰光电技术有限公司凭着独特的光电专利技术，分别得到了中信基金、平安基金5000万美元、3000万美元的股权投资，同时平安银行给予其5亿元人民币的授信。此举探索出一条'专利技术+股权投资+银行融资'的新路子。"

---

[1] 深圳商报. 创新企业凭专利可融资 [EB/OL]. [2022-01-07]. http://szsb.sznews.com/html/2017-01/17/content_3710896.htm.

光峰科技公司董事长李屹在接受《每日经济新闻》记者专访时对于科创板上市之后资金用途表示❶："光峰科技还处于厚积薄发的阶段，当务之急我们还是希望把资源用在研发投入及技术专利和 IP 的固化上，迅速把技术研发变成无形资产。我们花几千万去申请专利，比花几千万去盖楼还要划算，投入产出比更高。"

上述案例也深刻揭示了企业老板对知识产权工作的认识深度，决定知识产权工作的深度。

六、老板认可是知识产权价值的"放大镜"

知识产权工作从来都是走的高端路线，在很多公司中知识产权工作甚至有点"曲高和寡"的感觉，也就是说知识产权工作的价值很多时候只在知识产权部门的内部被认可，很难得到公司其他部门的承认，在这点上知识产权部门不同于法务、财务等职能部门。

例如，法务部门所负责的合同审核职能，如果业务部门推动的某一项重要业务对应的合同中某些条款，法务认为风险较大而必须让业务相对方进行修改或者删除，业务部门认为对方在合作中地位比较强势，不大可能接受合同条款的调整，而法务部门坚持认为即使业务对公司比较重要，但风险依然不能忽视，这种情况下，虽然业务部门内心并不认可法务部门对于风险的理解，但因为公司制度和管理的约束，也必须重视法务部门指出的风险，并做相应的调整。

至于财务部门、审计部门等，都因为公司的制度上有约束，如不合乎财务的要求就不能将货款支付出去；工作行为不符合审计部门的要求则会直接受到公司处理，这些都能够对业务部门或者其他部门产生直接影响和威慑，因此这些部门自然也不需要考虑如何使自身的价值得到彰显。

而知识产权部门，由于在很多场景下属于风险预防部门，一方面持续投入资金却看不到明显的收益或效果，或者公司没有在知识产权问题上吃过亏，那么自然容易被人忽视；另一方面，如果知识产权工作无法对公司内其他部门产生直接影响，那么知识产权工作的价值实际上是很难彰显的。

知识产权工作与其他部门的工作相比，很大区别在于知识产权工作必须自上

---

❶ 每日经济新闻. 专访光峰科技董事长李屹：科创企业要积极应对"专利战"才能赢得尊敬 [EB/OL]. [2021-11-17]. https://baijiahao.baidu.com/s?id=1650443718922337553&wfr=spider&for=pc.

而下开展，而不能相反，争取老板的支持是排在首位的任务，只有老板重视知识产权工作，知识产权工作才可以启动、推动。

值得注意的是，老板的注意力并非持续聚焦在知识产权部门，甚至这个频率不会太高，因此知识产权部门必须努力让老板关注到知识产权的工作，并不断调整向老板沟通、汇报方式，并创造机会对老板造成潜移默化的影响，当然最终知识产权的价值取决于知识产权工作的成果，以及对公司实际创造的价值，只是说这个过程中离不开老板的认可及支持，老板在高管会议上的一句赞美可以对这种价值以及知识产权部门的认可起到很好的放大作用。

站在公司运营的角度，如通过知识产权质押融资解决了公司低息获取资金的问题，在 IPO 关键时刻击退了非专利实施主体（Non-Practicing Entities，NPE）或竞争对手的专利狙击，又或者是成功地通过专利诉讼将竞争对手的重要产品下架等，这些场景能够让老板切实感受到知识产权部门对于公司经营的支撑，对公司产品占领市场的帮助等有着不可替代的作用，老板才会从内心深处认可知识产权工作的价值。虽然上述所列举的情况并非所有的企业都能够遇到，但平常的知识产权工作正是事情发生时成功应对的前提条件。知识产权部门负责人以及知识产权工作的任务之一，就在于通过各种恰当方式，让老板认识到这点。

第二节 知识产权总监如何当好"知识产权舵手"

知识产权总监是知识产权部门的总负责人，如同行军打仗一般，知识产权总监角色类似于战争中的元帅，如何选将点兵，采用什么样的策略去实现知识产权工作预定的目标，这些都是知识产权总监的职责。因此，知识产权总监本身应该具备一些过硬的专业素质，才有可能去实现这些目标。

一、具备解决问题的综合专业技能

1. 具备行业解读能力

知识产权总监应该具备对自己公司所在行业的解读能力，这种解读能力是知识产权总监众多能力中首要能力。例如，熟知行业内知识产权整体概况，如竞争对手有哪些，其中哪些竞争对手进行了知识产权布局，竞争对手的知识产权布局的优势点和薄弱点，本公司在行业内的地位概况，如本公司在行业内的排名情况，本公司产品在市场上的占有率情况等。

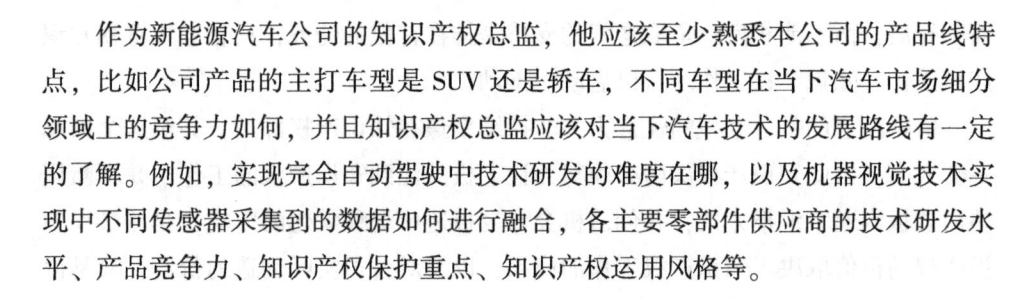

作为新能源汽车公司的知识产权总监,他应该至少熟悉本公司的产品线特点,比如公司产品的主打车型是 SUV 还是轿车,不同车型在当下汽车市场细分领域上的竞争力如何,并且知识产权总监应该对当下汽车技术的发展路线有一定的了解。例如,实现完全自动驾驶中技术研发的难度在哪,以及机器视觉技术实现中不同传感器采集到的数据如何进行融合,各主要零部件供应商的技术研发水平、产品竞争力、知识产权保护重点、知识产权运用风格等。

2. 具备知识产权专业知识

知识产权专业知识是知识产权总监的核心任职要求,这也是一家公司考察是否聘用其作为知识产权总监的重要指标。知识产权总监应该熟悉知识产权全链条、全生命周期的相关知识。

对《专利法》《中华人民共和国专利法实施细则》(以下简称《专利法实施细则》)、《专利审查指南 2010》的具体规定,从专利规划、专利挖掘、专利评审、专利审核、专利审查意见答复、专利复审、专利维持、专利费用管理、专利无效、知识产权维权与应诉、许可运营、不同场景下专利分析的侧重点和关注点等各个环节和板块形式要求和实质要求有全面的理解。

例如,在遇到专利申请被驳回后,是否向国家知识产权局复审和无效审理部提出复审请求,提复审请求的标准是什么,提复审请求的标准与专利审查意见答复的标准之间的区别是什么?在国家知识产权局复审和无效审理部维持驳回后,是否向北京知识产权法院提起行政诉讼,提行政诉讼的标准是什么,提行政诉讼的标准与提复审请求的标准是什么,北京知识产权法院在特定领域,如电学领域对于创造性的评价尺度与国家知识产权局复审和无效审理部的评价尺度是否存在差异,各地对于知识产权侵权判赔金额、证明标准及尺度等差异点是什么。

特别是在收到竞争对手发过来的侵权律师函,以及遇到重大知识产权诉讼时,应该能够尽快对争议事实进行梳理,对于争议可能的结果及对公司的影响进行分析,及时与公司高层进行沟通,迅速整合公司横向各个部门及外部知识产权服务机构、律师事务所的资源,给出恰当的应对方式。

在知识产权部门的知识产权工程师遇到这种难以决策的问题时,可能就需要知识产权总监基于自身对知识产权的理解进行决策。当然,知识产权总监也可以将这种决策的尺度进行标准化,形成内部管理文档,再次遇到同类问题时依照执行即可。

3. 具备深厚的法律功底

知识产权作为一种通过法律进行保护的权益，其价值是否能够实现及如何实现，依赖法律的规定和执行。在大环境背景下，随着我国整体科研实力的提升，我国企业在知识产权创造性能力方面已经逐渐缩小了与主要发达国家的差距，使得我国企业保护自身研发创新成果的需求也在不断提升，这也必然要求我国调整相关知识产权法律、政策来强化知识产权保护的力度。

当下正处于一个政策、法律不断调整的变革时期，这种对法律的解读能力对知识产权总监提出了新的挑战。在公司面临风险时，能否准确把握立法本意并且选择对自身有利的法律条文进行解读，从而利用司法程序来争取最大的利益，这是每个知识产权总监应该具有的基本技能。

除了知识产权相关法律规范外，知识产权总监还应该熟悉《民法典》《中华人民共和国刑法》（以下简称《刑法》）、《中华人民共和国民事诉讼法》（以下简称《民事诉讼法》）、《中华人民共和国刑事诉讼法》（以下简称《刑事诉讼法》）等相关法律法规，因为除了《商标法》《著作权法》《专利法》之外，知识产权相关规定散落于其他法律法规中。比如，在应对专利侵权诉讼时，不仅需要考虑《专利法》对于专利侵权的实体规定，还需要考虑《民事诉讼法》上的程序规定，比如《最高人民法院关于知识产权民事诉讼证据的若干规定》中第三条规定：

> 专利方法制造的产品不属于新产品的，侵害专利权纠纷的原告应当举证证明下列事实：（一）被告制造的产品与使用专利方法制造的产品属于相同产品；（二）被告制造的产品经由专利方法制造的可能性较大；（三）原告为证明被告使用了专利方法尽到合理努力。原告完成前款举证后，人民法院可以要求被告举证证明其产品制造方法不同于专利方法。

上述司法解释规定了侵害专利权纠纷的原告应当举证证明的事实，但其他对于证据的使用规则还需要参考《最高人民法院关于民事诉讼证据的若干规定》。

知识产权总监熟悉法律、法规、司法解释的规定仅仅是基本要求，还需要掌握公报案例、指导案例及一些具有重大影响力的判例中法院的态度和裁判标准与尺度。

此外，尤其重要的是知识产权总监应该具有深厚的法学理论基础，如对于民

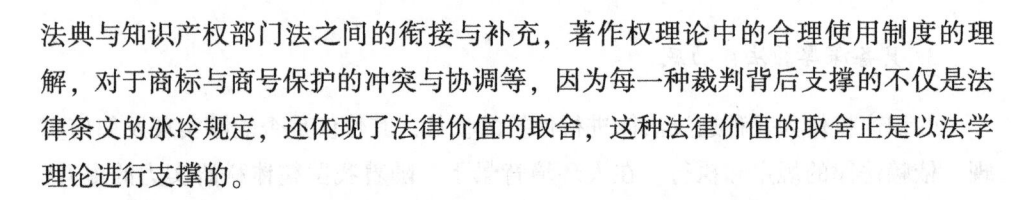

法典与知识产权部门法之间的衔接与补充，著作权理论中的合理使用制度的理解，对于商标与商号保护的冲突与协调等，因为每一种裁判背后支撑的不仅是法律条文的冰冷规定，还体现了法律价值的取舍，这种法律价值的取舍正是以法学理论进行支撑的。

4. 掌握一定财务、市场等专业知识

知识产权总监应该掌握一定的财务、市场等专业知识，知识产权部门与财务部门配合紧密，除了年度预算、常规付款之外，知识产权资产盘点、知识产权许可转让中估值等都需要财务部门的密切配合。

以知识产权质押融资为例，知识产权总监应对知识产权质押融资的基本流程、要求有一定的了解，这样在和财务总监对接银行进行沟通时才能处于同一个频道上进行交流。在更为复杂的股权融资等场景下，如果知识产权总监对股权融资相关的财务知识不了解，则在融资过程中的参与度就会大大降低。

此外，在集团公司的股权架构设计中，涉及知识产权许可的情况下，也需要知识产权总监给出相关的专业建议，根据报道❶，京东数科在2020年的科创板招股书中披露了如下信息：

> 2017年3月1日，京东集团与京东金融、宿迁翼同、宿迁利贸、领航方圆、宿迁东泰、宿迁东辉等签署《框架协议》，京东集团与京东金融于同日签署《知识产权许可及软件技术服务协议》。京东集团许可京东金融及其子公司使用京东金融业务相关以及前述业务所需的其他知识产权，包括商标、域名等；京东金融应相应地按照合理价格向京东集团支付知识产权许可使用费及软件技术服务费等。值得注意的是，协议提到，"未来，如果中国相关监管法规许可，京东集团有权将其在京东金融的利润分成权转换为其对京东数科相应比例的股权"，转换的最大比例为40%，并随公司股权融资等情形而相应稀释。

这是一起比较典型的通过知识产权运用获得控股权的案例。此外，知识产权总监也应该具备一定的市场知识，如产品物流、销售渠道、主要销售地、上下游产业链等，具备这些知识能够更好地开展有针对性的知识产权布局，进行知识产

---

❶ 凤凰网财经. 京东数科招股书揭金融版图：估值逾2000亿金条+白条贡献营收43[EB/OL]. [2021-09-12]. https://finance.ifeng.com/c/7zi7TDJ4FN2.

权风险分析，并开展知识产权维权等工作。

二、善于"识才认才用才"，具备带领团队的管理能力

知识产权总监作为公司知识产权部门的负责人，公司赋予知识产权总监一定的权利和资源来行使管理职权，也是对知识产权部门工作的结果承担最终责任的管理人员，因此知识产权总监必须通过行使管理职权，合理调配各种人力、物质资源来推动知识产权事务产生符合预期的结果。知识产权总监的管理能力，特别是对于员工的管理，需要达到建立规范的项目处理机制的程度。

1. 识才认才的能力

知识产权部门的事务，相当大一部分是通过团队成员，即知识产权工程师、法务人员、专利流程人员来完成的。因此，知识产权总监不一定事事亲力亲为，但不论事情由自己来完成，还是交给团队成员来完成，最终的责任人都是知识产权总监。因此，知识产权总监为了使公司知识产权事务能够得到专业处理，产生预期效果，就必须通过行使管理职能来使团队中每一个成员发挥其长处，提升短板，从而使各项知识产权事务得到专业处理。

为了实现上述目标，知识产权总监往往需要评估每一个成员的优点、不足，将团队成员安排在合适的岗位上。正所谓人无完人，每个人都有自己的长处，也存在一些不足，这些不足有些能够通过后天不断学习来改善，而有些则很难改变，因此，知识产权总监应该根据每个团队成员的优缺点，将成员放在最能够发挥其优势、长处的岗位。

例如，某知识产权工程师对于文字性处理工作比较擅长，不但能够迅速理解专利案件中的技术方案，还能够快速定位专利代理机构反馈的专利申请文件、专利答复文件中的表述方式存在的缺陷和不足。并且给出合适的建议和意见，因此将该知识产权工程师放在新案审核、OA答复的岗位上是比较合适的。而某知识产权工程师性格外向，天生自带"自来熟"的特质，能够迅速和公司研发人员打成一片，在短时间内建立起比较紧密的个人关系，并且研发人员也乐于与其打交道，因此将该知识产权工程师工作侧重点安排在与研发部门进行沟通，进行项目跟进、专利挖掘，能够很好发挥其沟通能力。某知识产权工程师对于数据库使用及数据聚类、分析方法特别熟练，则让其去处理专利分析与情报处理工作可能更有优势。

2. 带领团队提升专业技能

知识产权总监应不定期组织多种方式的部门学习活动，提升工作业绩。为了应对知识产权工作的复杂性和专业性，包括知识产权总监在内的知识产权团队必须更新自己的知识结构，才能时刻保持自己具备最新的知识来解决工作中遇到的难点问题。

为此，知识产权总监会经常组织如下活动来带动整个部门进行学习：①组织专项学习，针对知识产权工作中的专题项目进行部门内讨论交流，例如随着国家知识产权局对于商业模式专利的审查标准、尺度进行了调整，知识产权总监组织团队成员就这一改变造成的专利申请文件撰写、专利审查意见答复的要求标准如何调整进行集体学习；②组织安排团队成员进行外部培训，对于一些专业性较强的课程，通过在年度预算中安排外出培训专项预算让团队成员具有外训的机会；③定期组织知识产权部门与知识产权服务机构、律师事务所进行双向交流；④通过"以老带新"的方式，一对一辅导新人；⑤组织参加公司内部培训，很多公司都会购买一些培训的课程，如沟通课程、管理课程、表达能力提升课程，知识产权总监组织团队成员参加这一类的培训学习，可以提高专利之外的沟通、管理技能，更好地服务于知识产权工作。

3. 建立科学的考核机制

建立科学的考核机制，对团队每个成员的工作业绩进行科学、公正的评判，也是提高团队成员工作积极性的重要手段之一。知识产权工作是一项专业性极强的工作，并且很多时候不能简单依靠处理案件数量或者挖掘案件数量来对知识产权工程师进行考核。一件专利是否获得授权及专利质量，取决于研发人员提供的技术方案质量、专利代理师的撰写水平、专利工程师的审核水平、审查员对于技术方案的主观看法，专利最终获得授权，也可能是因为研发人员提供的技术方案创造性水平很高；而在一份专利审查意见中，知识产权工程师已经以极为专业的水平给出了答复方案和建议，但因为专利局审查员坚持而被驳回，这并不能说明知识产权工程师没有尽职尽责。

因此，针对知识产权工作的特点，应该制定更为科学的考核指标，能够对于知识产权工程师的付出和工作进行评估，排除其他因素的干扰，准确评估知识产权工程师的绩效。这样才能真正准确评估知识产权工程师在过去一年时间的工作绩效，只有知识产权工程师的工作成绩获得客观、公正的认可，才能调动其工作积极性，更好地激发其工作热情，而对于明显不符合工作要求，经过培训仍无法胜任的知识产权工程师也应该及时进行调岗或优化。

4. 设置科学合理的员工晋升通道

每个人工作的目的是在获取工作报酬的同时，能够实现自身的价值。这种工作的价值一方面来源于自身是否认可自己的工作，另一方面也来源于他人的认可，因此很多公司都设置了晋升通道来满足知识产权工程师的晋升需求。一般公司都安排了两条晋升通道，即管理线晋升通道、专业线晋升通道，在公司范围内知识产权工程师的薪酬水平和影响力也往往与晋升直接相关，知识产权总监通过梳理岗位晋升要求和条件，从知识产权团队中提拔具有管理潜力、能力的人担当管理岗，并对于符合晋升条件的知识产权工程师进行提拔。

由于公司的管理岗位数量以及晋升的名额一般都有所限制，因此知识产权总监必须制定科学的考核、考察标准，对于知识产权管理岗位和晋升条件进行梳理，形成不同层级的岗位要求说明，不同层级的岗位之间必须有明确的差异，并具有一定的难度，才能促使知识产权团队成员朝着晋升方向去努力，从而使符合管理岗位要求以及符合晋升条件的人获得应有的晋升和提拔。

三、以整合公司资源为目标的沟通能力

为了从源头设计、规划知识产权价值，除了研发部门积极配合之外，知识产权总监还应该积极推进与其他部门进行沟通和协调，提高各个部门对于知识产权的参与意识，从而在公司内形成推动知识产权工作的合力。

1. 取得研发部门的支持和配合

研发部门是知识产权部门最需要争取其支持和配合的部门，专利挖掘和布局、研发项目风险规避、特定技术主题检索和分析等，离开了研发部门研发人员的支持，知识产权工作将无法开展。

在争取研发部门的支持和配合时，有以下几个方面需要注意。

知识产权部门开展的工作需要能给研发部门带来实际的帮助，除了专利申请和授权奖励之外，帮助研发部门克服技术研发难点和障碍，协助进行技术方案风险规避设计，帮助研发人员在完成专利挖掘、布局和自由实施分析等工作之余，能够通过撰写技术交底书总结研发经验和教训，甚至是在研发人员晋升过程中专利成果能够有所帮助和加分，研发人员才会积极配合。

争取研发部门管理者的支持，事实上很多公司研发人员愿意去支持知识产权部门的工作，但毕竟研发人员的绩效考核和工作任务均由其上级或者部门统一考核和管理，因此如果研发部门管理者不支持知识产权部门工作，则知识产权部门在开展工作过程中，必然会存在各种或明或暗的阻碍。

争取研发部门的支持和配合，是提高知识产权部门工作产出质量的重要手段，不论是专利挖掘、研发项目知识产权评估，还是在专利申请、审查、复审、无效、诉讼过程中，研发部门是否配合、配合的程度高低、研发人员精力投入多寡，都会影响知识产权工作的精细度和深度，进而直接关系到工作成果的质量。

例如，在研发部门，通过研发人员的性格类型和地位分类，甄别到底对哪些人要争取其支持，哪些人不要让他产生阻碍，哪些人需要让其参与到知识产权事务处理中等，这其实是很"软"的技能，这些都是知识产权总监需要考虑和面对的问题。

2. 挖掘人力资源部门的潜在需求

人力资源部门是对公司所有员工行使管理职权的部门，其负责各个部门人力资源配备、工资预算与加薪、员工晋升、员工奖惩、协助员工绩效考核等，人力资源部门从某种意义上来说是同时与研发部门、知识产权部门打交道的部门。因此，人力资源部门是知识产权工作顺利开展所必须争取支持的管理部门。知识产权部门需要通过深挖知识产权工作与人力资源部门需求的契合点，将知识产权工作的作用推进到人力资源部门内。

（1）研发人员晋升参考

人力资源部门有一项重要工作就是负责为研发人员晋升提供参考指标，这些参考指标一方面来自研发部门的管理层，另一方面也来自人力资源部门自身的管理需求，这些晋升指标的制定和筛选体现着人力资源部门对于晋升的考量。而在实践中，想要将研发人员晋升的所有指标进行科学的量化也并非一件容易的事情，因此经常会发生研发人员对于晋升过程、晋升结果不满意的情形。而将专利申请、专利授权等纳入研发人员晋升参考指标，也是对研发人员专业水平科学性量化的手段之一，既能够将专利申请、授权指标纳入研发人员晋升中，也能够激发研发人员参与知识产权工作的积极性，能够有效地降低知识产权部门推进知识产权工作的难度。

(2) 匹配商业秘密管理需求

人力资源部门另一项头疼的事情就是人才的流失，而人才的流失也往往意味着部分技术的流失。虽然我国法律对于离职跳槽的员工带走核心技术有相关规定，但实践中由于某些技术被带走后难以取证，因此人才流失带走技术的风险也一直是困扰人力资源部门的问题。

而知识产权特别是专利工作的开展，在一定程度上降低了这种风险的发生，特别是对于一些可以通过专利形式进行保护的技术方案，在进行评估后通过以专利申请的形式将研发成果固化在公司内，能够有效降低研发人员离职跳槽带走核心技术的风险。

除了专利之外，知识产权部门还可以协同人力资源部门做好研发人员离职之前的技术秘密、源代码等清单的交接和脱密工作等。

(3) 拓宽高端人才挖掘通道

匹配研发等部门的用人需求，是人力资源部门的核心工作之一，一些资深的研发工程师、研发专家的招聘，由于候选人的数量较少，往往通过猎头公司的推荐进行招聘。对于这类专家级的研发人员招聘，试错成本非常高，因此猎头公司、人力资源部门也会对候选人的工作经历、背景等进行深入调查，包括对简历中披露的工作经历的核实、与候选人的同事进行电话沟通等，人力资源部门还会组织研发部门对候选人进行面试和笔试来考核候选人的专业能力，但这些方式依然无法全面客观地对候选人的专业水准进行准确评估。

由于专利信息公开的特点，可以对候选人在各个公司的产出情形进行分析，比如专利申请的领域、专利授权情况、专利申请的分布等量化指标。例如，某智能手机厂商 M 公司排名靠前的发明人专利申请情况如图 2-2-1 所示。

专利申请领域集中程度可以反映候选人的专业优势领域在哪些方面，专利授权情况可以反映候选人的研发创新成果是否得到认可，专利申请的分布情况可以反证候选人近几年的研发强度、参与项目研发的信息等。以 M 公司发明人陈某为例，其申请的专利中 IPC 分类情况如图 2-2-2 所示。

从图 2-2-2 可以看出，陈某擅长的技术研发领域在 G06F17/30（信息检索，数据库结构或文件系统结构）、G06K9/00（用于阅读或识别印刷或书写字符或者用于识别图形，例如指纹的方法或装置）、G06K9/62（应用电子设备进行识别的方法或装置），具体包括指纹识别技术领域及数据结构设计或数据聚类方法等。此外，M 公司发明人陈某提交的专利申请公开信息如图 2-2-3 所示。

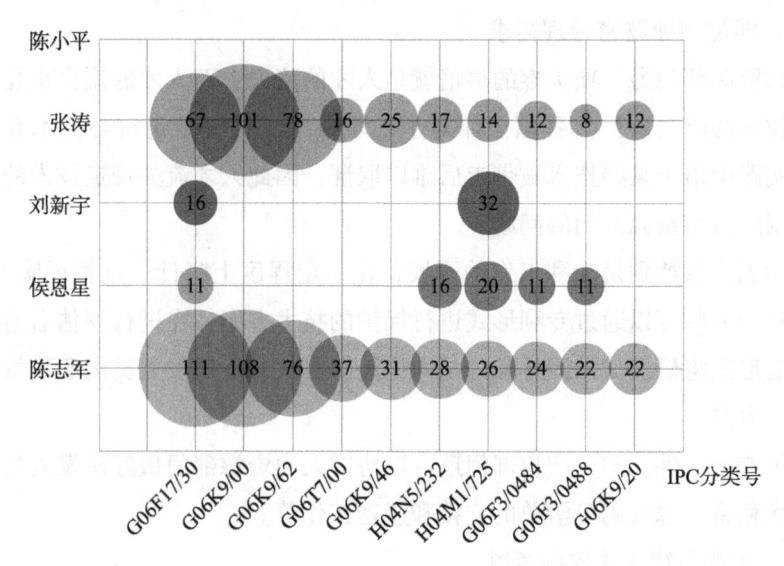

图 2-2-1　M 公司发明人专利申请 IPC 分类概况（单位：件）

数据来源：智慧芽

检索时间：2021 年 12 月 1 日

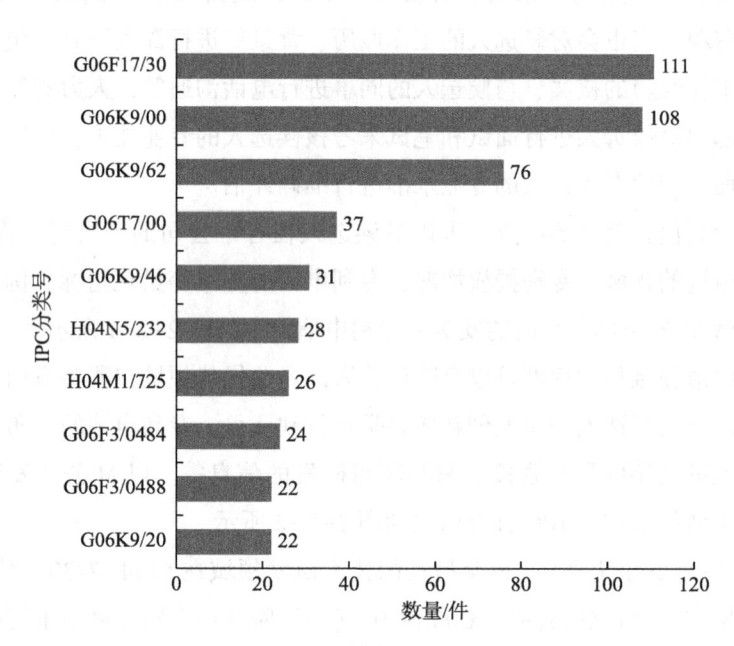

图 2-2-2　M 公司某发明人 IPC 分类排名

数据来源：智慧芽

检索时间：2021 年 12 月 1 日

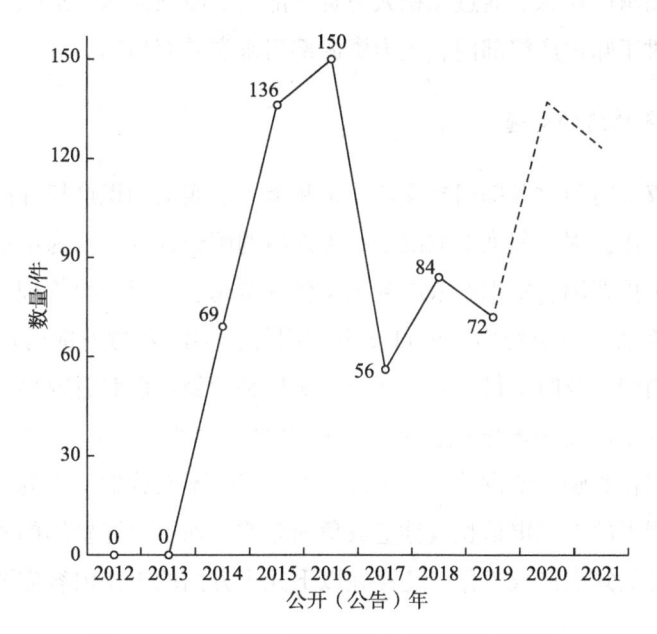

图 2-2-3　M 公司某发明人专利申请公开情况

数据来源：智慧芽

检索时间：2021 年 12 月 1 日

从图 2-2-3 可以看出，M 公司发明人陈某最近几年专利申请量一直处于高位，可以说明陈某持续处于研发的一线，在指纹识别技术领域及数据结构设计或数据聚类方法专业度较高。因此，知识产权通过与人力资源部门进行协作，可以提高人力资源部门考察候选人专业水平的准确性。

（4）丰富公司培训课程

为了使公司员工不断提高专业技能、通用素质等各方面能力，人力资源部门会经常组织员工参加各种形式的培训活动。而培训的课程一方面来自人力资源部门内部开发，另一方面更是来自各个业务部门提供的课件。例如，法务部门为了提高合同审核效率，会开展一些合同模板使用技巧的培训；互联网公司营收部门为了提高客户的付费率，开展用户画像、产品运营的培训等。

将知识产权部门的培训课程嵌入到人力资源部门的培训课程体系中，一方面能够提高人力资源部门培训课程的丰富程度；另一方面知识产权部门也能借助人力资源部门的资源优势，如培训积分会计入参训人员全年的培训积分中，在晋升、考核时进行加分等手段，提高研发人员及其他人员参与知识产权相关培训的积极性和效果。

因此，知识产权总监通过深挖人力资源部门的潜在需求，加强与人力资源部门的沟通，对于知识产权部门、人力资源部门来说是双赢的。

3. 与财务部门的沟通

知识产权部门与财务部门打交道非常频繁，事实上知识产权部门能否顺利推动知识产权工作，很大程度上取决于财务部门的配合程度，因为不论是知识产权申请费用、维护费用、知识产权服务机构代理费用、知识产权管理系统费用，还是知识产权奖励、诉讼费用、项目支出费用等，都需要财务部门进行审批和付款，相关费用能否及时支付，一方面会影响权利的稳定性和有效性，如专利年费的缴纳、专利复审费用的缴纳；另一方面也可能会影响知识产权工作的顺利开展，如知识产权奖励金的发放，如果财务部门迟迟不发放发明人的专利奖金，则可能会对发明人的专利申请积极性造成负面影响。除了上述费用的支付之外，知识产权部门开展知识产权工作，还存在以下几个方面的工作内容需要财务部门进行配合。

（1）知识产权项目合作

知识产权部门除了开展知识产权布局、知识产权风险控制、知识产权诉讼、知识产权培训、知识产权运营之外，也会开展各种不同类型的知识产权项目合作，这些项目中有的是与高校之间的合作，如知识产权成果转化项目；有的则是争取各级知识产权管理部门的政策扶持，如各级知识产权管理部门发布的专利导航、专利运营、专利战略等各种知识产权专项项目。这些项目大多要求企业符合项目申报指南中企业主营业务种类、产品销量状况、纳税数额等指标的要求。虽然大多数企业在申报这些项目时，能够很好地将公司财务指标与项目申报指南中要求进行对应，但由于企业的经营范围、经营方式、盈利模式的多样性和复杂性，项目申报指南很难完美地对应所有申报企业，遇到这种情况时，就需要知识产权部门在申报项目时，与财务部门进行密切沟通，找到一种合适的方式去匹配项目申报要求。例如，某项目中要求专利产品近三年销售达到多少万元，但想要申报该项目的公司产品为移动互联网短视频 App，因此该公司并不存在传统意义上的产品销售行为。知识产权部门与财务部门进行沟通之后，将公司营收中广告收入、游戏联营收入、技术许可收入、投资收入等不同营收的数据、来源渠道、与 App 之间关联关系、专利技术在其中起到的作用等进行详细的分析并形成报告，最终说服知识产权管理部门同意了该公司的项目申报请求。

(2) 知识产权融资变现

很多地方政府会对知识产权质押融资给予一定的优惠政策，在企业没有很好的融资渠道时，通过知识产权质押融资可以在一定程度上解决企业融资问题。根据企业自身的经营及知识产权情况，银行会对企业的资金需求进行审核，不同地方知识产权融资的模式也不同，如有的地方仅需要对知识产权进行质押，不需要提供企业或个人提供额外的担保，而有的地方则需要企业的法定代表人或者实际控制人提供信用担保，也有的地方要求将知识产权和其他资产组合进行质押、抵押，实际上知识产权仅作为全部贷款的部分担保物。

那么在知识产权质押融资过程中，知识产权部门需要协同财务部门，针对公司的资金需求，分析所在地不同银行的贷款要求，以及政府对于知识产权贷款的贴息政策，有针对性地设计知识产权质押融资方案。在知识产权质押融资过程中，知识产权部门应该配合财务部门、银行做好知识产权信息、知识产权权利凭证、知识产权价值评估等各项材料和信息的提供工作，以及知识产权质押登记手续。

(3) 知识产权资产管理

对于知识产权资产的盘点需要知识产权部门和财务部门共同完成，知识产权资产在立项、入库、摊销、减值、异动、报废等各个环节中，知识产权部门需要提供详细的知识产权资产变化的理由及依据，便于财务部门对于知识产权资产进行财务上的管理。例如，根据《企业会计准则第6号——无形资产》的要求，对于自行研发的知识产权资产，在进行知识产权资产后续计量中，知识产权部门应该分析知识产权资产的效益年限，并判断效益年限与法律规定有效年限较短者来确定知识产权资产的摊销年限。此外，知识产权部门还需要配合财务部门在产生第一笔知识产权费用时，按照相关规定制作并填写知识产权资产入库单，并在后续该知识产权资产产生费用时，在相关费用报销中注明对应的资产编号，以便财务部门进行财务管理。

(4) 知识产权风险准备金预算

安排知识产权风险准备金预算有利于应对可能发生的知识产权纠纷和争议，如在公司的重要节点发生知识产权诉讼，如果安排了知识产权风险准备金预算，则知识产权团队能够迅速整合资源，积极应对纠纷。所以，知识产权部门在预算提报时，与财务部门针对这部分项目进行充分沟通显得尤为关键。

4. 发挥各自特长，与法务部门配合

在知识产权部门与法务部门并行的情况下，知识产权部门的职能往往与法务部门的职能存在一定的交叉，如对于技术许可合同的审核、对于诉讼风险的防范、对于诉讼的发起和应对等。因此，知识产权部门需要与法务部门进行深入的沟通，在确定双方部门工作职责范围边界的基础上，不断优化两个部门之间的业务处理对接流程。

以公司发起专利诉讼为例，在法务部门主导诉讼过程的情况下，在发起诉讼之前，需要从公司授权专利清单中确定合适的诉讼专利，此时知识产权部门通过分析专利申请、审核过程中相关信息，并对授权专利进行稳定性分析，同时根据授权专利的技术方案内容，分析被诉公司使用专利技术方案的证据收集难易程度等（如移动互联网领域中，App 的功能玩法类的专利相对于底层架构内的专利相对更容易取证），与法务部门共同完成目标诉讼专利的筛选工作。而法务部门处理的诉讼结果，反过来又可以辅助知识产权部门优化和更新专利申请、答复过程中的标准和规则。

而对不服专利复审决定、不服提起的专利行政诉讼，可能由知识产权部门来主导更为合适，因为这类的行政诉讼并不要求太多的证据收集技巧及诉讼流程经验，更多地需要知识产权工程师对于技术方案的理解和对比文件分析的相关专业知识，这种情况下由法务部门处理反而不合适。

因此，知识产权总监在与法务部门沟通时，应该更加关注两个部门之间容易产生交叉的工作职能，沟通流程优化方案，同时也要通过相互配合，发挥各自特长来共同优化知识产权风险应对机制。

5. 用好市场部门的"前哨"职能

市场部门可以作为知识产权部门开展工作的前哨部门，对于知识产权工作的开展有如下协助作用。

（1）消费市场前期调研对专利布局的影响

市场部门对消费市场做的前期调研工作，能够在一定意义上决定产品的设计、研发方向，进而影响知识产权布局方向和策略。以智能语音交互产品为例，在产品立项之前，会先由市场部门对用户喜好、用户选择偏好、用户对产品的价格敏感度、产品形态等各个方面进行调研，无论是市场部门自己进行调研，还是委托第三方来开展这项工作，其目的都在于设计一款更容易被消费者接受的产品。但产品的设计与研发也不可能完全与用户的喜好相匹配，如果用户的需求过高则可能为产品的研发带来更大的难度。例如，用户希望市场上出现一款能够与人智能化交流极高的智能语音交互音响，甚至达到用户感知不到与其交互的对象是机器的程度，这对于当下的人工智能技术来说，还无法完全实现。因此，在产品立项之时，还需要产品研发部门与市场部门进行沟通协调，在用户的期望与研发难度之间进行平衡。由此可见，市场部门对于产品在立项前期调研工作与知识产权工作存在天然的联系，因此不妨将知识产权布局等工作提前到市场部门的市场调研阶段，即使当下的技术实现存在一定的难度，也应该与研发部门、市场部门一起评估中长期的技术实现可行性，必要时提前进行专利布局。

（2）发挥产品销售阶段的信息传达作用

在产品销售阶段，市场部门也能够为知识产权部门提供不少帮助。一方面，在维护自身知识产权权益时，基于市场部门对于销售市场的敏感性，市场部门能够协助提供竞争对手的侵权产品销售情况、主要销售渠道、销售地域、销售持续时间、我方产品因此遭受的损失、产品在市场中的销售占比变化等信息和情报，这些都为知识产权部门在发起专利侵权诉讼过程中计算侵权赔偿金额、在何地发起诉讼等提供不可或缺的帮助。另一方面，在其他对手向我方发起专利狙击时，能够协助知识产权部门分析被控侵权产品在公司整体的地位和可替代性，进而选择合适的应对策略。例如，产品是公司核心营收来源，而专利侵权规避设计又难以实现，则可能与对方进行协商获得对方专利权的许可更为合适，如果被控侵权产品在公司营收中占比不大，并且案件中所涉专利权经过分析并不稳定，则可能直接应诉，并向案件中专利发起无效挑战也是一种不错的选择。

基于市场部门在公司整个知识产权工作中的重要性，知识产权总监应该加强与市场部门的沟通，并可以采取适当的方式将这种沟通机制在公司相应制度和流程中进行固化，形成常态化机制。

6. 借助战略投资部门，拓展知识产权边界

公司发展到一定程度，一方面可能会接受外部投资人的投资；另一方面也会通过对外投资来实现公司产品、业务的拓展和营收渠道的增加，除此之外，对外投资也可能是为了补齐公司自身的技术短板。

例如，2019年5月，特斯拉以溢价55%收购麦克斯韦（Maxwell）公司，就是看中了Maxwell公司在这些领域的核心技术：①超级电容技术：超级电容具有寿命长、功率密度高的优点，其功率可达电池的5~10倍，能够实现快速充放

电，Maxwell公司的超级电容器有多种尺寸、容量和模块配置可供选择，能够广泛地应用于风机、公共交通、混合动力汽车、消费类电子产品和工业设备等领域；②干电极涂层技术（Dry Battery Electrode Coating Technology，DBE）：通过将少量细粉状黏合剂（PTFE）与正极、负极粉末混合，通过挤压机形成薄的电极材料带，压到金属箔集流体上形成电极。该工艺过程简单，能够实现电极更厚、无溶剂化。③预锂化（Pre-Lithiation）技术：预锂化技术是在组装电池之前给电极补锂，以提升首次效率，增加电池能量密度。❶因此，在电动汽车领域，强如行业龙头企业特斯拉，依然无法实现凭借一己之力掌控整个产业链的核心技术，因此公司对外投资并购是补齐公司技术短板的一种有效途径。

在以获得技术为目的的对外投资过程中，知识产权部门应该积极与战略投资部门进行沟通，及时介入投资谈判过程中，并应该做好如下几件事情。

①对被投资对象的知识产权进行尽职调查，如通过专利检索分析、向被投资对象索要相关材料和信息等手段来获取想要了解的信息，其目的在于了解被投资对象是否具有核心技术，这些核心技术是否进行了完善的知识产权布局，被投资对象是否具有持续研发实力等。

②在投资协议中进行相关条款的设计，保证收购过程能够实现公司的预期目的，如被投资对象对核心技术是否有权处分，是否存在专利权归属纠纷、发明人纠纷等，就相关技术是否侵犯第三方知识产权的保赔条款，核心技术的交割与交割前的维护等，以期尽量降低公司投资的风险。

7. 与PR/GR部门沟通

很多互联网公司都会设置公共关系（Public Relations，PR）部门和政府事务（Government Relations，GR）部门，其中PR部门主要负责维护公司品牌形象，而GR部门则更多地参与到与政府部门的沟通和关系维护上，在很多事情上，知识产权部门需要主动积极介入PR部门和GR部门的工作中。

（1）危机处理中知识产权部门介入

第一，IPO过程中遭遇专利狙击。一般来说，单纯因为知识产权产生的危机少之又少，除了遭遇一些重大的知识产权诉讼之外，最有代表性的可能就是公司在IPO过程中遇到专利狙击，需要PR部门进行危机公关。一般情况下，遇到专

---

❶ 智通财经网. 特斯拉（TSLA.US）自产电池猜想：从收购Maxwell（MXWL.US）说起［EB/OL］.［2022-02-23］. http://finance.ifeng.com/c/7uIkcnPFgLR.

利狙击时，PR 部门需要知识产权部门提供如下支撑。

①危机公关爆发时，知识产权部门迅速对相关专利进行分析，给出侵权与否或者无效前景的初步判断，协助 PR 部门争取公司高层的资源支持。

②与危机源头进行及时沟通：在面临危机时，及时与专利狙击发起人（如竞争对手或者 NPE）联系，主动沟通解决问题。那么与专利狙击发起人联系的前提和基础，就是对相关专利的价值、诉讼前景、专利稳定性等一些争议的本质性问题进行分析，这样才能在与对方进行谈判过程中掌握先机。

③内部诊断信息提供，在 IPO 过程中遇到专利狙击时，并未就代表着企业的知识产权工作没有做好，相反，说明公司已经发展到一定的规模，引起了 NPE 等群体的注意。这时知识产权部门提供的公司知识产权布局情况，持续创新能力信息，以及知识产权内部管理规范信息，有助于 PR 部门及时平息舆情，打消公众和 IPO 发审机构的疑虑。

第二，其他危机公关过程中知识产权价值体现。随着我国市场竞争规则的不断完善，企业在经营过程中遇到的合规问题越来越突出，这些合规问题不仅是法律层面上的，还包括一些政策层面上的，涉及的监管部门也非常多，如工信部门、网安部门、市场监管部门、文化主管部门等，企业遇到的危机类型也不仅局限于行政处罚，严重的可能面临刑事处罚。

在危机已经发生的情况下，就需要 PR 部门、GR 部门、法务部门、知识产权部门等共同参与到危机处理中，在面临一些涉及企业生死存亡的危机时，首要问题是需要向一个或多个主管部门，或者政府说明企业相关情况，力求获得一个相对可以承受的结果。这时就面临一个问题，即主管部门或者政府为什么愿意给出一个企业相对可以接受的处理结果，其中知识产权部门提供的信息也尤为关键，如持续的专利产出可以代表企业持续具有较强的研发创新实力，能够带动高薪研发人员就业，特别是专利产出逐年呈快速递增的态势，则说明企业是在踏实从事研发和市场拓展，具有一定的成长性，并且相关技术成果产出丰富，能够为当地的经济发展、产业链的打造作出贡献，这些才是能打动主管部门或者政府的有用信息，也应该和必须由企业知识产权部门提供。

（2）改变"软文偏硬"，发掘产品"硬核黑科技"

PR 部门一个很重要的职能就是维护公司品牌形象，提升大众对于公司科技水平的印象和认识。除了维护好传统纸媒、电视媒体之外，PR 部门还需要通过微博、微信公众号等自媒体，以及各论坛、粉丝圈等私域社区去发布宣传稿件，也被很多人戏称为"软文"。但很多公司的 PR 部门发布的"软文"宣传意味较强，很难在年轻的受众面前获得共鸣，因此"软文偏硬"导致最终宣传的效果不佳。公司对于产品都会投入大量的资源进行全方位的宣传，但随着越来越多的用户逐渐产生对广告的抵触心理，那么如何挖掘公司产品的优势，并且能够采用一种合适的宣传手段让用户接受，也是 PR 部门头疼的问题之一。

知识产权部门所掌握的专利信息正是可以和 PR 部门共享的信息之一，不但能够在一定程度上解决 PR 部门缺乏宣传素材的问题，还能在更大的范围内展示知识产权部门的工作成果，实现了双赢。

在普通大众眼中，专利特别是发明专利往往被认为是含金量较高的技术，但专利文献往往晦涩难懂，通过知识产权部门与 PR 部门的协作，不但宣传软文的可信度更高，并且还可以将专利技术方案以大众通俗易懂的方式展现，更容易在更大范围内传播和推广。例如，《作业帮公开技术专利：让 App 界面秒变自己喜欢的样式》《爱玩黑科技的 OPPO，"未来感"的设备专利曝光，折叠屏已在路上?》《用激光挡风？特斯拉申请黑科技专利获授权》等，就是一些结合专利信息的宣传方式，这种方式往往更容易被用户所接受。

8. 与其他部门沟通

知识产权总监还应该加强与 IT 部门、行政部门、审计部门、运营部门的沟通，从商业秘密保护、字库字体使用、软件版权管理、商标的规范使用与宣传推广、知识产权合规等各个方面入手，切入这些部门与知识产权紧密相关的工作中去。

第三节　知识产权工程师应该具备的素质

知识产权工程师的素质直接决定知识产权工作的质量，再好的知识产权制度、知识产权规划及知识产权管理理念，如果没有合适的知识产权工程师去执行，则美好的蓝图必将无法落地。因此如何选择合适的知识产权工程师成为知识产权总监确定知识产权战略之后面临的首要问题。

以某互联网公司对知识产权工程师的招聘要求为例。

职位描述

工作职责：

1. 熟悉互联网与计算机信息行业，研究和实施公司专利申请与保护具体方案；

2. 配合研发部门、专利代理师完成专利挖掘、申请工作，确保具体专利案件按时保质保量完成，管理、统计、分析公司及行业专利；

3. 配合其他同事或律师完成专利无效宣告、行政诉讼、侵权诉讼等工作；

4. 为业务部门提供专利相关法律培训，接受业务部门的法律咨询；

5. 完成其他与专利相关的工作事项。

任职要求：

1. 全日制本科以上学历，通信工程、电子工程、自动化、计算机、多媒体等相关专业；

2. 拥有五年及以上国内外律所或专利代理所的专职工作经验；具有专利代理师执业资格，同时具有律师资格证者优先；拥有两年及以上企业知识产权从业经验者优先；

3. 熟悉专利相关法律、规章，具备优秀的技术理解能力、专利检索和分析能力；

4. 流利的英语阅读能力，能够无碍地进行英文论文和英文专利的解读；

5. 思路清晰、表达严谨、具有较强的书面表达能力，优秀的人际交往和沟通能力，以及优秀的项目管理能力；

6. 抗压能力强、能接受高强度工作压力，踏实稳重、有主动学习和工作的积极精神。

从上述招聘需求中可以看出，一个好的知识产权工程师需要各方面综合技能及素质，既需要具备对本行业技术的理解能力，也需要具备专利相关专业知识及技能，同时还应该对于法律知识有一定的理解，最为关键的一项要求是能够与知识产权接口人、发明人、其他部门员工、专利局审查员之间进行良好的沟通。以下从不同方面对知识产权工程师应该具备的素质进行介绍。

一、个性化的专业技能要求

在专业知识方面，知识产权工程师应该熟悉知识产权相关知识与技能，并掌握一定的法律知识，因为企业知识产权工作说到底还是在法律的框架内，将公司的无形资产通过一定的技巧挖掘出来，经过一定的程序或流程从而获得法律认可与保护，如果知识产权工程师本身不了解和掌握这些知识产权与技能，则开展工作的方式必然无法完全合乎法律的相关规定，只有在掌握了这些基本知识的基础上，才能逐渐在工作中不断学习和提高，从而找到自身最合适的开展工作的方法。

1. 知识产权工程师的入职门槛

一般有志于投身知识产权事业的人员，会在之前进行相关的准备工作，这种准备工作不仅是心态上的，也是学习上的，如参加职业资格认证考试，知识产权领域的职业资格认证考试即专利代理师考试，参加专利代理师考试对于打算从事知识产权工作的人员来说是一种较为全面的对学习成果的检验。专利代理师考试学习范围中不仅包括知识产权相关法律知识产权的内容，还包括专利实务操作过程中各种要求、技巧，这些要求、技巧不仅针对知识产权工程师，也包括对专利局审查员、专利代理师的要求，因此专利代理师考试可以将企业知识产权工程师、专利局审查员、专利代理师纳入一个相对统一的职业共同体，在企业专利由专利代理师进行代理，并且由知识产权工程师进行审核，然后进入专利局由专利审查员进行审查的过程中，企业知识产权工程师、专利局审查员、专利代理师才能通过统一的语言进行陈述、审查和沟通。因此，在企业招聘知识产权工程师的实际要求中，也往往将通过专利代理师考试，或者参加专利代理师考试作为考察候选人是否具备从事知识产权工作条件的一个基本要求。

2. 专业能力与工作需求契合

然而，参加或通过专利代理师考试仅为专利工程师从业的基本要求和最低标准，企业知识产权工作对于专业的要求不仅在于对技术的理解，还包括是否符合知识产权相关法律、规范的要求，对于文字等表达方式的字斟句酌，甚至还包括对知识产权诉讼中取证，知识产权运营过程中对知识产权标的物如何评估等不同环节。

事实上，对于知识产权工程师专业的要求并非一种全方位、静态的标准，对知识产权工程师专业全面性、专业水准的要求标准会因为企业知识产权工作的不同阶段，知识产权工程师的不同职业生涯阶段，以及负责的知识产权工作板块的差异而存在不同。随着知识产权工作的深度和广度的不断扩展，知识产权工作板块的划分越来越细致，对于知识产权工程师的要求也就不同。例如，在企业知识产权工作刚起步时，可能将工作重点放在知识产权资产的获取方面，而由于短期内缺少知识产权运营的标的，可能对于知识产权工程师的要求就会相应侧重于知识产权获取环节所需要具备的专业能力。

例如，同样是在招聘知识产权工程师，不同的企业给出的招聘要求也存在不同。

A 企业的知识产权岗位的招聘需求如下：

职位描述

工作职责：

1. 支持全球 IP 诉讼及维权法务工作，协调推进公司各项 IP 维权及纠纷/诉讼处理项目进展；

2. 搜集 IP 侵权目标，独立或配合外部律师完成 IP 投诉、维权、谈判、诉讼等案件工作；

3. 负责供应商管理与沟通协调配合工作；

4. 为业务部门提供相关法律培训，接受业务部门的法律咨询，评估 IP 维权相关法律事项并提供合理的法律意见。

B 企业的知识产权岗位的招聘需求如下：

职位描述

工作职责：

1. 管理专利许可相关项目；

2. 起草及审核专利相关协议；

3. 评估专利的价值和风险；

4. 支撑公司内部业务需求及管理外部律师资源；

5. 专利相关的其他法律事务工作。

C 企业的知识产权岗位的招聘需求如下：

职位描述

工作职责：

1. 深入研究特定竞争对手及产业内的专利活动，结合公司的特定产品和技术研发方向，提出有针对性的专利布局规划和方案，并推动执行。

2. 与研发人员合作，挖掘专利提案，指导研发人员撰写专利申请提案技术交底书，对专利申请提案进行可专利性检索，并进行后续评审工作。

3. 独立完成中国专利申请文件的撰写、答复审查意见等工作；协助外部专利代理师完成其他国家或地区的专利申请文件撰写及答复审查意见等工作。

4. 审核外部专利代理师的专利撰写及审查意见答复，并进行专利质量管控。

5. 监控分析竞争对手及产业的专利活动，定期为研发和管理层提供专利监控报告和专利分析报告。

6. 为业务部门提供知识产权相关的法律及实务培训，并提供专业咨询意见。

而知识产权工程师自身的专业技能和水平，也会随着工作年限的增长以及处理的专利事务种类、专利事务难度而不断提升，因此在考察知识产权工程师的专业能力时，应该根据企业知识产权工作所处的不同阶段，以及知识产权工程师候选人的学历、工作经验差异进行个性化的评估。

二、技术背景在不同行业、不同岗位的差异性要求

企业知识产权工程师工作中面临的相当大一部分是技术层面的工作，如评估技术的新颖性、创造性、实用性、可专利性等。因此，如果知识产权工程师完全不具备技术背景，则缺乏处理知识产权工作的必备能力。一般来说，企业在招聘知识产权工程师时，会要求知识产权工程师候选人具有相应的学历背景。例如，互联网公司招聘知识产权工程师时，普遍要求其具有计算机、电子通信、软件相关学历背景。但在实践中，为了更好地考察和遴选知识产权工程师，在知识产权工程师候选人其他条件都满足或者超过招聘需求，仅仅是学历不匹配时，是否必须将该候选人排除在外呢，本书作者并不完全认同这种观点，实践中不具有相关学历背景但在实际工作中知识产权工作能力突出者比比皆是，究其原因大致分为以下几点。

1. 不同行业技术理解难度不同

借鉴国际分类号中对于技术领域的划分，所有技术方案可以根据其属性划分到不同分类中，如大致分为机械、化学、电子、通信等不同分类号中的不同技术，理解起来难易程度又各不相同。

对于某些行业，例如，某公司的产品主要为纯机械结构相关的日常用品，如桌椅、沙发等，即使知识产权工程师并非机械设计相关专业，对于桌椅、沙发的结构、形状、特点理解起来也毫无障碍，因此极有可能胜任处理知识产权工作事务。

又如某公司研发方向主要量子通信领域，量子通信领域涉及量子叠加态和纠缠效应，以及量子力学中的不确定性、测量坍缩和不可克隆三大原理，并且还可能叠加以量子密钥分发为基础的量子保密通信相关技术，而这些技术方案最终呈现在知识产权工程师面前的技术交底书，可能主要以各种复杂的数学公式形式予以展现，如果知识产权工程师没有相当的学历背景和相关技术领域知识作为支撑，则必然难以全面、准确理解技术方案的原理及全貌，进而影响到案件的进一步准确处理。

当然，上述两个例子毕竟是技术方案简单和复杂的两个极端，在更多的场景下技术方案的难易程度需要更多的个性化判断，以及知识产权工程师具备何种水平的技术理解能力才能胜任知识产权工作的正常处理，更需要精确和个性化判断才能准确评估。

因此，在考察知识产权工程师及知识产权工程师候选人时，应该根据公司研发产品线的种类和特点以及本行业技术理解难易程度、知识产权工程师实际具有的技术理解能力进行综合判断。

2. 职责不同导致对技术要求存在差异

基于不同企业知识产权部门将知识产权工作划分为不同的工作板块，而不同的工作板块其实对于技术背景方面的要求也存在差异。

以专利挖掘和专利诉讼为例，在专利挖掘中，知识产权工程师需要对挖掘出的技术方案的授权前景给予合理的预估，并且需要判断研发人员提供的技术交底书是否完整、原理是否清楚、是否存在逻辑上的错误等，从技术原理等各个方面进行评估和分析，因为只有知识产权工程师深入透彻理解该技术方案之后，才能站在比发明人更高的角度来对发明人进行修改的建议和指导，并且相对于专利诉讼来说，专利挖掘的数量相对较多，这需要知识产权工程师在较短的时间内吃透技术方案，因此对于知识产权工程师的技术背景的要求相对较高。

而在专利诉讼中，由于诉讼双方面对的诉争专利已经确定，而大多争议点聚焦在授权专利的权利要求解读，以及专利权利要求与被控侵权产品的对比，在诉讼过程中，可能最终将争议聚焦到某一个特定权利要求中某一个特定术语的表达上。而这一特定术语的表达，可能知识产权工程师需要与发明人、技术专家等进行反复沟通和确认，而对于认定这一技术术语的正确理解方式，可能并未由知识产权工程师来确定，是由发明人来提供最终的理解方案，因此知识产权工程师就不需要承担如挖掘阶段做最终决定的责任。在诉讼工作中，知识产权工程师承担的工作更多是与发明人、外部律师、专利代理师、主审法官进行协调和沟通，收集、整理各种诉讼材料和证据，处理诉讼程序事务，协助开展侵权技术对比。这并非绝对强调开展专利诉讼的知识产权工程师的技术理解水平就不如从事专利挖掘的知识产权工程师，其中一个区别在于专利挖掘阶段、专利诉讼阶段的侧重点不同，发明人的配合意愿不同，外部服务机构的介入程度/协助程度及对于技术方案中聚焦的技术点存在明显的差异。

因此，在考察知识产权工程师及候选人的技术背景和技术理解能力时，不能脱离知识产权工程师所将要开展的工作内容及企业产品研发的技术特点。

三、知识产权工程师个人品质决定工作成果质量

知识产权工程师能否很好地贯彻与执行既定的知识产权战略方针，除了专业能力与技术背景外，在相当程度上也取决于知识产权工程师的个人品质，优秀的知识产权工程师普遍具有以下良好品质。

1. 化解压力的能力

其实大部分性质的工作都对人的抗压能力提出要求，这些压力有的来源于事务繁多，有的来源于工作开展的难度很高，具体到知识产权工作，知识产权工程师的压力来源于以下几个方面。

（1）目标的压力

知识产权工作必然是为了达到知识产权部门所设置的考核指标。例如，每年需要完成多少件发明专利申请。而这些目标并非完全掌握在知识产权工程师手中，相反很多时候需要研发部门或者其他部门的配合才能完成。在实践中，反而研发人员积极性不高、配合意愿不强是常态，这就需要知识产权工程师采取各种措施和手段去推动预计目标的达成，这也是知识产权工程师所面临的首要压力。

（2）期限要求严格带来的压力

不同于其他工作，很多知识产权事务中都具有明确的期限，并且这些期限是通过法律、规章或者其他规范限定的，一旦超出期限就立即产生后果，因此知识产权工程师需要时时对期限进行监控，在期限内按照要求推进各项事务的进展，即便这些事务的推进存在各种阻碍和困难。

（3）结果不可控的障碍

虽然知识产权工作中很多事务都经过了事先检索、分析，但在审查阶段、维权阶段能否实现知识产权工作预期的目标，在一定程度上也取决于专利局审查

员、案件主审法官，甚至还取决于政策的调整，如最近几年发明专利的授权率明显走低，这也和国家提倡高价值、高质量专利的大环境变化有关，这并非指公司提交的有些专利申请就不属于高价值、高质量，而是这些专利申请按照调整前的政策及专利审查尺度可以获得授权，但调整后的审查尺度变严格而不再具备授权的可能性。由于专利申请周期性相对较长，可能政策调整发生在专利申请之后或审查之前，那么这种因为审查尺度变化导致知识产权工作的结果没有达到预期，也并非知识产权工程师所能控制和左右。

(4) 应对突发状况

知识产权工作不仅是专利申请、商标注册、版权登记等事务，在很多情况下面临突发状况的应对和处理，如突然被竞争对手起诉、产品被人扣押等，这些都需要知识产权工程师在公司高度关注应对结果的焦点下开展工作，因此能够适应短时间内高强度的工作节奏、具备良好的心理素质也显得尤为重要。

当然，知识产权工程师的工作压力来自方方面面，甚至可能还包括因自身对于未知技术的理解障碍导致不自信而产生的压力等，因此，知识产权工程师具备一定的抗压能力将能很好地化解这部分压力，更好地开展知识产权工作。

2. 耐得住性子，才能揪出细节中的"魔鬼"

知识产权工程师是否具备足够的耐心，不仅影响知识产权工作能否顺利开展，也会影响知识产权工作开展的质量。特别是在案子处理的时候，如果缺乏耐心，则可能会出现如下情况：在遇到技术难点需要与发明人进行沟通时，如果发明人的配合意愿不强，发明人选择通过书面方式表达分析意见，知识产权工程师如果对这些分析意见不进行深入审核，不开展与发明人面对面的细节核实，则可能技术分析的结果会发生偏差。

例如，在开展研发项目中专利挖掘时，知识产权工程师数次联系研发人员进行挖掘，而研发人员主观意愿上不配合、不积极，或者经过催促之后仍不提供技术交底书，则有些知识产权工程师会选择放弃继续跟进，而一些有足够耐心、具备锲而不舍精神的知识产权工程师，则会选择进一步分析、探究研发人员不提供技术交底书的原因：是因为不会写技术交底书，还是因为奖金激励不到位导致不愿意花精力撰写技术交底书，抑或是研发部门创新研发积极性不高，或者是存在其他不提供技术交底书的障碍，从而针对具体的障碍采取对应的措施。

例如，某公司研发人员因为研发项目进度紧，在正常出勤时间之外还需要通过加班来推动研发进度。由于研发项目经理对于进度催促得比较急，实在无法抽出时间来撰写技术交底书，知识产权工程师经过与研发人员沟通之后了解到这一情况，并且根据项目研发的进度以及可能产出的专利挖掘数量，与研发项目经理、专利代理师、研发人员进行协调，之后在约定了保密义务的前提下，让外部服务机构派遣专利代理师一同参加项目推进会，尽快掌握项目研发背景信息，并通过集中挖掘的方式，由发明人口述并同步录音方式来输出技术方案，后期经专利代理师进一步整理技术方案，确保技术方案的完整性来最终完成技术方案的挖掘，从而节约了研发人员的时间。对于这种特殊情况，如果知识产权工程师不能探究研发人员不愿意撰写技术交底书背后深层次的原因，进行灵活变通处理，则该研发项目中的创新技术方案就有可能被湮没，而公司的创新成果无法得到很好的保护。

知识产权工程师除了与人沟通需要耐心之外，处理具体案件时也需要投入足够的精力和耐心来应对。例如，通常发明专利审查过程中，专利局审查员会在审查意见通知书中引用多篇对比文件来评述发明专利审查的创造性，而如何去答复这些审查意见通知书不仅需要对本申请的文本材料和审查意见通知书中的具体内容进行分析，还需要与对比文件的内容进行仔细分析和比对。虽然这部分工作大都由知识产权服务机构的专利代理师来完成，但如果知识产权工程师放弃对专利代理师答复的质量进行管理，那么可能案件的授权前景会受到影响，或者授权文本的保护范围变窄。因此知识产权工程师对专利答复文本进行质量把控是必要的，如果知识产权工程师缺乏耐心，很可能仅仅对审查员在审查意见通知书中提到的对比文件公开的内容进行分析，而忽略了对比文件的整体构思和方案，那么知识产权工程师仔细研读对比文件全文之后，很可能会作出与审查员相反的理解，这种转变的原因可能在于对比文件中其他内容明确提到了对比文件之间无法相互结合的启示，或者审查意见通知书中所引用的对比文件内容在经过全文解读之后能够作出不同的功能解释。可以看出，虽然同样都是在处理知识产权案件，但因为知识产权工程师的耐心不同，极有可能产生截然不同的结果。

专利无效宣告、专利诉讼工作中对于耐心的要求更是如此，专利无效宣告、专利诉讼中的一个重要内容就是检索到合适的对比文件来支撑无效请求，而检索的渠道、检索式的调整、检索的范围均会影响到合适的对比文件获取。对于检索来说，需要的就是不断地调整检索式和检索策略，得到的对比文件质量与付出的时间精力明显呈正相关，如果缺乏耐心必然无法胜任这项工作。

四、持续主动学习才能跟上工作的要求

知识产权工作与法律工作有很多相同、交叉的地方，但也存在较大的差异。对于法律工作，如合同审核等，只要是通过司法考试，接受过正规的法学院教育培养，很容易在工作中上手。但现阶段知识产权工作中所需要的技能很大程度上来源于工作本身，因此知识产权工程师从工作上手到后期能力提高，都必须保持一个持续学习的心态，并且具备主动学习的能力和技巧，才能不断提高从事知识产权工作的能力，获得成长。

知识产权工程师主动学习的推动力主要源自以下几个方面。

1. 专利工作本身的"技术性"

专利工作本身就是与前沿技术打交道的过程，因此不仅需要不断在工作中熟悉、理解本行业、本公司的产品、技术，还需要不断地掌握本行业的现有技术，才能更加准确地对技术交底书中的技术方案作出判断。因此，如果说资深知识产权工程师专业能力通常强于刚入行的知识产权工程师，可能很大程度上也因为资深知识产权工程师对于技术理解的深度、广度，以及对于现有技术的准确判断要比刚入行的知识产权工程师更有把握。

例如，同样是对某技术交底书中技术方案进行评审，刚入行的知识产权工程师可能完全依赖对比文件的检索才能对技术方案的新颖性、创造性进行判断，而资深知识产权工程师在拿到技术交底书之后，可能已经对其中的技术方案有一个新颖性、创造性等授权前景的预估，虽然资深知识产权工程师也会进行查新检索，但查新检索更多的是用来佐证自我的判断，如果初次检索的结果与自我判断存在较大的差异，则可能会通过进一步扩大检索范围、调整检索方式去寻求这种差异产生的原因。因此，资深知识产权工程师与刚入行的知识产权工程师开展知识产权工作的方式区别之一，就在于资深知识产权工程师增加了更多的主观判断的过程，并非机械地依靠检索工作和检索结果，同时这种主观的判断也可能很大程度提高开展知识产权工作的效率和质量。

当然，这种主观判断的准确性离不开持续的主动学习过程，在处理完每一个专利案件之后，会将专利案件中涉及的技术进行归纳总结，形成对于现有技术整体水平的理解，才能达到预期效果，否则对于现有技术水平的理解是零散的，只能对公司产品、技术中某些方面的技术具有较好的解读能力，而不具备对于整个产品、技术形成体系的解读能力。因此，专利工作本身的技术特性也推动了知识

产权工程师的不断学习过程。

2. 公司产品与技术迭代

产品与技术如同人一般，也有生命周期，有的产品更新迭代周期短，如快消品、互联网公司的 App 产品，可能产品迭代周期只有几个月甚至几周，因此，知识产权工程师需要在产品不断迭代过程中迅速熟悉新产品中所应用的新技术。即使是那些生命周期较长的产品，也会面临技术研发迭代更新的问题。

例如汽车行业，传统的汽车行业专注于机械结构的设计，如内燃机燃烧效率的提升、底盘悬挂的调校、车身设计、变速箱匹配等方面，然而随着环保政策的不断升级，新能源汽车逐渐开始取代内燃机汽车，那么之前企业所掌握的技术储备、知识产权工程师所熟悉的技术以及对现有技术的理解会随着汽车企业产品的更新迭代而不再足以应对新的技术理解要求，特别是随着汽车智能化技术的发展，诸如机器视觉、自动驾驶、各种协议的拓展等，其技术领域已经远远超过了之前的机械、电气等领域，扩展到通信协议、计算机程序设计、人工智能算法、多视觉传感器数据融合等各个方面，因此知识产权工程师必须适应公司技术研发迭代更新的节奏，甚至在某种程度上应该提前去学习相关领域知识才能匹配知识产权工作的要求。

3. 法律规范等不断更新

通常来说法律等具有一定的稳定性，但也会随着国家、社会的发展而不定期进行修订、修改，除了法律之外，实际上影响知识产权工作的其他规范性文件还包括国家知识产权主管部门制定各种的规章制度，如《专利审查指南 2010》及制定的各种政策性文件、指导性文件，此外，还包括地方人大、地方政府指定的各种地方性法规、地方政府规章性文件及政策性文件。以《专利审查指南 2010》为例，近年来比较重要的修改包括以下几点。第一，2017 年国家知识产权局关于修改《专利审查指南 2010》的决定（国家知识产权局令第 74 号）；第二，2019 年国家知识产权局关于修改《专利审查指南 2010》的决定（国家知识产权局令第 328 号）；第三，2019 年国家知识产权局关于修改《专利审查指南 2010》的决定（国家知识产权局令第 343 号）；第四，2020 年国家知识产权局关于修改《专利审查指南 2010》的决定（国家知识产权局令第 391 号）。

可以看出，近些年《专利审查指南 2010》的修改较为频繁，有的是针对《专利审查指南 2010》不同章节的相对全面的修改，有的则是针对特定议题作出的专门修改，这些修改都会直接影响到专利能否获得授权以及权利的稳定性等，如果知识产权工程师不持续加强对于法律规范等更新的学习和理解，必然会直接影响到知识产权工作的结果。

五、缜密的逻辑思维能力

逻辑思维是运用分析、综合、归纳和演绎等方法，对丰富多彩的感性事务进行去粗存精、去伪存真、由此及彼、由表及里的加工制作过程。[1] 知识产权工作中处处都要求知识产权工程师具备优秀的逻辑思维能力，这种逻辑思维能力不仅是知识产权案件处理的要求，也是与人沟通的基本要求，高效的理解能力，能快速抓到核心点。逻辑思维能力虽然是存在于人的大脑中，却往往以说话、文字外化展示，因此对于知识产权工程师的逻辑思维能力，主要表现在口头表达能力与书面表达能力两个方面。

1. 高效的口头表达能力

知识产权工程师虽然很少参与到诉讼庭审环节，与另一方当事人唇枪舌剑进行交锋，但日常工作中，需要与研发人员、其他部门同事、专利代理师、专利局审查员进行频繁的当面沟通、电话沟通，如果缺乏口头表达能力，则很难开展好知识产权工作。

口头表达能力其实要求的是知识产权工程师以下几个能力：①迅速捕捉到对方谈话的全面内容，在沟通过程中，知识产权工程师应该迅速获知对方谈话内容的全部信息，包括已经理解的信息以及对方谈话内容中缺失的内容，这样才不会对对方谈话内容中的信息产生获取缺失。②对对方谈话内容中的信息进行整理，对于信息中完整的部分进行归纳、总结，对于还需要对方进一步补充提供信息进行梳理，并明确需要补充内容的重点。③就需要补充的内容与对方进行简要沟通，就归纳、总结的内容跟对方进行确认。④根据对方补充和确认的内容，构思出解决方案或者提供对方想要的信息。⑤将构思的解决方案或者提供对方想要的信息进行再次整理，形成层次清晰、重点突出并简要的内容，并告知对方。

以知识产权工程师与研发人员开展日常专利挖掘为例。

---

[1] 王经伦. 逻辑思维学：有待认知的逻辑学新领域 [J]. 广东社会科学，2004（3）：73-77.

【场景一】

知识产权工程师：×××，你最近忙不忙，是否有可以申请专利的点子或者方案？

研发工程师：最近很忙，研发项目催得比较紧，而且好像研发项目中都是一些比较常规的手段，没法申请专利，目前主要工作的内容都在电脑中。

知识产权工程师：我看一下这些都是与代码相关的，我也不大清楚，专利法要求技术方案具有创造性才能符合授权要求，也就是说与现有技术相比具有显而易见性。这样吧，你回头有空时再整理下，有可以申请的方案时记得联系我。

研发工程师：好的，一定。

【场景二】

知识产权工程师：×××，你最近忙不忙，是否有可以申请专利的点子或者方案？

研发工程师：最近很忙，研发项目催得比较紧，而且好像研发项目中都是一些比较常规的手段，没法申请专利。

知识产权工程师：那你能不能讲一下你最近负责项目的具体情况，比如负责哪个模块，大概是如何实现的？

研发工程师：我最近负责项目中安全登录模块，主要是通过×××方案来实现×××的功能。

知识产权工程师：据我了解，安全登录模块目前实现的方式很多，那么以你的认识来说我们自主研发过程中×××方案与其他人的方案有什么差别，×××的功能实现中你认为最难解决的问题是什么？

研发工程师：×××方案与其他人的方案差别不大，主要区别在于×××，××的功能实现中×××这点最难克服。

知识产权工程师：×××区别我初步判断可能具备一定的创造性，据我了解之前的检索没有发现相关与之相同的技术，那么×××区别是否就是用于克服×××难点的关键？

研发工程师：是的，可以这样理解，因为×××难点的主要原因是×××，而×××区别别人一般很难想到用，因为×××的原因。

知识产权工程师：好的，我大致了解了这个方案了，为了避免这个技术方案被人公开，请尽量在×××之前提交到系统中，如果有什么困难可以随时跟我联系。

  研发工程师：好的，这个方案我还以为没有什么亮点，听你说完，好像确实是这样，我尽量及时提交给你，谢谢。

  可以看出，在场景一中，知识产权工程师不但未对研发人员提供研发项目做进一步挖掘，而且知识产权工程师口头传达的"创造性""现有技术""显而易见性"等概念对于研发人员来说相对陌生，因此实际上知识产权工程师与研发人员不在一个沟通频道上，无法形成一个有效的专利挖掘信息同步结果。相反地，在场景二中，知识产权工程师通过不断地引导研发人员提供项目研发中有用的信息，并且不断对提供的信息进行分析，反馈给对方确认、补充，最终能够形成一次有效的专利挖掘。

  2. 准确、精当的书面表达能力

  书面表达能力确实与口头表达能力有很多相似之处，但区别在于书面表达更正式，需要知识产权工程师用更简要、精练的语言去陈述自己的观点和看法。在知识产权工作中，书面表达能力与口头表达能力同等重要。因为知识产权工程师的知识产权工作成果往往以书面形式予以展示，不论是在对外提供的各种检索报告、分析报告中，还是在专利申请文件、审查意见的答复文件中，抑或是对外发送的邮件中，书面表达能力会给人很直观的印象来判断其专业性高低，并且专利工作的内在逻辑也要求知识产权工程师必须具备相当功底的书面表达能力。

  以专利答复为例，在《专利审查指南 2010》中，审查员通常以"三步法"来评述专利案件的创造性，而专利代理师提供的审查意见的答复文件初稿中往往会据此来做相应的答复，通常围绕"技术问题→技术方案→技术效果"三个方面开展意见陈述。事实上，技术问题、技术方案及技术效果之间即为前因后果、层层递进的关系，因此在审核专利代理师提供的意见陈述书中的内容是否构成一个完备的陈述方案，往往也据此展开。但在实际工作中，专利代理师提供的答复文件初稿中可能仅针对技术问题进行了答复，而忽略了其他两个方面，如果知识产权工程师没有在脑海中构建答复的逻辑体系，或者并未深究答复文件初稿中为什么仅针对技术问题进行争辩，则可能无法准确地给出审核建议或意见。

  又如，专利代理师提供的专利申请文件读起来晦涩绕口，如果知识产权工程师不能依据权利要求书的逻辑体系和说明书的具体要求给出修改和调整意见，则申请文件可能需要来回修改而达不到预期效果，甚至直接影响到申请日的确定和专利的实际保护范围。

因此，在考察知识产权工程师及候选人的逻辑思维能力时，可以针对性地做一些面试、笔试的题目，通过面对面与候选人进行沟通以及对候选人提供的笔试结果进行审核，来判断知识产权工程师及候选人是否具备相应的逻辑思维能力。

第四节　知识产权接口人，知识产权工作的"第二战场"

知识产权接口人顾名思义是设置在研发部门，专门与知识产权部门对接研发、知识产权事务的人员，多为研发人员兼任。

究其原因，虽然研发部门是知识产权部门的主要对接对象，但知识产权工程师与知识产权接口人毕竟分属不同部门，各种研发项目、研发事务、研发进度不可能做到与知识产权部门完全同步。即使知识产权工程师增加与研发部门的沟通频次、沟通方式，也无法做到研发人员所能达到的相同效果。因此，为了解决沟通及时性与信息同步性，很多公司会选择在研发部门设置知识产权接口人来加强知识产权部门与研发部门的沟通效果。

一、知识产权接口人几个关键的工作职能

1. 研发信息同步职能

很多公司一般采用研发项目制方式来管理研发活动，一个完整的研发项目通常包括项目预研、项目评估、项目立项、项目推进、项目验收等环节。为了使知识产权工程师能够介入到研发项目的生命周期的各个阶段，从中开展专利挖掘和布局，往往会建立部门之间的沟通机制。比如在项目立项之初就通知知识产权工程师参加研发立项会议。

但在实务操作过程中，会存在很多因素阻止这一机制的顺利运行。例如，由于知识产权部门的人员有限，在同一时间档期内存在多个研发立项会议时，知识产权工程师就可能错过一部分会议，又比如研发部门因为研发工期紧张，在项目立项会议召开之前遗漏通知知识产权部门。当然，也会存在一些其他因素影响知识产权工程师参加研发部门的各种会议。

如果将这种项目信息同步的职责赋予知识产权接口人，就能够在很大程度上避免信息的遗漏或者信息同步不及时等情况。甚至在特殊情况下，知识产权部门即使无法派知识产权工程师参加研发部门的各种会议，知识产权接口人也可以在

会后将一些关键信息与知识产权工程师进行同步。

2. 方便对接研发人员

知识产权工程师的一项很重要的任务就是与研发人员进行对接。比如审查过程中原发明人离职，专利申请文件中记载的技术方案过于复杂，知识产权工程师在寻求研发人员协助进行技术分析时，无法得知同一个研发部门或研发小组内哪些研发人员熟悉原发明人的研发任务，这时知识产权接口人就能迅速将所掌握的组内分工信息提供给知识产权工程师，使知识产权工程师能够迅速找到替代分析的研发人员，推动专利申请文件分析，从而获得更为有利的审查结果。

知识产权接口人协助研发人员进行对接的场景主要体现在以下几个方面。

(1) 离职人员信息确认与提供

当下公司各个岗位的人员相较以往流动更为频繁，特别是对一些高新技术领域的科技公司来说更是如此。竞争对手之间、同行业之间挖掘非常频繁和普遍。而由于专利的审查周期相对较长，使得原发明人很可能在专利审查过程中就已经离职，因此知识产权接口人可以定期将离职人员信息提供给知识产权工程师，使知识产权工程师能够及时掌握发明人流动情况。即使是在专利申请已经授权的情况下，这种离职人员信息确认也有自身的意义，比如在侵权判定过程中的对比分析等场景中，由于及时掌握了这种人员流动情况，从而能够在侵权分析需求中迅速找到合适的研发人员进行对接。

(2) 研发项目具体成员信息确认

很多公司可能同时存在多个研发项目，很多研发人员也可能同时承担多个研发项目的研发职责。确定研发项目具体成员信息，能够有助于迅速定位出专利挖掘的具体对接研发人员。由于研发项目具体成员都是通过研发部门内部分配和协调，甚至在研发过程中，也有可能存在成员变动的情况，因此除非研发部门主动提供，知识产权工程师很难及时掌握这些信息。因此知识产权接口人提供的研发项目具体成员信息对于知识产权工程师掌握挖掘对应的研发对象至关重要。

(3) 发明人信息确认

《专利法实施细则》第十三条对发明人给出了明确的定义：专利法所称发明人或者设计人，是指对发明创造的实质性特点作出创造性贡献的人。在专利申请递交之前通常会设置发明人信息确认环节，但发明人信息确认往往是由发明人主动提供，这就可能存在部分发明创造对应的发明人是哪些人员可能会产生争议。特别是在一些共同承担研发项目的研发过程中，哪些人成为发明人或者发明人的先后顺序如何确定容易引起争议，即使可以通过一系列的措施来降低这种争议的产生，但在争议实际发生之后，就需要知识产权部门介入到争议的解决中。除了对争议的几方进行法律条文的解释之外，如何确认项目参与研发的事实也是解决争议的关键，这就需要争议当事方对自身如何构思该发明创造的整体过程进行陈述，通常还需要第三方对争议的几方参与研发的过程进行阐述。由于知识产权接口人往往是研发项目的归集者，因此由知识产权接口人参与到发明人信息确认过程中，提供的信息会更加有利于争议的解决，并且降低争议的发生概率。

二、哪些人适合担任知识产权接口人

由于知识产权接口人对于知识产权工程师在研发部门开展专利工作如此重要，所以如何选择知识产权接口人合适人选显得尤为关键。一般而言，知识产权接口人最好能够具备如下条件。

1. 善于沟通，能够与其他同事打成一片

知识产权接口人很重要的一个要求即善于沟通，如果知识产权工程师是连接发明人与专利代理师、专利审查员沟通的桥梁，那么知识产权接口人也可以被认为是连接研发人员与知识产权工程师的一个重要的接口。不但需要接口人熟悉部门内部研发人员的信息与动态，也应该乐意与知识产权工程师分享这些信息。事实上，不同人的性格千差万别，特别是很多研发人员往往更多擅长与设备、仪器等研发相关的器件打交道，与人打交道并非研发人员的长处。因此，在选择知识产权接口人时，可以尽量挑选善于沟通，能够和其他研发同事打成一片的研发部门同事担任。

2. 会营造气氛，善于"带节奏"

知识产权接口人由于了解一定的专利知识，因而对发动部门内研发同事参加知识产权部门组织的各种培训，宣贯知识产权知识起到很好的协助作用。虽然组织知识产权培训、宣贯知识产权知识、营造创新文化氛围理应是知识产权部门的工作职责，但是在研发部门内部，有几个营造气氛、"带节奏"的内部人员，能够对知识产权部门推动各种知识产权活动起到很好的"推波助澜"作用。

3. "耳听八方"，熟悉部门内部动态

知识产权接口人一个很重要的职责在于与知识产权部门进行信息同步，因此

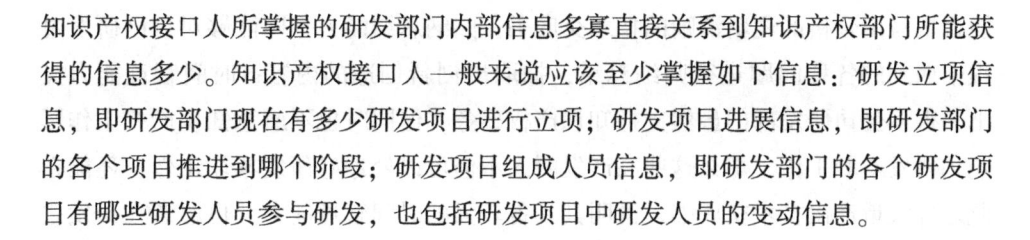

知识产权接口人所掌握的研发部门内部信息多寡直接关系到知识产权部门所能获得的信息多少。知识产权接口人一般来说应该至少掌握如下信息：研发立项信息，即研发部门现在有多少研发项目进行立项；研发项目进展信息，即研发部门的各个项目推进到哪个阶段；研发项目组成人员信息，即研发部门的各个研发项目有哪些研发人员参与研发，也包括研发项目中研发人员的变动信息。

4. 知识产权接口人从哪些人员中产生

为了有利于知识产权工作的开展，一般来说，知识产权接口人往往在以下人员中产生。

（1）研发主管掌握最全面的研发资料

研发主管是一个很宽泛的概念，大致可以对应研发部门内的研发组长、研发经理、研发专家等角色。通常来说，研发主管是研发部门的中基层管理人员。在一些中大型公司里面，研发部门的研发人员人数较多，因此会设置3级或者更高层次的管理人员。以互联网公司为例，研发部门内管理人员的级别从低到高依次为：研发主管、研发经理、研发高级经理、研发总监、研发VP、CTO。当然，这只是其中一种情况，管理人员的职级越高，承担的管理性事务越多，要求这些高级管理人员配合作为知识产权接口人往往不大现实。反而是研发部门内的中基层管理人员，对研发组内各自负责的研发项目信息、项目中人员调配等情况非常了解，并且也经常实际参与到研发项目中去开展一线研发，这使得研发主管作为知识产权接口人往往是一种比较好的选择。

将研发主管作为知识产权接口人还能够在研发部门内部激励研发人员积极从事创新申请活动，很多情况下，研发人员可能担心其上级反对花费太多的时间在专利事务上，而研发主管作为知识产权接口人本身就意味着至少不反对研发人员的专利活动，因此可以化解研发人员撰写技术交底书的一部分心理障碍。

但由于研发主管往往研发任务繁重，研发项目进度要求严格，这也使得研发主管作为知识产权接口人存在很难投入更多精力到知识产权事务的问题。

（2）高产发明人的榜样作用

高产发明人是指在公司内部对专利申请热情很高，申请专利较为频繁的研发人员。发明创造与其他场景类似，也遵循"二八定律"，即公司内的专利申请往往由少数研发人员集中产出，特别在那些不对研发人员设置专利申请KPI的公司更为明显。

影响研发人员是否实际提交专利申请包括以下几个因素：书面表达能力，即能否撰写出合格的逻辑清晰的技术交底书；归纳总结能力，即能够对自己研发过程中遇到的各种问题进行归纳总结，抽取出创新创造的内容；时间管理能力突出，很多公司研发部门虽然支持知识产权事务，但同时也不愿意知识产权工作影响到研发本职工作，那么这些高产发明人不但可以处理好研发本职工作，还能在此之外大量产出技术交底书，说明其具备较强的时间管理能力，也愿意在研发之外接触其他事物来提高自己。

选择高产发明人作为知识产权接口人不但可以树立榜样，还有助于带动部门内其他研发人员撰写出合格的技术交底书。通常来说知识产权工程师与研发人员的沟通效率不如研发部门内部人员之间的沟通效率来得高，技术交底书的撰写也是同样的道理，知识产权工程师往往更多强调法律层面和表达层面的内容，而高产发明人与研发人员之间的沟通，由于工作内容和环节高度相似，使得他们在语言表达习惯、技术细节沟通等方面存在天然的优势，正如教三遍，不如实际演示一遍效果来得更好。

但值得注意的是，高产发明人作为知识产权接口人也存在一些不足之处，比如高产发明人不一定是部门内信息掌握最多的人，将其作为知识产权接口人可能项目信息同步方面存在不足。

（3）研发助理是研发项目信息的集散地

研发助理与知识产权接口人的职责有天然的交叉之处，以下是两个不同公司对于研发助理的职责描述。

研发助理岗位A：协助研发总监进行产品、项目的进度跟踪、绩效管理；负责会议的人员组织、议题的制定、安排、记录；协助对研发、测试、设计、产品等各小组工作进行考核、绩效更新及员工访谈；协助对接商务、供应商、人事等相关事宜；协助产品经理、项目经理创建风险登记册、问题日志、制约因素管理、记录过程资产、内部审计；协助处理产品及项目的需求调研、评估分析、评审立项及审查思维导图、需求文档等。

研发助理岗位B：追踪项目物料并配合物料管理；处理跨部门沟通，包括业务部门、产品团队、技术供应商的沟通与协调；管理项目迭代，梳理实施计划，保障迭代的实施进度与交付质量；收集、整理和归档项目数据和资料；参与技术类项目采购、合同等工作；完成项目负责人临时交代的事项。

可以看出，研发助理不但参与各种项目，了解项目进度等信息，并且往往擅长与研发团队进行沟通和协调，还掌握了各种可能从中挖掘出专利技术方案的文档、材料等资源。因此，研发助理作为知识产权接口人将非常有利于与知识产权部门进行高效沟通和信息共享。

三、如何用好知识产权接口人

1. 知识产权接口人如何设置

不同的公司知识产权工作开展方式不同,有的公司设置了知识产权接口人与知识产权部门进行对接;也有的公司不设置知识产权接口人,会直接将知识产权部门的知识产权工程师分派到各个研发部门实地办公,因此原有的知识产权接口人职能并到知识产权工程师身上。

以设置了知识产权接口人的公司为例,设置多少知识产权接口人也会因公司研发、项目具体情况以及对于知识产权的重视程度和具体要求而存在差异。有的公司产品线比较复杂,比如某公司产品线包括小家电产品线、厨具大家电产品线、空调等大件产品线,那么可能会根据产品线来设置不同的知识产权接口人,例如,会有小家电产品线知识产权接口人、厨具大家电产品线知识产权接口人、空调大件产品线知识产权接口人。又比如某公司产品线比较单一,专注于集成电路芯片设计,对外提供的产品即 SoC 芯片,然而完成最终 SoC 芯片成品需要多个研发部门的配合,比如模拟电路设计部门、数字电路设计部门、封装测试部门、集成电路版图设计部门、算法设计部门,因此在这种情况下知识产权接口人设置不以产品线划分,而在不同研发部门设置可能更为合适。

另外近年来兴起的服务中台概念,如研发中台概念,所有研发部门的资源围绕大的研发项目开展,也可以考虑以研发项目制为依据去设置项目对应的知识产权接口人。

值得注意的是,根据每个公司不同的情况,以及研发任务量,针对一条产品线或者一个部门,知识产权接口人可以不限于一个人,可以为一个集体,比如将知识产权接口人的不同职责分配到研发部门不同人员的身上。降低知识产权事务对于研发工作开展的影响,也降低知识产权接口人的抵触心理。例如,将项目信息的提供职责放在项目助理知识产权接口人上,将研发立项中研发人员的调配信息获取职责放在研发主管上。这种将不同职责分配到研发部门不同人员身上的形式,就更加需要加强与研发部门沟通,以不影响研发部门正常研发工作,不造成研发部门心理抵触为宜。

2. 均衡的任务与良好的沟通

（1）任务分配原则

分配给知识产权接口人的任务不能过于繁重，以不影响到知识产权接口人的本职工作为宜。在公司内部，每个部门的人员都承担着 KPI 的考核，一般不会将知识产权工作作为知识产权接口人的考核指标，因此如果分配给知识产权接口人的任务过于繁重或者烦琐，必然会造成知识产权接口人的抗拒心理。

给知识产权接口人分配知识产权任务一般遵循如下原则：信息来源只能由研发部门提供的任务来分配给知识产权接口人，并且在信息获取时，尽量以不给知识产权接口人制造更多的负担为宜。以项目会议信息提供为例，一般知识产权接口人提供研发项目会议主题、会议召开时间、召开地点即可，至于参会人员及会议具体内容，则由参会的知识产权工程师在会上获取上述信息即可。

（2）沟通机制建立

知识产权工程师需要加强与知识产权接口人之间的沟通，因为公司内的各种事务推动是否顺利，一方面取决于事情的难易程度，另一方面也在很大程度上取决于事务经办人的推动决心，而推动决心会在很大程度上受到经办人在完成事务过程中与对接人的熟悉程度、关系亲疏因素的影响。因此知识产权工程师与知识产权接口人之间是否建立了良好的关系会直接影响知识产权接口人是否愿意，以及在何种程度上愿意履行知识产权职责。因而知识产权部门应该定期与知识产权接口人进行跨部门沟通，如有的互联网公司会专门拨经费用于增进部门之间沟通，举办线下活动。所以说知识产权接口人工作是否开展得顺利，除了取决于工作时间、工作性质本身之外，也取决于工作之外个人感情维系。

除了上述两点之外，可以通过将知识产权接口人的工作职责写入公司制度、流程来对知识产权接口人提出更明确具体的要求，当然即使将职责写入制度、流程，如果不对制度、流程的具体执行效果进行评估，也仅仅能保证知识产权接口人完成知识产权相关事务的最低效果。最好同时通过设置一些物质、荣誉的措施来对知识产权接口人进行进一步的激励。例如，设置年度优秀知识产权接口人奖项等，提高知识产权接口人的荣誉感和参与感。

总体而言，在具备设置知识产权接口人的情况下，应该通过组织设置形式优化、激励措施具体化、沟通常态化等方式来充分发挥知识产权接口人在知识产权事务推动中的作用，使知识产权接口人成为知识产权部门、研发部门的重要沟通桥梁。

第三章

抓住主要矛盾，顺利推动知识产权工作

第一节 "兵马"未动，"粮草"先行

知识产权工作与其他职能部门工作的最大差异在于，其需要公司持续地往知识产权业务中投入资金，并且短时间可能看不到明显的实效，因此知识产权工作面临的第一个难题就是如何说服老板尽可能投入多的资金。在向老板争取资金预算时，可以从以下几个方面做好铺垫工作。

一、以行业内对标对象为参照争取预算

知识产权工作启动之时，特别是老板还未下最终决心投入多少预算时，如果行业内有一个或者几个能够对标的企业，对于争取预算就显得非常重要。例如，某互联网直播公司聘任一名知识产权总监，决定通过专利布局来保护该公司在直播技术领域内的技术优势，但知识产权总监在向老板要预算之时却犯了难，如何让老板同意自己申报的预算方案，以及如何将预算申请方案尽量做得详细，随后知识产权总监在了解公司业务及行业内竞争对手之后就拿定了主意，知识产权总监通过检索分析，获知己方公司在行业内主要竞争对手的专利布局情况如图3-1-1所示。

从图3-1-1中可以看出，在我方公司还未进行专利布局之时，竞争对手已经布局了近1000件专利申请，并且近几年专利申请的数量增长迅速，对比之下我方还未启动知识产权布局，因而我方公司的任务不仅要迅速启动知识产权布局，并且应该要采取"激进"的策略，以期尽快在布局数量上追上竞争对手的步伐。

在找到行业内对标企业后，不能局限于对竞争对手的专利申请情况进行数量的罗列，还必须进一步对标企业的授权专利情况进行大致分析，比如在哪些技术

领域已经获得了多少件授权专利，这些授权专利中是否存在一些可能被其用于诉讼的高风险专利，最后再通过可视化的方式将对标对象的知识产权概况、我方可能存在的风险以及我方知识产权布局的目的进行展示，在公司老板心中强化知识产权布局的紧迫性和必要性。

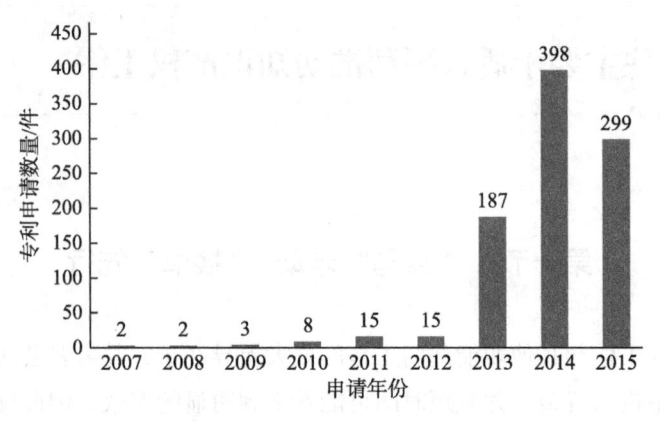

图 3-1-1 ××公司专利申请概况

数据来源：智慧芽

检索时间：2021 年 10 月 1 日

二、发掘公司与老板的利益契合点，让老板乐于花钱

除了从知识产权对公司的价值出发之外，还可以从公司与老板的利益共同点来争取老板对于知识产权工作的资金支持。例如，互联网企业老板的目标除了公司获得更多的用户、更多的流量之外，往往也非常在意公司的估值，因为公司的估值会直接影响到公司历轮融资时，老板能够获得的变现金额。即使是在公司上市之后，公司的市值管理也是激励老板做好公司运营的动力之一，从福布斯公布的富豪榜（图3-1-2）可以看出，排名靠前的富豪往往在市值高的上市公司中产生。

虽然知识产权的估值一直是行业难点之一，但可以确定的是，知识产权的种类、数量及授权情况会在一定程度上影响公司的估值或市值，特别是对于"轻资产"公司更是如此。例如，有学者在研究了 717 家美国和欧洲的上市公司之后，发现公司 IPO 融资数量与其专利拥有数量具有显著的正相关性。[1]

---

[1] 任声策，范倩雯. 我国中小企业 IPO 市场表现影响因素分析［J］. 商业研究，2016（5）：111-119.

值得注意的是，将公司老板与利益共同点作为争取预算的理由也存在一定的局限性，如传统加工制造行业、日用品销售行业可能并不适用这种方法，而对于数字新媒体产业（Technology，Media，Telecom，简称 TMT 产业）可能更有用。TMT 产业是科技、媒体和电信三个英文单词的缩写的第一个字母，整合在一起，以互联网、电信技术为基础将移动互联网、数字新媒体、网络社交、在线购物、电信等不同行业连接起来的新兴产业。而 TMT 产业中也分为用户驱动型公司，如拼多多、京东等电商公司；内容驱动型公司，如优酷、爱奇艺、YouTube、Netflix 等；技术驱动型公司，如寒武纪、ARM、商汤科技等。相对而言，由于技术驱动型公司的核心竞争力体现在技术的先进性、算法领先程度，而这种优势往往更容易通过专利等知识产权来体现，因此专利对于技术驱动型公司的估值影响更为明显。

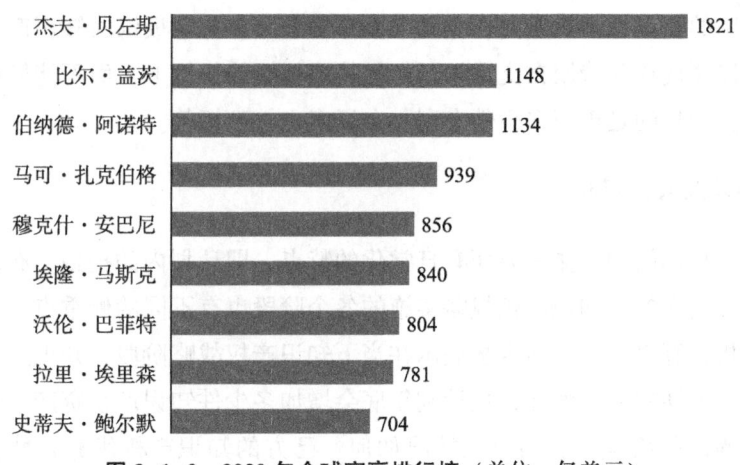

姓名	财富（亿美元）
杰夫·贝左斯	1821
比尔·盖茨	1148
伯纳德·阿诺特	1134
马可·扎克伯格	939
穆克什·安巴尼	856
埃隆·马斯克	840
沃伦·巴菲特	804
拉里·埃里森	781
史蒂夫·鲍尔默	704

图 3-1-2　2020 年全球富豪排行榜（单位：亿美元）

数据来源：《福布斯》

因此，在合适的情况下，通过从公司估值或者市值的提升、公司老板的个人变现需求与知识产权工作中抽取出利益共同点，将会使得预算支持的必要性更为直观。

三、将抽象战略具象化，预算效果显现化

公司老板对于知识产权工作不太关注的一个原因在于，很多知识产权总监在跟老板沟通知识产权战略或者汇报知识产权工作时，往往走了两个极端：一是勾勒的知识产权战略过于宽泛，大致总结为保护自身创新成果，降低侵犯他人知识产权风险；二是在汇报知识产权工作时，却往往只有专利权申请、商标注册数量

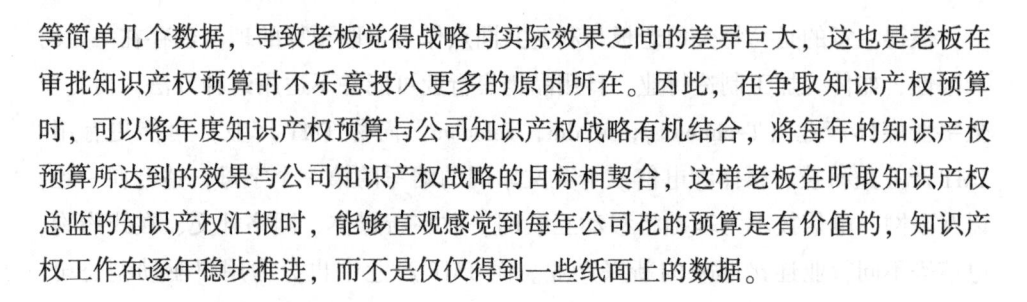

等简单几个数据，导致老板觉得战略与实际效果之间的差异巨大，这也是老板在审批知识产权预算时不乐意投入更多的原因所在。因此，在争取知识产权预算时，可以将年度知识产权预算与公司知识产权战略有机结合，将每年的知识产权预算所达到的效果与公司知识产权战略的目标相契合，这样老板在听取知识产权总监的知识产权汇报时，能够直观感觉到每年公司花的预算是有价值的，知识产权工作在逐年稳步推进，而不是仅仅得到一些纸面上的数据。

1. 战略任务具象化

在争取知识产权年度预算时，应该与公司知识产权战略进行有机结合，如在知识产权起步阶段，主要知识产权工作的目标除了对知识产权风险进行把控之外，重点一般在于更多地布局知识产权，积累知识产权资产，因此这个阶段的知识产权费用的重点也必然花费在专利申请布局上。在与老板沟通知识产权年度预算时，应该体现这些费用在支撑知识产权战略目标的作用上，而不能简单提及知识产权预算的目的是申请多少件专利、布局多少件商标等。

2. 预算效果显现化

知识产权部门的工作一方面有日常化的特点，即计划内的挖掘、布局、答复等；另一方面在各个知识产权战略实施的各个阶段也有不同的侧重点。因此在争取知识产权预算时，应该向老板展示在当下知识产权战略阶段，知识产权预算所能够达到的预期效果。例如，预计到年底会增加多少件知识产权资产，这些知识产权资产预计和竞争对手的对比情况如何？己方的知识产权优势领域在哪些方面，竞争对手的知识产权优势领域在哪些方面？将预算的预期执行效果与预算的争取相结合，更容易让老板理解预算的价值。

四、细化花钱的项目更有利于预算通过

在大致确定了每年知识产权工作目标之后，应在此基础上尽量细化知识产权预算金额。当然，也有的公司老板不设置知识产权工作目标上限，但这种情况毕竟是少数，绝大部分公司会根据知识产权工作目标确定来年预算，作为公司整体预算中的一部分，一般而言，预算金额不准确可能产生如下后果。

预算少于实际支出。如果申请的预算小于当年知识产权工作实际支出的金额，也就是说预算超支，将可能面临两个结果：第一种结果是财务部门或老板要求严格按照预算的金额来开展知识产权工作，超支的预算将不予以支持，这种情

况会导致年初预定的知识产权计划无法全面实施，进而无法完成当年的知识产权工作目标；第二种结果是即使老板没有明确表达不满情绪或者经过争取财务部门同意增加预算，也会影响知识产权部门的领导在老板心目中的好感，认为知识产权部门的知识产权工作预算的工作没有做到位，同时还可能会影响到财务部门的预算、决算复核的任务量。

预算大于实际支出：如果申请的预算大于当年知识产权工作实际的支出，即"钱没花完"，一方面说明年初订立的目标的完成度不高，虽然没有预算超支的问题，但可能会在老板心目中形成如下印象，即知识产权工作不需要花费那么多钱，在下一年的预算支持力度上会大打折扣。

因而为了避免出现上述两种不利的情形，在申报预算时应该从以下几个方面进行详细规划。

1. 设计知识产权奖励方案

对知识产权工作作出贡献的人员进行奖励，奖金的金额也是知识产权预算中重要的组成部分，在奖励方案设计中，除了对发明人予以奖励之外，还可以设计对知识产权接口人的奖励方案，以鼓励知识产权接口人更好地参与知识产权工作。在确定奖励方案后，就可以根据当年的技术交底书提交数量、申请数量以及可能的授权数量等因素来确定知识产权年度预算中知识产权奖励预算大致金额。

2. 预估知识产权获取维护费用

知识产权获取维护费用是知识产权年度预算中最重要的一项，在预估知识产权维护费用时，首先对如下信息予以预估。

（1）年度知识产权布局数量

年度知识产权申请数量是预估知识产权获取维护费用的基础，一般来说年知识产权数量不能确定得过高或过低，在数量过高时将无法完成目标，在数量过低时也达不到知识产权布局效果。

年知识产权数量并非知识产权部门空想出来的目标，而是必须结合公司的具体情况来确定，需要考虑的因素包括公司的行业属性。例如，TMT 行业、通信行业、芯片行业、人工智能行业，知识产权产出就相当密集，传统销售行业知识产权产出就相对少。并且不同行业的知识产权种类侧重点也不同，如通信行业、芯片行业、人工智能行业更加侧重于专利，而以内容驱动的网络媒体行业，可能更侧重于版权，而在一些传统行业，如白酒行业，可能品牌商标、酿酒工艺等商业秘密保护更为关键。除了行业属性，也要掌握公司研发人员数量、年研发项目数量、研发人员工作年限、研发人员既往申请专利情况等，根据上述情况综合预估来年知识产权数量。

(2) 公司是否具备费用减缴条件

公司是否享受费用减缴条件，对于知识产权获取维护费用预估会产生极大影响。总体而言，我国鼓励中小企业通过申请、注册知识产权来保护创新成果，因此也制定了相关的政策来进行配套。早在2006年的《专利费用减缓办法》中就进行了规定。

随后为了贯彻落实国务院《关于新形势下加快知识产权强国建设的若干意见》，财政部和国家发展改革委又印发《专利收费减缴办法》，对之前的《专利费用减缓办法》进行调整：不但对单个单位申请专利的部分费用减免比例由70%提高到85%，还规定了即使由两个或两个以上单位共同申请专利，也可能享受到费用减免。

随着国内外知识产权环境的不断变化，2019年财政部和国家发展改革委对《专利收费减缴办法》中第三条规定可以申请减缴专利收费的专利申请人和专利权人条件，由上年度月均收入低于3500元（年4.2万元）的个人，调整为上年度月均收入低于5000元（年6万元）的个人；由上年度企业应纳税所得额低于30万元的企业，调整为上年度企业应纳税所得额低于100万元的企业。使得更多的企业能够享受到费用减缴政策。

以公司一年申请500件发明专利为例，在未申请费用减缴之前，审查阶段专利申请费用（含印刷费）、发明申请审查费需支出 3 450×500=1 725 000（元），而在申请费用减缴之后，支出费用降为 3 450×500×15%=258 750（元），1 725 000-258 750=1 466 250（元），一年可以节省接近150万元经费预算。

因此，在预估知识产权获取维护费用时，应该对公司是否具备费用减缴条件进行了解，并且在集团公司进行知识产权规划时，如果费用预算较严格，可以在对集团公司与子公司的财务、营收、税收状况掌握之后，对集团知识产权由何种主体进行布局开展合理的规划，降低知识产权获取维护费用的支出。

例如，某集团公司因为年度企业应纳税所得额高于100万元导致申请专利时无法享受到费用减缴政策，而集团旗下各子公司运营因为分工不同各有盈亏，承担销售的公司也同集团公司一样无法进行费用减缴，并且负责研发创新的研究院因为专注研发，人力成本、设备成本支出较大，而未开展营收业务，使得年度企业应纳税所得额低于100万元，在这种情况下，可以考虑将整个集团公司的专利申请、布局统一放在研究院主体下，后期在运营时可以通过许可、转让等方式发挥知识产权在整个集团及旗下各公司、主体运营过程中的作用。

此外，在厘清公司是否享受费用减缴条件时，也要动态同步更新公司财务信息。例如，前期公司因为研发投入高、产品还未得到市场充分认可时，可能具备专利费用减缴条件，随着公司经营日益好转，市场规模不断扩张以及内部管理逐渐优化，可能后续不再具备费用减缴条件；而有些公司可能前期经营效益好，不具备费用减缴条件，而且在转型升级过程中，由于成本支出陡增，又具备了费用减缴条件，这就需要公司的知识产权部门时刻将公司的预算与公司实际经营情况相结合。

（3）知识产权服务费用预估

知识产权服务费用即支付给知识产权服务机构的费用，相对于支付给官方的费用，知识产权服务费在选择不同的知识产权服务机构时，对整个知识产权费用预算影响更大。在预估知识产权服务费时，应注意以下几点。

第一，选择多个知识产权服务机构。多选择几家知识产权服务机构，有利于后续根据知识产权服务机构的服务质量进行案件调控，并且根据各个知识产权服务机构的代理费不同，对知识产权服务费用进行预估。

第二，尽量选择分阶段收费的方式。现有的知识产权服务机构的收费模式，往往是一次性收取知识产权服务费，即服务费中包含专利申请文件撰写的费用以及专利申请进入实质审查阶段后撰写答复文件的费用，并且即使是撰写答复文件的费用，也分为一次性收取答复阶段所有的服务费，以及在实质审查阶段按次收费。在允许的情况下，建议和知识产权服务机构协商采用分阶段收费且答复阶段按次收费的方式，以便对知识产权服务机构的服务质量进行控制。如某公司采用向知识产权服务机构一次性支付知识产权服务费的代理模式时，如果案件进入答复阶段，由于知识产权服务机构已经收取了全部代理费用，在答复次数较多的时候，知识产权服务机构因为代理成本增加将降低服务动力，此时该公司将无任何有力措施来对知识产权服务机构的服务质量进行约束。

第三，核对收费明细及付款方式。原则上各个知识产权服务机构的收费明细越详细及付款方式越统一，则知识产权费用管理越规范，知识产权流程工作越容易开展，但实践中往往由于各家知识产权服务机构的收费方式习惯，以及谈判过程中对于付款等方式的接受度不同，可能导致同一家公司采购的多家知识产权服务机构的代理费金额、收费明细、付款方式、收费项目不同，因此在预估知识产权服务费，特别是知识产权服务费的付款周期时，应该将这种情况考虑进去。

3. 知识产权风险金费用预估

知识产权风险与其他法律风险不同，很多时候存在不确定性，这种不确认性来源于以下几个方面。

第一，规避设计方案不能将风险完全排除掉，如在通信领域、芯片领域、互联网领域等知识产权密集型行业，由于各种技术路线均存在海量的专利布局，想要通过规避设计方案来实现技术自由实施几乎不可能。

第二，知识产权风险分析和评估存在遗漏或错误，由于专利延迟公开的属性以及专利数据库中海量的数据无法通过检索词和检索式进行穷尽分析，因此不可避免存在一些项目的知识产权分析结果与项目的实际知识产权风险存在一定偏差。

第三，知识产权风险分析人员的专业性也会对知识产权风险评估结果的准确性造成影响。

可以看出，公司面临的知识产权风险是现实存在的，因而需要提前对公司可能面临的知识产权风险所需要的费用进行预算，也被称为知识产权风险金，包括专利无效阶段费用、诉讼费用、败诉之后可能需要支付的赔偿金，产品被控侵权后退货的费用，在与对方进行谈判时支付的专利许可费等。特别是在公司IPO之前，更需要对这块的预算进行强化。

4. 其他费用预估

除了知识产权服务费用之外，预算中还必须包含知识产权其他费用，这些费用包含如下项目。

（1）律师费

在开展知识产权工作中，少不了知识产权维权、应诉等事务，因此在维权或应诉过程中聘请律师的费用也应该纳入年度知识产权预算，特别是公司上市前夕这种知识产权诉讼易发的窗口期，如果没有将律师费纳入预算，将会对知识产权工作造成较大的不利影响。

根据公司当地的律师事务所收费水平，对于律师费进行预估。在对律师费进行预估时，应该考虑如下因素。

第一，各地收费水平差异。在预估律师费时，应该事先对当地的律师收费水平以及律师收费方式进行了解。律师事务所收费相对知识产权服务机构收费来说更为灵活，不同规模、不同领域以及名声不同的律师事务所之间收费差异很大，此外，同一律师事务所中案件实际是由合伙人律师、资深律师还是初级律师处理，即使同样都是资深律师，但在行业内的影响力差异以及案件胜诉率不同，收费水平也有高有低。因此，在考虑知识产权案件的难度以及以知识产权案件处理结果达到预期为前提下，应该事先对当地能够胜任知识产权案件的律师事务所及律师背景进行调查，并与之进行相应接触、洽谈，这样才能对于律师费进行较好的预估。

第二，案件代理情况。在知识产权案件处理过程中，公司无论是作为原告还是被告，除律师费之外，其他收费项目也有差异。例如，公司如果作为被告进行专利侵权诉讼应诉，除了诉讼阶段的律师费用之外，可能还需要包括专利无效阶段的费用、在复审和无效审理部申请对被控侵权的专利进行无效宣告请求的代理费、检索用于无效被控侵权专利的对比文件的检索费用、对于无效宣告请求结果不服提起行政诉讼的费用、对于相关证据进行公证的费用以及进行第三方鉴定的费用等。

第三，实际工作内容。很多公司与律师事务所签订了代理合同之后，往往没有对具体案件经办人进行约定，在某些特殊情况下，首次接受案件的律师离职，或者在案件处理过程中发现该律师的办案水平、技能达不到预期时，如果需要对案件办理律师进行更换，而合同中没有对律师应该具有的水平、技能以及办案年限等进行约定，也容易产生纠纷。

（2）管理系统建设或采购费用

要开展好知识产权工作，离不开合适的知识产权管理工具的支持。现在的知识产权管理系统主要分为以下几类。

检索分析系统：能够提高知识产权工程师专利查新检索、项目分析检索、规避设计检索、无效检索、侵权分析、竞争对手分析、技术路线分析等多项检索分析的工作效率，并且各家知识产权检索分析供应商的检索分析系统收费标准、功能、特点、易用性也不尽相同。因此需要根据公司特点，选择合适本公司的检索分析系统，并在年度预算中增加检索分析系统的服务费用支出预算。

案件管理系统：知识产权案件管理是一项相对复杂的工作，里面涉及案件的类型、技术改进点、项目产品线划分、费用管理、期限管理等。如果简单使用 Excel 等办公软件来管理公司知识产权案件，则有可能因为人工录入、管理失误造成案件权利的丧失，或者增加恢复费用支出。并且，通过 Excel 等简单的办公软件可能无法实现对公司知识产权案件的精细化管理，无法支撑知识产权案件的用途划分、公司内案件检索分析、知识产权资产化等工作。因此，在公司知识产权案件较多时，采购案件管理系统是必要的，在年度预算中也应该增加该项支出费用。

OA 线上管理系统：根据公司的规模以及公司办公自动化水平，有些公司将内部事务都进行线上处理，如将专利案件的技术交底书提交、评审、委托案件、付款等都通过 OA 线上管理系统进行；有些公司会将知识产权事务统一纳入公司整个 OA 研发、使用中；也有的公司并未将知识产权事务处理流程嵌入到公司 OA 系统中，因此如果需要采用线上管理知识产权事务，就需要选择供应商来实现知识产权事务嵌入 OA 线上系统中，因此在这种情况下，就需要专门将此项费用列入预算。

(3) 其他知识产权费用

除了上述费用之外，在预算中还应该包括的其他知识产权费用如下。

知识产权培训费用：知识产权工作是一项专业性要求很高的工作，即使是一项专利申请文件撰写、专利检索分析就已经是一门非常专业的系统性知识，完全依靠知识产权总监及知识产权工程师自我学习，很难适应知识产权工作复杂性的要求。因此，在知识产权部门的费用预算中，必须包括知识产权培训费用。

知识产权项目预算：除了常规的知识产权工作之外，知识产权部门也需要开展一些知识产权项目工作，如各级政府发布的知识产权项目申报工作，除了部分项目可以通过知识产权部门自己完成之外，其他一些项目也需要外部服务机构的辅导，因此该知识产权项目工作中，也需要将该项工作的支出列入预算中。

其他费用：包括文件邮寄、日常办公等费用，可以根据知识产权部门的工作进行相应的预估。

第二节 从"单兵作战"走向"集团作战"，知识产权团队如何管理

在公司确定知识产权总监合适人选之后，最重要的事情就是组建一支战斗力强的知识产权团队。再好的知识产权工作构思、计划，脱离了知识产权团队的执行也只能是"水中月、镜中花"，并且相同的事情，交由不同的人去执行，效果可能截然不同。那么从零开始组建知识产权团队需要注意哪些事项，将从以下几个不同方面进行介绍。

一、需要组建多大规模的知识产权团队

一个公司需要组建多大规模的知识产权团队，并不存在标准答案，在现实中既有几百人规模知识产权团队的公司，也存在"单兵作战"，即只有一个人对知识产权工作进行管理的公司。决定需要组建多大规模的知识产权团队的因素包括

如下几个方面。

1. 知识产权布局规划

在不同知识产权战略实施阶段，知识产权工作任务性质、任务量存在差异。例如，在专利工作早期阶段，可能主要以研发项目风险评估与规避设计、专利培训、专利挖掘、专利技术交底书查新检索、技术交底书评审、专利申请文件审核为主，还暂不涉及专利维权等工作；随着申请的专利逐渐进入审查阶段，可能在专利审查意见答复与审核方面需要投入更多的人力和资源；而在专利申请、授权数量达到一定阶段，或者公司成长到一定阶段，被行业内的竞争对手盯上并通过专利进行打压时，就需要抽出人手去应对专利诉讼，开展专利侵权对比分析、选择诉讼的外部服务机构、参与证据收集等事务也需要更多的专业人才加入知识产权团队。

2. 公司的内在属性

公司的内在属性包括行业属性、业务属性等方面，不可否认，公司的内在属性会在很大程度上决定公司知识产权事务的任务量。例如，在技术密集型行业，如通信、芯片设计、互联网、人工智能等，其主要创新成果及产品多以知识产权的形式体现，因此，知识产权是其核心资产。并且一般在上述行业，知识产权的获取、维护、许可及标准事务等占到公司日常经营、业务开展的很大比例，其涉及的知识产权事务不仅包括专利、商标、版权、集成电路布图设计、域名，还涉及一些新兴的知识产权类型，甚至还可能遇到一些司法实践中前沿、存在争议的是否能够通过知识产权来进行保护的情形，因此也需要相当规模的知识产权团队来执行。相较而言，某些传统行业的知识产权事务也的确较为单一，比如仅限于一些商标或者版权事务等。因此，公司的内在属性和需求也决定了一个公司需要组建多大规模的知识产权团队。

3. 知识产权预算投入

此处对于如何进行知识产权预算规划不展开讨论，但知识产权预算投入会直接影响知识产权数量，知识产权业务类型的拓展，并且会影响到知识产权团队的薪资预算。

反过来说，如果知识产权预算投入不够，则很难找到足够优秀的知识产权人才，要么知识产权团队数量不够，要么需要处理的知识产权事务太多。由于知识产权事务无法简单衡量某一个阶段事务处理结果好坏，并且当前阶段的质量又会

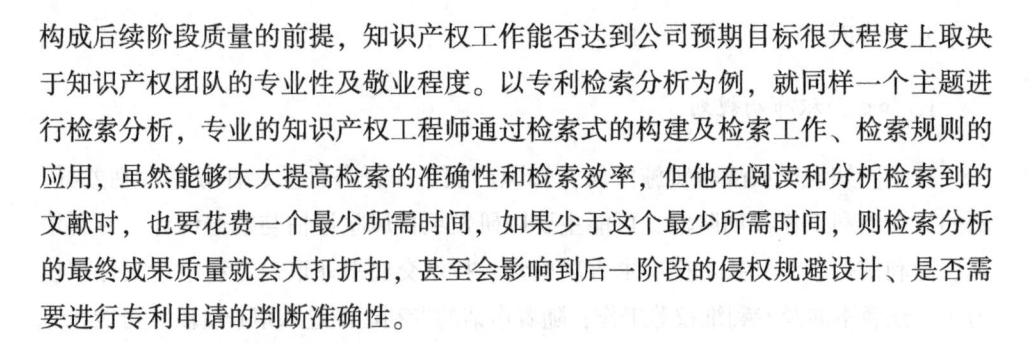

构成后续阶段质量的前提，知识产权工作能否达到公司预期目标很大程度上取决于知识产权团队的专业性及敬业程度。以专利检索分析为例，就同样一个主题进行检索分析，专业的知识产权工程师通过检索式的构建及检索工作、检索规则的应用，虽然能够大大提高检索的准确性和检索效率，但他在阅读和分析检索到的文献时，也要花费一个最少所需时间，如果少于这个最少所需时间，则检索分析的最终成果质量就会大打折扣，甚至会影响到后一阶段的侵权规避设计、是否需要进行专利申请的判断准确性。

4. 知识产权工作精细程度

知识产权工作的开展方式和工作内容的精细程度也会影响到知识产权团队的组建。有的公司一年两三百件专利申请，配备了一个二十人的团队，有的公司一年专利申请达几百件，可能只有少数几个人在处理。究其原因在于知识产权工作的精细程度不同。

以专利申请为例，同样是一件专利的诞生，有的公司可能全程委托给外部服务机构处理，从技术交底书挖掘、专利申请文件撰写、专利审查意见答复，到最后授权，内部知识产权工程师仅负责费用的缴纳和流程管控，以及处理一些专利政府资助、项目等事务，这样专利的质量好坏完全掌握在外部服务机构的专利代理师手上，专利代理师的水平、敬业程度在不受知识产权工程师管控的情况下，很难期待专利高质量产出。但如果将专利申请工作进行精细化管控，从技术交底书的挖掘、查新检索、评审及后续可能的修改，专利代理师的选择，专利申请文件的审核与主动修改，专利审查意见答复文件审核等各个环节进行标准化的质量管控，则花费的精力和时间远远高于完全交由外部服务机构处理。因此，同样的事情，采用不同的方式，需要处理的任务量完全不同，进而需要的知识产权团队人手也不同。

因此，组建多大规模的知识产权团队也需要围绕上述不同的情况和需求展开，根据公司内在属性不同进行知识产权战略规划，对当下知识产权事务产生的工作量进行估计，并向公司高层争取足够的预算（如何争取预算，将在其他章节进行介绍），毕竟开展知识产权工作就是为了真正发挥知识产权的价值，因而那种完全交由外部服务机构处理的情况实不可取。

同时，应该对知识产权工作进行任务定量化，根据知识产权工程师的人均年产出确定当下知识产权团队的规模，知识产权团队的规模并非一成不变的，也会根据公司的发展、业务的扩展以及知识产权事务工作量的变化进行调整。

二、知识产权团队如何进行职能划分

对于知识产权团队职能如何划分，实践中往往有以下几种做法。

1. 全链条模式

全链条模式是指知识产权工程师负责从研发项目立项之前的知识产权评估，到专利挖掘直至最后专利申请获得授权，以及专利授权之后的维护和运营，贯穿专利的整个生命周期，甚至还包括专利产出之前的评估环节以及专利授权之后维持、授权、运营。简单地说，全链条模式即知识产权工程师负责专利的"前世、今生、未来"。

采用这种模式的往往是一些产品线比较复杂的公司，如某家电企业的产品线包括：空调、洗衣机、冰箱、热水器、厨房大家电、厨房小家电、净水机、生活小家电、取暖器等，则可以采用全链条模式对团队中知识产权工程师的职能进行划分。

（1）全链条模式的优点

采用全链条模式有助于知识产权工程师加深对产品线中产品布局、产品型号/系列的技术理解。还是以家电企业为例，某知识产权工程师被分配负责空调产品线，则他只需要掌握公司空调产品上所有的空调型号、空调种类。例如，是定频空调还是变频空调，是挂式空调还是柜式空调，并根据这种划分进一步去理解空调的机械结构、制冷方式、电控单元、智能控制单元、外形设计、材料种类等，更重要的是能够在该产品线后续产品更新迭代时，准确把握改进点，有利于更好地开展专利分析、挖掘/布局和维权工作。

（2）全链条模式的不足

随着科技的发展，即使是家电产品也在逐渐走向智能化，传统家电产品与电子产品之间的界限越来越模糊，技术和功能的交叉越来越多，即使知识产权工程师仅仅负责一条产品线，也对其掌握的知识提出了很高的要求，以空调产品线为例，相关技术领域就涉及了机械制造与设计原理、电路结构、通信与计算机控制、美学设计、材料学、加工工艺，甚至是用于控制空调的移动终端App的界面设计等综合知识。以上还只是知识产权工程师应该掌握的技术层面的知识，此外从专利检索与分析过程中需要用到的检索工具和检索技巧，专利申请文件如何撰写才能够获得授权的前提下争取更合理的保护范围，再到专利授权后如何利用专利进行维权、诉讼及证据收集，甚至还包括竞争对手提起的专利诉讼如何应对，

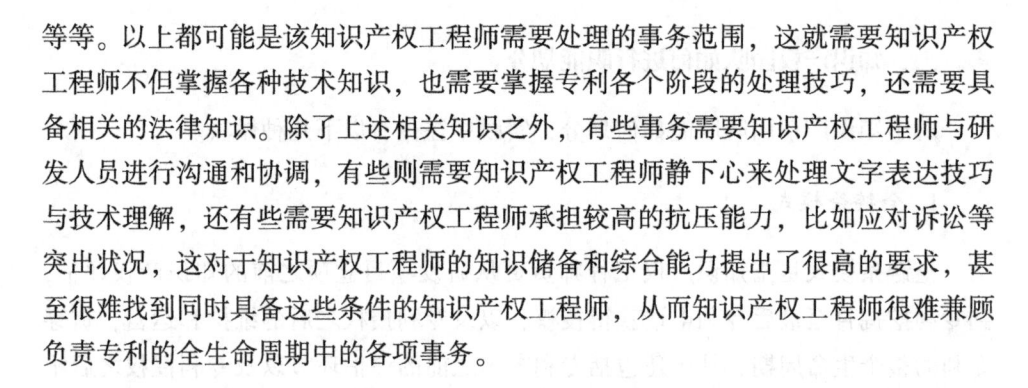

等等。以上都可能是该知识产权工程师需要处理的事务范围，这就需要知识产权工程师不但掌握各种技术知识，也需要掌握专利各个阶段的处理技巧，还需要具备相关的法律知识。除了上述相关知识之外，有些事务需要知识产权工程师与研发人员进行沟通和协调，有些则需要知识产权工程师静下心来处理文字表达技巧与技术理解，还有些需要知识产权工程师承担较高的抗压能力，比如应对诉讼等突出状况，这对于知识产权工程师的知识储备和综合能力提出了很高的要求，甚至很难找到同时具备这些条件的知识产权工程师，从而知识产权工程师很难兼顾负责专利的全生命周期中的各项事务。

2. 分块模式

分块模式是指专利工作按照阶段的不同、属性的不同进行分类，除了专利流程事务之外，将专利挖掘申请、审查意见答复、专利检索分析、专利复审无效与诉讼、专利运营、专利维护、海外专利工作、专利风险防控等事务进行划分。每个知识产权工程师负责一块或少数几个板块的专利事务。

采用这种模式往往是一些产品线并不复杂，而每年的专利申请量又很大的公司，特别是互联网公司，由于互联网公司的产品相对聚焦，并且产品与产品之间的差异往往在于功能而并非底层技术，因此比较适合采用分块模式。

（1）分块模式的优点

分块模式的优点在于能够最大限度挖掘知识产权工程师在某个板块的经验和技能。例如，知识产权工程师专注于专利检索与分析，则长期的检索和分析工作必然让其熟悉和精通该技术领域的技术发展现状，从而提高专利分析结论的准确性，并且还能够提高检索和分析工作的效率。

（2）分块模式的缺点

分块模式虽然能够提高专利事务处理的效率，但并不利于知识产权工程师的个人成长和职业发展，进而从长期来看有可能对知识产权团队的稳定性和积极性造成负面的影响。知识产权工作，特别是专利工作中的各个板块工作内容，相对来说经过数年的沉淀和积累，知识产权工程师大致都能够胜任。如果长期将知识产权工程师限制在少数几个板块的工作上，长年累月重复地工作，有可能让知识产权工程师产生心理上的疲劳反应，特别是如果没有轮岗的机会，则知识产权工程师可能会选择跳槽等方式去寻求更为全面的发展机会。

3. 综合模式

综合模式是一种根据知识产权工程师的长处和短处综合确定其工作职责范围的

"条块结合"的模式。综合模式能够根据公司知识产权工作的整体规划和现状，灵活地选择若干知识产权工程师所擅长的领域进行任务分配，在知识产权工程师熟练掌握该领域工作技能和技巧之外，在部门工作允许和条件成熟的情况下，适时启动各个板块的工作轮岗，这样可以在一定程度上让知识产权工程师保持工作上的新鲜感，并且也能够灵活适应未来各个板块工作任务量的变动和调整。

第三节 从源头出发，激发研发部门积极性

一、不能缺少物质激励，更要重视精神激励

1. 不同奖励方案体现对研发人员激励侧重点的差异

《专利法》第十五条规定："被授予专利权的单位应当对职务发明创造的发明人或者设计人给予奖励；发明创造专利实施后，根据其推广应用的范围和取得的经济效益，对发明人或者设计人给予合理的报酬。国家鼓励被授予专利权的单位实行产权激励，采取股权、期权、分红等方式，使发明人或者设计人合理分享创新收益。"因此，给发明人发放奖励，不仅是法律的要求，也是鼓励公司研发人员创新创造的最重要手段。以下是某公司启动知识产权工作之初设计的两种不同奖励方案（表3-3-1和表3-3-2）。

方案一

表3-3-1 知识产权奖励表1

奖项类别	奖励金额	发放频次	满足条件
专利申请奖	发明：3000元/项 实用新型：1000元/项 外观设计：5000元/项	每半年一次	专利申请获得专利受理通知书
专利授权奖	发明：5000元/项		专利申请获批，获得专利证书
技术交底书撰写奖	发明：800元/项 实用新型：500元/项		撰写符合要求的技术交底书
著作权奖	软件著作权：500元/项		获得软件著作权登记证书
年度专利奖	8000元/项，共1项	每年一次	通过知识产权部门初评，并获得研发中心分组组长最高投票数

方案二

表 3-3-2 知识产权奖励表 2

奖项类别	奖励金额	发放频次	满足条件
专利申请奖	发明：2000 元/项	每半年一次	专利申请获得专利受理通知书
	实用新型：800 元/项		
	外观设计：500 元/项		
专利授权奖	发明：3000 元/项		专利申请获批，获得专利证书
技术交底书撰写奖	发明：800 元/项		撰写符合要求的技术交底书
	实用新型：500 元/项		
著作权奖	软件著作权：500 元/项		获得软件著作权登记证书
年度专利奖	5000 元/项，共 1 项	每年一次	通过知识产权部门初评，并获得研发中心分组组长最高投票数
绩效加分	初定专利申请作为绩效加分项		

奖项方案设置说明：

方案一、方案二是参考相关行业公司的知识产权奖励制度（详见相关行业公司的知识产权奖励政策），并结合我司的行业、所处城市发展水平进行制定。

对尚未申请专利的我司，从鼓励研发人员积极申请专利的角度，同时也受制于知识产权部门人手紧张，因此暂不设置专利申请评审制度，采用员工直接向法务部提出专利申请，无须对专利申请的内容的实质性评审，此项工作可待专利申请到达一定数量，并且研发人员的专利知识产权达到一定程度再启动。

方案一中专利申请、专利授权的奖励金额均高于方案二，知识产权奖励金额越高，越能激励员工申请专利的热情。

方案二中增加了绩效加分项，可以直接影响员工的年终绩效，从而引导研发人员对于专利申请的重视，将专利申请（成果保护）提高到与产生成果相同的地位。因此，方案一和方案二的侧重点不同。

在设计发明人奖励方案时，可以从奖励金额、奖励阶段、奖励发放、奖项设置几个维度来进行。一般来说，研发人员创新积极性与奖励金额呈一定的正相关性，单项发明创造的奖励金额越高，研发人员积极性越高，但高到一定程度，这种刺激作用的边际效应就会下降。在确定了奖励金额之后，需要确定奖励阶段，即撰写阶段、申请阶段、授权阶段的金额分别是多少，一般来说奖金发放偏向撰写阶段和申请阶段，会鼓励研发人员尽可能提交技术交底书，而提高授权阶段的奖励金额更能够引导研发人员提高递交的技术交底书质量，因此在知识产权工作起步阶段往往会侧重申请阶段的奖励，将技术交底书的质量控制权掌握在专利评审阶段，而在知识产权数量积累到一定阶段时，就应该偏向授权奖励，来鼓励研发人员提交更优质的技术交底书，从而优化公司专利申请结构，提高专利布局质量。

2. 精神激励方案设计让研发人员积极性持续化

很多公司在设计知识产权激励方案时，只考虑到了物质上的奖励。虽然物质奖励效果来得明显，但也存在让研发人员视知识产权工作"金钱化"的不正确导向，并且很多一线互联网公司研发人员薪酬本身就处于高位，加之研发任务重，使得物质激励的效果无法持久。对此，设计一些精神激励方案与物质奖励进行配套，更能够让研发人员配合知识产权工作的热情和积极性持续化。有以下几个维度可以在设计精神激励方案时供参考。

第一，重要场合中公司高层的赞扬。很多公司在年底时都会举办年会，公司高层也会在年会上对一年当中给公司作出重要贡献的员工进行表彰，可以专门为研发部门中积极配合知识产权工作，并且专利申请积极性和质量高的研发人员设置知识产权奖项，并请公司高管为其颁奖，可以在整个公司层面营造出公司高层重视知识产权工作的形象，也能够使研发人员的知识产权贡献得到肯定。当然，此处仅列举了其中一种可行的方式，公司也可以根据自身的特点设计一些环节，让研发人员感受到公司高层对于知识产权工作的态度。

第二，表扬表现突出的研发人员。例如，定期以公司全员邮件、内部论坛、公司群等形式，对表现突出的研发人员进行公开表扬，营造知识产权工作气氛；有条件的公司也可以在专利墙的宣传视频中对表现突出的研发人员进行专访，使这些研发人员能够在公司同事、外部访问人员中展示形象。

第三，在项目奖或晋升中设计加分指标。很多公司会设计研发项目奖，以表彰研发过程中表现突出的研发人员，对于研发项目来说，除了研发产出的结果之外，对于研发结果的保护也是关键一环，因此对于研发项目中申请专利的研发人员，在项目奖评审过程中进行加分，也是一种肯定的途径。此外，在晋升过程中，将研发人员申请专利的数量、申请专利获得授权的情况作为必要晋升条件或者加分项，也能让研发人员持续产生配合知识产权工作的热情。

二、通过培训，让研发人员从"畏难"走向"精通"

在对研发部门进行培训之前，首先应该厘清培训的目的是什么。很多企业的知识产权工程师在开展对研发人员的培训时，主要是想让研发人员提供知识产权工程师心目中完美的技术交底书，常见的培训思路是从专利的新颖性、创造性、实用性（以下简称"三性"）出发，培训内容则围绕技术问题、技术方案、技术效果三大板块展开，但实践中很多培训会收到的反馈效果并不理想。因为研发人员并不具备《专利法》相关系统法律知识，即使向研发人员灌输了相关"三性""突出实质性"特点等法律概念，由于研发人员的理解并不深入，且也不是其日常工作的重点，导致其对相关知识的印象大多停留在培训会上，在培训结束之后，相关知识大多会交还给组织培训的知识产权工程师。

然而这并不能苛责研发人员不用心或者不配合，究其原因在于：第一，专利工作本身并非研发人员的本职研发工作，在很多场景下研发人员的本职研发工作已经相当饱和，再让研发人员去学习一门全新的知识，研发人员在心里就有一种抗拒感；第二，专利相关的法律知识以及一些评价专利授权前景的内容，本身已经非常深奥，且具有相当的专业性，研发人员在培训之前从未接触过答复审查意见的过程，很难理解相关知识的运用诀窍；第三，相关培训内容并非日常工作中需要用到的高频内容，即使培训时理解了部分知识内容，随着时间推移，相关培训内容和知识因为缺乏运用场景会慢慢被遗忘。

因此，在对研发人员进行培训、设计培训内容时，不能仅站在知识产权部门开展工作或者知识产权工程师希望研发人员熟练掌握各种知识产权技能和技巧的效果立场上，而应该从如何帮助研发人员通过知识产权辅助开展研发工作，降低研发人员工作量，有效发挥知识产权价值的目的出发。具体而言，知识产权的培训目的主要包括如下几个方面。

1. 克服畏难情绪

很多研发人员之所以没有技术交底书、专利产出，源自对专利工作特别是创造出发明有种畏难情绪，认为要申请专利必须自己的研发创新成果能够具有相当的创新高度，特别是知识产权工程师如果在培训会上过分强调发明专利的创造性要具有"突出的实质性特点"和"显著的进步"，则研发人员大概率认为自己的研发内容不足以达到《专利法》上对于发明专利创造性要求的高度。事实上，上述做法存在两个误区。

第一个误区在于创造性属于专利申请个案评述的范畴，即使是资深的审查员、专利代理师、知识产权工程师之间，也会针对发明专利申请个案是否具有创造性产生分歧，理论上如果没有这种分歧，自然也没必要设立专利复审和无效部，不会针对授权专利去利用对比文件组合的方式进行无效挑战，也不会存在专利申请人因为对国家知识产权局对专利申请的驳回决定不服提起复审或者对复审结果不服提起行政诉讼。知识产权工程师想简单利用几个案例，或者通过几场培训让研发人员掌握创造性评价的尺度，效果自然不佳，只会过多增加研发人员的畏难情绪。

第二个误区在于研发人员一般仅需知道技术方案是否明显不具备新颖性，或者明显是常用的手段，抑或是自己极有把握没必要提起专利申请或者撰写技术交底书，除此之外，其他技术方案的具体情形，如技术方案是否具备创造性的初评或初步筛选的工作，应该交由知识产权部门的知识产权工程师来完成，如果意图通过知识产权培训来实现将创造性评价相当部分的职责下放给研发人员，既达不到预期效果，也会打击研发人员申请专利的积极性。

对于知识产权培训来说，其首要目的就是帮助研发人员克服这种认为专利高不可攀的畏难情绪，引导研发人员客观看待专利申请审查过程中的创造性要求。例如，可以通过将竞争对手申请的相关领域的专利申请文件在培训会上向研发人员解读，给研发人员解释创造性的要求其实并没有所想的那么高，并且创新研发成果其实绝大部分就来源于日常的研发工作。研发人员仅需要向知识产权工程师展示研发过程和成果即可，相关其他评判工作由知识产权工程师来完成，研发人员才不会有畏难情绪，会将专利申请、技术交底书撰写看成日常研发过程中的一部分工作，这样才能打通专利工作和研发工作的通道。

2. 不畏惧写技术交底书

研发人员在配合知识产权部门开展知识产权挖掘时，大致分为以下几种情况。

第一种情形，研发人员有研发创新成果，愿意配合进行专利申请工作，也愿意撰写技术交底书，这类研发人员一般之前都有专利申请相关经验，也撰写过技术交底书，属于知识产权挖掘的理想情形。

第二种情形，研发人员暂时没有产出研发创新成果，但其有意愿配合进行专利申请工作，也愿意撰写技术交底书，这类研发人员是专利培训会主要目标对象，通过开展知识产权培训来让研发人员掌握技术交底书撰写技巧，待其工作开展一段时间之后，产生相关创新成果，进行挖掘即可。

第三种情形，研发人员暂无研发创新成果，配合开展知识产权工作意愿不高，对于这类研发人员是专利培训会的主要发动对象，除了培训会之外，知识产权工程师也应该通过积极联系、沟通，建立良好的个人关系，针对申请专利意愿不高的原因作进一步分析。例如，研发人员本职工作太忙，还是觉得专利奖金激励力度不够，还是针对专利对于个人、公司的价值认识不够深入等。知识产权工程师再针对具体原因找到相应的对策。

第四种情形，研发人员有研发创新成果，也口头愿意配合进行专利申请工作，但不愿意撰写技术交底书，针对这类研发人员要通过沟通确定不愿意撰写技术交底书的原因。例如，是觉得撰写太难而不愿意撰写，还是因为觉得时间占用过多而不愿意撰写等。

那么针对第四种情形，大多是畏惧撰写技术交底书，尤其是知识产权工程师在组织专利培训会时，往往会向研发人员展示相对完美的技术交底书，即严格按照理想中技术交底书的样式，从背景技术、现有技术的缺陷、技术方案的原理、技术方案实现的细节、技术方案能够实现的效果、研发项目相关信息等详细列明。对于研发人员，特别是没有撰写过技术交底书，或者文字表达能力不强的研发人员来说，心里就会觉得撰写技术交底书是一项特别难并且复杂专业的事情。

开展专利培训的重要目的就是帮助研发人员打消撰写技术交底书费时又费力的念头，并且在很多场景下，撰写技术交底书也并不需要研发人员在各个板块平均发力，更多是让研发人员记录下研发过程中遇到的问题，如何构思方案来解决问题的，是一种思路的整理和展示过程，对于这类的培训就是让研发人员去掌握这种思路表达的技巧。

3. 宣贯知识产权意识

公司内知识产权意识涉及很多方面。例如，专利申请的积极性、专利奖励的政策、研发创新过程中与知识产权部门配合意识、遇到研发难点的情报分析意识、规避设计意识等。纵然上述很多事项需要制定相应的制度，并辅之以相应流程才能落地实施，但如果缺少知识产权意识宣贯的环节，则知识产权工作的推进和效果必然大打折扣。

以专利奖励政策的宣贯为例，某公司知识产权部门在复盘年度专利申请数量分布信息时，发现研发部门的专利申请往往大量集中在每年的5月、6月、11月和12月，其他月份的专利申请案件量较为平缓，经过培训和与研发人员沟通，发现研发人员的积极性会在奖励发放前一段时间特别高涨，因为某些研发人员到了奖励临近发放之时，才会提醒自己一定要完成技术交底书的撰写，虽然每次知识产权工程师都与这部分研发人员进行沟通，但实际效果并不明显。后续知识产权部门与财务部门、人力资源部门进行沟通，将专利奖励由每半年发放一次改为按季度进行发放，既兼顾了专利奖励统计的任务量，又使得这部分研发人员不再因为专利奖励发放周期问题而积压提交专利申请。

知识产权意识的宣贯，很大程度上来自培训会，因为在培训会上知识产权工程师可以集中与研发人员进行面对面的交流和沟通，很多研发人员想问的问题，或者没有想到的问题，大多可以在培训会上当面得到解答，因此，将组织培训会当成一次知识产权意识宣贯的机会，能够有效地提升知识产权在研发人员心中的地位。很多时候开展培训并非让研发人员能够一次性解决所有知识产权工作开展过程所遇到的问题，也是为了让知识产权概念、意识在研发人员心中留下印象，让研发人员觉得知识产权有这么个事情，积极申请知识产权对自己有好处，对公司也有好处，这样宣贯这层目的也就达到了。

4. 分析检索系统使用

分析检索系统是企业开展知识产权工作所必不可少的工具，分析检索工具的使用对象一般也限于知识产权部门和研发部门。在实践中，不同研发人员对于分析检索系统的需求不同，对于专利工作的支持力度也不同，这些现象都是客观存在的。例如，某研发人员A已经撰写了多篇技术交底书，这些技术交底书所对应的专利申请有些获得了授权，有部分被审查员驳回，而研发人员A为了进一步提高技术交底书的撰写质量，在撰写之前事先通过检索分析系统进行检索，这纯粹是一种自发的行为，另外也是避免撰写的技术交底书在专利评审阶段就被知识产权工程师打回来，节约时间。在另一种场景下，研发人员B想知道当下很流行的几种自动驾驶技术中路上行人、目标对象的识别精准度高低差异的原因，欲通过对行业内几个竞争对手的技术路线、技术方案进行分析和研究，这也可以借助专利分析检索系统来完成。

通过开展培训，可以让研发人员对于专利情报与分析有一定的了解，如通过简单的检索关键词组合、竞争对手等信息检索自己所感兴趣的内容。培训目标并非强迫所有研发人员必须掌握分析检索系统使用的技能，而是培养研发人员检索、分析的意识。例如，意识到专利数据库中的公开的专利对比文献可以用于协助分析研发难点攻关，了解竞争对手研发状况，研发产品的技术路线图，立项的研发项目专利侵权风险等级以及是否需要进行规避设计等。只要研发人员存在这种意识，即使自己不直接使用检索分析系统，也可以将相应的检索分析需求传达给知识产权工程师，由知识产权工程师通过更为专业的检索、分析技能来提供一份详细的检索分析报告，研发人员通过检索分析报告来获得自己想要的信息，这样知识产权工程师可以更为深入地介入整个研发环节。

三、巧用培训造势，让更多的人参与到知识产权中

培训造势是培训想达到预期效果的重要一环，一项培训活动发布之后，如果报名参加的研发人员寥寥无几，知识产权工程师培训的热情将受到打击，也不利于后续知识产权工作在研发部门的开展和推动。因此采用不同的方式和措施进行培训造势，让更多的研发人员知道有这么一场培训活动，并且能够成功激起研发人员对于培训活动的参与热情，将是培训效果能否达到预期的关键因素。在进行培训造势过程中，可以从以下几个方面来进行设计。

1. 邀请公司高层参加

公司高层包括公司高管、研发部门负责人等，邀请公司高层参加可以营造一种公司从上至下都极为重视知识产权的气氛，研发人员看到公司高层领导都参加培训会，则培训会的重要性自然不言而喻，并且研发部门负责人也参加了培训会，说明研发部门鼓励研发人员积极参与知识产权工作，而不是起到阻碍作用。当然，并非每次培训活动都必须邀请公司高层参加，一般来说在知识产权工作起步阶段，或者知识产权工作启动大会时邀请即可。

2. 注重宣传文案设计

在当下公司不同部门员工主要通过即时聊天工具、电子邮件进行跨部门沟通的情形下，如果培训宣传造势的文案不够吸引人，则发出去的邀请邮件可能还未等到被研发人员打开则被删除。因此如何吸引研发人员有兴趣打开培训邀请邮件是造势的第一步，这就需要知识产权部门设计能够吸引人的邮件标题，也可以说是充分发挥"标题党"的作用。此外，宣传文案的内容既要相对简要，不能长篇大论，也要重点突出，抓住研发人员的眼球。以下是某公司启动专利工作大会时的培训邀请邮件。

专利创新英雄大会等你来揭榜

亲爱的小伙伴们：

你想成为大名鼎鼎的"专利发明人"，二十一世纪高端人才吗？你想1000元到5000元大奖拿到手软吗？现在机会来了！只要将你工作中的创意向知识产权部门提交，把你想要解决的问题和知识产权部门分享，我们会将你的创新提交专利申请，你和巨额大奖就只有一线之遥，还在等什么？撰写费1000元保底哦。

心动之余，哪些创新可以申请专利，我的技术方案怎么描述？最纠结的专利奖励是什么、如何发放？针对你的问题，知识产权部门邀请你参加专利及创新启动大会，解决你的问题，为你创新的火花添加激励之"油"。也欢迎你对本次活动的内容提出宝贵意见，以下是大家可能感兴趣的内容，我们将根据你的意见定制会议内容，欢迎大家回复感兴趣的主题或提出你最宝贵的意见。

1. 专利的基本知识
2. 可以申请专利的主题和方案
3. 公司专利申请流程
4. 专利奖励制度解析

参与会议更有神秘豪华大礼包等你领取。快快加入吧，下一个获奖者就是你！

事实上，现在很多公司在组织召集各种活动时，也逐渐丢弃之前邮件中通篇使用文字的形式，而是采用图文并茂的方式，因此知识产权部门在进行宣传文案的设计时，也要与时俱进，根据不同公司的风格、企业文化，针对性地设计一些生动活泼的文案。

3. 造势的手段

一般来说，对于培训的造势和宣传并非越多越好，过多的邮件提醒等可能会带来反效果。通常在培训时间确定之后进行一次宣传，在培训开始前再次提醒即可。关于宣传和造势的渠道，可以通过邮件、即时通信工具弹窗、OA办公系统等来进行提醒。特别是很多企业现在都设置了专利墙，并且专利墙不仅包括展示专利证书等，很多还通过多媒体显示大屏来展示宣传视频等内容，因此可以借助专利墙的形式来对培训活动进行展示和提醒。

此外，很多互联网公司都会定制一些小周边礼品，在组织知识产权培训会时，可以与行政、后勤部门等进行沟通，申领一些小周边礼品作为培训会上互动的奖品，以提高研发人员参与的热情和互动的积极性。

四、丰富培训形式，培训效果个性化

知识产权培训的形式并没有统一之规，知识产权部门可以根据培训的对象、内容、目的设置不同的培训方式。例如，常见的培训可以有以下几种形式。

1. 发布知识产权资讯

定期发布知识产权资讯是一种很好的培训方式，知识产权资讯一方面可以作为载体，向不同宣贯对象宣传知识产权价值、介绍知识产权资讯政策、分享最新知识产权案例，针对性地设计资讯内容；另一方面也可以作为知识产权部门展示知识产权成绩的窗口。例如，某公司知识产权部门针对公司平台 App 广告位优化功能推出一期知识产权资讯，该期知识产权资讯主要介绍竞争对手一项类似功能的专利文献，资讯内容为介绍该专利文献中主要技术方案原理和附图，以开阔研发部门产品经理的设计思路。

2. 召开线上/线下培训会议

培训会议有两种形式，一种是线下会议，另一种是线上会议。召开线下会议是最常见的培训形式，线下会议可以针对不同的培训对象来设计课程，并且培训时间可以灵活定制，因此也是知识产权工程师通常最优先考虑的培训形式。由于培训的目的不同，针对的培训对象也不同，因此线下会议最好先搜集培训对象所感兴趣的培训内容，并针对性地根据本次培训需要让研发人员所掌握的知识，对应开发培训课程内容。

此外，为了提高研发人员参与培训的积极性和扩大培训会的影响力，知识产权工程师可以通过与人力资源部门沟通和合作，将知识产权培训会嵌入到人力资源部门开发的课程中，并将参与培训记录等信息纳入人力资源部门的培训积分中，作为后续晋升、考核的指标、加分项之一等。

随着远程办公、在线办公的逐步推广，特别是自 2020 年疫情以来，线上办公成了很多公司的常用会议手段，此外很多公司存在知识产权部门与研发部门处于不同的办公区域的情况，采用线上培训可以很好地解决这一问题。在采用线上会议进行培训时，尤其要注意与各个培训对象确认参会时间，并且提前对网络状况、设备进行调试，避免在培训开始后，因为设备故障等占据培训时间。

3. 一对一培训交流

与研发人员一对一培训也是知识产权培训的重要方式之一，由于知识产权资讯、线下培训会难以避免存在无法跟踪每一个研发人员对于培训内容的掌握程度的缺陷，并且线下培训会关注的重点在于大多数研发人员共同关注的问题上，不可能将所有研发人员感兴趣的主题都放在培训会上解决。而事实上，每个研发人员的需求点都存在差异，集中培训能够解决需求中共性的部分，但可能忽略了需求中个性化的部分。一对一培训形式可以很好地解决研发人员培训需求中个性化的问题。例如，有些资深的研发人员对于专利挖掘、专利布局等已经非常了解、熟悉，但对于审查意见中提到对比文件如何解读、如何评价对比文件是否构成对本申请的公开等存在困惑，这种培训需求并非所有研发人员都感兴趣，而由于对比文件的解读个案分析更为合适，因此采用一对一的形式可能更好地解答研发人员心中的困惑。

采用一对一培训的形式，除了能更好地解决研发人员关注的个性化培训需求之外，其组织形式、沟通场所也比集中培训更为灵活，其场地、沟通用语等不用如集中培训那样正式，因此相对来说研发人员更容易接受。除了形式上具有灵活性之外，一对一培训还有助于知识产权工程师与研发人员之间建立联系，事实上知识产权工作并不是简单的知识产权工程师要求研发人员提供哪些信息，并按部就班地推动流程，很多时候专利挖掘、布局也受到知识产权工程师与研发人员之间个性关系亲密度的影响。例如，在专利挖掘过程中，研发人员可能因为研发进度要求紧急，而不愿意再提交专利申请，但考虑到支持与其熟悉的知识产权工程师工作，额外抽出时间撰写技术交底书，并参加专利评审，这种情况其实并非取决于知识产权工程师的专业程度，而更多地受知识产权工程师与研发人员的互动程度影响。

此外，采用一对一培训的形式，还可以在培训过程中深入挖掘研发人员一些潜在需求或者推动专利挖掘、布局工作，这些工作都可以和知识产权培训并行开展。一对一培训既可以是面对面交流的方式，也可以通过企业即时通信工具来开展，由于即时通信工具的交流效率、交流效果不如面对面形式，因此可以作为面对面培训的补充形式。

4. 外部交流学习

知识产权部门除了通过自身力量来组织对研发人员培训之外，还可以引入外部师资力量来对研发人员开展培训。例如，邀请知识产权服务机构的专利代理师、律师事务所的执业律师、国家知识产权局的专利审查员、法院的法官等专家来培训。例如，专利代理师在对研发人员进行培训、交流时，可以就技术交底书如何撰写成申请文件，以及专利代理师在对技术交底书进行阅读时的关注点在哪进行"现身说法"，这种交流方式可以引导研发人员在日后撰写技术交底书时更有侧重点。

此外，现在很多城市都有国家知识产权局专利局专利审查协作中心，因此使得专利审查员与公司知识产权部门知识产权工程师、研发人员之间沟通交流具备可能性，一方面专利审查员可以通过与企业之间进行交流来获取审查过程中相关领域研发前沿信息与知识，另一方面也更加有利于企业的知识产权部门更好地掌握审查动态与审查尺度，研发人员参加与专利审查员开展的培训交流活动，能够更加直观地感受专利审查员如何看待一份专利申请文件的授权前景，如对专利申请文件的创造性进行分析和评估。这种通过引入外部师资力量来对研发人员进行培训的方式，能够作为企业内部培训很好的补充。

五、从培训最终效果出发，设计培训内容

培训内容是否设计得当是影响知识产权培训效果的最关键因素。不科学的培训内容不仅会影响到当次培训会的效果，也会对研发人员参加后续培训会的积极性造成不利影响。要设计能够达到预期培训效果的培训内容，应该考虑如下因素。

1. 紧贴研发工作实际

不同的公司研发部门开展研发工作的方式不同，研发的内容也不同。因此在设计培训内容时，应该根据公司实际研发工作状况，对培训内容进行相应的规划。以撰写技术交底书的培训为例，很多公司知识产权部门会直接使用知识产权服务机构提供的模板，但知识产权服务机构提供模板的目标是为了便利于专利代理师撰写专利申请文件使用，并非专门针对研发人员工作特点和习惯而开发出来的，并且不同行业中对于技术交底书内容的侧重点和要求也不同。

例如，设备制造公司会更加关注技术交底书中附图的制作是否符合《专利法》的要求，如附图中各关键零部件细节是否清楚，各个零部件的名称命名是否科学，以及各零部件之间如何配合才能解决技术问题的原理是否介绍清楚等。而在计算机领域，更关注技术方案中各个流程步骤之间的逻辑顺序，以及步骤与步骤之间的逻辑关联关系等，并且在计算机领域需要关注保护客体问题，例如，技

术交底书中内容是否构成智力活动规则等，因此这些区别都应该在技术交底书培训中进行重点强调。

2. 课程内容权重差异

培训内容设计除了要考虑研发工作实际状况之外，还应该根据研发工作的内容、知识产权工作的要求，针对不同的培训课程设计不同的权重，这种权重是指研发人员对培训内容的掌握程度要求。根据知识产权工作的要求，有些培训内容是需要研发人员熟练掌握的，如提交专利的流程、专利评审过程中发明人与评审人员的职责、知识产权奖励的规则等；而有些培训内容相对来说要求不如前者高，如专利检索分析系统的使用、研发过程中规避设计的原则、审查意见/驳回通知中对比文件分析等；还有些培训内容则可能目的在于拓宽研发人员视野，如专利侵权分析课程等；因此在设计培训课程内容时，应该体现对于研发人员掌握培训的差异。

3. 课程内容形式

知识产权培训课程的内容形式，应该避免采用法言法语的形式。例如，避免过多聚焦在法律上对于专利技术方案的要求等，应该针对性地根据研发人员的难点和困惑展开。例如，如何将工作内容转换为书面文字表达形式、如何在研发过程中抓住创新亮点、如何从已有研发成果中通过思维发散扩展技术方案等。

因此，课程内容需要聚焦到研发人员的实际问题，并给出研发人员能够接受的解决方案，这样研发人员才能够更好地接受培训内容。从形式来说，可以更多地采用实际案例分享的形式。例如，从同组别的研发人员提供的优质技术交底书出发，剖析研发人员如何通过文字来记录自己构思发明创造的过程，以及通过专利评审的技术方案在研发过程中的实际展示形式如何等，这种形式相对来说研发人员更容易接受和理解。

此外，在设计培训内容时，最好再设计一些培训过程中的提问环节，一方面是在培训过程中检验参加培训的研发人员对培训内容的掌握程度，另一方面也是引导研发人员在培训时参与思路。为了调动研发人员的提问积极性，可以通过周边小礼品对参与提问的研发人员进行奖励，还可以让其他知识产权工程师、知识产权接口人参会的方式来活跃气氛，充当"气氛组"，调动研发人员参与提问的积极性。

六、培训效果的反馈跟踪

组织研发人员参加知识产权培训，并非简单为了知识产权工作造势，更多还是为了配合知识产权工作的开展，以及更好地推动知识产权各项制度和流程在研发部门落地。

对培训效果进行跟踪反馈时，必须注意时效，因为培训会议的效果会随着时间的推移而递减。因此需要趁着参加培训的研发人员心中还留有印象时，进行培训效果的跟进。

对培训效果进行跟进，一方面除了掌握研发人员对于培训内容的意见和建议，根据收集的反馈意见、建议对培训内容进行调整；另一方面也是以培训为契机，对研发人员后续的研发成果中可能挖掘的技术方案进行跟进。

第四章

以生命周期为基线，策划高价值知识产权资产

第一节 立项过程中的知识产权工作介入

一、未及时介入研发项目立项的风险

立项过程中的参与时机，直接关系到能否获得有价值的技术方案，在知识产权特别是专利布局中，如果不及时介入研发项目立项阶段，甚至是研发项目立项之前，将有可能存在以下风险。

1. 对于研发项目的技术路线把握可能存在偏差

这种情况也并不鲜见，如在推进清洁能源汽车过程中，不同国家、不同企业对于传统内燃机汽车转型到清洁能源汽车的技术路线认同各不相同，在欧洲对于清洁能源汽车主要走的是电动汽车技术路线；在中国存在多种技术路线，其中以电动汽车技术路线为主；在日本则是主推混动汽车、氢能源汽车。即使是对于确定走电动汽车技术路线来说，不同的企业对汽车电池的技术路线也有自己的理解和规划，如特斯拉、宁德时代等公司主推三元锂电池技术，而比亚迪则将磷酸铁锂电池作为该公司的主打产品，特别是基于磷酸铁锂电池技术打造的"刀片电池"，虽然磷酸铁锂电池的能量密度暂时还赶不上三元锂电池，但在安全性上磷酸铁锂电池则更胜一筹。

如果说磷酸铁锂电池与三元锂电池的市场前景和最终胜负关系还未确定，那么对于显示器技术路线之争来说，液晶电视和等离子电视两种技术路线的胜负已分。在别的显示器厂家发展液晶显示技术时，以松下为代表的一些日本公司则押宝在等离子技术研发上，最终市场接受了液晶显示器，而等离子显示器则离家庭用户越来越远。其中液晶显示是一种半导体技术，其发展可以遵循摩尔定律，每

过18个月性能翻一倍；等离子是一种真空管技术，相关技术已经达到了极限，虽然显示效果很好，但无法进一步发展。押错技术路线发展的厂商也逐渐退出主流显示器市场。

从图4-1-1可以看出，虽然等离子显示技术相关专利申请在2003年之后有较明显的增长，但其专利布局数量与液晶显示技术的专利布局数量明显不在一个数量级上，因此公司在进行研发项目立项时，可以将等离子技术作为技术路线之一，但不能作为主要或者唯一技术路线，否则将会承担巨大的技术演进风险，这也是在项目立项之时，知识产权部门需要参与到立项过程中的原因之一，通过知识产权部门提供的相关专利分析，可以在一定程度上揭示这种风险隐患。

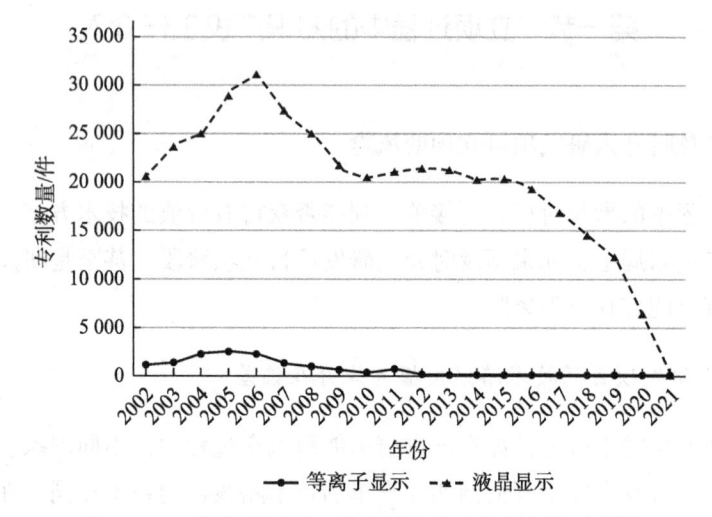

图 4-1-1 等离子显示、液晶显示技术专利申请对比图

数据来源：Incopat
检索时间：2021年4月1日

可见，对于研发项目的技术路线把握如果存在偏差，轻则耗费大量的研发资源、资金、时间在项目上，严重的可能失去整个用户市场。对于研发项目技术路线把握和选择时，固然考验的是公司高层、研发专家对于技术未来走向的判断，但也缺少不了知识产权工作的参与，通过分析不同技术路线的专利申请趋势，能够在一定程度上辅助公司高层进行决策判断，选择更合适的技术路线。

2. 对研发项目的研发难度估计不足

很多公司在开展研发项目立项之时，会过分关注市场上对于产品的期待和要求，全面迎合用户的需求，又或者低估了项目的研发难度，导致研发项目推进困

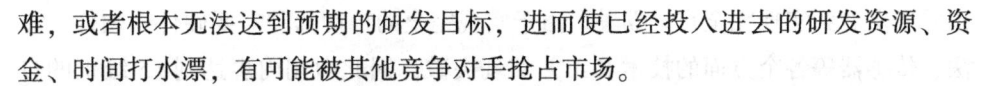

难，或者根本无法达到预期的研发目标，进而使已经投入进去的研发资源、资金、时间打水漂，有可能被其他竞争对手抢占市场。

以自动驾驶为例，根据国际汽车工程学会推出的技术级别标准，目前的汽车主要分为L0~L5共6个等级，自动化的程度依次递增。L0是最原始的自动驾驶等级，而L5则为完全自动驾驶，可以实现汽车驾驶真正意义上的无人操作。根据风口财经的统计，国内科技巨头代表性自动驾驶项目见表4-1-1。

表4-1-1 各企业对自动驾驶技术的规划

企业类型	名称	项目	成立时间	研发技术
科技巨头	百度	Apollo	2013年	利用人工智能、大数据、自动驾驶、车路协同、高精地图等新一代信息技术，打造车路行交通引擎"百度ACE（Autonomous Driving、Connected Road、Efficient Mobility）"
	华为	Hi	2019年	包括1个全新的智能汽车数字化架构和5大智能系统，智能座舱、智能驾驶、智能联网、智能电动、智能车云以及30多个智能化部件
	滴滴	沃芽科技	2019年	经营范围涉及网络技术、交通设备技术、智能驾驶汽车技术、自动驾驶汽车技术、汽车零部件技术领域内的技术开发等
	大疆	大疆车载	2018年	按功能和应用场景划分为3大方案：大疆智能泊车系统，大疆智能驾驶D80/D80+，大疆智能驾驶D130/D130+
新能源汽车企业	蔚来	NAD	2019年	NIO Autonomous Driving蔚来自动驾驶，Aquila蔚来超感系统，Adam蔚来超算平台，从地图定位到感知算法，从底层系统到控制策略，拥有全栈自动驾驶技术能力
	小鹏	XPILOT	2019年	XPILOT 3.0的主要特性："全自动高速导航领航（NGP）""全自动代客泊车"和"城市拥堵路段自动驾驶辅助"
初创企业	智行者	—	2015年	为乘用车、商用车和专用车厂商提供智能车整体解决方案和营运服务
	小马智行	Pony.ai	2016年	基于雷达、光学雷达、GPS及电脑视觉等技术感测其环境，达到自动驾驶目的
	裹动智驾	AutoX	2018年	主要研发方向是将人工智能技术应用在自动驾驶领域。解决方案涵盖环境感知、路径规划以及系统对机械的控制

数据来源：风口财经。

国内对于自动驾驶技术的研发和投入，即使是如百度这样的互联网巨头对于自动驾驶的研发已经近10年，并且其目标也是定位于推动基础设施的智能化等，也并未发展到实现完全自动驾驶。由于实现完全的自动驾驶需要硬件、软件、算法、传感器等各个方面的技术和工艺实现突破，因此短期内想达到 L5 级别的自动驾驶并不容易。如果公司将研发项目目标定得过于超前，不但研发的周期将大大拉长，并且有可能因为资金投入巨大、商业前景不明等不利因素导致研发项目陷入困境。

对此，知识产权部门通过介入项目立项过程，对项目研发立项的目标进行拆解，筛选出需要攻克的技术难点，并将各个技术关键节点通过专利导航，梳理行业内对于各个技术关键节点的研发现状和专利布局情况，进而分析得出哪些技术已经相对成熟，哪些技术尚未突破，而且短期内被攻克的难度较大等信息，从而使得公司高层对于研发项目立项的研发难度有一个合理的预期。

3. 忽视研发产品的知识产权风险

在更多的场景下，如果知识产权部门不及时介入研发项目立项，极有可能带来研发的产品侵犯他人知识产权的风险。随着国内外企业知识产权保护意识不断增强，很多企业都会选择通过专利布局来保护自身的研发创新成果。也就是说，公司在研发项目立项时所要实现的预期目标，可能其他竞争对手已经布局了相关专利，特别是对于同样的产品，在技术路线或者实现的技术方案没有太多选择时，研发立项的项目在研发过程中极有可能选择的技术方案或者技术路线就落入竞争对手的专利布局保护范围，使得产品研发上市的知识产权风险大增。这也是知识产权部门早期介入研发项目立项的最主要原因，通过介入项目立项，对知识产权风险进行评估，联合研发人员给出技术规避设计方案或者规避设计目标，从而在一定程度上降低侵权的风险。

4. 导致专利布局不及时

如果知识产权部门不能及时介入项目立项中，则会因为找不到对接的研发团队、研发人员从而无法掌握研发进度导致专利布局不及时。

一般来说，在研发项目立项书中会明确各个部门的职责，并规定各个时间点的研发进度，如市场部门负责收集用户对于产品的需求和期望信息，人力资源部门和研发部门共同确定该研发项目需要哪些研发小组、哪些研发人员参与，由何人担当项目经理来跟进、推动研发进度，项目在各个阶段的预计时间节点，以及项目预计研发成果等具体信息，知识产权部门负责评估研发项目的知识产权风险和制订专利布局计划等。有时候在研发项目立项书中还会对现有产品、产品框架特点，以及新立项项目中要解决的技术问题、达到的效果有一个预估和方向判断。

因此，知识产权部门通过介入研发项目立项中，就可以对该研发项目有详细的了解，在进行专利挖掘和布局时，能够有针对性地跟进对应研发人员的研发进度，并且通过与项目经理进行沟通，可以对整个研发项目进度有一个全面的了解，使得知识产权工程师在跟进研发项目各个关键节点时间目标、成果目标时，对专利技术方案产出和挖掘更有效率。

此外，通过介入研发项目立项中，分析研发项目立项书中的产品架构、关键技术的介绍，还有助于知识产权工程师掌握具体技术方案和创新成果的挖掘、专利布局方向。

二、综合运用各种参与方式，全面获取所需信息

知识产权部门参与立项过程有如下几种方式。

1. 嵌入研发项目立项流程

在一些大型公司，或者对于研发项目立项流程要求比较严格的公司，对研发项目立项的评估、审批有严格的规定，比如大型通信和制造企业（华为、中兴、美的等）等典型的行业和企业。例如，项目立项书里需要包括市场部门对于市场调研、市场份额、市场预期的分析过程和结论，研发部门提供的对于现有产品的技术特点、立项产品的技术框架及特点、立项产品需要攻克的关键技术、立项产品的技术可行性分析等信息，财务部门对于研发成本支出的分析意见，知识产权部门对于知识产权风险、布局的分析，以及研发部门与人力资源部门提供的研发项目人力资源调配的预估和分析等信息，最后在研发项目立项书中将所有信息进行汇总，由各个部门负责人及公司高层进行审批后正式立项。在这种情形下，知识产权部门参与到立项过程中并不会存在很多障碍，甚至有些公司会设置立项一票否决制，如果知识产权风险过高，并且无法进行规避设计，将会终止该项目的立项。

这种嵌入立项项目流程的方式是一种比较理想的状态，由于知识产权部门在立项过程及决策中有着较高的话语权，因此知识产权部门想要获得研发等其他部门的配合和相关信息并不存在多少障碍，开展知识产权工作也相对容易。

2. 参加项目立项会议

在一些研发项目立项要求并不规范，或者是对于研发项目立项期限要求很高的企业中，也可能会选择召开立项会议形式来决定研发项目是否立项。特别是对于互联网企业来说，由于其产品更新迭代特别快，甚至每几天就要对产品的形态、功能进行调整，因此传统意义上的项目立项形式不再符合互联网公司"短、平、快"的特点，这类公司往往选择会议评估的方式对项目的可行性进行评估和确定。

在上述这类公司的知识产权部门参与项目立项会议时，必须提前对项目立项背景信息、相关产品规划等各方面信息有一个事先的了解，并且对立项会议中需要展示的知识产权信息以及给出的知识产权分析结论信息进行充分的整理和准备，例如以PPT的形式，以便能够在会议上高效地向参会人员展示相关知识产权信息。

3. 通过知识产权接口人介入研发项目立项

在公司知识产权部门人手不足，而公司产品线又非常复杂的情况下，通过知识产权接口人参与项目立项过程也是一种可选方案。虽然知识产权工程师不直接参与到项目立项会议中，但知识产权工程师仍然需要向知识产权接口人提供相关知识产权分析意见和建议，知识产权接口人限于知识产权知识和技能，使得自身无法独立完成这一工作。

此外，知识产权接口人参与项目立项会议，另一个很重要的目的是在项目立项会议上获得知识产权工程师想要了解的信息，这些信息与上述两种方式介入项目立项过程的信息大同小异，知识产权接口人在一定程度上起到了信息传达的作用，但即便如此，知识产权工程师仍然需要与知识产权接口人进行深入沟通，由知识产权工程师向知识产权接口人提供想要获得的信息列表，以免因为知识产权接口人对于知识产权工作的不熟悉产生信息获得缺失。

三、立项过程中的结果输出不在于形式，而在于实效

知识产权部门的知识产权工程师介入研发项目立项过程，其目的在于输出一些有利于公司研发项目推进、有利于知识产权工作开展的成果。大体而言，相关成果输出主要在于以下几个方面。

1. 为项目可行性分析提供支撑

为项目可行性分析提供支撑是指协助研发部门确定要选择的技术路线，以及准确评估研发项目的研发难度等。还是以自动驾驶为例，从图4-1-2中自动驾驶的技术功效分析可知，当下各公司对于自动驾驶相关技术领域的技术研发和专利布局大多集中在提高汽车自动化驾驶水平，以及提高自动驾驶的安全性上，而目前对于提高自动驾驶的稳定性及可靠性方面的专利布局并不多，相关关键技术的攻克难度相对较高，公司如果将产品研发项目目标定在提高自动驾驶的稳定性和可靠性上，可能短时间达不到预期效果，选择将产品研发立项目标定在辅助驾驶员提高自动化驾驶水平等方面，可能相对更为理性。

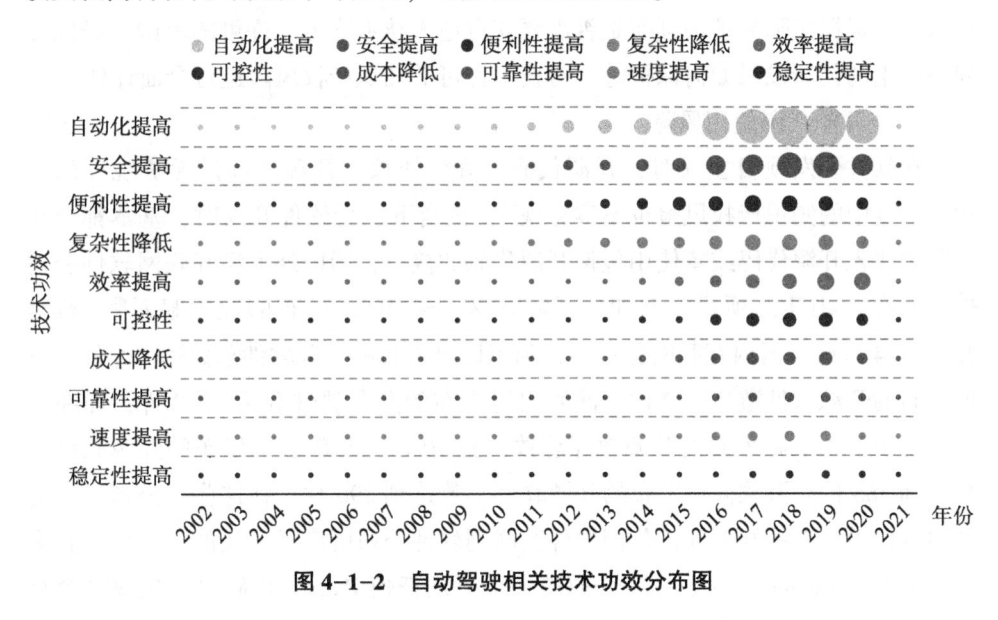

图4-1-2 自动驾驶相关技术功效分布图

2. 对立项知识产权风险进行评估

对研发项目立项过程中涉及的知识产权风险评估，是知识产权部门参与立项工作需要输出的最重要的结果，即项目能否立项及项目获得立项之后研发出的产品推向市场将面临多大的知识产权风险。

以芯片设计、互联网行业为例，研发项目立项所面临的知识产权风险包括以下几种。

（1）软件侵权风险

在研发过程中，在需要外部工具类软件时，所使用的工具软件是否为正版软件，外部工具软件是否有替代性开源软件可以使用。

（2）是否获得技术许可

在芯片设计等行业，公司在研发项目立项时，可能需要获得芯片内核技术的知识产权许可。例如，ARM作为知识产权供应商，本身不直接从事芯片生产，而是将ARM框架结构许可给不同公司，再由这些公司根据具体的应用场景生产具体的ARM微处理器芯片，ARM公司又会根据客户对于ARM芯片内核的需求以及个性化设计的程度不同提供不同的许可条款和价格。因此，如果公司需要获得类似技术许可时需要与研发部门密切沟通，获知研发部门对于许可技术的实际需求，再根据实际需求去判断是否需要获得他人技术许可、许可的范围、研发过程中产生的创新成果如何保护等，对技术许可的知识产权风险进行全面评估。

（3）开源代码使用风险

在软件研发项目立项时，开源代码、开源协议、开源软件是无法绕开的问题，而其中的知识产权风险也不容忽视❶，在当下进行软件开发时，基本都会在代码中注入开源代码或者使用包括开源代码的接口，国内外大型互联网软件公司也会发布一些开源项目。例如，开源社区OSCHINA公布的数据显示❷，截至2021年4月底，国内互联网公司中，阿里巴巴发布的开源软件总数达195件，百度发布的开源软件数达120件，滴滴出行发布的开源软件数达到22件；而在国外公司中，Eclipse发布的开源软件总数达到90件，谷歌公司发布的开源软件总数达到386件，微软公司发布的开源软件总数达到290件。在这些大公司发布的开源软件中，有些开源软件是国内外互联网软件公司所广泛使用的，例如，谷歌公司发布的Python Fire是谷歌开源的一个可从任何Python代码自动生成命令行接口（CLI）的库，被广泛应用在命令行工具编程上。

而开源代码、开源软件应用在公司研发项目中，很可能会使得公司开发软件的使用、场景等受到开源协议的限制，并且不同的开源协议对于后续使用开源代码的开发者的约束又不同，在同样一个研发项目中如果使用多种开源软件，涉及多个开源协议情形下，将使得研发项目的知识产权风险分析更为复杂，但知识产

---

❶ 林炮勤，柯晓鹏，覃波. IP之道2：中国互联网企业知识产权实践集结[M]. 北京：知识产权出版社，2021.

❷ 开源软件. 公司开源导航[EB/OL].[2021-12-01]. https：//www.oschina.net/company.

权部门依然需要与研发部门进行密切沟通，对于研发项目中有可能涉及的开源软件进行分析，提供知识产权综合评估结果。例如，可以采用表 4-1-2 形式进行统计。

表 4-1-2　开源协议知识产权分析表

软件名称	发布公司	开源协议	用途	专利风险	商标	商业友好性	可替代性	使用需求等级
Python Fire	谷歌	Apache	程序开发、工具包	被授予专利许可，但被许可方不得提起专利诉讼	不允许使用许可方商标	是	是	高，能提高开发效率

字体字库侵权风险：字体字库权利人对他人未经许可使用字体字库进行商业开发等行为提起诉讼，实践中已不鲜见。虽然法院对于字体字库的权利类型及侵权行为判定等还未达成共识，但公司在未经许可情况下，将他人字体字库等用于软件开发，特别是用于 App 的界面设计时，依然存在一定的侵权风险。因此，在软件项目研发立项时，知识产权部门应该与研发部门、设计部门进行沟通，在开发过程中使用公司已经购买的字体字库，或者选择进入公共领域的字体字库，降低项目研发过程中的字体字库侵权风险。如果字体字库对于 App 使用体验影响大的情况下，知识产权部门可以协助采购相应的字体字库许可，或者自行开发新的字体字库，在开发过程中也应该避免侵犯他人知识产权，在开发完成之后，应该及时进行版权登记。

专利侵权风险：在立项阶段对研发项目进行专利侵权风险评估，其实就是自由实施分析。虽然这种评估名为"自由实施"，但实践中很难给出某一个研发项目确定没有专利侵权风险，或者某一个研发项目必定遭受到专利侵权诉讼的结论，如手机芯片领域专利布局数以十万计甚至更高，任何自主研发芯片行为都几乎不可避免地要落入一些专利的保护范围，然而并不能因为存在专利侵权风险就畏首畏尾，放弃自主研发，因此，自由实施分析的目的其实是给项目立项一个专利侵权风险等级、专利侵权风险来源、专利侵权风险应对、专利侵权风险规避的意见。

在专利侵权风险来源中，可以分析专利侵权风险来源于哪些公司及其主体的布局，是竞争对手、高校科研院所，还是 NPE 等非实体组织。如果是竞争对手，那么被提起诉讼的风险相对较高；如果是高校科研院所，更可能在风险发生时通过许可、判断来进行解决，风险相对可控；如果是 NPE，则可能要做好诉讼和许可两手准备。

在专利侵权风险等级中，可以分析产品可能落入保护范围的专利数量、重点风险专利的稳定性预估意见、风险专利的申请日及期限、风险专利的历史无效和诉讼情况等信息，从而对专利侵权风险进行综合判断，并给出相应的风险等级。

在专利侵权风险应对分析中，风险应对措施与专利侵权风险来源、专利侵权风险等级等结果密切相关，如是否需要提前对重点专利提起无效宣告请求，如果是专利风险无法规避，则还可以积极与权利人进行沟通，根据公司情况设计判断策略，尽量争取较低的许可费。

由于产品项目对于公司营收特别重要，则应该先开展专利侵权规避设计分析，即通过与研发部门配合，分析重点风险专利的保护范围大小，专利权利要求是否稳定，是否能够设计出绕开专利保护范围的技术方案，替代的技术方案是否满足立项的要求等。

综上所述，最终给出研发项目专利侵权风险综合意见。值得注意的是，在进行专利侵权风险评估时，不能停留于形式，如通过各种数据库的检索，不断调整检索式和关键词，只有在检索出相对准确的潜在目标风险专利时，专利侵权风险评估结论才可能是可靠的，否则一旦研发项目正式立项后，如途中经过重新检索，则项目进展和项目前景将会发生很大改变。对于一些重要项目、大型项目，也可以采用外购的方式，由专业检索分析机构提供分析报告，以便于更好地支持研发项目。

3. 对研发创新成果选择合适的保护方式

对包括专利、版权在内的知识产权风险进行全面评估固然是知识产权部门介入项目立项阶段的价值所在，但介入项目立项的另一层目的在于对项目研发过程中的创新成果选择合适的保护方式。

对产生的技术方案进行评估，评估是通过专利申请，还是通过商业秘密的形式加以保护。以芯片设计公司为例，对于项目研发过程中自行研发的工具软件，可以通过计算机软件著作权登记形式进行版权初步固化；对于项目研发过程中的测试手段、测试数据，通过商业秘密的形式进行保护，并且要确定负责商业秘密保护的研发部门责任人；对于容易被人反向破解，且易于取证的创新技术方案，可以通过申请专利的方式进行保护。

4. 通过介入立项来指导知识产权布局规划

知识产权布局，特别是专利的布局，如果脱离了公司产品和研发方向，则布局的专利就有可能无法发挥其价值。因为项目立项就是对产品的技术路线选择、产品的设计方向、技术方案的最优选择进行方向性指引，知识产权工程师既可以通过与项目经理、项目组的研发人员沟通在各个项目关键节点挖掘相关技术方案，也可以通过项目立项书中的指引，反过来判断知识产权工程师挖掘的方向、挖掘的重点、布局的方式有没有偏离公司实际项目和产品规划。例如，某研发项目中明确了目的在于对现有 IC 主控芯片产品的框架进行更新，而在后续专利挖掘回顾过程中，发现挖掘的技术方案大多是电路结构设计、算法的改进，与芯片架构相关的技术方案却少之又少，因此说明前一阶段的专利挖掘方向、方式出现了偏差，需要进行调整。

因此，立项过程中的结果输出之一就是生成用于指导该项目进行知识产权布局规划的指引和关键点，以便知识产权工程师跟进该研发项目过程中，在后续专利挖掘时参照使用并对挖掘方向纠偏。

第二节　专利挖掘、布局的策略与实施

知识产权能否实现预期的价值，在很大程度上也取决于专利挖掘和布局的规划与实施。如果专利挖掘和布局的方向与公司产品的保护需求、行业的技术演进趋势、竞争对手对技术方案的选择等相背离，则布局专利资产既有可能不能用来诉讼，或因没有人去使用进而无法用于许可，也有可能由于偏离了技术演进方向，而不被市场认可，从而也无法通过其他如证券化、融资质押、构建专利池等形式去实现其价值。

一、专利挖掘和布局的总体目标与具体实现策略

1. 专利挖掘和布局的目的

企业开展专利挖掘和布局，如果是围绕着企业的经营战略来开展的，那么专利挖掘和布局的总体目标是为了保障企业的经营战略能够实现。细分到更为具体

的目的，可以从以下几个方面展开。❶

在产业层面，有利于企业提高在产业链中的地位，增强对产业链上下游的控制能力。比较典型的如高通公司通过专利与标准进行结合，使其能够在与智能手机厂商合作过程中增加话语权，甚至还能够影响到智能手机更新、换代的速度。

在产品层面，能够保证企业在产品研发、设计、更新迭代、生产制造、销售、物流、出口等各个环节的自由度，在充分做好产品规避设计、风险防控及完善的专利布局之后，不仅能够使自身产品推向市场的阻碍变小，而且竞争对手模仿的难度也大大增加。

在竞争对手层面，对竞争对手的专利优势领域、专利布局薄弱领域、专利布局地域信息、技术路线选择信息及产品更迭信息的综合分析，可以提高自身专利布局和产品规划的针对性。这时专利布局的意义就在于提高自身的优势布局领域，补足自身短板布局领域，从而在与竞争对手竞争过程中，实现综合实力"此消彼长"的效果。

2. 专利挖掘和布局的策略

从宏观层面来说，专利挖掘和布局要考虑到产品的销售目的地，以及销售目的地的知识产权法律制度现状，一般都会优先考虑布局美国、欧洲、日本等知识产权法律制度健全、消费市场规模大的地区，当然，具体选择哪些国家还需要根据公司产品的具体情况来确定。

从中观层面来说，专利挖掘和布局要考虑到产业链各参与方，以及同行业的专利布局概况、竞争对手的专利布局和诉讼偏好，从控制产业链、降低诉讼风险、储备专利资产的角度来开展专利挖掘和布局。

从微观层面来说，专利挖掘和布局要结合公司项目研发、产品规划，从保护产品的角度综合采取专利挖掘点梳理、专利申请方式选择、权利要求布局类型等方式强化专利挖掘和布局目标的实现。这就需要结合项目知识产权分析、专利申请布局类型与保护点的确认，以及单个专利申请文件质量的把控等各个方面来推动和落实。

二、互联网企业专利挖掘与布局

虽然专利挖掘和布局的总体思路和目标是相同的，但不同行业的专利挖掘和

---

❶ 马天旗. 专利布局：第2版 [M]. 北京：知识产权出版社，2020：31-35.

布局的具体方式却差异很大，以下将介绍互联网行业的专利挖掘、布局思路和策略。

根据国家知识产权局近年来的统计数据，互联网公司专利申请数量在全国排名中比较靠前，这不但包括阿里巴巴、腾讯为首的年专利申请数千件以上的第一梯队，也有以360、网易、斗鱼、字节跳动等为代表的专利大户，此外还有更多年专利申请量在几十件以上的中小型互联网公司和互联网创业公司。从上述数据可以看出，互联网公司尤为重视通过专利布局来保护自身产品、技术。但是互联网公司毕竟不同于传统制造行业，由于互联网公司产品发布更新快，技术迭代周期短，这些区别使得传统专利挖掘、布局思路不完全适用于互联网公司。

1. 专利布局对标对象泛化

一般来说，专利布局的首要目的都是为了获得足够的专利对抗武器，即通过专利布局来防止他人抄袭、模仿己方的产品、功能，同时在对方发起知识产权诉讼时，有足够专利进行对抗。在传统行业，或者说是制造行业非常容易找到对标对象，如汽车零配件制造商在进行专利布局时，仅需要关注主要竞争对手的专利布局情况即可。以汽车轮胎厂商的专利布局为例，其对标的对象就非常明确，国内外知名轮胎制造厂商也就那么几家，而且由于轮胎的制造工艺相对复杂，特别是各家厂商都有自己独特的轮胎组分与配方和特有的外观、纹路设计，所以该领域公司的知识产权部门在开展专利布局时，有着明确的对标对象，一般也不用去关注其他行业或领域公司的专利布局情况。

而互联网公司在开展专利布局时，很难找到特定的对标对象，其原因主要集中在以下几个方面。

(1) 互联网公司跨界竞争是常态

互联网在一定程度上已经不能用行业来进行概括，其影响力、创造的就业机会、形成的产业链、服务的用户规模已经远超传统任何一个行业，形成了一个与现实社会交织的"线下社会"。据统计，截至2020年6月，我国社交网络服务用户规模达9.31亿人，并且截至2020年第三季度，我国电子商务交易额达25.91万亿元，2020年我国网络游戏市场规模达到3189亿元。❶ 可见，互联网公司面对的是一个规模远超任何一个传统行业的海量市场，这使得任何公司想要在互联

---

❶ 中国青年网. 2020年中国互联网行业发展回顾[EB/OL]. [2021-01-18]. https://baijiahao.baidu.com/s?id=16892183264066695418wfr=spider&for=pc&qq-pf-to=pcqq.c2c.

网领域进行创业，都能找到迎合用户需求点的机会。

例如，为了满足用户的娱乐需求，涌现了一大批直播平台公司、视频点播公司、短视频公司、手游开发公司；在电商领域，除了传统的淘宝、京东等电商平台之外，还有主打图书交易的当当交易平台，甚至在图书交易领域，又细分出古旧书交易平台，如孔夫子旧书网；为了满足人们快速点餐的需求，出现了饿了么、美团等外卖平台。但互联网公司之间的竞争界限非常模糊，跨界竞争不仅不罕见，而且是一种常态。当市场上出现一种能够引爆用户需求点的产品形态时，各大互联网公司会在短时间内开发出类似的产品，如2015年前后移动互联网直播兴起时，短时间内市场上涌现出千百家直播平台，有的主打游戏直播，有的主打娱乐才艺直播，甚至是一些电商平台也推出直播电商功能。

因此，在互联网领域没有绝对的竞争对手，也没有一成不变的竞争对手。在进行专利布局时，就不能仅仅盯着当下的竞争对手，否则就可能忽略了整个互联网行业的趋势和专利布局情况。

（2）互联网公司底层技术的同质化

互联网公司开发出一款新产品周期特别短，很大一部分原因在于产品App的底层技术的同质化，如直播平台公司、视频点播公司的App中对于高清视频编解码的技术可能是通用的，都是基于H264、H265编解码技术，在视频流传输过程中，关于视频帧的压缩技术可能也是通用的。至于在不同平台开发上，如安卓平台、iOS平台上开发中不同版本的App，可能绝大部分代码都是通用的，包括一些开源代码、开源组件接口的使用上，因此App的开发方式是，在确定产品形态后，通过对App产品的功能、模块进行拆解，再将拆解后的功能、模块分配到公司不同研发小组进行编程和代码的撰写，最终形成最终的产品。可以看出，互联网公司底层技术的同质化，导致互联网公司在进行专利布局时，很难做到边界清晰的对标布局，更多的是在整个互联网行业技术使用中，呈现"你中有我，我中有你"的局面。

2. 布局专利的价值差异性

对于挖掘和布局的专利价值如何评估，一直以来是理论界和实务界希望解决的问题，虽然对于专利价值评估方式和操作细则还存在不同理解，但大多数人认同专利的价值与其经济属性、法律属性、技术属性三个维度密不可分，在这三个维度之下细分出众多二级、三级评价指标，并针对这些指标赋予一定的权重值，最终大致评估出专利的价值。

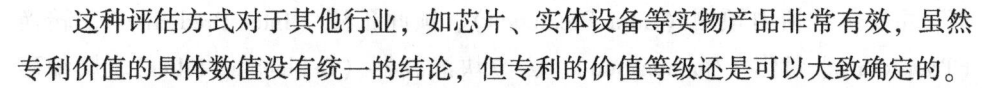

第四章　以生命周期为基线，策划高价值知识产权资产

这种评估方式对于其他行业，如芯片、实体设备等实物产品非常有效，虽然专利价值的具体数值没有统一的结论，但专利的价值等级还是可以大致确定的。

互联网专利的价值虽然也无法脱离经济属性、法律属性、技术属性三个维度的约束，但其具体价值与实现却与传统行业的专利大不相同，具体体现在以下几个方面。

（1）位于专利价值顶端的是基础性专利

互联网专利与传统企业中专利价值的一大区别在于，传统企业布局的专利价值与专利对应产品的销售规模和他人生产、销售、进口的侵权产品规模存在紧密联系，专利价值无法脱离产品的市场规模而存在。而互联网专利如果和标准结合在一起，则可能打破产品市场规模这一束缚。如果互联网专利加入了相关标准的专利池，则其价值不仅与企业自身如何使用专利技术有关，更取决于标准的推广范围、使用程度、许可费收取状况及标准存续时间等因素。

例如，在互联网视频流传输领域中的编解码标准H.261、H.263、H.264，运动静止图像专家组的M-JPEG和国际标准化组织运动图像专家组的MPEG系列标准，以及国际电联（ITU）批准通过的HEVC/H.265标准。其中H.264标准虽然已经推广使用近20年，仍然被广泛应用在互联网视频技术领域，即使更高的H.265标准推出多年，也并未完全取代H.264标准，那么H.264标准中的专利的价值也不会骤然消减。

再以HEVC/H.265为例，其主流专利池有三家，分别为MPEG LA、HEVC Advance和Velos Media，这三家专利池包括460个专利族的上千项专利，并非掌握所有的HEVC/H.265标准专利。在这460个专利族中，确定有321个与HEVC/H.265标准相关，而这321个专利族占整个HEVC/H.265标准相关的所有993个专利族的三分之一，其余三分之二的专利族则是在独立的企业中，没有加入任何一个专利池。[1] 加入这些专利池的中国企业中，不仅包括华为、中兴等通信设备制造商，也有OPPO、小米、海康威视等移动终端、智能设备制造商，在HEVC/H.265标准的专利池中暂未看到国内互联网企业，但在国外企业中包括谷歌等互联网巨头，说明互联网企业布局的专利是有机会加入标准的专利池中的。

从技术分析来看，H.265/HEVC的编码架构大致上和H.264/AVC的架构相

---

[1] 爱集微App. 最年轻的HEVC专利池——Velos Media [EB/OL]. [2022-02-15]. https://baijiahao.baidu.com/s?id=1658585749890004336&wfr=spider&for=pc&qq-pf-to=pcqq.c2c.

似，主要包含帧内预测（Intra Prediction）、帧间预测（Inter Prediction）、转换（Transform）、量化（Quantization）、去方块滤波器（Deblocking Filter）、熵编码（Entropy Coding）等模块，在H.265/HEVC编码架构中，整体被分为四个基本单元，分别是编码树单元（Coding Tree Units，CTU）、编码单位（Coding Unit，CU）、预测单位（Predict Unit，PU）和转换单位（Transform Unit，TU）。这种编码框架其实与互联网企业的产品应用场景密切相关，如移动直播App、视频聊天App、基于VR/AR的视频合并技术等，均需要应用到上述一项或者多项技术，因此，互联网企业在优化产品使用的体验时，有动机针对上述框架进行优化和改进，事实上互联网企业布局的专利中有相当一部分比例也集中在上述编码架构的模块中。因此，如果互联网企业布局的专利刚好与标准的要求相符合，也必然有机会加入相关专利池中。

虽然在HEVC/H.265标准中并未看到中国互联网企业的专利加入相关专利池中，这并不意味着我国互联网企业布局的专利不符合HEVC/H.265标准的要求，或者说互联网企业的专利不适宜加入HEVC/H.265标准中，造成这一现状的原因是多方面的，随着移动互联网视频技术的发展，H.265标准也逐渐不能满足互联网企业对于4K/8K视频传输的要求，比如国内的B站（哔哩哔哩公司运营的视频点播平台）虽然开放了4K视频上传权限，但基于H.265标准压缩的视频文件在当前网络带宽条件下很难进行推广。在2019年3月初，工业和信息化部联合国家广播电视总局、中央广播电视总台印发的《超高清视频产业发展行动计划（2019—2022年）》（以下简称《行动计划》）中❶，也明确指出将开展4K超高清配套标准制定及8K技术标准研究，助推超高清视频产业集群建设。此外，H.265标准池多头运营、许可费率较高的情况也阻碍着互联网企业对于这些标准的推广力度。据报道❷，目前至少有四家组织或公司在收取H.265的许可费用：老牌的专利池MPEG LA，新兴的专利池HEVC Advance和Velos Media及Technicolor公司。H.265从2013年定稿的第一天起，各组织和公司就开始收取专利费，每台终端设备的专利费最高可达1.2美元。

为了解决这一矛盾，2020年7月，Fraunhofer HHI（弗劳恩霍夫·海因里希·赫兹研究所）正式宣布了下一代视频编解码标准——H.266/VVC（通用视

---

❶ 国家广播电视总局. 北京市超高清视频产业发展行动计划（2019—2022年）[EB/OL]. [2021-06-18]. http://www.nrta.gov.cn/art/2019/6/18/art_114_46226.html.

❷ 雷锋网. H.266突破的"喜"与"忧" [EB/OL]. [2021-07-23]. https://baijiahao.baidu.com/s?id=1673024928315494700&wfr=spider&for=pc&qq-pf-to=pcqq.c2c.

频编码）制定完成，该标准由国际电联（ITU-T）和国际标准化组织（ISO）联合开发，其中参与的中国互联网企业就包括腾讯、阿里巴巴，虽然阿里巴巴和腾讯是首次参与制定标准，但关联的项目非常多，其中阿里达摩院XG实验室负责VCC标准的软件编解码器项目研发，能够有助于提高5G时代下4K/8K视频的传输速度；而腾讯有超过100项技术提案获得标准采纳，在国际视频压缩标准制定研究中处于第一阵营。❶

除了传统的互联网巨头阿里巴巴和腾讯之外，新晋互联网明星企业字节跳动也在视频编解码领域展示了不俗的技术实力，2021年10月，字节跳动宣布推出屏幕内容视频编解码器BVC1S，测试结果显示，在同等峰值信噪比客观质量下，与开源H.265编码器X265相比，视频编解码器BVC1S可以节省85.3%的码率，编码速度提升2.87倍。此外，BVC1S智能调整码率的功能也可以实现在较低的带宽环境中使用户获得相对较好的使用体验。此外，根据字节跳动公司官网，在H.266/VVC的技术贡献中，字节跳动旗下火山引擎多媒体实验室在VVC标准定稿过程中获得批准的技术提案数量排名第三。此外，根据IPlytics统计的数据，截至2021年2月，互联网公司快手、Netflix等在VVC标准贡献中也排名靠前。

因此，在视频编解码标准参与者中，不再仅仅存在硬件制造公司、通信公司等"传统玩家"，互联网巨头也作为"新贵"参与到相关标准制定中，这一方面说明互联网公司的研发实力已经不弱于传统通信行业、芯片制造巨头；另一方面也说明互联网公司将标准与专利融合的理念和实践能力有了较大的提升。

这要求互联网公司开展专利挖掘和布局工作，不仅局限在以往的操作实践方式上，更要结合标准的意识和要求，将挖掘和布局工作与标准结合起来。

（2）保护互联网企业的商业模式的专利价值

商业模式的传统定义是"企业与企业之间、企业的部门之间乃至与顾客之间、与渠道之间都存在各种各样的交易关系和联结方式"。任何一种传统模式一旦与互联网发生化学反应，就可能成为一种全新的商业模式。互联网公司竞争，从某种意义上说正是商业模式的竞争，如美团、饿了么公司的外卖配送平台，滴滴打车的网约车出行平台等。

在互联网环境下，存在赢家通吃的局面，一个中小企业投入大量资源将一种新的商业模式产品投放到市场中，行业巨头可以在数周甚至短短数日之内凭借技

---

❶ 中安信联安防帮. 阿里腾讯战略入局，H.266离我们还有多远？[EB/OL]. [2021-07-20]. https://xw.qq.com/cmsid/20200720A00GR000.

术研发的优势，模仿出相似度极高的产品，这些企业还未等到收回成本之日就可能被挤出市场。因此，保护互联网企业的商业模式就是保护企业的生命线，这也是知识产权工程师在进行专利挖掘与布局时的首要目标和任务。如果专利挖掘和布局忽略了对商业模式的保护，则将会对互联网公司的运营造成重大阻碍，在共享单车、共享充电宝领域，就曾发生过针对商业模式的专利诉讼。

一份好的商业模式专利文件，落脚点必然是保护公司的商业模式，因此如何平衡商业模式专利保护范围和专利审查要求显得尤为重要。在涉及商业模式专利布局时，首先应对商业模式本身的创新性（此处并未使用"创造性"一词，创造性一般用于评价技术方案的创新程度）进行评估，由于涉及商业模式创新性没有统一的评价标准，公司通常仅仅将线下的模式转移到线上，则该商业模式创新性一般不高，如果某公司的商业模式在线下找不到类似的模式，则该商业模式的创新性较高。以滴滴打车为例，传统出租车行业虽然存在电召等方式，但是滴滴打车以定位、网络支付技术为基础，海量订单自动分发的商业模式与传统出租车行业存在巨大差异，可以认为是一种全新的商业模式。

（3）位于专利价值腰部的是功能性专利

互联网公司布局的专利大致可以分为功能性专利和其他专利，其中功能性专利是指基于产品设计概念衍生出的技术方案申请的专利，这类专利大多具有易于举证、易于发现侵权行为、容易被竞争对手模仿的特点，因此在诉讼实践中的威力也往往大于其他底层技术不容易取证的专利。

因此，互联网企业在进行专利挖掘和布局时，应该首先开展产品解构。基于互联网公司产品不同于传统行业设备等实体产品的特点，对互联网产品开展解构，解构时可遵循两条线：一是根据产品设计线梳理产品的流程框架设计原理，因为产品设计线更能完整体现公司经营模式和方向，比如直播公司中虚拟礼物交互技术，一旦用户形成习惯和偏好，将极有可能成为整个行业无法绕开的屏障；二是从产品研发线出发，从前端界面、后台服务器支撑、服务器与客户端交互等各个方面进行分析，形成不同专利组合。

3. 专利挖掘与布局需重视 GUI 外观设计

互联网领域专利挖掘和布局中需要注意的一个特殊点在于需要重视图形用户交互界面 GUI 外观设计专利的挖掘和布局，由于 GUI 外观设计专利侵权容易取证，并且也对用户的体验有着直接的影响，因此知识产权部门需要与产品部门、研发部门、设计部门进行密切沟通，在产品上线之前完成 GUI 外观设计的挖掘和申请，申请的方案不仅包括上线的方案，也应该包括未上线的替代方案。

例如，手机操作系统从最初的拟人化图标界面，再到当下扁平化图标列界面，以及手机界面上宫格行列的排列方式，必定是由用户体验反馈、UI 设计、产品研发等因素最终确定的优选方案，其中甚至还涉及心理因素的影响，扁平化的设计风格是将对用户有用的信息直接放在用户眼前，通过组合等方式，保障用户能够在使用 App 的时候具有流畅的视觉感受，并方便用户快速地找到自己想要的内容。[1] 在设计 App 界面的时候，通过文字布局、图形的大小、功能图标等，可以对用户的感官产生有效的刺激效果，从而突出信息。例如，苹果公司早期 iOS 界面中图标采用的是拟人化的风格，而当下苹果 iOS 系统界面的图标采用的是扁平化风格。

也就是说，研发人员在产品研发设计过程中，选择的方案往往是综合确定较优，甚至是最优的方案。那也意味着该方案可能被竞争对手认为是最优的方案，那么方案被竞争对手或者其他人使用的概率就会大大增加。如果将该方案进行专利申请和布局，则获得授权之后的保护范围就很有可能涵盖到他人的实施行为，进而专利对于产品的保护作用就会大大增加。

而对于公司产品未采用的次优方案或者替代方案，当然也可以进行专利布局和申请，但其价值可能不如以产品最优实现方案高。

4. 挖掘与布局参与方的多样化

不同于传统行业产品专利挖掘、布局聚焦在设计、研发、制作等环节，互联网公司大多只存在一个或几个最终、核心的产品形态，其表现形式往往以 App 形式展现。App 从功能设计、产品形态、界面布局能够反映公司的经营理念，因此需要站在更高的层次去理解 App，才能够使专利布局的方向不发生偏差。具体而言，应该寻求、吸纳参与方加入专利挖掘、布局中。

公司 CEO、高管：公司 CEO、高管是公司经营方向、经营理念的决策者，因此 App 的规划、设计及最终产品的形态上必须反映公司 CEO、高管的想法。例如，在某一个阶段，公司 CEO、高管认为用户的增长应该比营收重要，那么 App 也会有针对性地设计一些能够吸引用户参与的功能，而弱化一些创收的功能。反过来，如果知识产权工程师不了解公司 CEO、高管的经营理念，则可能对于 App 特定功能的内在逻辑、价值导向理解不到位，进而产生对专利挖掘、布局的

---

[1] 王丽君. 扁平化理念在 App 界面设计中的应用研究 [J]. 数码设计, 2019 (12)：334.

误判。

内容运营部门：以互联网文娱行业为例，内容运营部门是直接参与内容产生的部门。如直播公司的内容运营部门（也称"公会管理部门"）负责与主播进行日常沟通、对接。那么在涉及主播管理相关的商业模式专利挖掘时，如果不事先与公会管理部门同事进行沟通，则在通过技术手段对具有潜力的主播筛选相关的方案挖掘时，就有可能无法全面了解主播日常管理的难点、主播如何吸引用户的因素、现有的判断哪些主播具有更高潜力的手段，反映到专利申请文件中就是现有技术定位不够准确，使得现有技术无法与商业模式专利方案中手段形成对比，甚至商业模式专利方案中达到好的效果的原理无法解释情况，进而可能影响到专利的最终授权。

产品经理：产品经理是否将公司 CEO、高管的想法设计成最终产品形态的重要一环，也是完善专利布局组合的关键角色。产品经理一方面能够更为准确地理解公司 CEO、高管的意图；另一方面产品经理还能够对产品方案的可实施性有着准确的判断，并且经过产品经理的产品设计方案，已经较为完整地展现了公司商业模式专利方案。商业模式专利中商业规则部分的设计主要来自产品经理，因此产品经理的设计理念是知识产权工程师理解整个商业模式专利方案的核心要素。

项目经理：项目经理负责公司层面各个产品研发的整体进度跟进、推动、协调，一方面项目经理对产品研发难点有着独到的见解；另一方面项目经理对于产品的研发落地、上线有着准确的时间节点，与项目经理进行沟通，有助于专利挖掘、撰写的进度把控。

UI 设计部门同事：UI 设计部门是产品最终呈现的重要参与方。即使同样的功能设计，在 App 的 UI 界面排布、色调、框架、层次不同的情况下，用户的体验可能截然不同。因此，一个产品形态能够得到用户的认可，UI 设计部门功不可没，借助出彩的 UI 设计，产品能够更好地呈现给用户。因此专利布局中 UI 设计部门同事不可缺少。

研发部门同事：有些挖掘的技术方案不需要研发人员参与，产品经理提供的方案就已经满足了专利申请的要求。但有些商业模式专利方案需要特定的技术特征来调整商业规则或者需要独特的技术方案才能实现，因此研发人员的参与必不可少。特别是一些新技术参与的商业模式专利方案，则研发人员的角色更重要。

在挖掘上述参与方共同参与的技术方案时，知识产权工程师应该积极参与到协调、解释发明人确定、排序活动中，避免引起发明人资格、排序等纠纷。

三、车联网行业专利挖掘与布局——以造车新势力为代表

随着气候变化问题的日益严峻,在这一背景下,世界各国以全球协议的方式减排温室气体,中国由此提出碳达峰和碳中和目标。2020年9月22日,中国政府在第七十五届联合国大会上提出:"中国将提高国家自主贡献力度,采取更加有力的政策和措施,二氧化碳排放力争于2030年前达到峰值,努力争取2060年前实现碳中和。"为了达到这一目标,其中一个重要手段就是大力推送新能源汽车的发展。

除了传统汽车厂商转型开始研发、推广新能源汽车之外,国内还涌现了一批造车新势力,如蔚来、理想、小鹏汽车公司。此外,最引人注意的是众多互联网科技公司也纷纷以各种形式加入造车竞争。其中华为公司发布了智能汽车解决方案BU,聚焦以ICT技术为客户提供高价值、高可靠的智能驾驶、智能座舱、智能电动、智能车云产品和解决方案;小米公司不但通过入股蔚来汽车等形式参与造车,更在2021年3月宣布未来十年将投资100亿美元,前期投入100亿元人民币,正式进军智能电动车行业。

由于制造新能源汽车的厂商众多,既有传统汽车厂商,也有新兴造车势力,并且汽车产业链特别复杂,以下仅以造车新势力为代表,对新能源汽车企业专利挖掘与布局进行简要介绍。

1. 造车新势力公司专利布局弯道超车契机

在燃油车领域的专利布局,传统厂商经过百年的研发和技术迭代,相关专利布局已经非常完善,如发动机、变速箱、前后桥、底盘等主要零部件,以及车身喷涂、制造技术、生产线等工艺方法,都布局了海量的专利组合要想作为后来者进入传统燃油车领域参与竞争,不仅面临很多技术从零开始研发,还要在研发方向上避开行业巨头的专利技术壁垒,在无法绕开专利布局的领域也只能向权利人获得许可,或者从专利权人处采购相关零配件,使得汽车的研发、产能受制于人,技术研发方向也是处于追赶、模仿的阶段。虽然在特定的领域,我国的汽车相关技术取得了突破,或者处于领先地位,但对于燃油车整体技术来说,我国相关车企还是处于落后的位置。因此,在传统燃油车领域开展相关专利布局,很难取得突破。相对而言,新能源汽车公司在以下几个领域开展专利布局存在弯道超车的机会。

(1)"三电"技术领域

虽然新能源汽车也需要对底盘件、前后桥、车身框架、外观等进行研发和设

计，但对电动汽车而言，其核心技术领域集中在电机、电池、电控这三大领域。相对于传统的燃油车，国内企业在面对国际大型车企竞争时，在这三大领域研发上仍处于同一起跑线，甚至在电池、电控等领域处于技术领先位置。例如，在电池技术领域，我国的宁德时代、比亚迪不论是在技术研发层面，还是在市场竞争中的装机数量层面，都不弱于国际大厂。

由于传统燃油车企在电动化时代转型步伐缓慢。例如，继奔驰宣布到2022年实现全系车型电气化之后，大众集团日前也公布新能源车型计划——到2030年将会为旗下全部300款车型推出电动化版本，成为表示加大对低排放车型投放的最新一家汽车制造商。[1] 这也给国内新能源汽车公司提供了一个专利布局的竞争空窗期，使得产品、技术的研发自由性不会过于受制于专利布局壁垒的阻碍，在电机、电池、电控技术中尚未被攻克的技术空白领域可以相对灵活地选择技术研发方向，提前抢占专利布局先机。例如，在动力电池的安全性、三电系统匹配的高效性及充电的快速便捷性等关键问题的突破上，谁能够占领技术高地、掌握"撒手锏"技术，谁就能够在国际竞争中保持优势。[2]

因此，在新能源汽车核心技术领域，国内的造车新势力车企，有机会站在与传统汽车巨头同一起跑线上竞争，并且由于造车新势力车企的技术研发的聚焦性和策略调整灵活性，使其在研发创新上更有机会形成创新突破，从而实现相对传统车企的专利布局弯道超车。

（2）自动驾驶技术领域

相对于"三电"技术，自动驾驶技术领域的竞争更加激烈，入局者不仅有汽车整车企业，还包括自动驾驶零配件公司，通信公司（如华为），互联网公司（如滴滴出行、百度、高德）等。这一方面说明自动驾驶技术的市场前景为不同行业所共同看好；另一方面也说明自动驾驶技术还没有形成统一的规则、标准，在自动驾驶领域不存在技术绝对领先的公司，在自动驾驶领域可以实现突破的技术方向很多。

作为造车新势力参与自动驾驶技术竞争与研发过程中，有着其他竞争对手

---

[1] 央广网. 大众集团：旗下300款车型2030年实现电气化［EB/OL］.［2021-09-13］. https://baijiahao.baidu.com/s? id=1578379983136373179&wfr=spider&for=pc&qq-pf-to=pcqq.c2c.

[2] 电气新科技. 华南理工袁伟教授：突破核心技术是电动汽车产业可持续发展的关键［EB/OL］.［2021-03-06］. https://baijiahao.baidu.com/s? id=1693286612893684637&wfr=spider&for=pc&qq-pf-to=pcqq.c2c.

所不具备的优势：自动驾驶技术不同于其他技术，其直接与人的生命安全息息相关，因此对于技术的稳定性、可靠性提出了更高的要求；并且，自动驾驶技术无法脱离车辆的实际行驶来进行模拟和测试，因为车辆在实际道路上行驶时，会受到其他交通参与者。例如，其他行驶的各种类型车辆、行人甚至动物等的影响，还会受到天气、光线、交通标识、地面标识、各种突发事件带来的处理机制变化，因此在试验模拟测试环节中，自动驾驶技术很难覆盖实际驾驶过程中各种交通情形；而且，各国政府对于自动驾驶的测试要求相对苛刻，只有各种自动驾驶技术厂商的相关技术达到一定安全要求标准时，才能开展道路测试。这些要求大大增加了互联网企业参与自动驾驶竞争的门槛，即使这些跨界参与到自动驾驶技术研发、竞争的企业，也往往只能选择与车企进行合作，来对自身的自动驾驶技术进行验证和改进，而这种合作也会受到车企自身技术研发规划、合作意愿、合作条件、车机系统兼容性等各方面条件、因素的制约和影响。

而对于造车新势力企业来说，其自动驾驶相关技术可以在自身制造的车辆上进行测试和模拟，对于测试和模拟的过程数据、结果数据、行驶数据等各种数据的使用不存在任何障碍，使得在对自动驾驶技术的改进和升级时，能够在第一时间得到反馈数据的支持。并且，造车新势力企业往往不满足于自动驾驶技术中算法等软件层面的方案，而是需要提供如传感器、数据处理芯片、自动驾驶策略与车辆控制的加速踏板、制动踏板、电机控制、电池控制、车身稳定等系统的协调控制机制等整体解决方案，对于互联网企业等参与者来说，很难达到这一要求。

而造车新势力则可以根据自身对于自动驾驶技术的要求，提出对于硬件、软件系统等的规格、参数等具体要求和标准，即使有些硬件设备通过采购方式获得，软件开发采取外包方式，由于其自动驾驶技术的路线整体需求由企业自身来主导，因此这些外购、外包的软硬件的标准也是在企业的主导和要求下开发完成的，符合自动驾驶系统整体的要求和标准。

因此，由于造车新势力企业关注的不仅是自动驾驶中某个环节或者某个方向上的突破，而是在于自动驾驶技术的整体实现，以及自动驾驶技术在实际道路行驶中的表现，使得造车新势力企业在自动驾驶技术的可行性上天然具有优势；并且造车新势力企业可以通过道路测试等场景对自动驾驶技术进行验证，使得自动驾驶技术的升级、迭代能够更好地与实际驾驶场景贴合，而且自动驾驶技术与车辆控制的系统的协调控制机制能够得到反馈数据的验证，使得自动驾驶技术的迭代、优化更为合理。以上这些都是造车新势力企业相对传统车企的专利布局弯道超车的优势所在。

（3）人机交互技术领域

汽车领域的人机交互技术是指驾驶者与车辆进行信息的交互技术。例如，驾驶者对于车辆灯光的使用，对于空调的开启与温度控制，对于导航信息的设置与使用，对于多媒体影音系统的控制所采取的形式。例如，通过传统的按键、按钮形式进行控制，通过车载屏幕进行触控操作，或者通过语音交互指令进行控制等，此外，人机交互还应该包括将车辆行驶过程中需要向驾驶者所展示的信息通过何种形式进行展示。

人机交互也伴随着汽车技术的不断发展、迭代而呈现不同的交互形式。例如，早期的单纯依靠实体按键、按钮形式对车辆进行控制，发展到通过车载屏幕触控与实体按键、按钮并存的形式，近些年来又发展到语音控制、触控操作、按键操作相结合的形式。造成这一现象的原因在于一方面人们对于车辆信息的获取的类型、丰富性提出了更高的要求，单纯依靠按键形式已经无法满足人们的要求；另一方面，随着车辆自动化驾驶程度的提高，以往在车辆驾驶时不允许驾驶者分心进行其他车辆操作的情形，其危险性随着自动化技术的发展已经下降。例如，传统的车辆在驾驶过程中绝对不允许驾驶者双手脱离方向盘的控制，而随着车道保持、ACC自适应巡航、行人识别、主动刹车等技术的发展，实践中驾驶者双手短暂地脱离方向盘，其危险性大大降低，此时可能驾驶者会将注意力转移到如多媒体系统操作上。

随着汽车智能化的发展，汽车人机交互界面承载的功能越来越多，消费者在驾驶过程中受到的信息压力也会越来越大，如何将多维多样化的功能清晰明了地呈现给用户，如何在安全性、功能覆盖面、操作便利性之间进行取舍，汽车交互设计变得尤为重要。现在汽车人机交互界面的发展趋势包括更加简洁的设计语言，方便驾驶者的指令能够及时得到接收和处理，更加丰富的交互方式，除了前面提到的实体按键、触屏、语音等交互方式之外，未来全息影像、虹膜识别等交互方式也可能得到极大的发展。[1]

在交互技术的发展过程中，造车新势力企业相对传统车企更为激进。例如，当下发布的新车，造车新势力企业往往更愿意将语音交互、大小屏互动等新技术

---

[1] 王镭，庞有俊，王亚芳. 智能座舱HMI人机交互界面体验及未来趋势浅析[J]. 时代汽车，2021（3）：15-17.

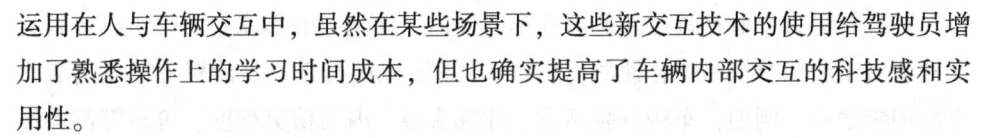

运用在人与车辆交互中，虽然在某些场景下，这些新交互技术的使用给驾驶员增加了熟悉操作上的学习时间成本，但也确实提高了车辆内部交互的科技感和实用性。

在人机交互技术领域，造车新势力企业对于新技术使用的偏好和不断的尝试，必然带来在这个领域更多的创新投入，相关创新成果也会随之产生，自然相关知识产权布局也必然领先于其他竞争对手。

2. 造车新势力公司专利布局切入的难点

(1) 传统车企布局的专利壁垒

虽然新能源汽车在动力系统、传动系统上与传统燃油汽车存在很大差异，但一辆汽车除了动力总成之外，还包括底盘总成等在内的上千个零部件总成，因此，在这些零部件总成的研发上，需要考虑到传统车企布局的专利壁垒。以代表造车新势力的蔚来和代表传统汽车的丰田为例，两者在车辆减震器技术领域的专利布局对比情况如图4-2-1所示。

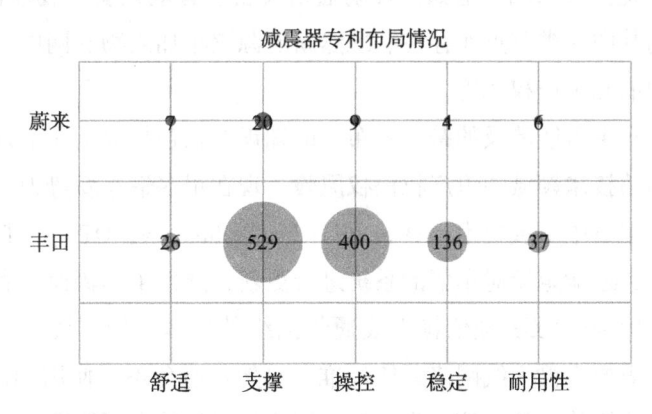

减震器专利布局情况

	舒适	支撑	操控	稳定	耐用性
蔚来	9	20	9	4	6
丰田	26	529	400	136	37

图 4-2-1　蔚来与丰田在车辆减震器技术领域的专利布局对比（单位：件）

数据来源：智慧芽

检索时间：2021年11月26日

从图4-2-1可以看出，虽然车辆减震器不论是结构复杂度，还是在整车中价值占比都不高，但传统车企依然围绕着减震器在乘员舒适度、对车辆的有效支撑、给驾驶员带来的操控体验、对车辆的稳定性帮助，以及减震器自身的耐用性和可靠性方面都进行了完善的专利布局，而造车新势力企业由于开展研发的时间不长，专利壁垒相对较高，导致整体技术实力以及专利布局数量都落后于传统车企。

造车新势力企业在进行新能源汽车研发时，不可能仅仅关注"三电"，因为消费者对于汽车要求是综合性的，"三电"系统先进与否只是消费者愿意购买汽车的因素之一。例如，车辆行驶品质、外观造型、内饰精美程度、价格等都会影响到消费者的选择。因此，造车新势力不仅需要在"三电"系统方面投入大量的研发资源，也需要对消费者的需求点、关注点进行相应的研发创新，而这种研发创新的难度很大程度上也会受到传统车企布局的专利壁垒的影响。

因此，造车新势力企业在进行新能源汽车研发时，也需要如传统车企一样，在产品立项之时，就提前对相关项目的知识产权风险，特别是专利风险进行分析和评估，并与研发部门一道做好产品的专利风险规避设计。

（2）对于跨界者的知识产权风险防范

在传统意义上，跨界发生在互联网领域，汽车厂商很少会遇到竞争对手、汽车相关零部件厂商之外的跨界者发起的知识产权诉讼。然而随着电动汽车的发展，电动汽车通过电力驱动车辆行驶的特性，使其能够天然与智能化、网络化联系紧密，可以说，电动汽车也如同移动通信设备、智能设备等物联网设备一样，作为物联网的其中一类节点而存在。既然新能源汽车加入物联网中，也必然会遭遇物联网领域的知识产权风险。

新能源汽车中可能涉及的跨界者布局的知识产权包括以下几个方面。

第一，通信技术领域知识产权侵权风险。现在很多造车新势力企业在新能源汽车上都配置了空中下载技术（Over-the-Air Technology，OTA），其目的是让车辆交付使用后，还能定期对车辆的系统进行更新，降低了车辆使用者的维护、更新负担，但OTA技术及其他依赖无线通信网络的技术，如在线导航、在线音视频播放等，也需要遵循无线网络通信标准，自然也避免不了使用4G、5G标准中的专利技术，这样传统的通信巨头与汽车制造商之间就有可能因为使用专利技术的费用问题产生纠纷。

2019年年初，诺基亚要求多家车企及零部件企业支付智能网联、5G通信、自动驾驶等相关零部件技术专利使用费。包括大众、宝马等多数企业最终都与诺基亚达成协议，但是，奔驰母公司戴姆勒与诺基亚并未就相关费用问题谈拢，戴姆勒还向欧盟主管机构投诉诺基亚涉嫌垄断。于是，诺基亚向德国曼海姆多个地方法院起诉戴姆勒专利侵权。在2020年8月18日，德国曼海姆地方法院作出裁决，法院认为戴姆勒公司侵犯了诺基亚的车联网等零部件技术专利，根据法院判决，诺基亚可以对戴姆勒相关零部件专利产品实施销售禁令。❶ 该案表明汽车制造企业遇到跨界者的知识产权风险不再只停留在纸面上，而是真实存在的。

第二，互联网技术领域知识产权侵权风险。 在自动驾驶技术领域，互联网企业布局了大量的专利组合，自动驾驶技术是一个很广的技术领域，其中包括但不限于机器视觉、海量数据处理、浮点运算、机器学习算法、云计算、OTA、多视觉传感器融合、交叉路口协同驾驶等众多细分技术领域，以自动驾驶作为关键词进行检索，其中专利布局靠前的公司中包括腾讯、百度等互联网企业。因此，造车新势力企业在开展自动驾驶领域的研发时，可能需要在某些方面直面与互联网巨头的竞争，如图4-2-2所示。

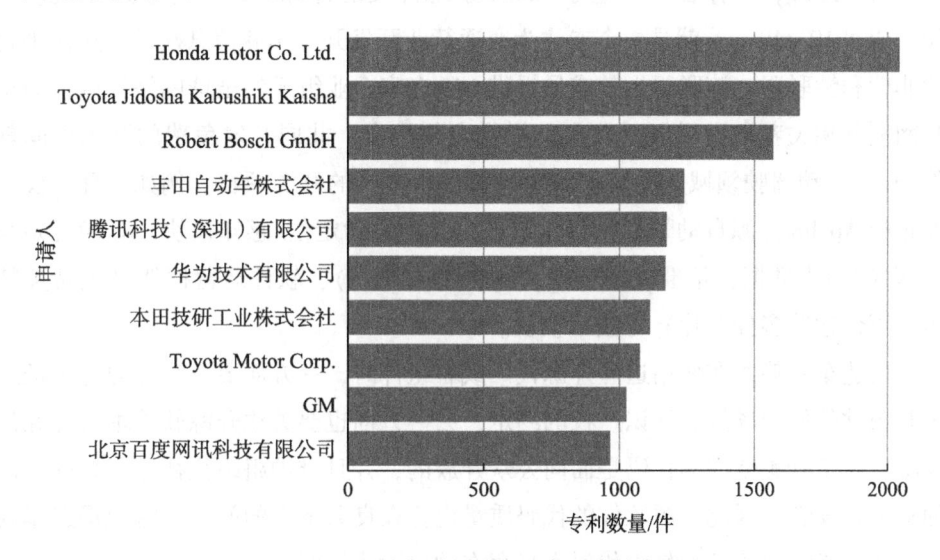

图4-2-2 自动驾驶领域主要专利申请人对比

数据来源：Incopat

检索时间：2021年5月

除了互联网巨头企业布局大多可能用于汽车多媒体等技术领域的专利组合之外，造车新势力企业可能还需要面临众多NPE的袭扰。2021年10月，隶属于Avanci成员的Longhorn IP旗下子公司L2移动技术公司（L2MT）在美国特拉华州地方法院正式起诉美国福特公司❷，指控福特公司侵犯其无线通信技术相关专

---

❶ 中国汽车报网. 诺基亚告赢戴姆勒或索赔数十亿欧元车联网领域发生专利大战［EB/OL］.［2021-09-07］. http://www.cnautonews.com/tj/lbj/202009/t20200904_646981.html.

❷ 腾讯网. Avanci成员盯上美国三大车企，起诉福特专利侵权或"打响第一枪"［EB/OL］.［2021-10-08］. https://new.qq.com/omn/20211008/20211008A0DVLB00.html.

利 US8179913、US7266105、USRE47200、US8054777、US8064460。值得注意的是，本次用于诉讼的 5 件专利中，其中 3 项最初由华硕公司申请。而 US8179913、USRE47200、US8054777 这 3 项专利在同年 4 月份用于对谷歌公司提起专利侵权诉讼。可以看出，这些专利不仅是能够应用到互联网公司的技术方案，也能同时应用到汽车中控系统中。

第三，使用开源软件或开源组件的风险。在目前开源风潮的影响下，以及根据汽车自动化组件开发的需求，开源软件已经在车辆上大量使用。例如，很多汽车厂商开发的车机系统便是基于 Linux 操作系统，Linux 是目前最具影响力的开源项目。此外，还存在一些基于 Linux 系统开发的开源车载信息娱乐系统。例如，GENIVI Alliance 就是一个专注为交通行业开发开源车载信息娱乐和连接平台的非营利性联盟，该联盟为其成员提供 140 多家企业组成的全球网络社区，为车联网利益相关者和世界级开发人员提供合作机会，共同开发免费的开源中间软件。❶ 在自动驾驶领域，也存在一些我国公司主导的开源项目。例如，百度公司发布的 Apollo 开源自动驾驶平台，该平台主要包含定位/感知模块、车辆规划与运营（AI+大数据，精准控制车辆，适合不同路况）、软件运营框架（支持英特尔、英伟达等多种芯片）等技术模块。❷

而造车新势力在使用这些开源代码或者组件时，一方面要关注开源许可证对于开源软件使用场景、知识产权的约定，另一方面也要关注开源软件本身存在的风险。由于开源软件的代码是面向公众开放的，并且维护组织往往是开源社区内的众多开发者，因此开源软件的代码质量也存在良莠不齐的问题，这使得造车新势力企业必须关注开源软件代码本身存在的风险或漏洞。

根据 Risk Sense 公司发布的报告❸，通过审查 50 个最受欢迎的开源软件项目，发现漏洞涵盖了从开发/测试、编排、容器及工作负荷之内的现代开发的所有阶段，开源正以前所未有的速度产生新的漏洞，这些开源软件中的总漏洞数从 2018 年的 421 个增长到 2019 年的 968 个。该报告还指出，将开源软件漏洞添加

---

❶ 美通社官网. GENIVI Alliance 在全球全体成员大会上发布增强型开发平台［EB/OL］.［2021-10-19］. https://www.prnasia.com/story/161164-1.shtml.

❷ 开源软件. ApolloAuto 开源自动驾驶平台［EB/OL］.［2021-07-06］. https://www.oschina.net/p/apolloauto.

❸ 开源中国. 2019 年热门开源项目中的漏洞增加了一倍以上［EB/OL］.［2021-06-10］https://baijiahao.baidu.com/s?id=1669078881064541839&wfr=spider&for=pc&qq-pf-to=pcqq.c2c.

到美国国家漏洞库（NVD）所需的时间非常长，从公开披露到添加到 NVD 中，平均需要 54 天。

而使用在车辆上的开源软件除了控制影音娱乐系统、汽车互联导航之外，还可能扩展到远程信息技术、抬头显示系统、主动安全和自动驾驶等领域。360 智能网联汽车安全实验室发布的《2017 智能网联汽车信息安全年度报告》中指出，"刷漏洞"已经成为攻击智能汽车的最新手段，智能汽车安全漏洞开始受到车厂界和安全界的普遍关注。2017 年腾讯科恩实验室对宝马 i 系、X 系、3 系、5 系、7 系等网联汽车进行了研究，证明可以通过远程破解车载信息娱乐系统、车载通信模块等，获取 CAN 总线的控制权，实现自上而下的完整控制。❶

因此造车新势力在进行开发时，如果需要引入开源软件，则必须关注代码质量、可靠性、安全性，并对其进行合规、合理性审查，此外还必须对使用的开源软件中许可证约定知识产权条款进行梳理。例如，对于商标、专利等知识产权的要求和限制。

3. 造车新势力公司专利布局的策略

（1）布局紧跟公司的技术路线

造车新势力企业在开展新能源汽车专利布局时，需要首先对公司的技术路线进行梳理，技术路线不仅包括纯电动汽车、燃料电池汽车，也包括纯电动汽车中采用何种类型的电池。例如，是采用磷酸铁锂电池还是采用三元锂电池等，电池正负电极采用的材料及是否采用"换电"策略等。在确定采用纯电动汽车形式时，对于电池、电控、电驱等"三电"系统的研发规划。

知识产权部门在规划专利布局方向时，尤其不能偏离公司选择的基础技术路线，一旦布局方向与基础技术路线偏离，则可能布局的专利将无法有效地对公司技术进行保护。

（2）对公司自研与外采信息进行全面梳理

造车新势力企业除了部分零部件或技术方案是通过自主研发和生产的之外，绝大部分零部件往往来自供应商，一方面是由于汽车零部件数量众多，企业自身无法通过汽车整车制造实现完全自主化；另一方面也由于造车新势力在汽车设计领域的技术沉淀不如传统汽车制造企业。

---

❶ CSDN. 汽车开源软件的"排头兵"——丰田首次搭载 AGL［EB/OL］.［2021-09-10］. https://blog.csdn.net/weixin_34378045/article/details/92366263.

因此，在对公司的供应商进行全面梳理时，一方面可以根据采购部门、业务部门提供的供应商名单，以及供应商的规模、资质、品牌等信息对供应商进行级别的划分，并从知识产权角度出发，对供应商的技术和知识产权实力进行评估，从而在采购阶段降低零部件使用知识产权侵权风险。对于技术实力不强、知识产权储备较少的零部件供应商，还应该在采购合同中通过知识产权条款的设计来降低后期知识产权风险。另一方面，还需要从零部件本身属性出发进行风险管控。例如，有些零部件属于行业通用，包括轮胎、底盘、车内装饰件等，对于这类零部件的供应商，按照通用的知识产权风险规避方式进行管理即可；而对于一些个性化定制的零部件，特别是需要与相应供应商联合开发的零部件，比如刹车组件或者自动化驾驶套件，则还应该做好研发成果的归属、研发进度控制、产品/成果交付等各个环节的包括知识产权在内的风险管控。

(3) 对公司的核心优势进行梳理

在当下个性化竞争时代，影响消费者对于车辆选择的，除了传统意义上的品牌因素外，车辆性能（包括行驶品质、操控感受、加速性能、舒适度等）、外观美感、车内装饰的风格、自动化驾驶程度/级别等因素也会影响消费者的选择。造车新势力企业，也往往基于"卖点"来打造汽车品牌调性。例如，特斯拉主打科技感和自动驾驶，小鹏汽车主打超长续航和智能化等。除了车辆性能研发上的优势外，设计一款漂亮的车辆外观或者内饰套件，也能够构成公司的核心优势。例如，奔驰汽车营造的豪华内饰氛围，奔驰"G级"汽车独特的硬派越野车经典造型，特斯拉汽车设计的充满未来感的电动皮卡 Cybertruck 等。在造车新势力企业中，也涌现一批设计优秀的车型，如比亚迪的"汉"系列、小鹏汽车的P7等。以蔚来汽车公司专利布局为例，其专利布局概况如图 4-2-3 所示。

可以看出，蔚来公司专利布局领域最多的分类号为 B60S5/06：将蓄电池安装到车辆上，或由其上拆卸下来的（电动车辆的可更换电池的分类号归入 B60L53/80），即电动汽车"换电"技术，在电池容量达到瓶颈，电动汽车续航里程和充电技术未解决用户的续航焦虑现状下，"换电"技术能够在一定程度上缓解用户的焦虑情绪，因而"换电"技术仍有一定的市场空间，基于"换电"技术，蔚来公司又衍生出电池租赁模式，能够在整车销售之外拓宽公司的营收渠道。

以蔚来公司其中一件核心专利为例，具有闭锁机构的可更换电池组件（*Replaceable battery assembly having a latching mechanism*，US 9758030B2），有 16 项美国、中国、PCT 同族专利，并且被本田、丰田、福特等众多汽车厂商申请的专利所引用，具体专利引用情况见表 4-2-1。

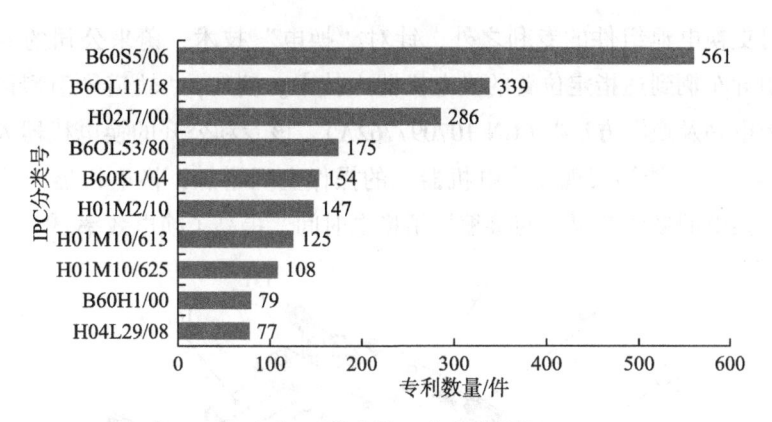

IPC分类号	专利数量/件
B60S5/06	561
B6OL11/18	339
H02J7/00	286
B6OL53/80	175
B60K1/04	154
H01M2/10	147
H01M10/613	125
H01M10/625	108
B60H1/00	79
H04L29/08	77

图 4-2-3　蔚来公司专利布局概况

数据来源：智慧芽。

检索时间：2021 年 11 月 23 日。

表 4-2-1　蔚来公司某核心专利布局的同族专利列表

公开（公告）号	标题	申请日	申请（专利权）人
US10486516B2	电池安装结构	2018-05-25	丰田公司
US20200070671A1	电池盒固定结构	2019-07-31	本田公司
US11121427B1	车辆用稳定蓄电池系统	2019-01-25	布斯塔曼特公司
DE102019112105A1	带底层电池的电动汽车	2019-05-09	保时捷公司
US10017037B2	电池组直连至车架结构横杆上的车辆	2017-02-09	蔚来公司
US10069123B2	电池组固定方法	2017-06-22	福特公司
US10160344B2	模块化电池组件	2016-07-31	蔚来公司
US10377432B2	车辆下部结构	2017-10-05	丰田公司
US20180345778A1	电池安装结构	2018-05-25	丰田公司
US20190217695A1	带支撑结构的车辆	2019-01-15	马格纳汽车公司
US11034248B2	电池盒固定结构	2019-07-31	本田公司
US20190009662A1	电池安装结构	2018-06-28	丰田公司
US10603998B2	电池安装结构	2018-06-28	丰田公司
US10661647B2	带支撑结构的车辆	2019-01-15	马格纳汽车公司
US11027618B2	车辆	2019-11-13	丰田公司

数据来源：智慧芽。

检索时间：2021 年 11 月 23 日。

从专利分类号来看，蔚来公司在 B60S5/06 分类号下有 561 件专利布局，除了上述可更换电池组件的专利之外,针对"换电"技术,蔚来公司的专利布局还包括引导车辆到达指定位置的换电机器人技术。例如,"轨道导引型换电机器人、充换电站及换电方法"(CN 107097762A),该专利公开的换电机器人结构如图 4-2-4 所示,能够实现使换电机器人的操作空间增加,换电机器人达到定位精度高、换电顺畅的效果,间接缩短了换电时间,提高了换电效率。❶

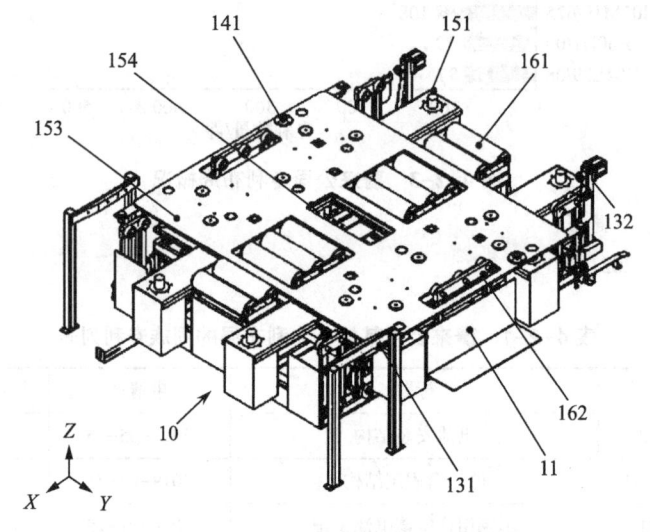

图 4-2-4　换电机器人结构示意图❷

10—换电机器人；11—本体；131—导向条；132—限位块；141—定位销
151—加解锁结构；153—举升平台；154—容纳孔；161—动力辊筒；162—无动力滚轮

而小鹏汽车公司专利布局概况如图 4-2-5 所示。

相比之下,小鹏汽车公司专利布局领域排名靠前的分类号为 H04L29/08：传输控制规程,如数据链级控制规程；B06R16/023：用于车辆部件之间或子系统之间传输信号的；B60W30/06：用于驻车的自动操作。

因此,从蔚来公司和小鹏公司专利布局侧重点来看,蔚来公司的汽车产品以便利用户换电、避免长时间等待充电来提高用户体验,并优化了车辆部分机械机构部件的设计(图 4-2-6)；而小鹏汽车的汽车产品则营造科技感氛围打动用户(图 4-2-7)。

---

❶　上海蔚来汽车有限公司. 轨道导引型换电机器人、充换电站及换电方法：201710340436.9［P］. 2017-08-29.

❷　上海蔚来汽车有限公司. 轨道导引型换电机器人、充换电站及换电方法：201710340436.9［P］. 2017-08-29.

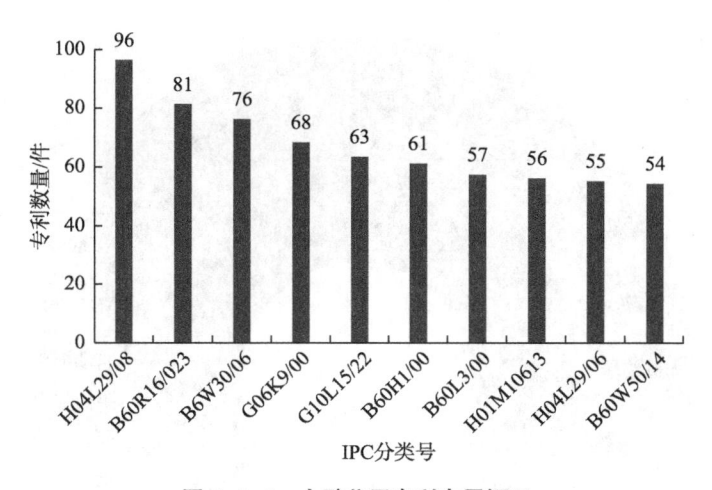

第四章 以生命周期为基线，策划高价值知识产权资产

图 4-2-5 小鹏公司专利布局概况

数据来源：智慧芽

检索时间：2021 年 11 月 23 日

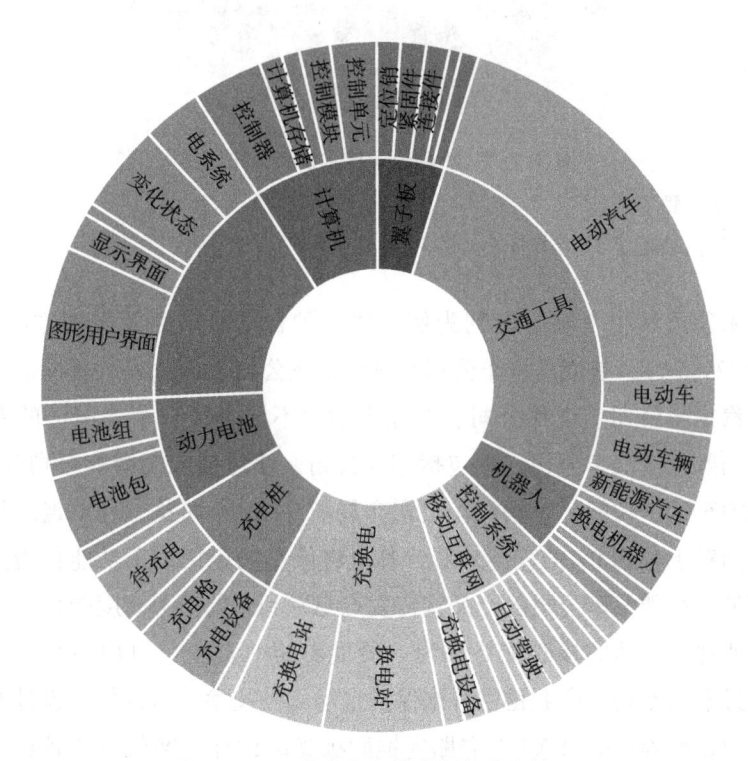

图 4-2-6 蔚来公司技术创新分布情况

数据来源：智慧芽

检索时间：2021 年 12 月 6 日

151

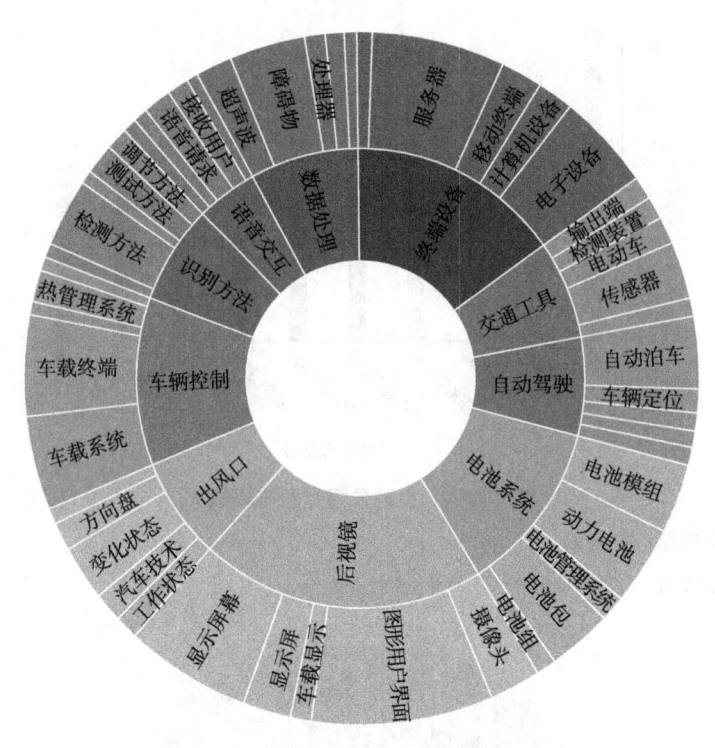

图 4-2-7　小鹏公司技术创新分布情况

数据来源：智慧芽

检索时间：2021年12月6日

以蔚来公司其中一核心专利为例，"一种自动泊车路径规划方法及系统"（CN 107672585A），被威马汽车公司、科大讯飞公司、深兰人工智能芯片研究院公司、广汽集团公司、现代公司、浙江大学等不同类型权利人申请的专利所引用，这里面既包括汽车公司，也包括芯片公司，还包括人工智能公司和研究院。围绕智能泊车这一功能，小鹏汽车公司布局了76件专利及专利申请。从小鹏汽车公司官网对于小鹏P7的宣传来看，其也将停车场记忆泊车功能作为主要宣传卖点，可见，小鹏汽车公司的产品宣传卖点与专利布局优势高度吻合。

综上所述，公司的核心优势作为一项重要的"卖点"，也必然要寻求保护。例如，通过发明专利、商业秘密等来保护自动驾驶技术，通过外观设计专利来保护产品外观设计等。陆风X7抄袭路虎揽胜极光的设计一案就是比较典型的车辆外观的独特设计被他人抄袭的案例，这场长达三年的汽车知识产权"拉锯战"，以路虎胜诉告终。回顾该案，路虎极光申请外观设计专利的时间晚于其首次在中国亮相一年，已超过规定期限的6个月新颖性保护，导致外观设计专利无效，也对路虎公司的维权造成极大的负面影响。

因此，在造车新势力企业通过知识产权保护公司的核心优势过程中，首先要梳理哪些能够称为"核心优势"，是技术，还是外观设计，还是品牌调性？在此基础上，再寻求合适的知识产权布局策略。值得注意的是，在车辆设计越发趋同的当下，应该尤其重视《专利法》中新增的局部外观设计对车辆设计带来的正面作用，比如车辆外观设计中尾翼的设计，前照灯中透镜形状的设计等，就可以充分利用局部外观设计制度进行保护。

四、专利挖掘成果处理——降低交底书信息传递衰减

1. 技术交底书撰写原则

技术交底书是发明人将发明构思进行书面表达的载体。知识产权工程师在获得发明人提供的技术交底书之前，通过项目跟进、专利挖掘等一系列工作引导发明人将技术方案以技术交底书的形式表达出来。

技术交底书是专利价值体现的起点，知识产权工程师、专利代理师、专利局审查员开展技术方案的评审、撰写、审查的对象也都起源于此。在实践中，往往存在知识产权工程师觉得发明人提供的技术方案创造性还不错，但专利代理师在将技术交底书中记载的内容撰写成专利申请文件之后，产生专利申请文件内容创造性明显下降的主观感受。造成这一结果的原因是多方面的，其中一个就是技术交底书中的内容没有完整地展现发明人在面对现有技术的缺陷时，如何进行构思等一整套完整的过程。如果专利代理师在拿到技术交底书之后，没有对其内容进行深入的分析，没有对发明产生的整个过程与发明人进行再次沟通，则必然导致撰写的专利申请文件虽然看起来包含了技术交底书中的大致内容，但两者创造性主观感受却有很大差异。

在实践中，不同公司的知识产权部门会根据自身产品特点制作不同的技术交底书模块，供研发人员撰写技术交底书时参考。例如，机械类的技术交底书比较侧重附图的制作、描述及各个零部件的名称、相互配合关系，以及功能效果；而软件、通信类的技术交底书会更加强调指令数据的发送主体、流程步骤之间的内部逻辑关系，以及各个步骤所起到的作用和效果等。技术交底书的撰写方式在一定程度上与《专利审查指南 2010》中对于创造性的评述类似，也是分为三步，即"技术问题—技术方案—技术效果"，因此技术交底书也一般分为"背景技术—技术方案—有益效果"三个板块进行阐述。

(1) 关于背景技术

背景技术是帮助知识产权工程师、专利代理师、专利局审查员更好地理解该发明要解决什么样的技术问题，为什么要对现有技术进行改进以及对一些晦涩的术语和背景进行解释的部分。

背景设计中很大的篇幅都用于解释发明要解决的技术问题是什么。《专利审查指南2010》对于技术问题有如下规定：

> 发明或者实用新型所要解决的技术问题，是指发明或者实用新型要解决的现有技术中存在的技术问题。发明或者实用新型专利申请记载的技术方案应当能够解决这些技术问题。
>
> 发明或者实用新型所要解决的技术问题应当按照下列要求撰写：
> （ⅰ）针对现有技术中存在的缺陷或不足；
> （ⅱ）用正面的、尽可能简洁的语言客观而有根据地反映发明或者实用新型要解决的技术问题，也可以进一步说明其技术效果。
>
> 对发明或者实用新型所要解决的技术问题的描述不得采用广告式宣传用语。
>
> 一件专利申请的说明书可以列出发明或者实用新型所要解决的一个或者多个技术问题，但是同时应当在说明书中描述解决这些技术问题的技术方案。当一件申请包含多项发明或者实用新型时，说明书中列出的多个要解决的技术问题应当都与一个总的发明构思相关。

虽然上述规定是对于专利申请文件中发明内容的要求，但也可以作为技术交底书中撰写技术问题的参考。技术交底书中对于技术问题的描述，一方面不需要过分地要求发明人表达方式的简要、精炼；另一方面，为了有利于后续专利撰写与审查，在技术交底书中还应该记载《专利审查指南2010》并未要求的内容。

第一，现有技术的缺陷。在技术交底书中应该指出现有技术的缺陷，包括但不限于成本高、效果差、使用不方便等类似问题。除此之外，在介绍现有技术的缺陷时还应该注意，如果现有技术的缺陷是不容易发现的，或者说现有技术中没有人指出该缺陷，也应该在技术交底书中指出不容易被发现的原因。因为在专利申请文件进入实质审查过程中，审查员可能根据检索到的对比文件来认定专利申请文件的权利要求记载的技术方案是否具备创造性，此处如果能够从背景技术中找出现有技术的缺陷不容易被发现的记载，即使对于区别技术特征本身是否存在突出的实质性特点的认定存在争议，由于在技术交底书中记载了现有技术的缺陷不容易被发现的原因,则可以在答复审查意见中进行陈述,因此区别技术特征被用于解决该技术问题的动机也是不存在的,因为这属于"前因后果"的情形,在"因"不存在的前提下,自然"果"也就不存在动机。

第二,对现有技术缺陷的改进动机。对现有技术的缺陷的改进动机,即发明人在了解到现有技术存在这样或那样的缺陷时,出于什么样的动机对现有技术进行改进。

在技术交底书中对现有技术缺陷的改进动机进行描述,也是为了有利于后续实质审查或者复审阶段的陈述。知识产权工程师在发明专利申请的审查意见答复过程中,往往会发现审查员在审查意见通知书中归纳技术问题与本申请背景技术中记载的技术问题不同,而如果按照审查意见通知书中指出的技术问题来评估权利要求中记载的技术方案的创造性,则很可能落入审查员在审查意见中所圈定的范围,从而很难组织有效的陈述意见,进而影响案件的授权前景。

对此,在国家知识产权局《关于修改〈专利审查指南〉的决定》中规定了❶:

> 将《专利审查指南 2010》第二部分第八章第 4.2 节修改为:
> 审查员在开始实质审查后,首先要仔细阅读申请文件,并充分了解背景技术整体状况,力求准确地理解发明。重点在于了解发明所要解决的技术问题,理解解决所述技术问题的技术方案和该技术方案所能带来的技术效果,并且明确该技术方案的全部必要技术特征,特别是其中区别于背景技术的特征,进而明确发明相对于背景技术所作出的改进。

特别是在国家知识产权局发布的《专利审查指南 2010》(2019 年版)修改解读中明确指出了❷:

> 《指南》修改进一步规范审查员理解发明的一般路径,明确审查员在理解发明时应当充分了解背景技术整体状况、理解发明的技术方案所能带来的技术效果、明确发明相对于背景技术所作出的改进。

---

❶ 国务院公报. 国家知识产权局关于修改《专利审查指南》的决定 [EB/OL]. [2019-09-23]. http://www.gov.cn/gongbao/content/2020/content_5471465.htm.
❷ 知识产权局网站. 2019 年《专利审查指南 2010》修改解读 [EB/OL]. [2019-11-08]. http://www.gov.cn/zhengce/2019-11-08/content_5450187.htm.

修改解读

正确理解发明是审查员认定申请事实、客观评价创造性的前提，此次修改进一步明确审查员在理解发明时，应当从说明书记载的背景技术出发，因为申请文件中记载的背景技术通常是发明人实施技术改进的对象，也是发明创造的真正技术起点。同时修改还进一步明确了审查员在理解发明时重点在于整体理解发明，应当把握发明对背景技术的改进思路，明晰发明的贡献。

上述修改对于平衡审查员与申请人之间确认关于技术问题的分歧起到了一定的缓解作用，即要求审查员在确定技术问题时，更加注重原始申请文件的背景技术中记载的内容，特别是提到应把握发明人对背景技术的改进思路，即要尊重发明人在面临现有技术的缺陷时，是如何考虑对其进行改进或者构思技术方案的。

但这种缓解作用在一定程度上也是建立在申请文件中明确记载了发明相对于背景技术（现有技术）所作出的改进动机的基础上，如果在技术交底书中对于现有技术的缺陷的改进动机没有明确记载，或者记载不充分，则可能在面对申请人与审查员之间关于确认技术问题的分歧时，将无法给出有力的佐证来争取对自身答复创造性缺陷时更有利的技术问题。

第三，关于技术术语的解释。 在技术交底书的背景技术中，一定要尽量记载通用表达意义上的术语，或者标准技术术语，在不确定技术术语是否为标准表达方式时，也应该以不发生歧义为宜。例如，在技术交底书中记载了"页面"这一技术术语，而"页面"可能存在多种不同的理解：①互联网浏览器中打开的网页；②Linux 或者 Windows 系统在缓存中所指代的页面，即页面缓存（Page Cache）；③基于安卓系统的 App 开发过程中的页面（Activity）；④硬盘空间意义上的页面。如果在技术交底书的背景技术中没有对技术方案的应用背景和术语进行准确记载，则该专利申请在进入实质审查阶段时，有可能通过用与技术交底书中"页面"含义不同的对比文件对该案的创造性进行评述，而由于申请文件中缺乏相关应用场景和术语的解释，即使发明人、申请人对"页面"的含义有准确的理解，也会因为原始申请文件缺乏相应记载导致相关陈述不被审查员接受。

因此，知识产权工程师在引导发明人撰写技术交底书的背景技术时，并非追求越详细越好，当然也不是越省略越好，而是应该站在有利于技术方案获得授权的立场上，发挥背景技术对案件授权的帮助作用。

(2) 技术方案的"四性"要求

技术方案是技术交底书的核心内容，其既构成权利要求撰写的基础，也是实质审查的对象，因此技术方案的内容撰写是否充分、清楚，将直接影响专利申请的授权前景及授权后专利的用途和价值。因此，撰写好技术交底书应该注意以下几点。

第一，技术方案的完整性。在技术交底书中记载的技术方案，一定是可以实施并且能够解决背景技术中记载的现有技术缺陷。如果背景技术中记载了现有技术中多个缺陷，技术方案应该能够至少解决其中一个缺陷。在判断技术方案是否具备完整性时，除了由发明人确认之外，由知识产权工程师再次判断较为合适，因为技术方案是否完整，是否包含解决现有技术缺陷的全部技术特征，是基于本领域技术人员的认识，发明人本身出于对技术方案的熟悉及对本领域技术的精通，觉得已经将技术方案完整地记载和表达，但对于知识产权工程师、专利代理师和审查员来说，仍然存在众多需要补充的技术信息和细节，才能完整理解技术方案的全貌。因此，如果知识产权工程师在分析技术方案的全部技术特征时，仍存在众多疑惑，这些疑惑并非由技术术语造成，而是由于技术方案与技术效果之间的联系存在空白，或者对于技术方案解决现有技术缺陷的原理仍存在疑虑，则知识产权工程师应该重点审查技术交底书中的技术方案记载是否完整，并引导发明人对技术方案的内容作出进一步补充。

第二，技术方案的层次性。在技术交底书的技术方案描述中，需要考虑技术方案的层次性，也就是技术方案应该层次分明、重点突出。

知识产权工程师在引导发明人撰写技术交底书时，对于技术方案的描述并非同等发力，而是应该与专利审查过程相类似，将技术方案从整体上划分为现有技术特征部分和作为发明点的技术特征部分。技术方案作为一个整体，一般不可能所有技术特征都是全新的，往往是部分具有创新的特征与属于现有技术的特征相互配合能够解决现有技术的缺陷，差别在于有些技术方案中区别技术特征较多，而有些技术方案的区别技术特征较少。在实践中，知识产权工程师虽然没有必要要求研发人员、发明人深入理解《专利法》《专利法实施细则》《专利审查指南2010》中对于前序部分、区别技术特征的详细规定。但知识产权工程师可以引导发明人对其自认为最具创新性的技术点进行详细描述。

对属于现有技术的特征必须记载，但可以不作为重点。对属于现有技术的特征，虽然并非技术方案的改进点，但在解决现有技术的缺陷中是不可或缺的。如果在技术交底书的技术方案中缺少对于必要的现有技术特征的记载，一方面会对知识产权工程师、专利代理师理解整个技术方案造成阻碍；另一方面作为创新点的技术特征也无法单独存在来解决现有技术的缺陷，进而导致整个技术方案缺少必要技术特征而在实质审查过程中被驳回。因此，在技术交底书中可以对技术方案的现有技术特征的实现、功能做必要的描述，以使整个技术方案完整。

而作为创新部分的技术特征应该详细描述，并且应该对该部分特征的原理、功能以及在解决现有技术的缺陷中如何作用进行阐述。如果作为创新部分的技术特征为机械部件，则应该对该技术部件的名称、形状、结构、位置进行详细记载，并提供附图供参考。例如，在国内一专利文献"线缆连接器组件"（CN 102394408A）中公开的机械部件的附图（图4-2-8）就可以作为技术交底书中附图形式的参考。❶

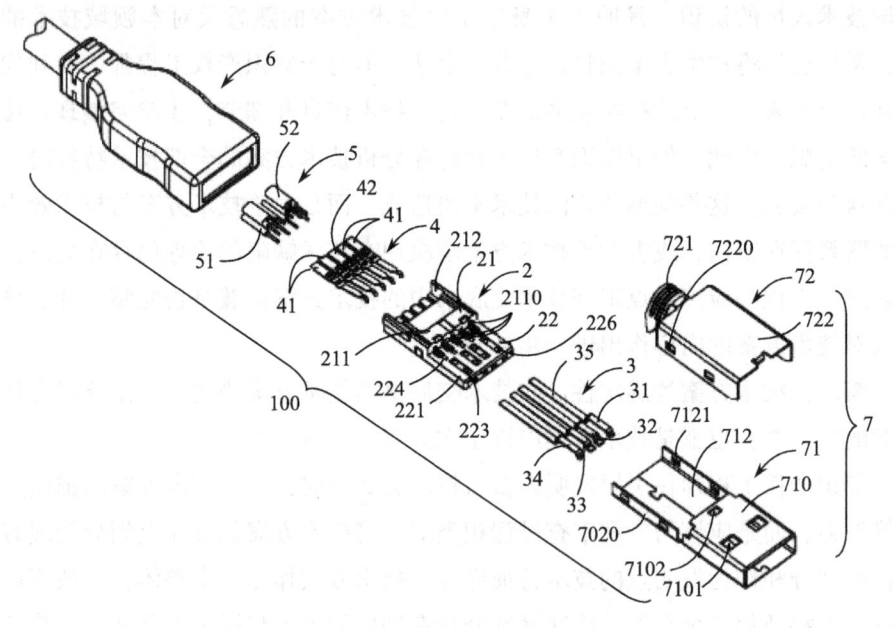

图4-2-8 线缆连接器组件结构示意图

如果作为创新部分的技术特征为数学公式，则应该对数学公式中的参数及参数所代表的物理含义、数学公式的原理及推导过程进行详细解释。例如，在一些通信领域、神经网络算法领域的技术方案，如"信道模型公式修正方法、装置及设备"（CN 107305247B）的具体实施方式中，就详细描述了信道模型公式中各

---

❶ 富士康（昆山）电脑接插件有限公司，鸿海精密工业股份有限公司. 线缆连接器组件：201110192896.4 [P]. 2012-03-28.

第四章 以生命周期为基线，策划高价值知识产权资产

参数的具体物理含义、推导过程及实现原理等，可以作为该类型的技术方案中数学公式的撰写参考。在某种特殊情况下，如果作为创新部分的技术特征在解决其他技术问题时属于现有技术的特征，而仅在解决本技术交底书中的特定场景下的技术问题时才能体现创造性，在这种情况下，除了应该描述创新部分的技术特征的一般要求之外，还应该对本技术方案中创新部分的技术特征应用在本场景的特殊性，以及应用在本场景下的不容易想到的原因等。这些特殊要求不仅是该技术方案在技术交底书评审环节中其他评审人员所关注的点，也是相应专利申请文件进入实质审查阶段审查员所关注的点。

知识产权工程师引导发明人在撰写技术交底书时关注技术方案的层次性的目的在于，对于技术方案的描述，不应该在各个部分平均发力，即要求发明人对于技术方案不加区分地记载越详细越好，而是应该抓住重点内容，使技术方案中的创新部分内容重点突出，这样研发人员在撰写技术交底书时可以组织更为简练的语言、压缩技术交底书的篇幅、节约时间和精力。

第三，技术方案的逻辑性。技术方案的逻辑性要求其内容能够在不增加额外内容的前提下，由本领域技术人员重复，即技术方案是可再现的。如果在本领域技术人员不付出创造性劳动的基础上，无法对技术方案进行再现，则可能技术方案是不可实施的。此时知识产权工程师应该引导发明人去审查技术方案的逻辑性，即无法再现的原因是什么？以涉及程序类的技术方案为例，信息的走向是否确定、是否存在因果倒置的情况等。

技术方案的逻辑性要求技术方案与解决的现有技术的缺陷相对应。现有技术的缺陷是发明人改进的动因，而技术方案则是发明人去克服该缺陷的手段，因此技术方案应该围绕如何克服现有技术的缺陷展开，如果对技术方案进行审核时，发现技术方案实施后，并不能明确看出如何克服现有技术的缺陷，要么现有技术的缺陷确定存在偏差，要么技术方案本身还不具备克服现有技术缺陷的功能。

技术方案的逻辑性要求技术方案与声称的有益效果之间能够对应。如果技术方案能够克服现有技术的缺陷，则一般可以认为技术方案具有有益效果。强调技术方案与有益效果的对应关系的目的在于，一般发明专利申请在实质审查过程中，审查员往往会根据检索到的对比文件重新确定技术问题，那么技术方案的创造性的评判可能就不会沿着申请文件背景技术中记载的技术问题出发，进而使技术方案的创造性评价出现不确定性。但如果根据申请文件中记载的内容，现有技术的缺陷（技术问题）、技术方案、有益效果三者之间前后能够相呼应，也能够佐证发明对于背景技术的改进思路。

技术方案的逻辑性还要求技术方案各个特征之间相互配合，内部逻辑关系是清楚的。以计算机程序类技术方案为例，在撰写计算机程序的技术方案时，应该根据方法执行流程的时间顺序，以流程图的形式对方法中各步骤进行描述。如果执行流程的顺序是可以改变的，应该同时强调；当方法中各步骤可以通过不同子步骤形式进行限定时，也应该对各个子步骤的执行顺序、执行中间结果、执行效果进行描述。在实践中，计算机程序类的专利申请非常容易被审查员驳回，其中一个很重要的原因就在于计算机程序类的技术方案，如果将各个步骤拆分，则各个步骤往往很容易找到对比文件，或者主观上容易被认定为惯用技术手段，因为计算机程序类的技术方案就是通过各个步骤之间的相关配合，如执行先后关系、前因后果关系、分支判断关系等因素组合起来，使最终的执行结果产生令人意想不到的效果。因此，该类技术方案更加强调方案内各个特征之间如何相互配合，内部逻辑关系是否清楚。如果在技术交底书中不对这些内容进行着重描述，则在进入实质审查阶段进行审查意见答复时，容易使自身陷入被动。

第四，技术方案的多样性。技术方案的多样性是支撑最终权利要求保护范围的重要基础。在技术交底书撰写时，不仅要给出最优的技术方案，次优甚至效果变劣的技术方案也尽量同时提供。不仅是主要技术方案给出多种实施方案，对于技术方案中的各个特征，如某零部件、某执行步骤也可以同时给出多套实施方案。这样，专利代理师在撰写专利申请文件时，归纳较宽的权利要求保护范围才有基础。例如，对于某电路功能模块，同时给出不同的电路结构，该电路功能模块的功能性限定才可能得到支持；对于机械零部件，可以从不同的形状、构造、位置等出发，尽量提供更多的替代性方案；对于计算机程序类的技术方案，步骤之间的顺序是否可以替换，主要技术方案中的步骤是否存在多种不同实施方式的子步骤进行限定，等等。

值得注意的是，在发明人提供技术交底书时，可能技术交底书初稿中并未完整提供多种替代性的技术方案，但知识产权工程师可以引导发明人进行补充，或者将该补充的内容批注到技术交底书中，留待评审时补充，或者由专利代理师与发明人直接沟通。

（3）关于有益效果

第一，记载主要有益效果。技术交底书记载的主要有益效果应该与现有技术的缺陷（技术问题）、技术方案相对应，此处的作用和目的因为和上述技术方案的逻辑性相类似，便不再赘述。

第二，有益效果记载的全面性。在技术交底书中，不但主要技术方案中应该记载有益效果，替代性方案中也应该记载有益效果。因为这些替代性方案也可能在专利申请文件的权利要求中作为从属权利要求或者其他独立权利要求而存在，如果作为主要技术方案的权利要求因为创造性或者其他原因不被审查员所接受时，则对于从属权利要求或者其他独立权利要求的审查、答复，还是应该基于《专利审查指南2010》规定的"三步法"而展开，因此对于替代性方案的有益效果的记载也将成为答复的重要依据。

除了应该记载对各个技术方案的总的有益效果之外，最好应该记载对于技术方案执行中间过程有益效果的描述。例如，计算机程序类技术方案中各个步骤执行的中间结果、中间结果起到的作用，以及中间结果与技术方案整体有益效果直接的关系等。

第三，记载有益效果的原因。 很多时候，技术交底书的技术方案与有益效果之间并不能够直接清晰地产生关联，还需要对能够达到的有益效果的原因进行描述，否则审查员和申请人之间可能就技术方案能否产生如申请文件中记载的有益效果产生分歧。以一篇专利申请文件"压燃式发动机的控制装置"（CN 109931176A）❶为例。

该发明专利申请要解决的技术问题如下：

> 发动机能够通过使用火花塞进行的火花点火促进混合气通过自燃进行燃烧（CI燃烧，亦称部分压燃），但火花点火后随即形成的火焰核的状态会因燃烧室环境而有所不同。例如，发动机旋转速度高时与旋转速度低时相比活塞的移动速度更快，因此火花点火后可能会因燃烧室的急速膨胀导致火焰核不能按预期成长。火焰核成长不充分的话，会出现CI燃烧的开始时间比目标时间大幅延迟等情况，导致燃烧不稳定。

采取的主要技术方案如下：

> 一种压燃式发动机的控制装置，所述压燃式发动机具有向燃烧室供给燃料的喷油器、给喷油器供给的燃料与空气混合后的混合气点火的火花塞，所述压燃式发动机能进行<u>使所述混合气的一部分通过使用所述火花塞的火花点火进行（火花点火燃烧）SI燃烧后其他混合气通过自燃进行CI燃烧的部分压燃</u>，其特征在于：该压燃式发动机的控制装置具

---

❶ 马自达汽车株式会社. 压燃式发动机的控制装置：201811292647.0[P]. 2019-06-25.

有：在所述燃烧室产生涡流的涡流产生部，控制所述喷油器与所述涡流产生部的控制部；其中，在部分压燃的执行过程中，所述控制部通过所述涡流产生部产生涡流，并使所述喷油器实施向所述燃烧室喷射一定量燃料的前段喷射以及在该前段喷射之后向所述燃烧室喷射燃料的后段喷射，且使得一个燃烧循环中喷射至所述燃烧室内的燃料总量中所述后段喷射喷射量的比例在发动机旋转速度高时比旋转速度低时大。

能够达到的有益效果：

部分压燃的执行过程中，发动机旋转速度高时与旋转速度低时相比，一个燃烧循环中喷射至燃烧室内的燃料总量中后段喷射喷射量的比例大，因此能在发动机旋转速度高时于点火时间点提高燃烧室内形成的局部混合气燃料浓度。由此，即使是在发动机旋转速度高、火花点火后燃烧室膨胀速度快（因此火焰核难以成长）的条件下也能促进火焰核的生成和成长，并使 SI 燃烧稳定地进行，切实引发之后的 CI 燃烧，能够避免各循环中 CI 燃烧的开始时间有大幅差异的情况。

从上述内容可以看出，该专利申请不仅强调了技术方案带来的有益效果能够促进火焰核的生成和成长，并使 SI 燃烧稳定地进行，切实引发之后的 CI 燃烧，能够避免各循环中 CI 燃烧的开始时间有大幅差异的情况。并且还对有益效果进行原理性解释，即在发动机旋转速度高、火花点火后燃烧室膨胀速度快（因此火焰核难以成长）的条件下，一个燃烧循环中喷射至燃烧室内的燃料总量中后段喷射喷射量的比例大，因此能在发动机旋转速度高时于点火时间点提高燃烧室内形成的局部混合气燃料浓度。当然，该专利申请文件对于压燃的更多的技术细节放在优选实施方式中进行记载。

因此，在技术交底书中记载有益效果的原因或者原理，也是为了降低或消除审查员和申请人可能就技术方案能否产生如申请文件中记载的有益效果发生的分歧，帮助审查员在审查过程中更好地理解专利申请文件中记载的技术方案。

第四，对于有益效果记载的多样化。 在技术交底书中描述有益效果时，除了应该记载技术方案解决现有技术缺陷的对应的有益效果，对于技术方案能够带来的其他有益效果也应该记载在技术交底书中。

因为在发明专利申请过程中，技术问题可能会随着审查员检索到的对比文件发生变化。甚至于权利要求中记载的同一技术方案，第一次审查意见与第 N 次审查意见因为检索到不同的对比文件，导致审查员认定的最接近的现有技术发生变化，从而技术问题随之发生变化。

例如，《专利审查指南2010》中记载：❶

> 审查过程中，由于审查员所认定的最接近的现有技术可能不同于申请人在说明书中所描述的现有技术，因此，基于最接近的现有技术重新确定的该发明实际解决的技术问题，可能不同于说明书中所描述的技术问题；在这种情况下，应当根据审查员所认定的最接近的现有技术重新确定发明实际解决的技术问题。
>
> 重新确定的技术问题可能要依据每项发明的具体情况而定。作为一个原则，发明的任何技术效果都可以作为重新确定技术问题的基础，只要本领域的技术人员从该申请说明书中所记载的内容能够得知该技术效果即可。

因此，如果审查员重新认定的技术问题刚好能够与实施例中记载的其他有益效果相对应，自然也更加有利于案件的授权，而这些都依赖技术交底书中对其他有益效果进行了记载。

(4) 撰写过程中如何减少研发人员工作量

上述内容介绍的是在一种理想状态下，研发人员、发明人提供的技术交底书中应该记载的内容，但研发人员的主观积极性、书面表达能力及投入精力的差异，使得在很多情况下技术交底书初稿并不一定完整地包含上述各个内容。因此知识产权工程师在引导研发人员撰写技术交底书初稿时，应该要求技术交底书达到清楚、可实施的程度，对于更为具体的需求，可以根据公司知识产权工作和流程的特点，将技术交底书修改和完善的步骤放入评审阶段，或者将具体需要补充的内容批注在技术交底书中，通过专利代理师与发明人直接沟通来进行补充，这种直接沟通的过程可能是电话沟通、当面沟通或者书面沟通，在一定程度上也能够减少研发人员撰写技术交底书的工作量。但对于最终呈现在专利申请文件中的内容，知识产权工程师依然要严格把关，不论是否在技术交底书中有所记载，专利申请文件依然需要按照标准的技术交底书要求撰写。

---

❶ 中华人民共和国国家知识产权局. 专利审查指南2010 [M]. 北京：知识产权出版社，2010：172-173.

2. 技术交底书评审

不同公司知识产权部门设置方式、知识产权工程师配备及知识产权布局策略的不同，导致在技术交底书评审方式上也存在差异。一般来说，在专利布局不同阶段往往会采用不同的技术交底书评审方式。

在专利起步及储备阶段，往往不会设置严苛的专利评审机制，首先，因为研发人员专利意识处于起步阶段，专利技术交底书撰写能力有限，实施严苛评审，大量的技术交底书驳回会挫伤研发人员提交技术方案的积极性；其次，公司专利布局从零起步时往往面临产品、技术方案众多，不同维度需要保护，在评审过严时不免将很多应予以保护的方案漏掉，由于我国专利审查尺度受政策影响波动较大，这些在评审初期被淘汰的技术方案不排除获得授权的可能性，从而不利于公司专利布局组合的完善；最后，基于公司专利整体策略，围绕核心专利适量布局一些外围专利，不但可以优化专利布局组合，同时在诉讼时也可以造成对手的迷惑，从而达到诉讼目的。

而在专利布局提质阶段，会逐步建立完善的专利评审机制，在专利产出源头提高专利布局质量。完善的专利评审机制至少应该包括技术交底书评审标准、专利评审参与人员、专利评审流程设计三个方面。

（1）技术交底书评审标准

技术交底书的评审标准，往往包括专利授权要件、技术价值、市场及诉讼价值等几个维度。

对于专利授权要件，主要是从技术交底书中记载的技术方案是否满足《专利法》《专利法实施细则》《专利审查指南2010》的要求，相关指标包括新颖性、创造性、实用性，并可以对相关指标设置不同的分值，代表该指标在技术方案评审过程中所占的权重。

对于技术价值，可以从技术方案的先进性、在公司产品中的实施程度及技术方案是否容易被规避等几个维度去设置一级指标，在这些一级指标的基础上，可以设置更细致的二级指标，如技术方案是否容易被规避，可以进一步设置不可规避、可被规避但替代方案效果较差、不清楚是否有替代方案、容易被替代等。

市场及诉讼价值可以包括技术方案是否能成为行业标准、是否具有许可或者转让的价值、侵权行为是否容易被发现、举证难易程度等一级指标，并进一步细化产生二级指标、三级指标。

值得注意的是，技术方案的法律、技术、市场价值是不断变动的。例如，技术方案随着时间的推移，可能被更新的技术方案替代，则价值必然下降；又如相关技术方案被纳入标准中，则其价值也会随之水涨船高，因此技术交底书评审标准中的权值是变动的，技术交底书评审阶段只是赋予了一个初始的值，这个初始值可以作为技术方案纳入无形资产管理的初始价值，后续随着专利审查、专利诉讼、许可等行为或事件的发生，相关无形资产的价值也会随之变动。

(2) 专利评审参与人员

传统评审参与人员组成包括以下两种方式：一种是由研发人员、专利工程师等组成，这种评审方式优点是对于技术方案的创造性高度判断较为准确，并且专利评审会召集较为方便，因此专利评审的效率会得到提高，但是缺点也较为明显，受组成人员结构形式单一所限，技术方案是否可以申请专利仅从技术层面进行评估，使专利用途属性无法得到体现。事实上存在很多专利在评审之初可能被认为创造性不高，但获得授权后却能在诉讼中发挥大作用，事实上，只要专利的稳定性足够高，在专利侵权诉讼中，判断是否侵权以权利要求书中文字限定范围为准，创造性高低并不会额外对保护范围构成影响。另一种是根据公司管理线进行评审，一般包括发明人的直接上级、研发部门领导、专利工程师、公司领导，在采用这种评审组成方式时可以有效确保所提交的技术交底书符合公司研发方向，但是存在评审人员过多、评审线过长的缺陷，会直接降低研发人员的创新积极性；此外在评审参与人员包括了公司领导的情形下，频繁的评审会在领导心中造成知识产权部门仅仅是花钱部门的错觉，不利于知识产权部门开展工作。

为了尽量避免上述出现的问题，也可以采取"分类参与+分级评审"的评审委员会人员构成机制，在初级评审时，由知识产权部门专利工程师在检索后进行初评，在创造性高于一定级别时，仅由其他研发人员、发明人直接领导进行评审；在创造性适中时，评审委员会应包括其他研发人员、发明人直接领导、研发部门领导、市场人员、财务人员、法务人员，目的在于更好地评估技术方案的创造性，对于技术方案的市场前景、专利申请维护财务负担、未来专利转化运营前景、专利诉讼可操作性进行综合评估，使专利申请评审更有针对性。

(3) 专利评审流程设计

一般专利评审流程方式有召开线下评审委员会评审、邮件邀约评审、OA线上评审，这几种方式各有优缺点。

召开线下评审委员会能够让研发人员与评审人员面对面沟通，使得评审人员能够对技术方案有深入了解，遇到问题能够与发明人及时交流，其实时性、可靠性较高；但是在评审人员较多时，专利评审会召集时间难以协调，评审效率较低，特别在专利申请量较大时会出现案件积压，以至于专利申请无法及时完成提交。

采用邮件邀约评审能够避免第一种方式中出现的专利评审会召集时间难以协调的问题，并且能够提高评审的效率，在评审人员未及时回复时可以通过邮件进行催办；不过这种评审方式存在较大缺陷：由于缺少研发人员与评审人员面对面沟通环节，当技术方案复杂时，评审人员评审流于形式，无法起到专利评审对专利申请质量把关的应有作用。

OA线上评审也是很多互联网公司采用的方式，其形式一般为将评审人员按照职能设计评审流程，在前一阶段评审结束后，后一阶段评审人员进行相应评审。在专利申请量比较大的公司，采用这种评审方式能够大大提高评审的效率，还能够对不同评审人员的处理周期进行科学的统计，使各个阶段的专利审批"事过留痕"。但这种方式也无法避免第一种、第二种方式存在的缺陷，具有局限性。

综上所述，不论采用何种专利评审流程，公司因为自身情况不同不可避免存在相应的局限，提出专利评审流程优化方式也只是希望能够在一定程度上减少上述问题发生。设计一种"分阶段综合专利评审"机制，将专利评审流程分为两个阶段：第一个阶段采用线下方式对技术方案的创造性、技术竞争性、实施程度、技术垄断性进行技术评审，并将评审理由和结果进行提炼并进行电子化处理，便于第二阶段评审人员迅速评阅；第二个阶段采用OA线上或邮件邀约方式，并附上电子化处理后的评审成果进行后续阶段评审。另外，在开发OA线上评审方式时，处于同一层面的评审维度，比如市场、财务、法务等评审人员，可以采用并行评审的机制，避免流程串行特性而影响了评审进度。

通过上述专利评审机制的优化，在专利申请端口严格把关，从而使得专利布局提质升级。

第三节　紧扣专利申请各个环节，打磨知识产权资产质量

一、专利申请文件质量是知识产权价值的基础

专利申请文件在知识产权价值实现中处于核心地位，在撰写和审核专利申请文件时，既需要将技术交底书中的内容进行选择纳入专利申请文件，又不能局限于技术交底书记载的内容，在很多情形下需要对技术交底书中的内容进行扩充和

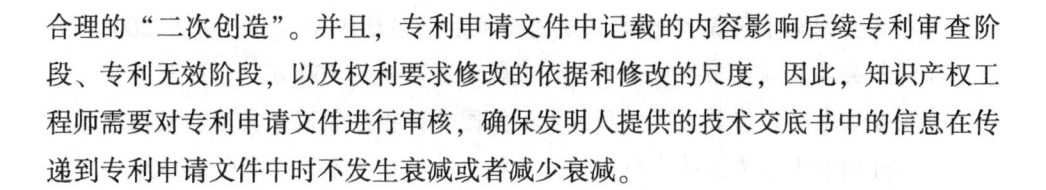

合理的"二次创造"。并且，专利申请文件中记载的内容影响后续专利审查阶段、专利无效阶段，以及权利要求修改的依据和修改的尺度，因此，知识产权工程师需要对专利申请文件进行审核，确保发明人提供的技术交底书中的信息在传递到专利申请文件中时不发生衰减或者减少衰减。

1. 专利申请文件撰写的要求

对专利申请文件撰写的总体要求，需要从专利资产价值和使用目的出发，特别是需要以今后发生诉讼时权利足够稳定为标准。虽然专利资产的价值不仅仅体现在诉讼上，但其他如许可价值等价值实现却是以专利本身能够用来诉讼为前提。为了使技术交底书中记载的方案在转化为专利申请文件时能够符合上述要求，知识产权工程师在专利申请文件撰写时，需要用一定的标准去审核专利代理师撰写的申请文件初稿。

(1) 合理概括权利保护范围

专利申请文件应该在权利要求中合理概括保护范围，这一保护范围的概括不仅是由专利代理师的撰写技巧、知识产权工程师的调整建议/意见决定的，更是由技术交底书中技术方案对现有技术的贡献所确定的，技术方案相对现有技术有多大程度的改进，就应该获得多大范围的保护，如果权利要求的保护范围过小，则起不到保护创新成果的作用。

误区一：权利要求保护范围过窄。

例如，在吴某某与某家电公司的侵害实用新型专利权纠纷案中[1]，原告诉称：

> 吴某某是名称为"真空隔热辅助再生电磁动力水冷式空气调节器"实用新型专利的专利权人。[2] 该专利发明的核心技术是辅助再生电磁动力的新材料"磁钢775"，永磁铁新材料钕铁硼制作的不通电也能产生磁场的双转子、双磁场的辅助再生电磁动力专利技术，填补了国内外相关领域的技术空白。在2007年和2008年的国家级科博会上，某家电公

---

[1] 中国裁判文书网. 吴遵功与广东美的制冷设备有限公司、武汉工贸有限公司侵害实用新型专利权纠纷申请再审民事裁定书 [EB/OL]. (2015-01-04) [2021-06-02]. https://wenshu.court.gov.cn/website/wenshu/181107ANFZ0BXSK4/index.html?docId=e07ac9f0114c40ffa7210ddf570f583d.

[2] 吴遵功. 真空隔热辅助再生电磁动力水冷式空气调节器：200520098058.0 [P]. 2006-11-01.

司在认真阅览了吴某某的发明专利技术后,当场表示合作,并在 2008 年通知吴某某到某银行凭个人身份证领信用透支卡 100 万元。因吴某某发现某家电公司将其发明专利技术泄露国外而拒绝领取。其后,某家电公司开始制造永磁体转子空调的压缩机,并出口日本 100 万台。2009 年 8 月 4 日,吴某某在某工贸公司以 5380 元(人民币,下同)公证购买了某型号空调一台。随后吴某某以某家电公司、某工贸公司侵权实用新型专利权为由向法院起诉。

吴某某的实用新型专利中独立权利要求 1 如下:

一种真空隔热辅助再生电磁动力水冷式空气调节器,它包括风机、水帘布总程、制冷芯片制冷的制冷胆、压缩机、水泵、储水器、电气元器件、压缩机制冷工质循环道、制冷系统和电子制冷辅助装置;其中压缩机制冷工质循环道为制冷工质在压缩机、冷凝器、毛细管、蒸发器管、压缩机之间循环;所述的毛细管盘绕电子制冷胆水箱内,制冷系统为密封水箱内的水泵依次连接冷冻室内盘绕的水冷盘管、水冷盘管系、电子制冷胆水箱、水冷循环道、水帘布总成、水帘布再回密封水箱;作为另一制冷源的电子制冷辅助装置是内含电子制冷芯片的电子制冷胆通过电子制冷胆水箱连接毛细管;与水帘布总成相连的水帘布设置在主风机的进风口后面;蒸发器设置在主风机的出风口之前;所述压缩机为涡卷螺旋向心压缩机,其特征在于所述压缩机前端固定有电磁动力再生辅助装置,所述电磁动力再生辅助装置内的线圈两端与电动机内的 RC 电路连接;所述电磁动力再生辅助装置内有电磁转子和电磁定子。

从吴某某在起诉书中的陈述可以看出,该创新成果的主要改进点在于"辅助再生电磁动力的新材料'磁钢 775',永磁铁新材料钕铁硼制作的不通电也能产生磁场的双转子、双磁场的辅助再生电磁动力专利技术",也就是权利要求 1 记载的区别技术特征部分"压缩机前端固定有电磁动力再生辅助装置,所述电磁动力再生辅助装置内的线圈两端与电动机内的 RC 电路连接;所述电磁动力再生辅助装置内有电磁转子和电磁定子"。

但权利要求 1 中不仅包括"电磁动力再生辅助装置"这一核心改进点,还在前序部分记载了"风机、水帘布总程、制冷芯片制冷的制冷胆、压缩机、水泵、储水器、电气元器件、压缩机制冷工质循环道、制冷系统和电子制冷辅助装置",

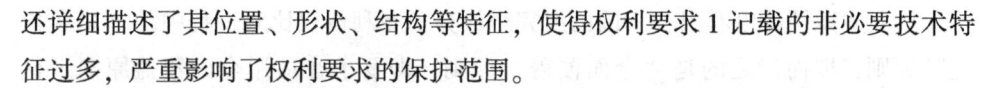

还详细描述了其位置、形状、结构等特征，使得权利要求1记载的非必要技术特征过多，严重影响了权利要求的保护范围。

吴某某在二审中意识到权利要求保护范围过窄的弊端，在二审上诉状中指出：

> 涉案专利技术中记载的水帘布、水泵等技术特征，只是专利技术的背景技术，吴某某是在背景技术的基础上一步步完善了空调技术，背景技术不是吴某某请求保护的范围。

但该理由最终并未被二审法院采纳，在二审判决书中指出：

> 本案二审庭审中，再次将被控侵权产品的技术特征与涉案专利权利要求1的全部技术特征进行比对，上诉人吴某某认可被诉侵权的空调缺少"水帘布总成、制冷芯片制冷的制冷胆、水泵、储水器"等部件，缺少"所述的毛细管盘绕电子制冷胆水箱内，制冷系统为密封水箱内的水泵依次连接冷冻室内盘绕的水冷盘管、水冷盘管系、电子制冷胆水箱、水冷循环道、水帘布总程、水帘布再回密封水箱""作为另一制冷源的电子制冷辅助装置是内含电子制冷芯片的电子制冷胆通过电子制冷胆水箱连接毛细管""与水帘布总成相连的水帘布设置在主风机的进风口后面"等技术特征，并认可被控侵权产品的压缩机为旋转式压缩机，与涉案专利权利要求1所述的"压缩机为涡卷螺旋向心压缩机"这一技术特征存在区别。
>
> 因此，根据上述全面覆盖原则，被控侵权产品未落入涉案专利权的保护范围。
>
> 且由于被控侵权产品已经缺少上述多项权利要求限定的技术特征，可以判定被控侵权产品未落入涉案专利权的保护范围，本院不再将被控侵权产品的其他技术特征与涉案专利权利要求1限定的"压缩机前端固定有电磁动力再生辅助装置，所述电磁动力再生辅助装置内的线圈两端与电动机内的RC电路连接；所述电磁动力再生辅助装置内有电磁转子和电磁定子"等技术特征是否构成相同或等同进行判定。
>
> 吴某某主张专利前序部分记载的"水帘布总程、水泵"等技术特征是其专利技术的背景技术，不应纳入比对范围的上诉理由，不符合全面覆盖原则，本院不予支持。

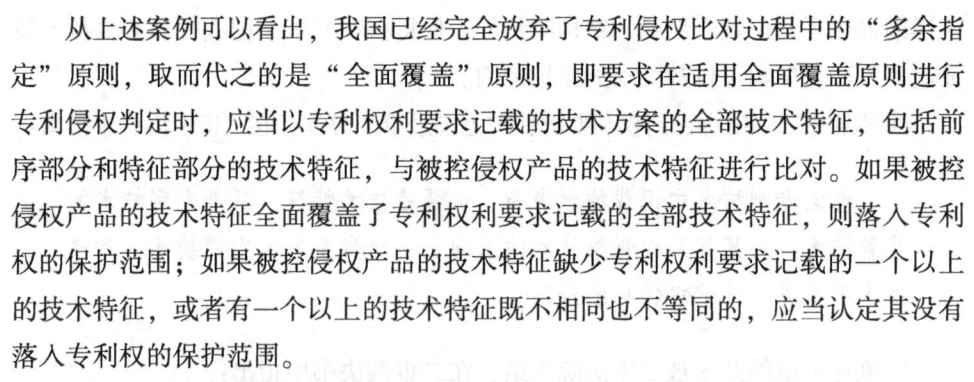

从上述案例可以看出，我国已经完全放弃了专利侵权比对过程中的"多余指定"原则，取而代之的是"全面覆盖"原则，即要求在适用全面覆盖原则进行专利侵权判定时，应当以专利权利要求记载的技术方案的全部技术特征，包括前序部分和特征部分的技术特征，与被控侵权产品的技术特征进行比对。如果被控侵权产品的技术特征全面覆盖了专利权利要求记载的全部技术特征，则落入专利权的保护范围；如果被控侵权产品的技术特征缺少专利权利要求记载的一个以上的技术特征，或者有一个以上的技术特征既不相同也不等同的，应当认定其没有落入专利权的保护范围。

误区二：过分追求宽泛的保护范围。

在专利申请文件审核过程时，除了权利保护范围限制得过于狭窄外，实践中也存在知识产权工程师和专利代理师追求权利要求更大的保护范围的情形，然而在申请文件撰写过程中，并非权利要求记载的技术特征越少，专利的保护范围越宽泛，而是应该实事求是地根据发明人提供的最接近的对比文件、在查新检索过程中找到的最接近的现有技术来确定权利要求的撰写方式，即在记载了解决背景技术中现有技术缺陷的技术特征基础上，合理地对权利要求中的技术特征进行上位化概括。

过分追求宽泛的保护范围的情况包括：

第一，将技术交底书中的特征过分上位化。例如，技术交底书中记载的服务器处理的对象为用户身份信息，而在专利申请文件中概括为用户信息。

第二，在技术交底书中仅仅记载了一种实施方式的情况下，在专利申请文件中权利要求的功能性限定特征应该由多种不同的实施方式才能够得到支撑，但这些替代性的实施方式并未记载在专利申请文件的说明书实施例中。

第三，撰写权利要求书时，并未记载解决技术问题对应的技术特征，导致权利要求的记载不符合《专利法实施细则》第二十条第二款的规定："独立权利要求应当从整体上反映发明或者实用新型的技术方案，记载解决技术问题的必要技术特征。"

过分追求权利要求宽泛的保护范围可能带来一些后果。例如，在专利申请文件撰写时，对于独立权利要求规划花费了较多的心思，但对于从属权利要求却没有进行同样的规划，以至于在无效阶段独立权利要求被宣告无效时，直接合并从属权利要求，导致修改后的权利要求保护范围过窄。

此外，即使专利申请文件中权利要求的保护范围过于宽泛，但在案件进入实质审查或者无效阶段后，还是会因为审查员或者无效宣告请求方检索到对比文件，来迫使权利人对权利要求进行修改，使其回归到合理的保护范围区间。

（2）说明书撰写的要求

第一，原则性要求。《专利法》第二十六条第三款规定："说明书应当对发明或者实用新型作出清楚、完整的说明，以所属技术领域的技术人员能够实现为准。"这是对于说明书撰写的原则性要求，具体来说包括以下几个方面的要求。

表述清楚，说明书应该明确发明或实用新型的目的和手段以及能够达到的效果，使本领域技术人员能够对发明或实用新型的主题充分理解。

内容完整，要求说明书从技术领域、背景技术，现有技术的缺陷，解决技术问题对应的技术方案，以及对应能够达到的技术效果都进行了完整的记载。

能够再现，即本领域技术人员通过说明书的记载，就能够完整地再现技术方案的内容，并且能够解决背景技术中所记载的现有技术缺陷，达到说明书中所宣称的有益效果。

值得注意的是，该原则性要求不仅是专利申请在实质审查过程中被驳回依据，也是授权专利在无效宣告程序中被无效的理由。

第二，能够支撑权利要求保护范围。在《专利审查指南2010》中，对于说明书具体实施方式的撰写给出了较为具体的要求："当一个实施例足以支持权利要求所概括的技术方案时，说明书中可以只给出一个实施例。当权利要求（尤其是独立权利要求）覆盖的保护范围较宽，其概括不能从一个实施例中找到依据时，应当给出至少两个不同实施例，以支持要求保护的范围。当权利要求相对于背景技术的改进涉及数值范围时，通常应给出两端值附近（最好是两端值）的实施例，当数值范围较宽时，还应当给出至少一个中间值的实施例。"

《最高人民法院关于审理专利授权确权行政案件适用法律若干问题的规定（一）》❶ 也规定了：

> 第八条 所属技术领域的技术人员阅读说明书及附图后，在申请日不能得到或者合理概括得出权利要求限定的技术方案的，人民法院应当认定该权利要求不符合专利法第二十六条第四款关于"权利要求书应当以说明书为依据"的规定。
>
> 第九条 以功能或者效果限定的技术特征，是指对于结构、组分、

---

❶ 中华人民共和国最高人民法院. 最高人民法院关于审理专利授权确权行政案件适用法律若干问题的规定（一）[EB/OL]. [2021-09-11]. http://www.court.gov.cn/fabu-xiangqing-254761.html

步骤、条件等技术特征或者技术特征之间的相互关系等，仅通过其在发明创造中所起的功能或者效果进行限定的技术特征，但所属技术领域的技术人员通过阅读权利要求即可直接、明确地确定实现该功能或者效果的具体实施方式的除外。

对于前款规定的以功能或者效果限定的技术特征，权利要求书、说明书及附图未公开能够实现该功能或者效果的任何具体实施方式的，人民法院应当认定说明书和具有该技术特征的权利要求不符合专利法第二十六条第三款的规定。

因此，说明书的撰写，特别是对于说明书中具体实施方式的记载，应该满足能够支撑权利要求保护范围的要求，否则在专利实质审查过程中，或者复审与无效阶段，权利要求的保护范围不可避免地受到说明书记载的限制而缩小。

此外，即使权利要求书中记载了较宽的范围，没有受到专利无效宣告程序的挑战，也不意味着其就能获得字面意义上宣称的保护范围，在《最高人民法院关于审理侵犯专利权纠纷案件应用法律若干问题的解释》中明确规定了：

> 第四条 对于权利要求中以功能或者效果表述的技术特征，人民法院应当结合说明书和附图描述的该功能或者效果的具体实施方式及其等同的实施方式，确定该技术特征的内容。
>
> 第五条 对于仅在说明书或者附图中描述而在权利要求中未记载的技术方案，权利人在侵犯专利权纠纷案件中将其纳入专利权保护范围的，人民法院不予支持。

可见，授权专利在侵权诉讼中保护范围的确定，也会受到说明书中具体实施方案的记载充分与否的影响。

第三，说明书撰写与保密要求的平衡。从上述对于说明书的要求可以看出，《专利法》及相关规范对于说明书有一系列详细具体的要求，不论是从记载的内容和格式，还是从说明书记载内容的可实施性都有着相对明确的标准。

但说明书的内容也并非越具体越好，在满足相关法律规范的要求之外，还应该处理好与技术保密要求之间的平衡关系。原则上说，只要说明书满足了清楚、完整、能够再现，以及能够支撑权利要求的保护范围，就已经足够。因此知识产权工程师在审核说明书时，一方面需要审查说明书公开的内容是否满足了最低公开限度的要求；另一方面也要避免造成说明书过度公开，以至于将公司的一些核

心技术点无偿捐献，特别是在组合物/复方制剂说明书的撰写实务中，在撰写实施例时要注意技术秘密的保留。❶

注意技术秘密的保留，一方面是避免一些核心技术点被公开后为竞争对手所知悉；另一方面也是避免出现"捐献原则"，即《最高人民法院关于审理侵犯专利权纠纷案件应用法律若干问题的解释》❷第五条规定的："对于仅在说明书或者附图中描述而在权利要求中未记载的技术方案，权利人在侵犯专利权纠纷案件中将其纳入专利权保护范围的，人民法院不予支持。"

2. 专利申请文件质量管控案例

（1）通信类专利申请文件质量管控。

第一，权利要求书的撰写要求。对于发明技术方案应该针对的每个通信参与实体布局独立权利要求，不仅包括产品权利要求，还包括方法、要求，其针对的侵权对象为该通信实体制造者、销售者和使用者。

例如，华为公司的一篇标准相关授权发明专利❸的独立权利要求布局如下：

A. 方法类独立权利要求。

> 一种负载均衡的方法，其特征在于，包括：当第一控制器发生动态变化，网元选择器从操作管理系统接收第一负载迁移指令；所述网元选择器根据所述第一负载迁移指令更新记录信息；所述网元选择器从外部网元接收 UE 的交互信令，根据更新后的记录信息为所述 UE 选择第二控制器，向所述第二控制器转发所述交互信令；其中，所述记录信息包括以下至少一项：会话索引和控制器之间的映射关系记录，以及控制器的状态记录。

B. 通信实体——网元选择器独立权利要求。

> 一种网元选择器，其特征在于，包括：接收模块，用于当第一控制

---

❶ 刘建，黄璐. 中国医药企业知识产权管理 [M]. 北京：知识产权出版社，2021：231.

❷ 中华人民共和国最高人民法院. 最高人民法院关于审理侵犯专利权纠纷案件应用法律若干问题的解释 [EB/OL]. [2022-01-29]. http://www.court.gov.cn/fabu-xiangqing-1.html.

❸ 华为技术有限公司. 一种负载均衡的方法及相关设备：201680083381.1 [P]. 2018-11-09.

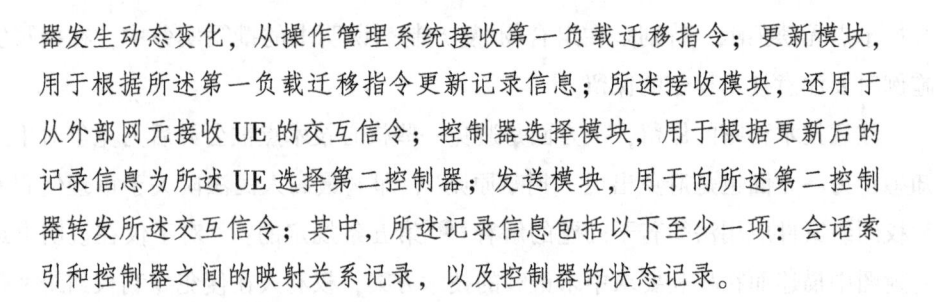

器发生动态变化，从操作管理系统接收第一负载迁移指令；更新模块，用于根据所述第一负载迁移指令更新记录信息；所述接收模块，还用于从外部网元接收 UE 的交互信令；控制器选择模块，用于根据更新后的记录信息为所述 UE 选择第二控制器；发送模块，用于向所述第二控制器转发所述交互信令；其中，所述记录信息包括以下至少一项：会话索引和控制器之间的映射关系记录，以及控制器的状态记录。

C. 通信实体——操作管理系统独立权利要求。

一种操作管理系统，其特征在于，包括：发送模块，用于向网元选择器发送第一负载迁移指令，所述第一负载迁移指令携带第一控制器的身份标识或用户组标识，以及第二控制器的身份标识，所述第一负载迁移指令用于指示所述网元选择器根据所述第一负载迁移指令携带的信息更新会话索引和控制器之间的映射关系记录。

D. 通信实体——控制器独立权利要求。

一种控制器，其特征在于，包括：接收模块，用于从操作管理系统接收第二负载迁移指令，所述第二负载迁移指令携带第一控制器的身份标识或用户组标识；信息读取模块，用于从数据库中读取所述第一控制器的身份标识对应的用户的上下文数据或所述用户组标识对应的用户的上下文数据到第二控制器中；发送模块，用于向外部网元和网元选择器发起会话索引更新指令，所述会话索引更新指令携带所述第一控制器的身份标识对应的用户或所述用户组标识对应的用户新的会话索引，所述会话索引更新指令用于指示所述外部网元更新用户的会话索引，以及所述会话索引更新指令用于指示所述网元选择器更新会话索引和控制器之间的映射关系记录；所述接收模块，还用于接收所述网元选择器转发的 UE 的交互信令；处理模块，用于根据所述交互信令内容进行相关处理。

对于网络通信领域专利侵权判定方式，最高人民法院知识产权法庭审理的上诉人深圳市吉祥腾达科技有限公司（简称"腾达公司"）与被上诉人深圳敦骏科技有限公司（简称"敦骏公司"）、原审被告济南历下弘康电子产品经营部（简称"弘康经营部"）、济南历下昊威电子产品经营部（简称"昊威经营部")侵害发明专利权纠纷一案中[1]，给出了一些裁判思路：

涉案专利技术属于网络通信领域，该领域具有互联互通、信息共享、多方协作、持续创新等特点，这就决定了<u>该领域中的绝大多数发明创造的类型为方法专利，且往往只能撰写成为需要多个主体的参与才能实施的方法专利</u>，或者采用此种撰写方式能更好地表达出发明的实质技术内容。然而这些方法专利在实际应用中，往往都是以软件的形式安装在某一硬件设备中，由终端用户在使用终端设备时触发软件在后台自动运行。因此，被诉侵权人完全可以采用上述方式，在未获得专利权人许可的情况下，将专利方法以软件的形式安装在其制造的被诉侵权产品中，甚至还可以集成其他功能模块，成为非专用设备，并通过对外销售获得不当利益。从表面上看，终端用户是专利方法的实施者，但实质上，专利方法早已在被诉侵权产品的制造过程中得以固化，终端用户在使用终端设备时再现的专利方法过程，仅仅是此前固化在被诉侵权产品内的专利方法的机械重演。因此，应当认定被诉侵权人制造并销售被诉侵权产品的行为直接导致了专利方法被终端用户所实施。如果按照专利侵权判断的一般规则，即应当以被诉侵权人所实施的被诉侵权技术方案是否全面覆盖了专利权利要求记载的所有技术特征，作为专利侵权的必要条件，那么，仅仅是制造、销售具备可直接实施专利方法的被诉侵权产品的行为将难以被认定为侵害专利权的行为。同时，仅认定被诉侵权人在测试被诉侵权产品过程中实施专利方法构成侵权，不足以充分保护专利权人的利益，因为该测试行为既非被诉侵权人获得不当利益的根本和直接原因，也无法从责令停止测试行为来制止专利方法遭受更大规模的侵害，而专利权人更无权主张虽直接实施了专利方法但并无生产经营目的的终端用户构成专利侵权。

在上述情形下，针对网络通信领域方法的专利侵权判定，应当充分考虑该领域的特点，充分尊重该领域的创新与发展规律，以确保专利权人的合法权利得到实质性保护，实现该行业的可持续创新和公平竞争。如果被诉侵权行为人以生产经营为目的，将专利方法的实质内容固化在

---

[1] 深圳市吉祥腾达科技有限公司、深圳敦骏科技有限公司侵害发明专利权纠纷二审民事判决书［EB/OL］．（2019-12-19）［2021-06-03］．https://wenshu.court.gov.cn/website/wenshu/181107ANFZ0BXSK4/index.html?docId=26af083e06b04b768c29ab2800c20552.

被诉侵权产品中,该行为或者行为结果对专利权利要求的技术特征被全面覆盖起到了不可替代的实质性作用,也即终端用户在正常使用该被诉侵权产品时就能自然再现该专利方法过程的,则应认定被诉侵权行为人实施了该专利方法,侵害了专利权人的权利。

从判决书的内容可以看出,虽然该案最终认定专利侵权成立,但最高人民法院在判决中指出,在只能撰写成为需要多个主体的参与才能实施的方法专利,或者采用此种撰写方式能更好地表达出发明的实质技术内容,才有可能被认定为专利侵权成立。而如果网络通信技术领域的专利可以直接针对每个通信参与实体布局独立权利要求,就认定专利侵权成立没有任何障碍,因此对于网络通信技术领域的专利申请文件中权利要求采取"单侧撰写"的形式,能够明显降低专利侵权认定难度。

第二,说明书撰写的要求。针对发明技术方案,结合时序交互图,详细描述各个通信实体在整个系统中的位置、功能和相互之间的通信关系。

如图4-3-1所示,以华为公司一篇授权发明专利的说明书为例。❶

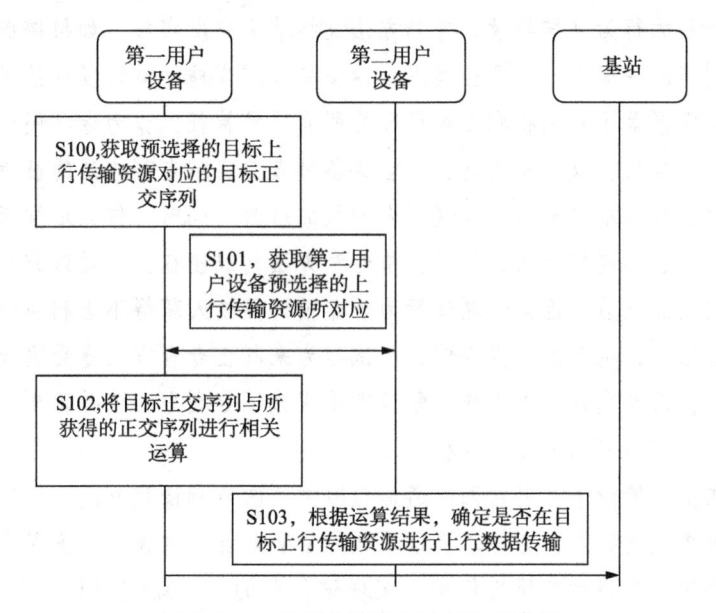

图4-3-1 数据传输方法的流程示意图

---

❶ 华为技术有限公司. 一种数据传输方法及装置:201610539659.3[P]. 2018-01-16.

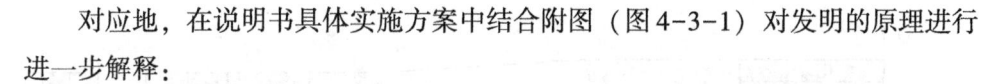

对应地，在说明书具体实施方案中结合附图（图4-3-1）对发明的原理进行进一步解释：

S100，第一用户设备获取预选择的目标上行传输资源所对应的目标正交序列；

第一用户设备为基站所覆盖小区内的任意用户设备，只要该用户设备需要检测所选择的目标上行传输资源是否与小区内其他用户设备所选择的上行传输资源冲突，即可采用本发明实施例提供的数据传输方法进行检测。上行传输资源可以为包括时域、频域及码本的三维正交资源。

S101，所述第一用户设备获取预设范围内的多个第二用户设备中每个第二用户设备预选择的上行传输资源所对应的正交序列；

本发明实施例中，该第一用户设备进一步获取预设范围内多个第二用户设备中每个第二用户设备预选择的上行传输资源所对应的正交序列，该预设范围可以包括小区覆盖范围，由于小区覆盖范围的大小不同，也可能导致第一用户设备获取其他第二用户设备的正交序列方式不同。

S103，所述第一用户设备根据所述相关运算的结果，确定是否在所述目标上行传输资源进行上行数据传输。

本发明实施例中，若相关运算的结果非零，则判定已有其他用户设备申请了相同的上行传输资源，若结果为零，则判定该上行传输资源空闲，即没有其他用户设备占用该上行传输资源。

必要时，还应该对传输数据的格式进行进一步的描述。例如，上行传输资源的格式可以结合附图（图4-3-2）和文字进行解释。

该上行传输资源为时域（t）、频域（f）及码本（c）组成的三维正交资源，一个时频资源块中包括多个码本，一个时频资源块包括五个码本，其中一个码本对应六个导频，一个用户设备可以选择一个码本中的一个导频，当用户设备映射至一个时频码资源时，即可从该时频码资源对应的多个导频中随机选择一个导频进行上行数据发送。

因此，在通信类专利申请文件质量管控时，一方面要注意权利要求的撰写与布局方式，以侵权判定中更容易满足"全面覆盖原则"为导向；另一方面也要注意说明书中公开充分的要求，以通信实体参与交互为出发点，结合附图中时序特点，对技术方案进行披露。

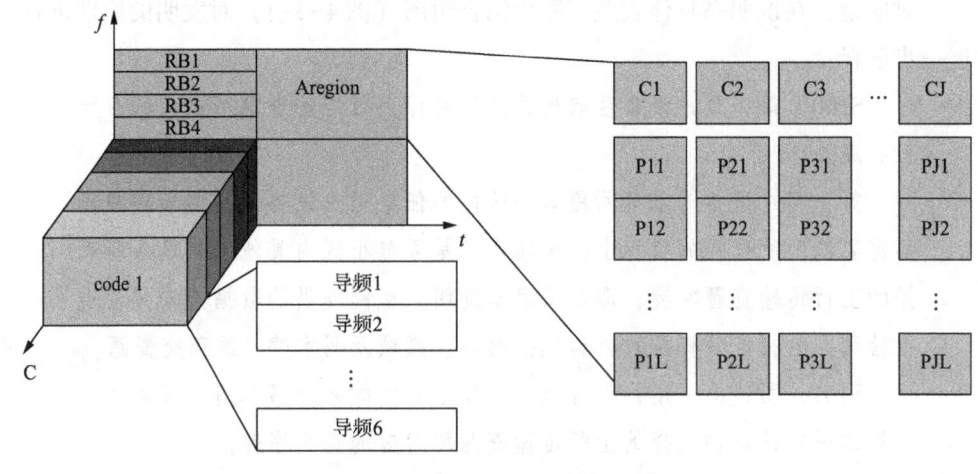

图 4-3-2 上行传输资源示意图

（2）程序类专利申请文件质量管控

程序类专利申请是指基于计算机程序步骤方法所限定的技术方案对应的专利申请，其不仅是互联网企业发明专利申请的主要类型，也可能是汽车整车企业或者零部件供应商企业的产品中控制方法技术方案对应的专利申请，还可能是通信企业服务器中内部控制技术方案对应的专利申请。对于程序类的专利申请文件的质量管控，除了遵循专利申请文件审核的一般规则之外，还需要对应《专利审查指南2010》第二部分第九章的特殊规定。

第一，权利要求书撰写的要求。在权利要求书中，应该点明技术方案所对应的具体应用场景。程序类专利申请因为创造性缺陷而无法授权，很多时候是因为缺少具体的应用场景。而将具体应用场景写入权利要求中，则权利要求中记载的技术方案，不仅限于数据的处理，还包括因为具体应用场景的差异和特殊性，而能够更有利于授权，并且更为重要的是，很多应用场景，正是企业所需要保护的商业模式。

例如，腾讯公司一篇授权发明专利在申请阶段的独立权利要求布局如下。❶

1. 一种虚拟物品发送方法，其特征在于，用于社交应用客户端中的发送方客户端，所述方法包括：

与发放服务器交互生成至少两个虚拟物品包，每个虚拟物品包用于

---

❶ 腾讯科技（深圳）有限公司. 虚拟物品发送方法、接收方法、装置和系统：201410043851.4［P］. 2014-08-06.

发放至少一个虚拟物品；

生成一接收链接，所述接收链接用于接收所述至少两个虚拟物品包；

向与所述发送方客户端具有好友关系的至少一个接收方客户端展示所述接收链接，所述接收链接用于在被所述接收方客户端获取后，通过所述接收链接与所述发放服务器交互接收所述虚拟物品包。

从该独立权利要求的撰写来看，如果去除掉"虚拟物品包""好友关系"等具体应用场景的限定，就会变成服务器生成两个数据包，以及接收链接，客户端能够根据接收链接去获取数据包。这不但会影响权利要求中技术方案创造性评价的主观感受，也容易在审查、无效过程中检索到更多的对比文件，从而影响该案的创造性评价，其实是不利于公司保护这一具体应用场景的。该授权专利正是腾讯公司"微信红包"的基础性专利，也获得了第二十届中国专利奖银奖，腾讯公司通过"微信红包"这一功能成功切入支付宝核心业务中。

对于"微信红包"这一具体应用场景，其在从属权利要求中进行了更详细的描述。

2. 根据权利要求1所述的方法，其特征在于，所述向与所述发送方客户端具有好友关系的至少一个接收方客户端展示所述接收链接，包括：

将所述接收链接以即时消息的方式发送至不同的接收方客户端；或，

将所述接收链接以群组消息的方式发送至属于同一群组的至少一个接收方客户端；或，

将所述接收链接展示在所述发送方客户端的社交信息分享平台，所述发送方客户端的社交信息分享平台中的信息只能被与所述发送方客户端具有好友关系且具有访问权限的至少一个接收方客户端查看；或，

将所述接收链接展示在所述发送方客户端的微博消息平台，所述发送方客户端的微博消息平台中的信息只能被与所述发送方客户端具有好友关系且具有访问权限的至少一个接收方客户端查看；或，

将所述接收链接以二维码的方式展示在所述发送方客户端的界面上，所述二维码用于被与所述发送方客户端具有好友关系的至少一个接收方客户端进行扫描并获取。

通过从属权利要求2对"向与所述发送方客户端具有好友关系的至少一个接收方客户端展示所述接收链接"进行进一步的限定，不但具有在微信平台内进行推广的场景，还包括微博消息平台跨平台推广的效果。

第二，说明书撰写的要求。还是以腾讯公司这个"微信红包"专利为例，在说明书中，结合附图（图4-3-3）对权利要求的应用场景进行了进一步的描述。例如，在说明书实施例中记载了如下内容：[1]

> 与背景技术中涉及的虚拟物品收发方法相比，在本实施例中，发送方客户端以接收链接的形式向与自身具有好友关系的一个或者多个接收方客户端展示虚拟物品包的接收链接，当接收方客户端数量较多时，发送方客户端可以同时或者依次向多个接收方客户端展示虚拟物品包的接收链接，大大降低了用户操作上的耗时，提高了虚拟物品包的发送效率。
>
> 另外，本实施例提供了随机发送模式和固定发送模式两种发送模式，当为随机发送模式时，由于接收方用户接收到的虚拟物品的数量不确定，在多个接收方用户接收同一个发送方用户发送的虚拟物品包时，能够充分提高不同接收方用户之间、接收方用户与发送方用户之间的互动性和趣味性。

在说明书附图（图4-3-3）中记载了如下内容：

很多知识产权工程师在审核程序类专利申请文件的说明书时，往往忽略了应用场景对于创造性帮助的深层次原理，简单地用"提高了用户体验"来进行概括，这对于创造性的帮助是不够的。从这篇专利文献的说明书实施例和附图记载可以看出，其不仅从技术层面描述了技术方案带来有益效果的原因，"发送方客户端可以同时或者依次向多个接收方客户端展示虚拟物品包的接收链接，大大降低了用户操作上的耗时，提高了虚拟物品包的发送效率"，并且辅之以附图对什么是"微信红包""用户如何操作收发微信红包"等内容进行形象生动的展示，更有利于理解该技术方案，并且这一具体应用场景的便利性、用户体验的提高更为充分。从另外一个角度来看，有时并不是审查员不认可程序类专利申请文件的创造性，而是该创造性未得到充分展示。

---

[1] 腾讯科技（深圳）有限公司. 虚拟物品发送方法、接收方法、装置和系统：201410043851.4［P］. 2014-08-06.

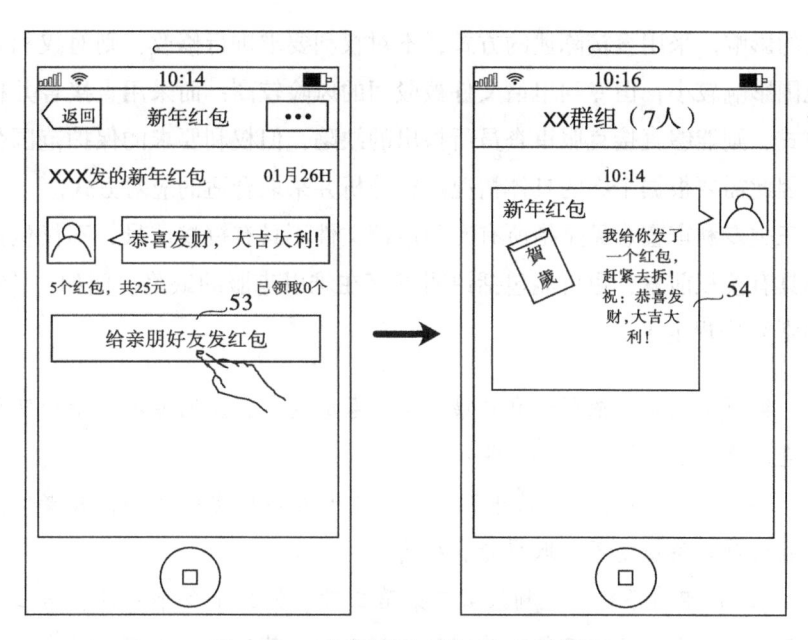

图 4-3-3　在微信群内发红包的示意图

二、审查意见答复决定专利的"生死"与质量

审查意见是指在审查过程中，国家知识产权局向申请人下发的关于专利能否授权的倾向性意见，如果申请人不能很好地解答审查意见中所指出的缺陷，则专利就有可能被驳回，而如果一味追求专利授权，则可能对专利的保护范围造成不必要的限制，因此，审查意见答复的好坏会直接决定专利的"生死"与质量。

1. 专利审查意见的类型

专利审查意见一般分为以下三种类型。

第一类专利审查意见中指出的缺陷为形式问题，不影响专利的授权前景，一般仅需要针对审查意见中所指出的形式缺陷进行修改即可。例如，标点符号使用不当，权利要求序号重复，不影响实质性理解的语句表达不通顺等问题。

第二类专利审查意见中指出部分权利要求不具有授权前景。对于该类专利审查意见，申请人往往需要仔细分析审查员所指出的缺陷是否正确，并采用直接陈述方式，或者对相应的权利要求进行修改，抑或是直接合并权利要求的方式来进行答复。

在采用不同的答复策略时，会对专利申请文件的整体授权前景和保护范围产生直接的影响。采用直接陈述的方式，不对权利要求进行修改，则对权利要求的保护范围影响较小，但专利申请文件被驳回的风险较高；而采用直接合并权利要求的方式，则能够直接克服审查员所指出的缺陷，但权利要求的保护范围会明显缩小，因此需要根据个案的具体情况进行分析并采取合适的应对方式。

第三类专利审查意见是指所有专利申请文件不具有授权前景，不仅包括权利要求不具有授权前景，也可能包括说明书存在难以克服的缺陷。例如，《专利法实施细则》中规定了：

> 第五十三条　依照专利法第三十八条的规定，发明专利申请经实质审查应当予以驳回的情形是指：
> （一）申请属于专利法第五条、第二十五条规定的情形，或者依照专利法第九条规定不能取得专利权的；
> （二）申请不符合专利法第二条第二款、第二十条第一款、第二十二条、第二十六条第三款、第四款、第五款、第三十一条第一款或者本细则第二十条第二款规定的；
> （三）申请的修改不符合专利法第三十三条规定，或者分案的申请不符合本细则第四十三条第一款的规定的。

该类审查意见是知识产权工程师面对的最为常见的类型，也是最难以处理的类型。但第三类审查意见仅仅是审查员经过检索后发出的倾向性意见，并不代表专利申请文件必然被驳回。此时知识产权工程师应该会同专利代理师、发明人一起全面分析专利申请文件、专利审查意见通知书、对比文件（如有），作出合理的陈述和必要的修改，使专利申请能够在获得适当的保护范围前提下得到授权。

2. 专利审查意见答复中参与方

知识产权工程师在专利审查意见答复工作时，需要根据专利审查意见的类型确定答复过程中的参与方，在专利审查意见中指出的缺陷不涉及实质性问题时，往往只需要专利代理师直接撰写初稿并交由知识产权工程师审核即可。

对于专利审查意见中指出的缺陷如果涉及实质性问题，则需要进一步分析所指出的实质性问题是否能够基于现有的材料厘清。一般而言，专利审查意见答复中参与方包括专利代理师、知识产权工程师、研发人员及特殊场景下的其他参与人员。

（1）提供答复框架——专利代理师

专利代理师负责传达专利审查意见通知书，对于一些疑难案件，或者存在多种答复策略的案件，可以事先制作专利审查意见答复方案，在经过知识产权工程师确认之后再撰写意见陈述书初稿，这一方面有利于帮助知识产权工程师尽快掌握和了解审查意见通知书中的主要意见；另一方面也避免专利代理师在撰写完意见陈述书初稿后，因为与知识产权工程师之间出现答复思路的分歧，导致整个意见陈述书推倒重新撰写。专利代理师也可以在遇到技术难题时，直接与发明人进行沟通。

（2）主导答复思路和方向——知识产权工程师

知识产权工程师应该在专利审查意见答复过程中起主导作用，主要体现在知识产权工程师需要确定专利审查意见的答复思路和方向。

专利审查意见答复在某种意义上存在两个需求：第一个需求是为了使专利申请获得授权；第二个需求是在答复过程中尽量争取较大的保护范围。而通常意义上，这两个需求存在不可调和的矛盾。往往在争取较大的保护范围时，就需要对审查员认定的事实和理由进行推翻，进而使被驳回的风险提高；而当以获得授权为导向时，就更可能通过添加技术特征到权利要求中，但这种答复和修改方式又会对权利要求的保护范围造成限缩。因此，知识产权工程师的一项很重要的工作，就是分析专利审查意见通知书和专利申请文件记载的技术方案，综合判断专利的授权前景，并向专利代理师确认最终的答复方案。知识产权工程师不仅需要确定专利审查意见的答复思路和方向，也需要在必要时协助发明人对专利审查意见中的事实进行分析。

（3）厘清技术分歧点——研发人员

在一些专利代理师、知识产权工程师无法独立完成的专利审查意见分析的情形下，就必须由发明人参与到分析过程中，这类需要发明人参与分析的情况包括：审查员所引用的对比文件中涉及大量计算机程序代码，特别是审查员引用一大段代码，认为公开了权利要求中某一个技术特征；审查员引用的对比文件中涉及复杂、晦涩的数学公式、物理原理，则需要发明人对这些公式和原理的认定是否正确作出判断；专利审查意见通知书中对于某些事实认定存在模棱两可之处，需要发明人作出澄清和反驳。当然，由于某些发明专利申请的审查周期较长，在目前员工流动性较大的情况下，如果发明人已经离职，则可能需要其他研发人员协助配合进行分析。

知识产权工程师在寻求发明人或研发人员协助分析专利审查意见时，应该对需要对方提供的分析信息进行聚焦，尤其不要直接将专利申请文件、专利审查意见通知书、对比文件直接打包发给发明人或者研发人员。由于发明人或者研发人员毕竟不擅长阅读和分析专利文献，知识产权工程师应该将专利审查意见通知书、专利申请文件、对比文件中需要分析确认的内容进行整理后，再引导发明人进行分析，也可以采用表格的方式帮助发明人进行理解（表4-3-1）。

表4-3-1 审查意见分析表

概　况	我方方案	对比文件1	对比文件2	审查员意见	我方意见
技术领域					
技术问题					
技术效果					
技术方案	特征1				
	特征2				

最终结论：
权利要求1相对于对比文件1、对比文件2的结合不具有突出的实质性特点，不具备创造性

知识产权工程师在与发明人或研发人员进行沟通时，可以采用书面形式或者口头沟通形式，在采用口头沟通形式时，需要对发明人或者研发人员提供的信息进行完整记录，特别是发明人或研发人员给出的一些技术术语应该准确记录，避免因为信息丢失导致意见陈述效果下降。

（4）特殊场景下的其他参与人员

由于专利审查意见中引用的对比文件可能是在全球范围内使用公开、书面公开的证据，因此很多情况下对比文件也可能是外文文献或者互联网公开证据。在外文文献为小语种文献时，则可能需要翻译人员对对比文件进行翻译，以协助知识产权工程师、专利代理师、发明人或研发人员全面、准确理解对比文件中记载的技术方案是否与审查员在审查意见通知书中认定的技术方案或者技术特征一致。在对比文件为互联网公开证据时，则可能需要IT人员或者其他人员协助判断和分析互联网公开对比文件的公开时间是否容易被篡改、公开途径是否可靠，进而帮助知识产权工程师、专利代理师判断互联网公开对比文件的真实性和可靠性。

三、创造性缺陷答复实战——以技术问题为视角

在专利审查意见的众多实质性缺陷种类中,以专利申请不符合《专利法》第二十二条第三款规定的创造性问题最为常见。对于这类审查意见答复中意见陈述书的实质内容进行审核,需要以创造性答复的"三步法"为线,对审查意见中审查员的评述是否符合《专利法》《专利法实施细则》《专利审查指南 2010》的要求进行分析。

1. 审查意见通知书中事实认定审核与质疑

(1) 审查意见通知书中需质疑的事实对象

在审核审查意见通知中审查员检索的最接近对比文件与本申请进行对比时,应注意是否有如下几种情况。

第一,对比文件与本申请整体比对。这种情况是审查员在审查意见通知书中仅概括性地指出对比文件 1 公开了本申请中权利要求的技术方案,并没有对最接近的现有技术中哪些特征构成了对本申请中权利要求的技术方案的哪些技术特征公开的分析,审核在意见陈述书中是否对这种不恰当的对比进行反驳。

第二,对比文件术语内涵是否正确。由于专利申请文件中有相当一部分技术术语没有完全按照教科书或者技术手册进行定义,或者采取的是自定义技术术语的方式,因此审查员在检索过程中很容易将对比文件 1 中记载字面含义相同的技术术语与本申请中记载的技术术语进行对比。由于申请文件中技术术语的定义并非绝对标准,加之对比文件中的技术术语也存在与本申请相类似的定义不标准、规范的情况,因此本来实质技术含义不同的技术术语,有可能在审查意见中被认定为相同,对此,在意见陈述书中更应重点对比审查意见中认定技术术语相同的实质内涵是否正确。

第三,技术领域是否相同或相近。虽然在专利审查过程中可以通过相同或者相近技术领域的对比文件来组合评价本申请技术方案的创造性,但对于技术领域是否相同或者相近,不同人认定的尺度可能不同,因此在审核意见陈述书中应该对审查意见中技术领域的认定进行判断和个案分析。

第四,技术特征作用、功能是否相同。在事实认定环节中,对比文件中技术特征与本申请技术方案的技术特征作用、功能是否相同是审核的重点,也是审查员与专利代理师、申请人最容易发生分歧的地方,当然更是答复重点突破的地方,在审核意见陈述书中技术特征作用、功能是否相同时,应该尽量避免漏掉任

何产生技术效果的技术特征,并且在划分技术特征时尽量避免划分得过于宽泛。

第五,本申请技术方案各步骤之间逻辑组合是否有什么特殊技术效果。在撰写意见陈述书过程中,需要对审查员是否通过对比文件割裂评述本申请技术方案的各个步骤或者各个部件之间的关联、逻辑组合关系进行分析,如果不经甄别直接接受了审查意见通知书中的评述方式,则可能忽略掉本申请技术方案被审查员认定公开的各步骤或者各个部件/组件之间逻辑组合,或者各个步骤的先后顺序不同所带来的技术功能、效果。

将审核事实认定环节是否正确作为意见陈述书实质审核的首要任务,是因为事实认定是认定区别技术特征、归纳技术问题、认定区别特征是否被其他对比文件公开或者是公知常识的前提。

(2)审查意见通知书中事实重新认定

第一,区别特征重新归纳环节。对于审查意见通知书中认为已经被对比文件1所公开的技术特征,然而经过分析和核对,有充足理由和证据证明其实并未公开,则应该将这部分技术特征重新归纳到区别特征中,因此重新归纳的区别特征有可能与审查员在意见陈述书中归纳的不同,这取决于对审查意见通知书中事实认定的分析、判断结果。

第二,技术问题重新归纳环节。技术问题在整个创造性答复的意见陈述书审核过程中起着承上启下的作用。一方面,技术问题的归纳依赖事实认定环节之后归纳的区别特征有哪些,其归纳必须以区别特征为基础;另一方面,最终归纳的技术问题又是在意见陈述书中论证是否具有突出的实质性特点和显著的进步的主线。归纳的技术问题不同,将会导致整个创造性答复的思路迥异。

基于技术问题归纳是否正确的重要性,《专利审查指南2010》(2019年版)中有着对技术问题归纳的明确要求[1]:审查员在开始实质审查后,首先要仔细阅读申请文件,并充分了解背景技术整体状况,力求准确地理解发明。重点在于了解发明所要解决的技术问题,理解解决所述技术问题的技术方案和该技术方案所能带来的技术效果,并且明确该技术方案的全部必要技术特征,特别是其中区别于背景技术的特征,进而明确发明相对于背景技术所作出的改进。以及将《专利审查指南2010》第二部分第四章第3.2.1.1节第(2)项第1段第2句中的"然

---

[1] 中华人民共和国国家知识产权局.国家知识产权局关于《专利审查指南2010》修改的公告(第328号)[EB/OL].[2019-09-26].http://www.gov.cn/xinwen/2019-09/26/content_5433360.htm.

后根据该区别特征所能达到的技术效果确定发明实际解决的技术问题"修改为"然后根据该区别特征在要求保护的发明中所能达到的技术效果确定发明实际解决的技术问题"。同时，在第（2）项第3段最后增加一句话，内容如下：对于功能上彼此相互支持、存在相互作用关系的技术特征，应整体上考虑所述技术特征和它们之间的关系在要求保护的发明中所达到的技术效果。

但实际审查过程中，由于个案的差异，审查员并非所有案件都依据《专利审查指南》的相关规定来归纳技术问题。

因此，基于技术问题的极端重要性，在审核意见陈述书中对技术问题的分析时，应该重点审核审查意见通知书中是否存在问题，并给出相应的应对策略。

2. 计算机程序类专利中技术问题认定困境

为什么对计算机程序类专利进行专门介绍？其原因在于计算机程序类专利是互联网企业发明专利申请的主要类型，只要涉及App开发、自动化控制、远程控制等与计算机程序相关的方案，都是计算机程序类的发明专利所覆盖的领域。例如，智能家居产品中的智能控制模块、车辆中控系统、人机交互系统、电控系统、远程交互系统、导航系统、自动驾驶套件等，工业4.0高端装备中自动控制系统等，都可能涉及利用计算机程序来控制或处理计算机外部对象或内部对象的技术方案。因此，以下将以涉及计算机程序类的发明专利申请创造性缺陷答复来分析如何以技术问题为突破口进行创造性答复。[1]

知识产权工程师常见的一类工作任务是面对审查员下发的审查意见通知书，而通知书中最常见拒绝授予发明专利权的理由是发明专利申请不符合《专利法》第二十二条第三款规定的创造性，也就是与现有技术相比，该发明专利申请没有突出的实质性特点和显著的进步，也称为第三类审查意见。实践中第一次审查意见通知书为第三类审查意见的占比非常大，造成这种现象的原因有以下几种：①涉及计算机程序类专利（以下称"程序类专利"）对比文件数量多，大量的专利公开文本、博客、论坛等给审查员找到对比文件提供了便利；②程序类专利申请改进幅度较小，相应的区别特征容易被审查员认定为惯用技术手段或公知常识；③程序类专利多以步骤形式体现，而单个步骤本身容易使审查员直觉上认为创新程度较低。基于上述不利因素，专利代理师/企业知识产权工程师必须认真

---

[1] 知产力. 以技术问题为视角浅析涉及计算机程序专利创造性缺陷答复［EB/OL］.［2019-03-11］. http://www.zhichanli.com/article/8027.html.

研读专利申请文本、对比文件及审查意见，并给出具有说服力的意见陈述书，才有可能使专利申请获得一个相对理想的结果。

在实践中，经过发明人、专利代理师、企业知识产权工程师与审查员的不断沟通、博弈，总结出了一些针对程序类专利第三类审查意见的答复经验和思路，比如针对审查意见中事实认定、惯用技术手段、公知常识等问题采用不同的陈述策略。由于专门针对程序类专利审查意见中技术问题对于创造性答复的影响研究较少，以下大部分案例均以程序类专利申请的审查意见答复为例。

根据《专利审查指南 2010》的规定[1]：发明实际解决的技术问题，是指为获得更好的技术效果而需对最接近的现有技术进行改进的技术任务。在我国，通常使用"三步法"来评述发明专利申请的创造性，首先确定与本发明专利申请最接近的对比文件，其次是在第一步的基础上，根据区别特征确定发明所要解决的技术问题，最后判断要求保护的发明对本领域的技术人员来说是否明显。

可以看出，在第三类审查意见答复过程中技术问题起着承上启下的作用，即技术问题的确定以第一步中最接近的对比文件认定正确为前提，并直接关系到判断区别特征应用到最接近对比文件以解决技术问题的启示是否显而易见。

在程序类专利中技术问题存在较大的不确定性，其原因如下。

第一，程序类专利技术方案特性所致。程序类专利多以步骤形式体现，而审查员所找到的对比文件存在较大的不确定性，因此任何一个步骤或者主题名称都有可能被认定为区别特征，进而导致确定的技术问题多样化。

第二，程序类专利撰写方式所致。在通常情况下，专利代理师对于发明人提供的技术交底书会进行一定程度的扩展和上位化。这不仅包括对技术交底书中术语、步骤实施的文字性改写描述，也包括对某些技术特征点的上位化，其好处在于为申请人争取更大的保护范围提供了争辩空间，但却容易使技术交底书中技术方案的本来面貌显得不够清晰，进而使审查员在审查发明专利申请时不容易抓住发明人在发明创造时欲解决的技术问题。

当然，除了上述两种原因之外，技术问题认定困境还存在一些其他的原因。但从整体上看，技术问题认定的不确定性容易使得发明专利申请的授权前景不明，也大大增加了程序类专利第三类审查意见答复的难度。

---

[1] 中华人民共和国国家知识产权局. 专利审查指南 2010 [M]. 北京：知识产权出版社，2010：172.

3. 审查意见中技术问题认定存在的误区识别

虽然《专利审查指南2010》给出三步法来指导审查员审查程序类专利申请，但由于第一部分所指出的程序类专利中技术问题认定困境及不同审查员的主观认知存在差异，使得收到的第三类审查意见中所认定的技术问题存在以下几种误区，下面将分别阐述这几种误区对专利申请人的不利影响。

（1）认定的技术问题包括了技术手段

根据《专利审查操作规程实质审查分册》的描述❶，"在确定发明实际解决的技术问题时，不应将发明的技术方案作为重新确定后的发明实际解决的技术问题"。比如一项程序类发明相对于最接近的对比文件的区别特征是"通过一种云存储的方式来扩大移动终端的存储空间"，则认定为该发明实际解决的技术问题为"如何通过云存储来扩大移动终端的存储空间"则明显有误，因为基于云存储正是扩大移动终端的存储空间的手段。

在实践中，程序类专利申请常会收到审查意见关于技术问题的如下认定：

……基于上述特别特征，可以确定本发明实际解决的技术问题为：如何设置用于判断选择操作是否完成的时间来决定是否完成加密。

一般来说，认定的技术问题包括了技术手段通常表现形式为"可以确定本发明实际解决的技术问题为：<u>如何××××××来实现×××</u>"，而"××××××"正是本发明相对于最接近现有技术的区别特征，"×××"则是审查员指出的问题。

例如，某审查意见通知书中指出：

在审查意见通知书中对于区别特征和技术问题归纳如下：该权利要求与对比文件1相比，其区别技术特征是：（1）智能终端会随机生成一个与此次加密数据对应的停留时间，转入A3；（2）A3、当监听到用户转动智能终端至期待位置并停止转动后，判断停止转动时间是否达到所述停留时间，若是，读取并记录下当前的陀螺仪数据，转入A4；否则，返回A3，继续监听；（3）A4、将当前的陀螺仪数据与预设的软件密钥进行混合加密，生成MD5的字符串，将该字符串作为一个加密信息与

---

❶ 中华人民共和国国家知识产权局. 专利审查操作规程·实质审查分册 [M]. 北京：知识产权出版社，2011：79.

所述停留时间一并保存下来。基于上述区别特征，可以确定本发明实际解决的技术问题为：

如何设置用于判断旋转操作是否完成的时间；如何确定预设的旋转方向和角度；如何对陀螺仪数据进行加密。

在上述审查意见通知书中归纳的技术问题，判断旋转操作是否完成的时间、确定预设的旋转方向和角度以及对陀螺仪数据进行加密本应该是区别特征，这些区别特征具有自身的作用和功能。

采用这种方式认定技术问题带来的不利影响如下：审查员会倾向于对包含在技术问题中的技术手段不做创造性的评述，或概括为惯用技术手段/公知常识。由于审查员进行了如上认定，专利代理师/企业知识产权工程师会落入审查员的思维套路，忽略对该技术特征的争辩，隐蔽性极强。

（2）将区别特征的手段认定为技术问题

第二种情况与第一种情况较为类似，其通常表现形式如"可以确定本发明实际解决的技术问题为：如何××××××"，"××××××"是本发明相对于最接近现有技术的区别特征。

在遇到审查意见归纳的技术问题仅仅为区别特征时，不仅会让专利代理师/企业知识产权工程师落入审查员思维套路，更进一步地，如果专利代理师/企业知识产权工程师想要对××××××进行具有突出的实质性特点和显著的进步进行争辩时，会发现"××××××"本身即为技术问题，如同证明"我是我"一样，成为无法证明的难题。

（3）仅描述区别特征功能，不给出技术问题

在一些审查意见通知书里面，审查员也会仅仅描述区别特征，而不给出具体的技术问题，比如一份审查意见通知书进行了如下认定："针对区别特征（1），在对比文件1公开了××××××时，这属于本领域的惯用技术手段；针对区别特征（2），在对比文件2公开了××××时，这属于本领域的惯用技术手段。由此可见，在对比文件1、对比文件2的基础上结合本领域的惯用技术手段获得该权利要求所请求保护的技术方案，对本领域的技术人员来说是显而易见的。因此，该权利要求所要保护的技术方案不具有突出的实质性特点和显著的进步，不具备专利法第二十二条第三款规定的创造性。"

第四章 以生命周期为基线，策划高价值知识产权资产

在一篇专利文献中记载了如下技术方案❶：

一种用于输出专题落地页的方法，其特征在于，包括：模块化网页搭建平台 WebM 编辑设备基于用户的配置操作，构建专题落地页，其中，所述配置操作用于对所述专题落地页所需的组件进行配置；所述 WebM 编辑设备向 WebM 服务器发送所述专题落地页对应的脚手架文件，在所述脚手架文件的 WebM 源数据中包含所述专题落地页中的全部组件的配置信息和数据信息；所述 WebM 服务器接收所述脚手架文件；所述 WebM 服务器对所述脚手架文件进行解析，获得所述 WebM 源数据；所述 WebM 服务器将所述 WebM 源数据发送给应用站服务器；所述应用站服务器接收所述 WebM 源数据；所述应用站服务器基于所述 WebM 源数据向客户端设备输出所述专题落地页。

在审查通知书中，并未指出技术问题具体是什么：

权利要求 1 与对比文件 1 的区别在于：权利要求 1 中的网页具体为专题落地页，且在服务器端对脚手架文件进行解析，并利用应用站服务器向客户端输出专题落地页。

然而由上述分析可知，对比文件 1 的服务器数据库模块将网页描述文件发送给浏览器中的网页播放模块，并在其中实现对网页描述文件的解析，即对比文件公开了对网页文件进行解析的特征，而在服务器中直接对网页文件进行解析是本领域技术人员可以根据实际情况进行选择设置的，同时为了方便对各类应用进行管理，通过设置应用服务站实现与客户端上各类应用的交互也是本领域通常采用的方式，且专题落地也仅是一种常用的网页形式，因此上述区别是领域常用技术手段。在对比文件 1 的基础上结合本领域惯用的技术手段得出权利要求 1 的技术方案，对本领域技术人员来说是显而易见的，权利要求 1 所要求保护的技术方案不具有突出的实质性特点和显著的进步，因而不具备创造性。

技术问题是意见陈述书中论证整个技术方案是否具有突出的实质性特点和显著的进步的主线和前提，即使在技术方案中区别特征相同的情况下，由于其解决

---

❶ 武汉斗鱼网络科技有限公司. 一种用于输出专题落地页的方法及系统：201710403734.8 [P]. 2017-11-17.

的技术问题不同，可能在是否具有创造性方面得出不同的结论。在遇到这类审查意见时，由于审查员未指出明确的技术问题，因此如果忽略掉技术问题具体指向，会导致后续突出的实质性特点这一环节陈述的根基不稳，无法使"技术问题—技术手段—技术效果"形成缜密的陈述闭环。

(4) 针对区别特征，分别给出技术问题

在程序类专利第三类审查意见中，针对区别特征分别给出技术问题最为常见，表现形式如下：

> 针对区别特征（1），本发明实际要解决的技术问题是××××××；针对区别特征（2），本发明实际要解决的技术问题是××××××；针对区别特征（3），本发明实际要解决的技术问题是××××××；针对区别特征（4），本发明实际要解决的技术问题是××××××。

例如，在一篇专利文献[1]中记载了如下技术方案：

> 一种 Linux 平台下可定制的自动单元测试方法，其特征在于：获取预先定义的配置文件中的配置信息，所述配置信息包括需要进行监控的文件或文件夹名称、相应文件或文件夹是否需要进行单元测试及相应文件或文件夹各自对应的单元测试用例的映射地址；根据配置信息获取需要进行监控的文件或文件夹列表，实时监控所述列表中文件或文件夹的变更信息；监控到变更信息后，根据配置信息判断发生变更的文件或文件夹是否需要进行单元测试，并根据需要进行单元测试的文件或文件夹在配置信息中对应的单元测试用例的映射地址查找并获取单元测试用例，然后以获取的单元测试用例执行全部发生变更且需进行单元测试的文件或文件夹的单元测试。

在审查通知书中，对于区别特征和技术问题归纳如下：

> 该权利要求与对比文件1相比，其区别技术特征在于：（1）获取预先定义的配置文件中的配置信息，所述配置信息包括需要进行监控的文件或文件夹名称、相应文件或文件夹是否需要进行单元测试及相应文件

---

[1] 武汉斗鱼网络科技有限公司. 一种 Linux 平台下可定制的自动单元测试方法及系统：201610499184.X [P]. 2016-12-07.

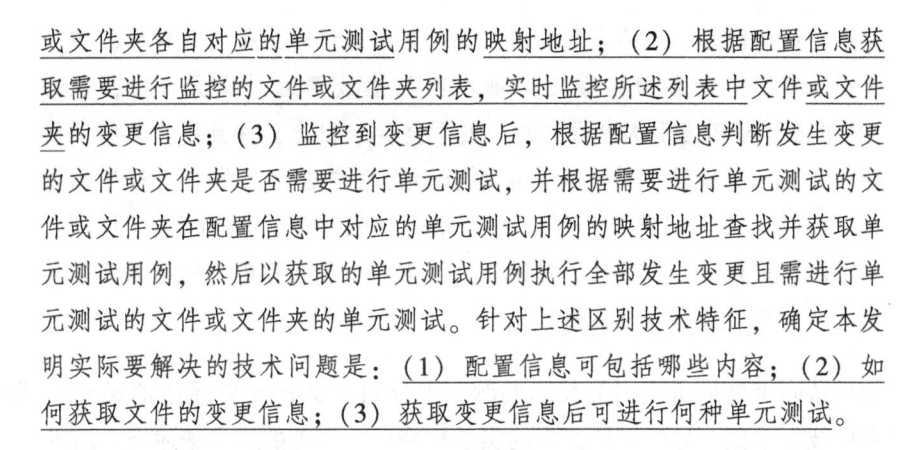

第四章 以生命周期为基线，策划高价值知识产权资产

或文件夹各自对应的单元测试用例的映射地址；（2）根据配置信息获取需要进行监控的文件或文件夹列表，实时监控所述列表中文件或文件夹的变更信息；（3）监控到变更信息后，根据配置信息判断发生变更的文件或文件夹是否需要进行单元测试，并根据需要进行单元测试的文件或文件夹在配置信息中对应的单元测试用例的映射地址查找并获取单元测试用例，然后以获取的单元测试用例执行全部发生变更且需进行单元测试的文件或文件夹的单元测试。针对上述区别技术特征，确定本发明实际要解决的技术问题是：（1）配置信息可包括哪些内容；（2）如何获取文件的变更信息；（3）获取变更信息后可进行何种单元测试。

可以看出，该审查意见通知书中归纳的技术问题，仅仅是上述三个区别特征所起到的作用，属于比较典型的对各个区别特征提出不相关联的技术问题情形。此外，在区别特征归纳过程中可以看出，区别特征其实为权利要求1记载的整个技术方案，并且上述归纳的3个技术问题，也存在技术问题包括技术手段的情形。

程序类专利通常不仅表现为多个步骤所执行的结果，也包含各个步骤的时序、条件、因果关联关系。在审查意见通知书中针对区别特征分别给出技术问题，仅仅评述了每一个具体步骤所直接起到的作用，无形中忽略了各个步骤内在联系，割裂了技术方案的整体思路，审查员正是借助程序类专利单个步骤创造程度低的表现，误导专利代理师/企业知识产权工程师陷入单个技术问题难以承载较高创造性的困境。

（5）技术问题认定错误

技术问题认定错误是一种相对的概念，正如"一千个读者眼中就会有一千个哈姆雷特"，审查意见通知书中基于检索到的最接近的对比文件，给出的技术问题往往与发明人在从事创造过程中所直面的技术问题不同，这也是面对创造性判断主观性问题时，采用"三步法"相对客观的合理性。

由于审查员所直面的往往仅为申请文件，是专利代理师所转述的技术方案，发明人从事发明创造时所面临的很多技术难题、背景这些细节信息难免被审查员忽略，正是上述因素叠加导致了审查员在审查意见中所认定的技术问题往往存在错误。

比如一项发明专利申请中提到了：

一种网页全屏的技术方案，用户在点击"网页全屏"按钮时，播放器会铺满网页,而不会影响用户进行即时通讯聊天等其他操作。审查员在检索到一篇移动终端上"画中画"播放器的对比文件时,认为"画中画"即相当于本申请中的"网页全屏"概念,并且用户在移动终端上开启"画中画"功能时,也不会影响用户进行其他应用程序的操作,区别仅在于"网页全屏"的大小与"画中画"界面大小不一样,基于此,审查员认为相对于对比文件,本发明所实际解决的技术问题其实是"如何设置播放器的尺寸"。

如果认同审查员所指出的技术问题,则导致"如何设置播放器尺寸"成为一种惯用技术手段,导致后续突出的实质性特点、显著的进步陈述极为困难。

上述所列出的审查意见中几种技术问题认定误区都会加大专利代理师/企业知识产权工程师的陈述难度,进而导致专利无法授权。

4. 技术问题认定如何"化被动为主动"

虽然在认定技术问题时,审查意见中会设置种种障碍来影响对应意见陈述书逻辑体系的构建,但凡事都具有双面性,正由于程序类专利中技术问题存在认定困境,使得专利代理师/企业知识产权工程师能够通过识别审查意见中不合理之处,打破审查意见的认定思路,总结归纳有利于专利授权的技术问题。

(1) 击破原事实认定,使得技术问题认定基础不存在

最接近的对比文件中认定的事实正确与否,是技术问题认定是否准确的前提。即使审查意见中认定的最接近对比文件无误,对比文件中认定的事实也不一定完全正确,认定的事实往往会存在几种错误:对比文件的领域与本申请领域不同;利用对比文件中大篇幅的文字描述与本申请中的某一个技术特征进行对比;对比文件中公开的某一个术语的内涵与本申请中特定的术语内涵表面相似,实则不同;对比文件中公开的技术特征的功能、作用与本申请中技术特征的功能、作用不同;遗漏评述本申请涉及的主题,而主题本身也属于技术手段。

这时如果对上述中提到的一种或几种错误进行了争辩,则审查意见中技术问题认定的基础不复存在,技术问题认定的主动权重新转移到申请人一方。

例如,在一个案例中,申请公开了如下方案:

  一种通过改造安卓系统中一种特定功能控件,对功能控件的属性进行改造,实现了功能控件具有的功能拓展,使得本方案对于安卓系统原

生代码兼容性较好。审查员检索到一本教科书，具体公开了如下内容：在安卓系统中，能够实现一种自定义的功能控件，并且也能够设置自定义的功能控件的属性，实现了安卓系统自带的功能控件的替代。基于此，本发明所要实际解决的技术问题是：<u>如何实现安卓系统原生控件的功能</u>。

经过申请方重新研读对比文件、申请文件，发现对比文件中公开的自定义的功能控件是用于替换安卓原生功能控件，两者是一种并列关系。进一步地，在申请文件中记载，如果通过自定义的功能控件来替换安卓原生功能控件，容易导致安卓系统不兼容。并且该申请方案并非完全摒弃原生功能控件，仅仅是对原生功能控件的某些属性进行拓展。因此，最终在意见陈述书中将技术问题归纳为："<u>如何充分利用安卓系统自带的功能控件来实现功能的扩展</u>"。通过对对比文件中事实进行重新认定，有利于后续技术问题的重新归纳。

（2）借助总的技术问题让区别特征发生化学反应

程序类专利不仅包括多个步骤所执行的结果，也包含各个步骤的时序、条件、因果关联关系，而这类关联关系有时候是非常隐秘的，需要专利代理师/企业知识产权工程师仔细阅读本申请技术方案背后的改进动机，研判技术特征在起到惯用的功能作用之外，是否成为其他步骤执行的条件等因素，进而总结出一个要解决的技术问题。

在归纳总的技术问题时，不但应该明确各个区别特征的相互关联关系，也应该明确总的技术问题与区别特征的对应关系。

根据《专利审查指南 2010》[1]的记载，在评价技术方案的创造性时，不能割裂各个具体步骤的关联关系，要从整体上去判断发明的构思是否显而易见。这时如果提炼出各个区别特征的相互关联关系，则审查意见中所认定的多个技术问题存在的合理性将会受到质疑，这也使得在下一次审查意见时，审查员不得不重新评估技术问题归纳的正确性，并重视技术特征的评述是否发生遗漏。

（3）认定自己有利的技术问题

即使是申请方重新归纳技术问题，也会发现从不同的视角出发归纳的技术问题会截然不同。本着对自身有利的原则，应从中挑选一个对自身最有利的技术问题，具体原则如下。

---

[1] 中华人民共和国国家知识产权局. 专利审查指南 2010 [M]. 北京：知识产权出版社，2010：184.

第一，选取不容易被发现的技术问题。在可能存在多个技术问题时，优先选择不容易被发现的技术问题。对于本领域技术人员来说，技术问题本身不容易被发现，则本领域技术人员就没有对该技术问题进行改进的动机。因此，区别特征是非显而易见的，具有突出的实质性特点。

第二，辨明区别特征主次关系。存在多个区别特征时，虽然每一个区别特征具有自身独立的功能，但各自对于创造性的主观感觉是不一样的，这时可以一个或几个对非显而易见性帮助较大区别特征为主，以其他区别特征为辅来归纳一个技术问题，这样不但兼顾了非显而易见性帮助较大区别特征的优势，还能通过其他区别特征来增强这一陈述效果。

第三，从结果出发，反推技术问题。在区别特征所直接带来的效果、具有的功能显而易见时，这时归纳技术问题不能拘泥于区别特征的本身作用，常规的答复思路很难被审查员所接受。

因此在这种情况下，应该将区别特征的作用进行分层，第一层是区别特征所直接带来的技术效果；第二层是基于第一层所提到的技术效果进一步延伸所具有的好处、作用，如果直接通过第二层好处、作用来反推技术问题，很有可能会被审查员认定为缺乏基础，并且超出了原始申请文件所记载的范围；而通过第一层技术效果反推得到的技术问题又存在创造性不足的缺陷。在这种情况下，通过捕获第一层级、第二层级功效之间所欠缺的纽带，并且这一纽带理应通过技术来实现，否则对技术问题归纳无益。

虽然第二层好处、作用可能是商业上的成果等非技术因素所直接带来的，但通过捕获的纽带来归纳一个技术问题，进而使第二层的效果、好处具备技术属性，才能最终成为意见陈述书中所阐述的本申请技术方案所要直接解决的技术问题，当然，如果申请文件中记载了这种直接效果与拓展效果直接的关联关系，则更容易被审查员所接受。

综上，虽然涉及计算机程序类的专利审查意见中所指出的技术问题缺陷对创造性答复设置了诸多障碍，但技术问题的弹性、不确定性也给了专利代理师/企业知识产权工程师争取的空间和更大的陈述可能性，使意见陈述环节化被动为主动，为专利授权争取有利条件。

5. 突出实质性特点陈述

在技术问题进行重新归纳后，在审查意见通知书中所指出的不具有突出的实质性特点的理由也就不再具有依据。因此对于发明具有突出的实质性特点陈述的

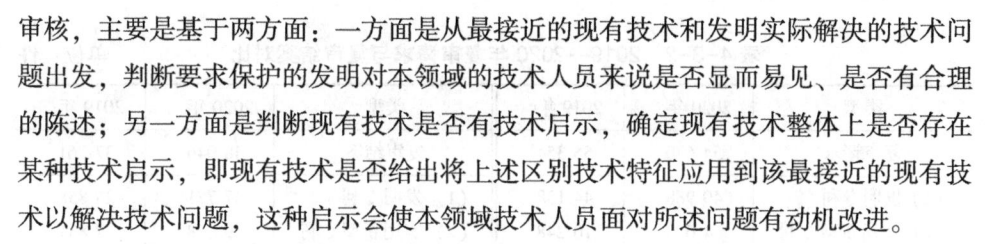

审核，主要是基于两方面：一方面是从最接近的现有技术和发明实际解决的技术问题出发，判断要求保护的发明对本领域的技术人员来说是否显而易见、是否有合理的陈述；另一方面是判断现有技术是否有技术启示，确定现有技术整体上是否存在某种技术启示，即现有技术是否给出将上述区别技术特征应用到该最接近的现有技术以解决技术问题，这种启示会使本领域技术人员面对所述问题有动机改进。

在审核专利代理师提供的意见陈述书中分析的权利要求相对于对比文件的区别特征具有突出的实质性特点，主要可以结合以下几个方面进行判断。

（1）技术问题本身是否容易被发现

这里的技术问题不仅包括认可审查意见通知书中所指出的技术问题，也可能是重新归纳后的技术问题，在技术问题本身不容易被发现时，自然用来解决该技术问题的区别特征也具有突出的实质性特点。

（2）对于区别特征部分，审查员没有引用其他对比文件来结合评述

在审查员没有引用其他对比文件来结合评述时，则一般是通过将区别特征归为常用技术手段或公知常识，在归为常用技术手段时，可以通过区别特征所具有的有益效果来进行反驳，并应该进一步在意见陈述书中详细阐述有益效果产生的原因、原理；在归为公知常识时，还可以在意见陈述书中要求审查员进一步提供相应证据。

（3）对于区别特征部分，审查员引用了其他对比文件来结合评述

引用对比文件是否具有结合启示，如果不具有结合启示，则可以重点根据不具有结合的理由进行陈述。此外，还可以针对引用对比文件的领域是否相同，整体技术构思是否相同及引用对比文件是否存在相反的技术启示展开陈述。

四、抓住专利复审机会，让重要专利申请获得"重生"

1. 专利复审的成功概率

根据国家知识产权发布的2020年度报告（表4-3-2）[1]，2020年共受理专利复审请求约5.5万件，同比下降1.2%；结案约4.8万件，同比增长28.9%；专利复审案件结案周期平均为14.1个月。审结的发明专利复审案件中，撤销驳回占48.63%，维持驳回和其他方式结案占51.37%。

---

[1] 国家知识产权局2020年度报告：数据精粹[EB/OL].［2021-05-09］.https://new.qq.com/omn/20210509/20210509A069K600.html.

表 4-3-2　2019—2020 年复审请求与复审结案对比　　　　　　　单位：件

类型	2020 年	2019 年	类型	2020 年	2019 年
复审请求	54 670	55 354	复审结案	48 046	37 261
（1）发明专利	49 988	44 138	（1）发明专利	37 771	28 858
（2）实用新型专利	4 073	10 248	（2）实用新型专利	9 868	7 831
（3）外观设计专利	609	968	（3）外观设计专利	407	572

可见，专利被驳回后提复审请求，最终撤销驳回的比例还是相当高的。因此，从知识产权的价值出发，应该从整体看待专利实质审查程序和专利复审程序，在专利实质审查阶段不应该一味追求获得授权，而放弃了争取合理的保护范围。而在专利申请被驳回之后，应该对驳回的专利申请进行全面评估，判断是否提起复审。

2. 复审必要性评估

在评估驳回专利申请的复审必要性时，可以从以下几个方面进行分析。

（1）驳回意见本身评估

是否提复审请求，最重要的依据还是在于驳回意见本身是否合理。例如，审查员引用的对比文件是否合理，对比文件与本申请权利要求的对比是否正确，对比文件之间是否有结合启示等。这一评估过程与答复专利审查意见非常类似，但对于驳回意见的分析评估，要比对专利审查意见的分析更为全面，其评估分析的最重要指标即是否能够复审成功，能够说服审查员在前置审查过程中主动撤销驳回决定，或者说服合议组在合议审查过程中撤销驳回决定。

（2）专利申请的重要性评估

事实上，专利申请的重要性也是评估是否提复审请求的重要因素。因为公司申请的众多专利申请文件，其重要性往往差异很多，有些专利申请虽然创造性并不高，但能够保护自身产品，或者对狙击竞争对手起到难以替代的作用，即使复审请求的成功率不高，也应该果断提起复审请求，甚至在复审不成功之后，还可以提起专利行政诉讼来挽救该专利申请。

例如，优视科技有限公司申请的一项的发明专利申请，"视频处理方法及装置、移动通信终端"（CN 201110029156.9）。❶

---

❶ 优视科技有限公司. 视频处理方法及装置、移动通讯终端：201110029156.9［P］. 2011-08-24.

第四章 以生命周期为基线，策划高价值知识产权资产

背景技术：在播放相关联的几个视频场景下，如果一个视频播放结束，往往需要重新搜索或者返回浏览器页面去点击其他剧集或者关联视频，再次调用播放器进行视频的播放，无法快速更换剧集或者自动连续观看剧集。

主要技术方案：

一种视频处理方法，其特征在于，包括：移动通信终端判断视频文件的类型，其中，所述视频文件的类型包括单片段视频和多片段视频；以及在所述视频文件为多片段视频时，所述移动通信终端获取所述多片段视频中的多个视频片段的信息以得到所述多个视频片段的播放列表。

该案在答复三次审查意见通知书之后，审查员依然以权利要求1~8不具备《专利法》第二十二条第三款规定的创造性的理由驳回了该案。

从该专利申请的主要技术方案可以看出：

第一，该案属于视频播放领域一个重要的功能性专利申请，不但该专利申请技术方案的应用范围广，在播放电视连续剧或者关联视频时能够实现多个视频的连续播放，用户体验得到提升。

第二，更为重要的是该案的技术方案基本不涉及底层技术，多以相对直观的功能性形式展现，因而相对易于取证。

因此，申请人随后提起复审，并提交了修改后的权利要求如下：

一种视频处理方法，其特征在于，包括：

移动通信终端根据视频文件的字段信息判断视频文件的类型，其中，所述视频文件的类型包括单片段视频和多片段视频；

在所述视频文件为多片段视频时，所述通信终端获取所述多片段视频中的多个视频片段的信息以得到所述多个视频片段的播放列表；以及

所述通信终端通过所述播放列表的形式将所述多个视频片段的信息一次性列举出来，

其中，在所述通信终端获取所述多片段视频中的多个视频片段的信息以得到所述多个视频片段的播放列表之后，还包括：

所述通信终端获取所述用户输入的选择信息；以及

所述通信终端根据所述选择信息播放所述用户选择的视频片段，

其中，所述通信终端根据获取的用户操作信息对播放列表中的视频片段进行选择播放，

其中，所述视频文件的字段信息包括标题信息和 URL 地址信息。

其中，所述通信终端根据获取的用户操作信息对播放列表中的视频片段进行选择播放包括：所述通信终端从播放列表读取所述标题信息，通过所述标题信息定位相应的视频文件的字段，然后读取所述字段中的 URL 地址信息，根据所述 URL 地址信息连接服务器播放视频片段。

最终专利复审委员会（2019 年更名为"复审和无效审理部"）以权利要求所要求保护的技术方案相对于对比文件 1、对比文件 2 的任意组合或结合公知常识并非显而易见的，且具有有益效果，撤销了国家知识产权局对该申请作出的驳回决定。并且，专利审查员在对该发明专利申请继续进行审查后发出授权通知。

随后在 2018 年，权利人优视科技有限公司以该授权发明专利起诉被告湖南快乐阳光互动娱乐传媒有限公司、被告广东太平洋互联网信息服务有限公司侵害发明专利权，也可以从侧面印证该案的重要性。

即使在一些涉及标准的专利申请上，也会经历驳回、复审、授权的过程。例如，华为公司的标准必要专利"一种测量无线资源管理信息的方法、装置和设备"（CN 201380001587.1）❶ "一种用户设备节约电量的方法和设备"（CN 201480021981.6）❷，也都经历了驳回复审的过程。

因此，在专利申请被驳回之后，并不意味着该案已经无可挽回，而是应该对驳回理由进行全面的分析，特别是对于一些重要的专利申请和涉及标准的专利申请，应该采取复审的方式，积极争取案件的授权转机。

（3）政策调整带来影响的评估

近几年来，从整个知识产权大环境，再到《专利法》的修改、《专利审查指南 2010》的调整都非常频繁，而这些调整也会影响到专利的审查政策与尺度。例如，针对涉及商业模式的专利申请，国家知识产权局先后多次对《专利审查指南 2010》作出调整，放宽对于涉及商业模式的专利申请的要求。例如，2017 年发布的《关于修改〈专利审查指南〉的决定》（国家知识产权局令第 74 号）中

---

❶ 华为技术有限公司. 一种测量无线资源管理信息的方法、装置和设备：201380001587.1 [P]. 2014-12-24.

❷ 华为技术有限公司. 一种用户设备节约电量的方法和设备：201480021981.6 [P]. 2016-02-10.

增加了如下规定[1]：

涉及商业模式的权利要求，如果既包含商业规则和方法的内容，又包含技术特征，则不应当依据《专利法》第二十五条排除其获得专利权的可能性。

2019年12月31日发布的关于修改《专利审查指南2010》的公告（第343号）中[2]，对于涉及人工智能、"互联网+"、大数据及区块链等的发明专利申请，一般包含算法或商业规则和方法等智力活动的规则和方法特征，根据《专利法》及《专利法实施细则》，对这类申请的审查特殊性作出了规定。

从相关内容来看，对于涉及商业模式的专利申请的要求呈明显的放宽趋势。这种调整也必然反映到专利复审活动中。在很多情况下，由于专利申请的审查周期较长，可能在实质审查过程中是一套审查标准，而在复审时根据调整之后的政策又是一套标准，特别是在《专利审查指南2010》作出了明确规定的情况下。因此，是否提起复审请求，也需要关注相关政策的调整。

---

[1] 中华人民共和国国家知识产权局.《关于修改〈专利审查指南〉的决定》（2017）（国家知识产权局令第74号）[EB/OL].［2017-03-06］. https://www.cnipa.gov.cn/art/2017/3/6/art_99_28208.html.

[2] 中华人民共和国国家知识产权局. 国家知识产权局关于修改《专利审查指南》的决定[EB/OL].［2019-12-31］. http://www.gov.cn/zhengce/zhengceku/2019-12/31/content_5465485.htm.

第五章

不同场景下知识产权运用与合规

如果说国内外知识产权政策、环境变化是影响知识产权价值的宏观因素，企业所处的行业竞争状况、企业的产品形态则是影响知识产权价值的中观、微观因素。这些中观、微观的因素是企业成立以来所天然具备的。

第一节 企业的产品形态决定知识产权的气质

不同企业的知识产权有其独特的气质，很多时候，知识产权工作在企业经营和发展中起到的是辅助、协作作用，如果忽略了企业的产品、服务的形态和特点，则知识产权工作有可能脱离企业的实际情况，进而导致知识产权对于企业的战略支撑作用无法得到凸显，因此企业的产品、服务形态会从根本上决定企业知识产权的气质。

一、快消品企业围绕品牌开展保护

快消品企业往往比较重视商标权利的保护，虽然商标的本意是为了区分不同的商品、服务的提供方，在《商标法》修改过程中，也对"驰名商标"的认定和使用做了一些限制性的规定，如《商标法》规定了生产、经营者不得将"驰名商标"字样用于商品、商品包装或者容器上，或者用于广告宣传、展览及其他商业活动中。但总体而言，对企业来说，商标所承载的价值，不仅是区分产品和服务，更是承载了产品的质量与口碑、企业的商誉及影响力，以及广大消费者对于品牌的认可。比较典型的案例如广药集团与鸿道集团对于"王老吉"品牌的使用争议。品牌即意味着产品的认可度，因此类似凉茶、可乐等快消品也更为重视商标的保护和布局。

在规划公司品牌保护特别是商标注册、使用、维护策略时，除了需要考虑产品和服务本身外，还需要和公司的企业文化、价值观等其他因素结合起来。例

如，某丹体育股份有限公司（以下简称"某丹公司"）与篮球明星迈克尔·乔丹之间的商标权争议案，就是一个比较典型的品牌规划失误的案例，回顾某丹公司与迈克尔·乔丹之间的系列商标争议案，某丹公司自始就抱着"抱大腿"的心态，希望能够借助迈克尔·乔丹在体育界的名气和影响力，快速打响公司产品名气，虽然某丹公司老早就申请注册"乔丹"等商标，并且投入大量的资源到品牌宣传上，最终却因为与他人的姓名权冲突导致失去核心商标的合法性，不得不重新规划品牌和商标布局。而在李宁公司改变其核心商标的样式和宣传口号中，则体现了李宁公司对于公司产品目标人群定位的变化，相关商标布局和保护策略自然需要围绕这种改变作出调整。

二、技术密集型企业中专利与商业秘密保护并重

由于通信、互联网、汽车、芯片企业身处技术密集型行业，则自然更重视专利和商业秘密的保护，这也是这类企业常年位居国内专利申请排行榜前列的原因所在。

以新能源汽车为例，除了其核心技术领域集中在电机、电池、电控三大领域外，还包括自动驾驶、人机交互技术领域。下面将以自动驾驶技术领域为例，介绍新能源汽车行业为什么被称为技术密集型行业，以及为什么更为重视专利与商业秘密的保护。

自动驾驶其实是一个领域跨度非常大，并且涉及多个学科的技术领域，甚至可以说自动驾驶是一个目标，它以代替驾驶员，使车辆能够自主、安全行驶为目标。其涉及感知层面、控制层面和执行层面三个方面。

感知层面：划分为车外信息的感知和车内信息的感知，车外信息是指车辆行驶过程中外部环境的信息，包括道路信息，道路上交通参与者的信息（包括其他机动车辆、非机动车辆、行人），天气信息（光线、可见度、包括温度在内的气象信息等）。在获取这些信息时，就涉及传感器相关的技术，如摄像头、激光雷达、毫米波雷达等，以及传感器采集数据、处理数据、发送数据，多种数据之间的融合等。

车内的信息不仅包括车内乘客、驾驶员的指令信息、人员状态信息，更包括车辆本身的状态信息。例如，轮胎的运动轨迹信息、车辆横向运动与纵向运动的姿态信息等，以车辆纵向运动信息为例，如车辆悬挂在不同路况下的压缩状态，以及舒适度与支撑性之间的平衡等。

控制层面：不仅有车辆本身各控制单元与传感器、执行组件之间数据传输的通信协议，还包括车辆与外部网络之间的数据交换。比较典型的如车辆导航，其

涉及了车辆本身位置信息的获取、发送到外部高精度地图服务器，再接收到外部高精度地图服务器的导航规划信息等，而即使是高精度地图绘制本身，也可以进一步划分为不同的细分技术领域。在控制层面更为重要的是算法。例如，对路径的规划，对于车辆行驶过程中车辆采取的与前车距离控制、车道选择、超车变道体验，以及发生紧急状况下的策略选择等，都涉及数据清洗、数据预处理、算法模型构建等技术。

执行层面：需要考虑车辆行驶的安全性、舒适性、兼容性等。以自动刹车为例，博世公司提供的线控制动系统 iBooster，就是各大汽车厂商所必备的自动驾驶套件之一。虽然 iBooster 的硬件结构大同小异，但由于各厂商对于控制参数等数据的标定不同，导致自动刹车的体验和效果也各不相同。

以上并未将自动驾驶所涉及的所有技术领域涵盖进来，仅列举了部分涉及的技术领域，在这些技术的研发过程中，有些适宜通过专利进行保护，而有些如源代码、核心算法可能通过商业秘密的形式保护更合适。

以特斯拉在中国的专利布局为例，具体如图 5-1-1 所示。

特斯拉在中国的专利布局基本以电池结构、充电控制电路、太阳能电池板结构和材料及一些机械结构类的专利为主，罕见自动驾驶相关技术的专利布局。究其原因可能在于：结构类、材料类、电路类的专利侵权易于发现和取证。特斯拉专利布局的目的比较明确，就是保护自身的产品和技术，对于难以取证的技术，如自动驾驶技术中的算法模型、控制流程等方法类的专利，则以技术秘密的形式予以保护。例如，特斯拉引以为豪的自动驾驶技术套件 FSD 选配价格已经上涨到 1 万美元，而并未检索到与 FSD 相关的技术在中国境内进行专利布局，相反，特斯拉与某公司前员工 C 的商业秘密案，也说明了特斯拉将自动驾驶技术作为公司核心竞争力之一，选择不申请专利可能是担心一些核心技术被公开，不仅不容易得到保护，反而成为其他公司模仿的对象。因此，灵活使用专利和商业秘密对自身优势技术进行保护，是很多技术密集型企业所作出的合理选择。

三、文娱企业知识产权工作围绕"内容版权"开展

对于文娱企业来说，其产品往往显得不那么"硬核"，而是充满了"书卷气"。文娱企业其实包括很多种类型。例如，线上文学平台公司、影视制作公司、影视发行公司、游戏制作公司、动漫出版社、音乐制作公司、线上音乐平台、演出经纪公司、衍生品制作公司、短视频公司、直播平台公司等，也有很多文娱企业也同时运营文学、影视、游戏、动漫、音乐、演出、衍生品中的一项或几项，

第五章 不同场景下知识产权运用与合规

因此文娱企业主要围绕着产品（也就是文娱企业所掌握的版权作品）通过知识产权的设计来开发产品价值，这也使得文娱企业的知识产权工作充满了"书卷气"。文娱企业知识产权工作的重点在于如何通过知识产权来实现和深挖版权作品的价值。❶

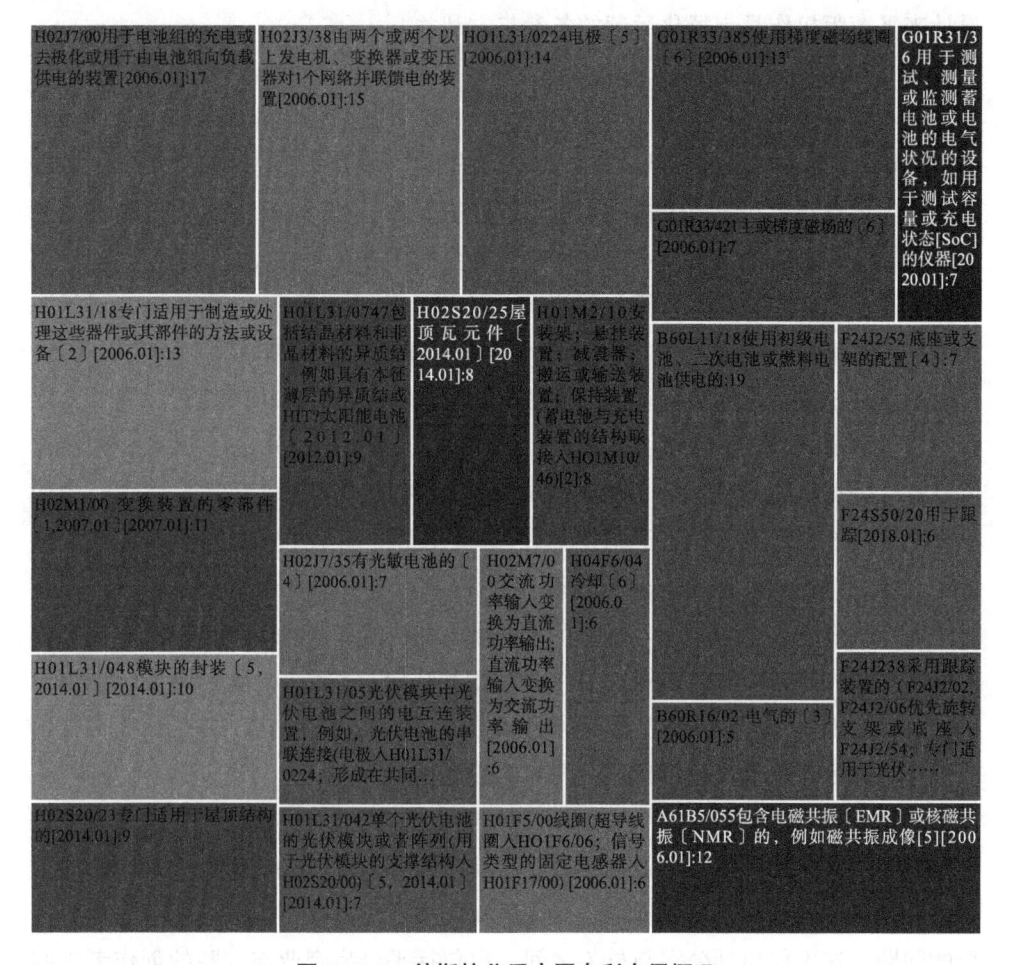

图 5-1-1　特斯拉公司中国专利布局概况

数据来源：智慧芽

检索日期：2021 年 11 月 24 日

---

❶ 知产力. 泛娱乐产业中作品 IP 的全平台运营——以版权保护为视角［EB/OL］.［2021-04-13］. https://mp.weixin.qq.com/s/2ff9R7a7jWp5RSpXh3CZrA.

205

1. 版权作品开发过程中相关方利益平衡机制

版权作品运营和价值开发的前提在于掌握的版权控制力。由于版权作品开发过程中牵扯的利益相关方较多，因此需要通过精细化的权利构架、利益分配方案设计来平衡版权作品市场化运营的各参与方利益。

（1）作者权益平衡

作者是版权作品开发过程中的核心，《著作权法》第十八条第二款规定："有下列情形之一的职务作品，作者享有署名权，著作权的其他权利由法人或者非法人组织享有，法人或者非法人组织可以给予作者奖励：（一）主要是利用法人或者非法人组织的物质技术条件创作，并由法人或者非法人组织承担责任的工程设计图、产品设计图、地图、示意图、计算机软件等职务作品；（二）报社、期刊社、通讯社、广播电台、电视台的工作人员创作的职务作品；（三）法律、行政法规规定或者合同约定著作权由法人或者非法人组织享有的职务作品。"除了这几种情形之外，即使是由公司员工创作的其他类型职务作品，其著作权由作者享有，公司只能在其业务范围内优先使用，这点显著不同于《专利法》中职务发明专利的概念，公司对于职务发明专利的使用、开发、转让等具有相对完整的控制权。并且，上述规定也与《著作权法》第十一条"由法人或者非法人组织主持，代表法人或者非法人组织意志创作，并由法人或者非法人组织承担责任的作品，法人或者非法人组织视为作者"相互呼应，《著作权法》第十八条第二款的规定之外的作品只有同时满足了公司主持、代表公司意志，并且相关责任由公司承担，公司才能完整掌握作品开发的控制权。

如果公司不注意职务作品与职务发明的区别，则极有可能埋下作品开发中是否得到授权的隐患，好在《著作权法》允许公司与员工之间通过合同约定的方式去获得更多的权利，这也提醒公司在版权作品开发过程中，首先要解决作者授权的问题，这不仅包括公司与员工之间，也包括平台型企业与入驻的创作者之间通过合同中相应条款的设计来保证公司开发版权作品的自由度。此外，为了兼顾激发作者创作热情和作品版权开发自由，在合同设计条款时，应该赋予作者适当的激励机制。例如，可以从原始作品和对基于原始作品产生的衍生作品的收益中提取一定的分成给作者。

除了收益分成之外，应该与作者签订相关权利使用的详细条款，如对于后续作品的改编、修改、分割化使用的问题。虽然公司可以采用一定的措施鼓励作者参与到作品二次开发过程中，但不免出现主观上作者不愿意再参与创作或者客观的意外情况，使得原始作品作者不再参与到上述二次开发过程中，因此在这种情况下，就应该首先排除公司自主进行二次开发的法律障碍，降低法律风险。例如，在需要掌握作品的完全版权时，应该优先采用买断的方式，而不是采取许可的方式，即使在作者只同意对作品版权进行许可时，也应该优先争取独家许可，并且对于许可的期限约定，应该尽量争取获得作品的整个版权生命周期。

此外，作者一般比较关心保护作品完整权这一人身权，这也是作者与公司之间容易发生争议的隐患点，如果公司过度对作品进行二次开发，或者二次开发超出合理边界，很可能因为作者认为公司侵犯了其保护作品完整权而发生争议，甚至对簿公堂。因此，在签订版权转让或者许可协议时，可以尽可能详细地对作品的开发形式、改编方式等细节进行约定，如达到何种开发程度才构成对保护作品完整权的侵犯等，尽量降低后续发生争议的可能性。

（2）其他开发和运营方权益平衡

版权作品的开发和运营除了作者权益需要平衡之外，还包括作品在改编、发行、推广、传播过程中等各个环节的参与方。而版权作品开发和运营产业链中各个环节都需要极为专业的运营团队和公司发挥专业力量，才有可能达到版权作品很好的推广效果。因为版权作品在开发和运营过程中，成功的不确定性较高，是否能够获得市场、用户的认可，在作品推广到市场之前一切都是未知数，这也是为什么目前行业内在进行版权作品二次开发时，都选择热门IP题材来降低开发风险，避免市场反应不佳。由于版权作品开发和运营的复杂性和专业性，即使是行业内的巨头如阿里、腾讯，也不可能独自参与所有环节，因此选择和第三方合作来共同开发也成了一种必然的选择。

2. 通过精细化授权来控制版权作品产业链

在企业实现对版权作品产业链进行掌控时，其权利基础就是《著作权法》中所列举的各项财产权，并且版权作品在二次开发或者形成衍生作品时，都必须获得原始权利人的同意，这也是企业能够通过知识产权控制产品产业链的法律依据和基础。

版权相对于专利权、商标权，其权利内容更为多样化，根据《著作权法》第十条的规定，版权相关财产性权利如下：

（五）复制权，即以印刷、复印、拓印、录音、录像、翻录、数字化等方式将作品制作一份或者多份的权利；

称进行普通许可，对于剧情的改编可以进行一定期限的排他许可，这种许可的类型会更加灵活和多样化，能够在一定程度上兼顾被许可方的需求和许可方的利益。

第四，通过许可权利内容组合来控制。对权利内容的处分是公司通过作品版权来控制产业链的最重要手段。例如，通过行使信息网络传播权，授权在线阅读平台或App将作品进行电子化展示给用户；通过行使摄制权，授权电影拍摄公司、工作室将作品拍摄成电影并发行；通过行使改编权，授权游戏制作公司将作品改编成PC端游戏、网页游戏或者安卓/iOS移动终端手游。权利人许可版权中财产权利是非常灵活的，可以从《著作权法》第十条第一款第（五）项至第（十七）项规定的权利中选择一个或者几项进行组合来许可给合作方。

例如，A公司将某文学作品许可给影视剧制作公司拍摄电视连续剧，不但将摄制权许可给对方，并且还允许B公司在一定范围内对该文学作品进行改编，也就是说将改编权也许可给B公司，但在许可协议中对作品改编的范围、改编的内容进行了详细的约定，以保证作品的改编在A公司允许的范围内。如果不加以限制地允许B公司行使改编权，不仅使改编之后的二次作品无法与原始作品之间形成权利、生态圈互动，还可能会对原始作品的IP品牌、IP价值造成伤害。

因此，在版权许可协议中，不仅需要对许可的权利内容进行明确，还需要对权利内容具体如何行使和运用、权利行使过程中的监督方案和周期、违约责任等进行详细的规定。

第五，分割授权，丰富知识产权生态圈。目前国内对版权产品进行授权开发的方式还是习惯于采取整体打包的方式，将作品作为一个整体授权给合作方。但由于当下移动互联网的兴起，用户的娱乐时间越来越碎片化，整体开发的方式并不一定有利于版权产品价值的深入挖掘。例如，当下最为火热的抖音等短视频，里面可能仅涉及对原始作品的一部分片段的使用，也可能基于原始作品的角色和剧情进行再创作等，因此作品中内容如何进行分割授权成为知识产权生态圈打造和丰富的重要一环。

在对产品内容进行分割授权时，也应该结合不同平台的特点。例如，视频点播平台、短视频平台、自媒体平台、直播平台、在线听书平台、电子书阅读平台、动漫社区、在线流媒体平台、社交平台、PC端游戏平台、iOS/安卓端游戏平台中对于产品使用的需求和特点；又如社交平台上对于原始电视剧作品的使用，可能更关心人物造型、打扮等，可以就角色的形象进行单独授权，而游戏平台对于作品的使用，可能更关注作品中体现的剧情和角色名，而不关注其他内容。

具体而言，对于版权做的分割使用可以包括如下形式。

①对作品中角色形象、造型授权。例如，将电影或者动漫作品中角色形象授权给手办、玩具制造商等，根据作品中角色形象、造型来建造运营主题游乐园，比较典型的如迪士尼乐园。

②对作品中角色名称的授权。如根据一些文学作品中的经典角色名称再创作出全新的文学作品。例如，同人小说（Fan Fiction），就是利用原先知名的动漫、电影、游戏、小说等作品中的人物角色、故事情节或背景设定等元素进行的二次创作的衍生作品。同人小说的素材可能来自进入公共领域的作品资源，也可能来自尚处于版权保护期的作品。伴随着移动互联网的发展及明星效应的带动，近年来，同人小说中的真人同人小说也逐渐兴起。

③对作品中剧情的授权。这种情况以作品改成电视剧，或者改编成游戏较为常见，因为电视连续剧有充分的时间来展示作品的全部情节，比较典型的如众多根据武侠小说改编的同名电视连续剧等。

④对作品中部分剧情的授权。这种情况较多地发生在改编电影情形。例如，根据金庸小说《笑傲江湖》多次改编的《笑傲江湖》电影，其中只撷取了原著中部分情节进行改编和再创作。

⑤对于作品中可分割的内容进行授权。这包括电影中配乐、美术作品、角色经典造型等，如《灌篮高手》中各主角的形象。

对产品内容进行分割授权，形式可以非常灵活，也可以采取上述授权内容以分割后重组的方式形成一个复合的授权包，针对不同的平台、不同的应用场景灵活定制版权授权包。

3. 借助全平台运营丰富版权作品产业链

（1）全平台运营概念

在文娱企业版权作品运营过程中，不仅要区分线下、线上两个渠道，更需要体现在全平台运营概念上。例如，某文娱公司的某件文学作品，不仅可以通过线下的出版社进行出版，还可以通过线上渠道进行电子版的发布；在各大文学作品发布平台、自媒体上进行传播，甚至可以说线上平台的重要性已经不亚于线下平台，因此本书中所指的全平台运营概念更多的是指线上渠道的全平台运营。

线上平台并非简单划分为 PC 端、移动终端，还需要根据版权作品表现形式的类型来划分运营平台。例如，某文学作品不仅可以发布在 QQ 阅读、起点中文网等在线平台上，通过读者的打赏获得收益，还可以发布在喜马拉雅、荔枝等在线听书平台上。虽然目前较少看到视频直播平台由主播阅读文字作品,但依然不能排除以后作品借助视频直播平台由主播阅读和编排表演的形式再现。此外,作品还可能改编成漫画,制作成动漫,通过公司自身影视拍摄部门和团队或者由其他影视公司拍摄成电影作品进行院线发布,发布到视频网站或者短视频网站上进行推广等。

以玄幻小说《武动乾坤》为例,其首发于起点中文网,并拥有超高的人气,曾在"2017猫片·胡润原创文学IP价值榜"上排名第15位。对于该作品版权的再次开发的平台包括:授权游戏公司根据其剧情改编成网页游戏;授权将作品改编创作成漫画并在漫客栈、漫画台等漫画平台上进行连载;授权将作品改编为动画制品,并在腾讯视频平台点播;授权将作品中部分剧情改编成电影,并在腾讯视频平台播出;授权将作品中部分剧情进行改编,制作成古装玄幻武侠剧,并在卫视频道和优酷视频网络平台播放;授权将作品中部分剧情进行改编制作成手游,并在iOS、安卓平台推广。可以说,对于《武动乾坤》这一作品的IP开发,并在全平台上运营是成功的。

由此可见,全平台运营应该至少可以包括如下平台:视频点播平台、短视频平台、自媒体平台、视频直播平台、在线听书平台、电子书阅读平台、动漫社区、知识分享社区平台、社交平台、PC端游戏平台、移动端(iOS/安卓端)游戏平台等。

由于文娱企业自身很难同时运营所有上述平台,因此需要通过签订相关知识产权许可协议的方式对不同平台发布方的责任、风险、收益分配、合作形式、合作期限、侵权打击措施等内容进行详细约定,降低公司的知识产权资产流失的风险。

(2)规划开发策略,形成知识产权生态圈内各版权作品的联动效应

作品是版权产生的基础,因此企业通过对作品设置不同的使用方式,可以丰富整个二次创作作品来完善知识产权生态圈。目前作品的衍生、二次创作并没有统一的进化路线。这种知识产权生态圈的演进过程既有网络小说衍生出电视剧、电影、网络剧、手游、端游、页游、动漫、漫画的方式,典型的包括《武动乾坤》这一IP产品的开发;也有先存在端游,再从端游改编为电视剧、手游、电影的方式。

以大宇资讯在1995年7月发行的国产单机中文角色扮演电脑游戏《仙剑奇侠传》为例,《仙剑奇侠传》除了在单机游戏上获得巨大成功外,之后还基于端游游戏版权作品,二次开发出一系列的衍生作品IP。

根据统计，相关衍生作品 IP 包括：经过改编由唐人影视、上海影视、云南电视台出品的《仙剑奇侠传》于 2005 年 1 月 24 日在台湾中视首播，后于 2005 年 1 月 31 日在重庆电视台影视频道、上海电视台电视剧频道大陆首播，又于 2008 年 1 月 27 日在河北卫视首轮上星播出，获得 2005 年 TOM 娱乐英雄会最受网民推崇电视剧。2012 年授权给作家管平潮改编创作成同名奇幻仙侠类小说《仙剑奇侠传》，随后根据这一小说进行再次开发，由喜马拉雅出品，掷地有声工作室制作成《仙剑奇侠传》官方广播剧。授权给开发商腾讯魔方工作室群改编的卡牌手游《仙剑奇侠传》也于 2014 年在安卓、iOS、PC 模拟器一同发行。授权上海染空间剧团把《仙剑奇侠传》改编成舞台剧，此次舞台剧以《仙剑奇侠传》一代游戏为主题，融合投影技术的舞台声光呈现。在 2016 年 12 月，该剧团受湖南卫视邀请，将仙剑舞台剧改编为《一年级毕业季》毕业大戏《仙剑奇侠传》音乐剧。此外还曾授权给唐人影视拍摄《仙剑奇侠传》同名古装玄幻电影，但因版权争议搁置。《仙剑奇侠传》这个 IP 运营相对来说算比较成功的方式，但这种运营还是属于版权作品的整体打包运作，并没有形成一个完整的 IP 产业链，各个 IP 产品还是处于分散开发、运作的方式，IP 作品之间的联动效应和生态并未完全建立起来。

以国外的成功经验来看，要打造 IP 产业链，需要从战略高度上重视对于版权作品的开发，并不能采用无序开发的方式。以漫威对其旗下漫画作品的开发为例，从漫威公司从其他公司收回旗下超级英雄角色开始，所有后续电影的拍摄、发行并非毫无章法，而是按照既定的漫威宇宙体系的构建思路，先从单个英雄的故事介绍开始，如早期的《钢铁侠》系列、《美国队长》系列、《雷神》系列、《神奇博士》系列、《蚁人》系列等，再到《复仇者联盟》系列引入宇宙观概念，前后历时十几年，并且这些 IP 体系是一种包容的生态圈，可以在这种体系下不断推进剧情、引入更多的角色，进而使得 IP 产品产业链下各个 IP 产品之间形成良性互动，IP 产品生态圈中作品的开发规划如同一条价值主线，各个 IP 产品的加入丰富和实现了知识产权价值。

反观 DC 漫画公司，虽然前期出品了一系列叫好又叫座的超级英雄电影，如《蝙蝠侠》系列、《超人》系列等，但 DC 漫画公司对于 DC 宇宙观的规划并不明晰，后期看到漫威超级英雄宇宙系列电影大获成功而匆匆上马《正义联盟》，由于《正义联盟》的剧情设计、推动、宇宙观建立均存在硬伤导致口碑及票房均不尽如人意，这在一定程度上不仅影响后续《正义联盟》系列推出续集，也对 DC 漫画的 IP 口碑造成负面影响。

4. 维护管理版权资产，长葆价值青春

版权资产与专利资产相比，优点在于许可灵活、生命周期长，并且可以通过一定的手段和措施、延长版权资产的生命周期。

（1）版权资产更新迭代

在美术作品上比较常见，如漫画、动漫等，事实上很多经典的漫画角色都有一个更新、换代的过程，因为在不同的时代，人们的喜好会受到所处时代的影响，以 DC 漫画中的"超人"形象为例，在不同阶段的几个形象如下：1938 年超人胸前徽标为黄色填充的倒三角形中间嵌入红色字母"S"，"S"为超人（Superman）的首字母，"S"字母边缘略超出倒三角形。1941 年超人胸前徽标中倒三角形改成菱形，"S"字母整体位于菱形内部。1955 年超人胸前徽标在保持其整体形状大体不变的同时，对"S"的造型和大小也进行了调整。1986 年将超人的胸前徽标整体进行了放大，使其在视觉上更加突出。事实上，这种对于超人形象的更新，并非由同一作者来完成，通过这种对主要角色形象的更新，不但使其更加符合当下的潮流，还能够延续核心版权资产的生命周期。

（2）版权资产的管理与维护

在对版权资产进行管理时，分为对自有版权资产、外购版权资产盘点两方面，在对自有版权资产进行盘点管理时，从版权资产生命周期、资产更新、作者管理、权利内容、被许可方履约状况、被许可方获授权内容、合同到期后管理、侵权应对等各个方面对版权资产进行定期盘点，避免出现版权资产无序开发、许可等损害版权资产价值的后果。例如，可以通过要求运营部门定期提供合作方对于版权许可合同的履约行为报告方式，来监控版权资产的运营情况。

在外购版权资产时，也需要注意核对许可费是否具有授权的权利，许可的内容一方面是否能够满足己方版权运营的要求，另一方面也要仔细核对许可协议中是否构成对己方的过多限制，特别是对于作品的各种改编等行为的书面确认行为和许可方确定期限等，是否会影响到己方自由实施的行为，同时还应该对于许可的类型等进行确认，以使得己方购买的许可能够支撑预期的运营目的。

此外，还可以通过加入技术措施等方式，如区块链方式，对作品的版权进行自动化管理，保障版权资产始终能够得到受控开发，降低版权资产因为侵权行为导致知识产权价值流失的风险。

第二节　企业在行业中的地位决定知识产权的形态

企业在行业中的地位包含两个方面的内容，一是行业的情况，二是企业在行业中的位置。

一、行业竞争是否充分决定了知识产权工作的紧迫性

不同行业的竞争激烈程度千差万别。如果每一个行业参与者不需要过多关注竞争对手的动态，仅把自身产品或者服务质量提升，就能够获得足够的收益、利润，则该行业在这个阶段往往不会存在激烈的竞争。

1. 行业竞争越激烈，知识产权工作越紧迫

以互联网行业为例，在互联网行业兴起之时，尚处于人口红利期，各个互联网公司仅需要把自身产品打磨好就能够获取到足够多的用户，获取用户的成本不高。因此，在这个阶段行业内各企业之间往往一团和气，除非对方进入己方优势领域或核心领域，否则不会轻易通过发起诉讼或者其他法律手段来阻击对方。

但随着人口红利的逐渐消失，互联网竞争进入下半场存量竞争时代，获取新用户和维护老用户成本越来越高，而互联网行业的产品已经完善到覆盖用户衣食住行玩等各个方面，往往一家互联网公司的用户增量也伴随着另一家公司的用户流失为代价。在互联网时代，用户的注意力是企业最宝贵的竞争对象，因此各个互联网公司采用各种方式来阻击对方进入自身的核心业务领域，同时还需要实现自身业务的扩张，采用的手段不仅包括投入大量的资源来进行引流，也包括采用诉讼等武器对对手进行打击。例如，百度和搜狗之间爆发的互联网史上最大专利诉讼案，诉讼金额超过亿元，其争议核心就在于对方的输入法是否落入己方专利的保护范围。

2. 行业竞争技术门槛高低影响知识产权工作必要性

（1）技术门槛越高，知识产权工作越重要

不可否认，不同行业竞争的技术门槛有所不同，越是技术门槛高的行业，企业越有动机进行知识产权布局，狙击后来者进入该行业。因为只有知识产权才能够赋予行业中的先驱者、优势者将这种技术上的竞争优势转化为法律独占的权利。

互联时代知识产权管理

在技术门槛高的行业中，先驱者或者优势者起初在技术上的领先优势，如果不通过知识产权布局来维持，很容易被后来者通过持续加码的研发投入来逐渐追平这种技术层面的优势。因此，先驱者或者优势者往往会选择通过专利布局等方式，将这种技术上的优势转化为一定期限内法律独占的权利。并且，通过专利布局组合的不断优化去匹配技术更新迭代的需求，对后来者规避设计、研发技术路线的选择造成极大的障碍。

而在先驱者或者优势者将这种技术上的优势转化为产品竞争力及市场竞争份额优势之后，不论是行业产业链上下游参与者的需求，还是优势者企业本身的动力，都很容易触发将技术、专利和标准融合起来的动机，这种融合一方面便于行业产业链中各参与者优化产品线和统一生产工艺，统一技术标准，如台式计算机中各接口的统一，极大地降低了电脑的生产成本，也促进了台式计算机的推广使用；另一方面推动专利标准化，也使得被纳入标准中的专利应用到更广阔的领域和市场，典型的如通信协议标准中的标准必要专利，同时对于专利权人拥有的标准必要专利资产的价值提升也有巨大的促进作用。

在后来者需要进入该行业时，有以下两种方式可以应对。

第一种是进行规避设计，绕开知识产权权利人的布局，但这种方式存在两个隐患。

①规避设计能否绕开权利人布局。以汽车变速箱为例，在汽车整车设计中变速箱设计最为复杂，并且难度也最高，在最为主流的自动变速箱中，液力自动变速箱（Automatic Transmission，简称AT变速箱）因其可靠性、耐用性、平顺性的优势得到人们的广泛认可，在AT变速箱中尤其以丰田公司设计和制造的爱信AT变速箱质量、传动效率、平顺性广为人知。例如，爱信的大扭矩容量FR10速自动变速器就搭载在雷克萨斯LC500、LS500等车型上。

而丰田也在AT变速箱领域布局了大量专利组合，这些专利组合很多都不仅包含丰田自身所采用的技术路线，甚至还包括丰田并未采用的、非最优的技术路线。因此，丰田在该领域的专利布局对其他汽车厂商设计自动变速箱时构成了巨大障碍。因此，有些技术厂商不具备变速箱研发实力，只能选择采购丰田的爱信AT变速箱。

②规避设计往往很难达到最优效果。有些厂商因为无法绕开丰田AT变速箱专利布局，被迫放弃AT变速箱的设计，采用技术原理上与AT变速箱完全不同的双离合变速箱（Dual-Clutch Transmission，DCT）或者机械式无级自动变速箱（Continuously Variable Transmission，CVT）等设计路线，而这些双离合变速箱、

CVT变速箱在可靠性、耐用、可承受的最大扭矩方面往往不如AT变速箱，即便如此，也因为知识产权布局的影响，这些厂商选择一条并非最优的产品设计路线。在这种无法绕开权利人专利布局的情形下，规避设计很难展开，或者规避设计的产品竞争优势下降。

因此，在一些专利权人进行专利布局时，虽然没有将所有可替代的技术方案进行布局，留给了其他人一些规避设计的路径，但这些替代方案往往并非最优的实现方案，导致产品设计出来，虽然能够避免侵犯权利人的知识产权，但产品在市场上的竞争优势大大降低。

值得注意的是，在进行规避设计时，前提是开展有效的专利自由实施分析，强调有效的自由实施分析的原因在于，如果自由实施分析没有对整个行业，特别是主要竞争对手的专利布局进行全面、准确的检索，则自由实施分析结论极有可能无法真实反映研发项目的风险等级。一份具有误导性的自由实施分析报告对于一些研发周期长、研发投入高、研发难度高、研发容错率低的项目而言，这种误导性造成的影响将是毁灭性的。在开展了有效的自由实施分析之后，也应该实时跟进研发进度，将研发过程中规避设计方案等成果进行布局。例如，采用针对竞争对手核心专利的包围式专利布局策略，从而提高与竞争对手竞争、谈判议价过程中的筹码，在一定程度上降低竞争风险。

第二种是获取权利人许可：在无法进行规避设计，或者进行规避设计的难度很高的情况下，寻求获得权利人许可的方式也是可行方案之一。在芯片设计行业尤为突出，芯片行业是技术门槛相当高的行业之一，想要进入芯片行业，不仅需要大量资金、人才的支持，技术实现难度及专利壁垒都是后来者想要进入该行业的最大障碍，因此在芯片行业中，又细分为芯片设计、芯片制造、芯片封装、芯片测试等处于产业链不同位置的公司。特别在芯片设计方面，某些优势厂商，如ARM公司，以其完善的知识产权布局使得该公司仅仅通过收取许可费的方式就能够在整个芯片产业链上牢牢掌控各下游厂商。

因此，在技术门槛高的行业中，作为知识产权优势者一方，必然要继续寻求更为完善的知识产权布局，有计划地对己方知识产权进行逐渐更新、完善，以寻求巩固其知识产权优势地位，并在可能的情况下，推动核心专利标准化；而作为后来者或者知识产权劣势者一方，必然要求更加重视知识产权，不断寻找对方知识产权布局薄弱之处进行突破，或者在技术更新迭代之际，寻求技术路线"弯道超车"的机会，并且完备的知识产权工作也可能有利于公司在获得知识产权许可费技术许可时审视许可中各条款的合理性和必要性，降低知识产权许可支出。

(2) 行业竞争的技术门槛低，知识产权工作也不能忽视

虽然行业竞争的技术门槛越来越低，但不意味着知识产权不那么重要。在行业竞争门槛较低的行业，大家普遍对知识产权不重视，仿制复制产品的现象也比较多，但也不能因此忽视包括专利在内的知识产权工作。

第一，技术门槛低，不代表设计门槛低。比较明显的如服饰行业、玩具周边行业等，吸引用户购买企业产品的原因多半不会是产品的技术含量有多高，更多的可能在于独特的设计风格。因此在这类行业中，企业大多不会布局太多的发明专利，即使偶有一些服饰材质、玩具用料、制造工艺等发明，也不是这类企业专利布局的重点。外观设计类专利反而是这类企业需要布局的类型。外观设计专利本来就是用于保护对产品的整体或者局部的形状、图案或者其结合以及色彩与形状、图案的结合所作出的富有美感并适于工业应用的新设计。这也正好匹配服饰、玩具的"卖点"，即"美感"和"好的设计"。而在实践中，服饰行业内外观设计专利诉讼也比比皆是，因此对于一些技术门槛没那么高，但产品的卖点在于优秀的设计方案的行业来说，除了花重金去吸引优质的设计师之外，如何保护设计师设计出的优秀设计方案，考虑多布局一些外观设计专利也是不错的选择。

第二，布局实用新型专利。对于那些既不存在较高的技术门槛，也不主打产品外观卖点的行业来说，除了商标布局之外，适当的专利布局也是必要的。特别是产品的形态为简单结构类，布局实用新型专利也能够起到保护产品的作用。一方面，这类产品申请发明专利时，容易因为创造性达不到《专利法》的要求无法获得授权；另一方面，在我国发明专利与实用新型专利仅仅在审查阶段因为创造性要求高低的差异，以及在授权之后保护期限的区别，绝不意味着在法律层面实用新型专利的法律效力及保护力度低于发明专利。从《专利法》规定内容看，实用新型专利在侵权赔偿及计算方式、财产保全、行为保全、证据保全的力度上都与发明专利无异。

此外，在实践中由于实用新型专利在审查过程中的创造性要求一般低于发明专利，不需要达到"突出的实质性特点"和"显著的进步"，仅仅要求其具有"实质性特点"和"进步"，因此在无效阶段实际上复审和无效审理部对无效实用新型专利的对比文件数量和技术领域有所限制，使得实践中实用新型的无效难度并不低。

因此，在技术门槛相对较低的行业中，一方面不能忽视竞争者的知识产权布局，特别是实用新型、外观设计专利的布局，避免产品落入对方的保护范围；另一方面也应该重视产品的设计、技术等亮点之处，通过知识产权布局来保持这种优势地位。

3. 行业竞争者越集中，知识产权用处越大

行业中各参与方竞争是否集中，也关系着知识产权的用处和价值。在未出现垄断性企业的行业中，公司如果想以知识产权作为武器来打击竞争者，有可能双方综合实力相当，这种实力不仅是知识产权方面的实力，也可能是公司规模、资金实力、行业影响力等。

（1）竞争参与方数量众多，行业集中度低的行业

以家具产品行业为例，家具行业由于竞争参与方数量众多，行业中并没有出现少数几个能够占领市场绝大多数份额的龙头企业，大部分企业都是在各自细分领域具有自己的优势产品，但这种产品的优势相对于竞争对手往往并不明显。因此，家具行业虽然经常发起专利诉讼，但专利权人却很难通过专利诉讼迫使对方退出行业竞争，即使是败诉的一方，也只需要在支付赔偿款的同时停止销售侵权产品，在对产品设计方案进行调整之后，又能很快重新投入市场中进行竞争，因此这种竞争者不够集中的行业，知识产权固然发挥出制止侵权产品、降低侵权损失、对对方产品的销售造成负面影响的作用，实现了知识产权的诉讼价值，但却无法成为一种战略武器去打击对手，迫使对手退出该行业。

（2）竞争者极其集中的行业

在竞争者极其集中的行业，又是另一番光景。例如，通信行业因为涉及技术领域广泛，资金投入大，对于技术沉淀的要求极高，不但行业的进入门槛高，并且由于通信技术更新迭代过程中各方对于技术路线的理解不同，导致通信协议的实现技术手段也各有不同，一旦投入大量资金研发出来的成果不被市场认可，则会对参与方的营收造成很大影响，甚至会导致公司倒闭的结果，因此通信行业发展到现在，已经只剩下少数几家巨头。

由于通信行业属于技术密集型行业，并且巨额资金研发成果的不确定性大，因此各方往往会选择通过知识产权，特别是保护了专利在内的行业标准形式来对各方的竞争和研发进行规制和引导。换一种说法，各方的竞争优势可以在一定程度上体现在通信协议标准中必要标准专利的数量上，也就是说，竞争优势越大的企业，在通信协议中标准必要专利的占比越高。从历年通信协议标准 2G、3G、4G、5G 的更新迭代中，也可能体现行业各参与方竞争优势的此消彼长。

因此，在通信行业这种竞争者极其集中的情况下，专利已经不仅是一种普通的诉讼武器，已经成了一家公司在行业中话语权的体现。有多少专利能够进入标准池，不但会影响公司产品进入市场的竞争力，也会关系到公司是向其他厂家收

取每一件产品的专利许可费,还是支付给其他公司专利许可费,以及在谈判中许可费率的计算等,因此说知识产权是公司最核心的资产和"武器"也不为过。

除此之外,在竞争者极其集中的行业,对于专利、标准的尊重已经成为行业的共识,特别是标准必要专利其实也指导了公司将各种资源投入的方向,避免了研发方向错误导致偏离竞争轨道的后果。

二、企业所处行业地位影响知识产权运用手段

1. 龙头企业知识产权运用中的长袖善舞

作为行业的龙头企业,一般是公司员工数量、产品市场占有率、营收规模、客户数量与客户质量、资金储备等各个方面占优的企业,这类龙头企业往往不会忽视知识产权的布局与运用,必然下重金通过知识产权布局、运营来保持和扩大这种竞争优势。

一方面,龙头企业会利用完善的知识产权布局去阻击其他参与方,包括专利诉讼、专利许可、专利运营、制定标准或者建立专利池等方式来扩大自己的领先优势。以高通为例,不但其专利运营许可收入占据了公司整体营收相当大一部分比例,并且通过对使用其技术的竞争对手产品收取一定费率的许可费,从效果上提高了竞争对手的产品成本,因而在某种程度上也实现了降低竞争对手产品竞争力的效果。

此外,龙头企业对于知识产权运营,也不仅限于通过运营、许可等增加营收,还能够通过知识产权来影响竞争对手的市场行为。例如,A公司要通过公开招标的方式选择供应商,而B公司刚开始并没有意愿参与竞标,在B公司得知其竞争对手C公司参与了竞标之后,通过获取招标标的信息,并对标的进行分析得知B公司自身已经围绕标的产品进行了充分的专利布局,因此通过函件的方式向A公司表达了参与竞标意愿,并提供了B公司在该领域完善的知识产权布局情况,那么A公司可能会因为对知识产权侵权有所顾虑而让C公司失去此次商业合作的机会。

另一方面,龙头企业也必须应对其他竞争对手的挑战。没有人愿意永远做行业的老二、老三,其他竞争对手无时无刻不在想如何超过行业龙头企业成为行业第一。因此,行业内其他竞争对手也会通过分析龙头企业的知识产权薄弱之处,或者强化自身知识产权优势点来对龙头企业发起挑战。为此,龙头企业不但需要关注自身的知识产权布局,也需要对行业主要竞争对手的知识产权动态进行监控

和分析。

因此，龙头企业的知识产权部门需要适应这种万人瞩目的焦点角色，知识产权工作的成效也应该做到与龙头企业在行业中的位置相匹配。

2. 知识产权是行业老二、老三发展的护身符

行业内老二、老三的位置比较尴尬，这类企业一方面需要担心"腰部"企业（指处于行业中游地位的企业）发起对自己位置的冲击，另一方面还要应对行业内龙头企业的不断打压。

现实中经常发生行业老二被老大敲打的案例，比较典型的案例如 MP3 播放器解码芯片行业龙头厂商 S 公司在行业老二 A 公司市场份额逐渐接近自己时，毫不犹豫在美国发起"337 调查"，力图将 A 公司产品狙击在美国市场之外，虽然后续 A 公司通过在美国应诉，同时也通过在中国本土发起反诉的方式，最终与 S 公司达成和解。这起案例也给行业内的老二、老三企业一些思考和教训。

第一，在公司营收、产品销售等不断攻城略地之时，不可忽视知识产权布局，否则在面临行业老大敲打之时毫无还手之力。在上述案例中，A 公司由于前期并未积累足够分量用于反制的专利武器，因此在被诉后起初没有相关用于反制的有效专利，只能采取对"337 调查"积极应诉的方式。

第二，在认清企业在行业中当下所处地位之后，应该对可能被人通过知识产权敲打的场景制定应对预案，这些预案不仅包括平时加强知识产权布局储备，也可以适时外购一些重量级的专利，提前做好应对准备，因为一旦诉讼发生再去采购专利，不但在短时间内很难找到合适的专利标的，并且也可能发生标的专利的权利人了解诉讼情况之后抬高售价等。在上述案例中，A 公司直到获得外援"文-黄"专利（"文-黄"专利全称为"按照运动图像专家组标准的便携式放音系统"，专利申请号为 98114958.8，发明人为文光洙和黄鼎夏，因而简称"文-黄"），才能最终在中国本土向对方发起致命反击，迫使 S 公司回到谈判桌前，达成技术交叉许可的全球和解方案。

第三，以专利分析为抓手，提前排除隐患。在开展日常知识产权工作时，就应该对主要竞争对手的专利申请动向、专利授权动态、专利优势领域、研发路线变化等各类信息进行定期分析。对处于申请中的潜在威胁专利申请，可以通过提公众意见的方式向国家知识产权局专利审查员主动提供信息，积极检索、主动提交用于影响这些隐患专利申请授权前景的对比文件和意见，并注意关注案件的审查动向和结果；对那些已经获得授权的专利，可以从己方产品、对方专利保护范

围等维度进行对比分析,对竞争对手的授权专利进行筛选,对于一些侵权风险较高的授权专利,可以采用提起无效宣告请求的方式挑战其专利有效性,提前排除掉隐患。

因此,行业内老二、老三企业一方面需要加强内在修为,即提前准备知识产权布局,不能"临阵磨枪";另一方面也必须关注行业龙头企业及其他竞争对手的知识产权动态,做好诉讼发生时的预案,并在必要时提前对竞争对手的威胁专利发起稳定性挑战。

3. "腰部"企业提升自身修为,强化知识产权布局

"腰部"企业处于上升期的企业,在本行业中处于中游位置,其在行业中的地位还没有达到被行业巨头盯上的地步,虽然在行业竞争中有自己的特色产品、渠道、客户质量优势,但综合实力尚有欠缺,"腰部"企业无法像行业巨头一样,毫无顾忌地投入大量资金在研发和知识产权工作上,不能在各条产品线上都有相当强度的资源投入,"腰部"企业的知识产权工作尤其不能脱离公司整体实力和实际情况,一味在知识产权各个指标上对标行业龙头企业。

在"腰部"企业中开展知识产权工作,有以下几个方面需要注意。

(1) 需要更加注重预算执行效果

"腰部"企业在知识产权预算投入有限的情况下,对于知识产权布局需要更加有针对性,优先偏向于布局容易取证、能够切实保护公司产品的专利,不能像龙头企业一样,对于一些诉讼可能性不高、不容易取证以及创新程度不高的技术方案,可以灵活采取商业秘密等措施来进行保护。

(2) 知识产权布局需要实现优势加权

在"腰部"企业中知识产权不可能做到面面俱到,相对而言,将知识产权布局重点放在"腰部"企业自身优势的产品、优势的技术上更有效果。以某激光显示企业专利布局概况如图5-2-1所示。

可以看出,该公司在G03B分类号(G03B:摄影、放映或观看用的装置或设备;利用了光波以外其他波的类似技术的装置或设备;以及有关的附件)下的专利布局数量占比超过了一半,达到55.90%,可见该公司在该分类号下的产品或者技术具有相当的优势。该公司也并未选择在各个分类号上均衡发力,而是突出自身的长处,实现知识产权优势加权,通过"点"上的优势以弥补在"面"上的不足。

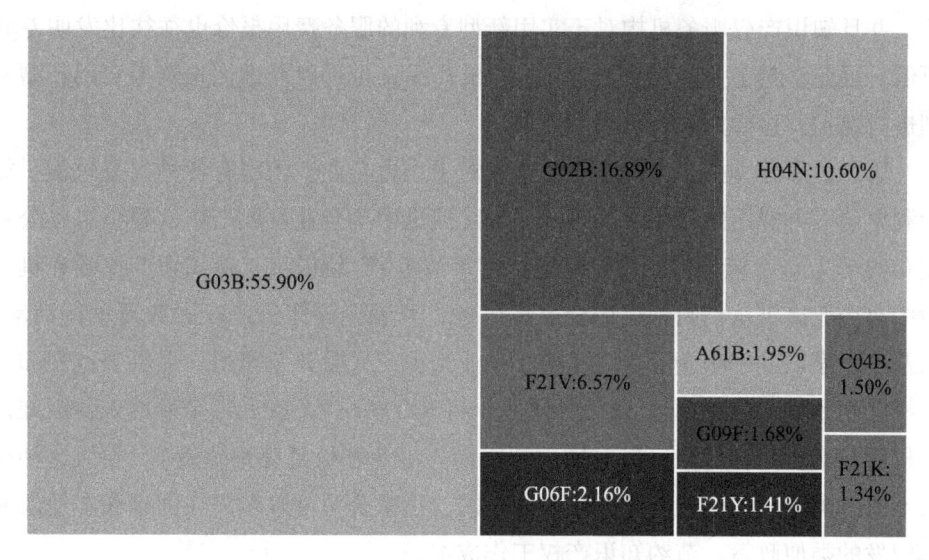

图 5-2-1 某激光显示企业专利布局概况

数据来源：Incopat

检索时间：2021 年 3 月 26 日

（3）注重专利情报分析，借鉴对手长处

行业内的巨头之所以能够成功，说明其综合实力较为均衡，产品能够得到市场的认可也能够体现产品的创新研发实力。作为"腰部"企业，如果在产品研发过程中遇到难题，那么行业内的"领跑"企业公开的专利文献也正好是"腰部"企业用来分析领先者优势所在最好的情报资料。因此，"腰部"企业的知识产权部门可以与研发部门一道开展专利情报分析工作，为研发部门提供研发思路，并且在分析过程中，还可以同时做好专利侵权规避设计，避免己方研发的产品落入到对方专利的保护范围。

4. 小微企业聚焦产品优势，用好知识产权预算

在我国占绝大部分比例的还是小微企业，其中有的是初创企业，有的是"专精特新"企业，小微企业因为体量小，很难拿出大量资金投入到知识产权工作上，但这不意味着开展知识产权工作就没有必要。对于小微企业来说，可以灵活采用以下方式来做好知识产权工作。

第一，灵活选择专利布局类型。在我国发明专利和实用新型专利具有相同的法律保护力度，因此可以同时选择发明专利、实用新型专利进行保护。实用新型专利不仅申请阶段没有实质审查的费用，而且专利申请费、年费也比发明专利要

低，并且知识产权服务机构对于实用新型专利的服务费用报价也往往比发明专利更低。因此，对于一些产品更迭比较快的产品，也可以考虑优先选择实用新型专利进行保护，这样知识产权成本更低。

第二，用好支持小微企业的政策。对于小微企业，国家有各种支持政策，如专利申请官方费用的减免政策等。国务院促进中小企业发展工作领导小组办公室发布的《为"专精特新"中小企业办实事清单》❶ 就提出支持知识产权服务机构为中小企业提供从创新到运用全过程服务，开展全国知识产权服务万里行活动，惠及1万家以上中小企业。组建中小企业知识产权服务专家团，提供公益性知识产权咨询和信息服务。到2022年年底，将5000家"小巨人"企业纳入各级知识产权优势企业培育对象（国家知识产权局、工业和信息化部负责）。类似这种政策不但有国家级的，也有地方政府发布的，小微公司可以多关注国家和本地政府部门发的类似政策，节约知识产权工作成本。

第三，更加贴近公司研发项目实际。在一些大的企业中，对于很多可申请可不申请的技术方案，往往会采取统一申请的策略，这是基于全面保护公司产品和技术的考虑，但对于小微企业来说，则没有这种投入去支持全面保护，而在预算有限的前提下，应该放在重点产品、重点技术的保护上，对于与研发项目无关，也与公司产品保护无关的技术方案，在可以采取技术秘密保护的前提下，可以选择不申请或者暂时搁置的方式。但是对于一些专注于技术预研的小微企业来说，则不应该将专利申请与产品推广进行直接关联，而应该更关注于单个专利的保护范围扩大。例如，在满足单一性的前提下，尽量采用合案申请的方式。

此外，小微企业还可以采取专利托管、专利援助等各种渠道和形式，寻找出适合自己的低成本知识产权管理方式。

三、企业所处产业链位置影响知识产权运用策略

不同行业的产业链结构不同，有的行业产业链结构较为简单，如家具制品行业。而有的行业产业链极为复杂，企业所处产业链的地位也会影响知识产权运用的策略。

例如，新能源汽车行业，最上游原料行业包括锂矿、镍钴矿、石墨矿、六氧

---

❶ 国务院促进中小企业发展工作领导小组办公室关于印发为"专精特新"中小企业办实事清单的通知[EB/OL]．[2021-11-19]．https://www.miit.gov.cn/zwgk/zcwj/wjfb/tz/art/2021/art_064d7ece05ba42f1be49072c7cbb113d.html．

磷酸锂等正负极原料供应商，还包括聚乙烯、聚丙烯等包装原料，在上游电池原料行业包括三元锂、硝酸铁、锰酸锂、电解液、隔膜、电容等厂商，在中游行业包括电池供应商，如锂电池制造商、电池封装厂商、电池管理方案（BMS）供应商，包括电机设备供应商，在下游包括整车厂商。

对于公司所处产业链地位如何影响知识产权运用话语权，比较典型的就是智能手机产业链中两个重量级参与者高通公司和苹果公司之间的专利纠纷案。

很多时候，产业链中各个企业的话语权有大有小。例如，在智能手机行业，基带芯片是智能手机上重要的零部件之一，其承担着合成即将发射的基带信号以及对接收到的基带信号进行解码的重任，直接关系到智能手机通话、上网功能的质量，高通公司基于雄厚的技术、专利、标准储备和优势，在智能手机产业链上，与其他公司合作过程中位居优势地位。

高通公司在与苹果公司合作过程中却并非一帆风顺。与安卓智能手机阵营的其他公司不同，苹果公司对其供应链有着绝对的话语权，这种话语权是由多方面因素共同造成的。例如，苹果公司的产品技术实力、品牌效应、用户忠诚度及对于产业链上游供应商控制力等，其中知识产权也自然作为产业链上不同公司去争夺这种话语权的手段之一，很多智能手机公司对于处理器、基带芯片均采用高通的整体解决方案，而苹果公司却自主研发出更为优秀的A系列处理器，在基带芯片供应商的选择上，苹果公司自然也一直想摆脱高通公司的控制，也曾尝试将英特尔公司作为替代方案，然而英特尔公司在基带芯片上的技术方案并不是那么成熟，导致使用了英特尔基带芯片的苹果手机备受用户诟病。而高通公司为了重新赢回苹果公司这个大客户，选择通过专利诉讼迫使苹果公司重新选择高通公司作为合作供应商。在2018年12月，中国福州中级人民法院判决立即禁止苹果四家子公司在中国进口、销售和发售多款iPhone产品，在2019年4月，苹果公司与高通公司达成全球范围内的和解协议，并签署了为期6年的专利许可协议，苹果公司在后续产品中仍可以继续使用高通公司提供的基带芯片。而苹果公司与高通公司的专利诉讼和解，还带来了另一家公司在产业链中的角色变化，在苹果和高通达成和解协议的几个小时后，英特尔公司就宣布退出5G基带业务。

然而苹果公司与高通公司的专利纠葛仍有后续，在双方达成和解协议之后，苹果公司仍试图挑战高通公司相关专利的有效性，在美国联邦巡回上诉法院维持了美国专利审判和上诉委员会（PTAB）的决定，称苹果公司与高通公司的和解

使苹果无法继续质疑高通专利的有效性。❶

四、找准自身定位，知"天命"而后行

如果国内外知识产权大环境对于企业知识产权工作的影响在于宏观层面，那么企业所处的行业竞争程度及企业在行业中的定位则是影响企业知识产权工作的中观层面因素。在进行知识产权工作策划时，不能脱离企业在行业中的定位和地位。在找准了自身定位之后，可以从以下几个方面来进行知识产权工作规划。

决定知识产权工作的定位，是防御武器还是战略武器；决定知识产权工作重点和方向，是主动出击还是蓄势待发；决定知识产权工作是锦上添花还是雪中送炭，从这个角度来说，也会影响知识产权团队的自我成就感与士气。

当然，企业的行业竞争态势及企业在行业中的地位并非一成不变，当下各行各业市场竞争状况波诡云谲，甚至跨行竞争也渐成常态，因此知识产权工作谋划时，应该具有一定的前瞻性和灵活性，即规划时应该大致预料到接下来几年可能发生的各种状况，留有规划和预算余量；在具体知识产权规划执行时，也应该具备相当的灵活性，实时根据当下企业的经营状况进行相应的调整，这种知识产权工作才不会脱离企业的经营实际，知识产权价值才有可能真正被公司领导层所认可。

第三节 企业所处生命周期影响知识产权价值实现方式

在谋划知识产权价值实现时，除了企业所处行业竞争态势及企业在行业中的地位之外，企业本身所处的生命周期阶段也与知识产权价值实现密不可分。

一、知识产权要成为初创企业的避风港

初创企业一般是刚进入相关行业，各种渠道、人脉及产品销售尚未完全铺开，因此在市场竞争中往往处于劣势。特别是在互联网领域，创业公司发布的产品不仅要面对消费者挑剔的眼光，更要防备互联网公司巨头对于产品的抄袭和模仿。虽然有《反不正当竞争法》和《反垄断法》等相关法律来规制互联网巨头对于初创企业的降维打击，但《反不正当竞争法》也存在不正当竞争行为的定

---

❶ IT之家. 美法庭驳回苹果诉求：和高通和解后无权判定对方专利无效［EB/OL］.［2021-11-11］. https://www.ithome.com/0/585/998.htm.

义相对宽泛的情况，以及容易通过相关方案规避的缺陷。至于《反垄断法》的适用则更为苛刻，很多初创企业所面临的不对等竞争及产品被模仿的问题，也不属于《反垄断法》所规制的对象。因此相对来说，知识产权相关制度设计由于其保护客体明确，并且赋予了权利人合法的独占权利，天然能作为初创企业在商业竞争中的避风港。

1. 优先争取保护商业模式

值得注意的是，并非所有的商业模式都可以通过知识产权来保护，商业模式能够获得知识产权相关法律的保护，也要判断商业模式是否属于《专利法》《著作权法》及其相关实施细则和条例的具体规定。相对来说，在互联网领域中初创企业的商业模式与知识产权之间的联系更为紧密。

对于商业模式本身来说，存在不少的定义，但具体到本书所关注的商业模式，仅限定为能够通过《专利法》进行保护的商业模式，即符合《专利法》规定的保护要求的商业模式，这一类商业模式均需要借助计算机、网络载体来实现。

在移动互联网已经逐步取代桌面端的当下，初创企业的商业模式往往以各种App形式呈现，实践中也出现不少初创企业刚推出一个市场上的爆款App，不久之后行业巨头也紧随其后发布类似产品，再通过自身强大的渠道能力和海量的用户，实现对初创企业产品的压制。即使在如此强调知识产权保护的当下，也无法完全避免App产品之间的抄袭或同质化。例如，2021年某在线音乐平台在官方微博发了一个长图，控诉竞品对其进行"像素级"的抄袭。❶ 事实上，对App产品同质化进行控诉的双方都不是传统意义上的初创公司，论体量已经算是互联网领域的重量级参与者。打开搜索引擎输入"互联网App被人抄袭"，相关网页达到千万级别，因此商业模式的保护不仅是众多创业者所关注的，很多投资人在看到初创公司企划书之后，第一个问题就是你如何防止产品被行业巨头抄袭、模仿，因此商业模式的保护已经成为互联网行业健康发展的首要问题，在近年来国家发布的政策文件中也多次强调加大对商业模式等创新成果的知识产权保护。

在初创企业策划知识产权保护时，必须将初创企业商业模式保护放在所有知识产权工作的最优先地位，可以从如下几个方面来策划商业模式的知识产权保护。

---

❶ 中国经济周刊. 咋回事？网易云音乐称酷狗抄袭：为山寨团队申请年终奖 [EB/OL]. [2021-02-02]. https://baijiahao.baidu.com/s?id=1690565121647560683&wfr=spider&for=pc.

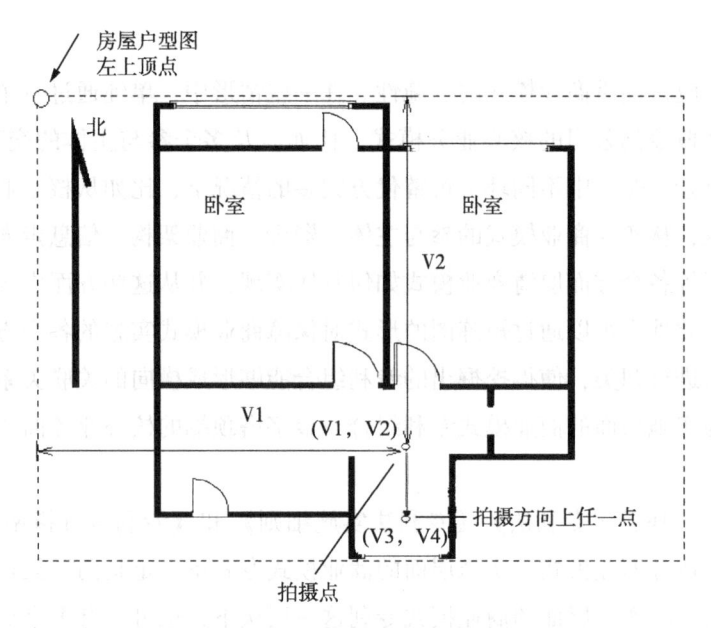

图 5-3-1　房屋实景图拍摄示意图

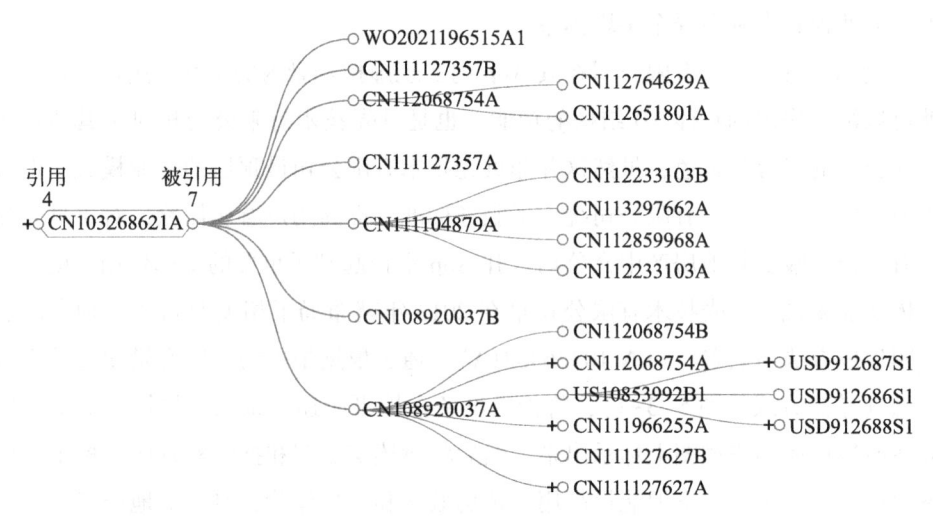

图 5-3-2　贝壳技术有限公司某专利同族信息

数据来源：智慧芽

检索日期：2021 年 11 月 30 日

经过不断地技术迭代和功能优化,最终呈现给用户的效果图如图 5-3-3 所示。

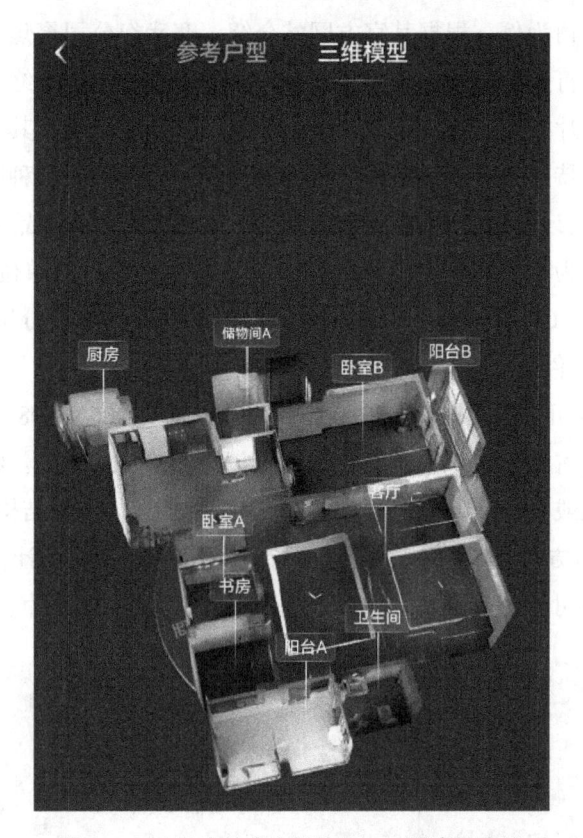

图 5-3-3　贝壳技术有限公司 VR 看房示意图

资料来源:贝壳 App

初创公司由于其资金、市场规模与行业巨头相比相差甚远,尤其需要以知识产权保护为重要手段,来防止其他公司抄袭、模仿其核心商业模式。并且现有的法律框架也赋予了初创公司相对完善的知识产权保护法律体系,因此,需要知识产权部门善用法律,谋划以合适的保护策略、方式完善自身商业模式的保护形式。

2. 聚焦自身长处

"一只手只能握成拳头打出去才有力量",初创企业虽然创立时间不长,但创始人既然选择创业,大多也是基于一种新的需求点产生,或者设计了一种新的产品等才有了创业的行为。因此,初创企业不需要追求大而全的知识产权保护,在创业之初，应该聚焦自身产品、模式、技术的优势，通过知识产权布局谋划去放大这种优势，从而在竞争中形成不对称优势。

以寒武纪公司为例，根据其官方网站介绍，寒武纪公司聚焦云边端一体的智能新生态，致力打造各类智能云服务器、智能边缘设备、智能终端的核心处理器芯片。虽然在芯片行业，寒武纪公司绝对算是一家创业公司，其产品线相对于行业内的高通、英特尔、英伟达等公司来说较为单一，但正是这种聚焦，使寒武纪公司在 AI 芯片设计领域能够在行业内占得一席之地。这种产品的聚焦也反映到知识产权布局行为上，即使将专利布局分析划分到以小组为单位，其在 G06N3/063、G06N3/04、G06N3/08、G06F9/30 领域的专利布局数量分别为 699 件、342 件、317 件、304 件。

从图 5-3-4 可以看出，G06N3/063、G06N3/04、G06N3/08、G06F9/30 这四组专利布局数量占该公司专利布局总量九成以上（G06N3/063：物理实现，及神经网络、神经元或神经元部分的硬件实现；G06N3/04：体系结构，如互连拓扑；G06N3/08：学习方法；G06F9/30：与执行机器指令相关的设计，如指令译码），可见，寒武纪公司的主要研发方向在于基于深度学习的 AI 芯片。

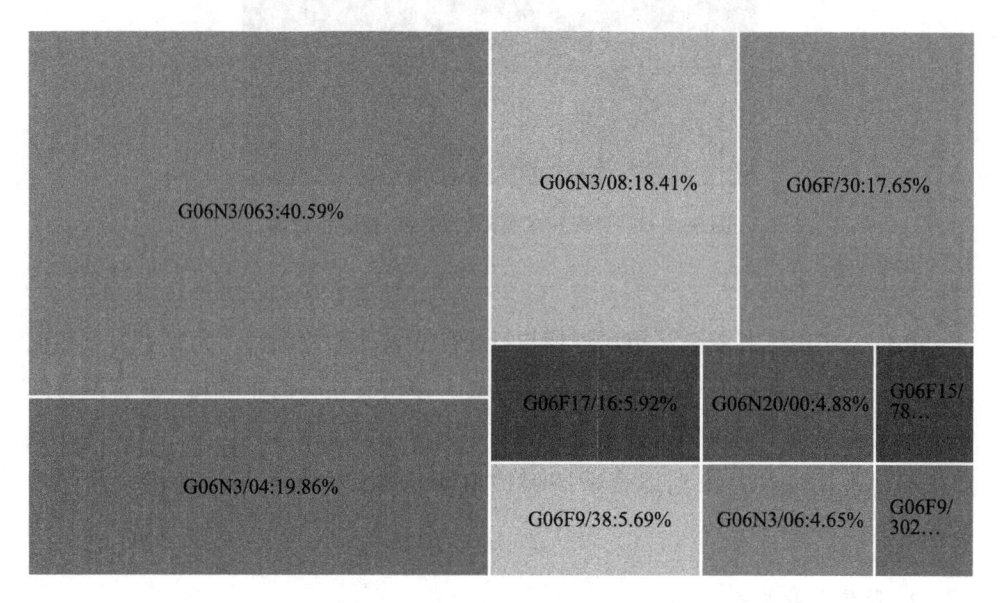

图 5-3-4　寒武纪公司专利布局概况

数据来源：Incopat

检索时间：2021 年 3 月 29 日

二、扩张期借势壮大知识产权

企业发展到高速发展的扩张期之后,产品线往往会更加丰富、业务类型也会更加多元化,这时公司往往进取心较强,因此知识产权部门可以"借势"壮大知识产权。

1. 资源投入与业务扩展匹配

在企业的扩张期,公司各方面的资源投入管理相较于常态化、成熟期企业更为粗放。

对于知识产权工作来说,一方面作为公司业务扩展的护航工具,工作开展需要公司投入更多的资源,包括人力资源、资金预算来匹配这种扩张。例如,新的产品线设计必然产生各种知识产权布局需求,产品预计在新的国家或地区进行投放、上市时,也必然要求在这些国家或地区提前进行知识产权布局。除了知识产权布局外,新的产品在海外进行销售,知识产权风险评估、分析以及知识产权法律纠纷的应对机制建立,实际的法律诉讼处理,也必然要求更多的资源投入,这些资源不仅包括资金预算的投入,还包括人员的增配、外部服务机构的引入等。另一方面,企业处于拓展期阶段,其战略目标和手段都是相对激进的,企业对于预算的投入并非盯着各个部门的成本控制效果,而是更希望看到预算的执行效果是占领更大的市场、研发出更多有竞争力并且被市场认可的产品,资源投入的效果更多的是对标行业内的竞争对手。

例如,有媒体曾经报道我国一企业在海外遇到专利狙击的案例。[1]

> M公司曾经在2016年宣布将斥巨资从微软购入约1500项专利,以避免在进入国际市场时陷入各种潜在的知识产权纠纷,这些专利涉及无线通信、视频、云计算和多媒体技术等多个领域。交易还包括一项专利交叉授权安排,M承诺在其手机和平板电脑上安装Office和Skype等微软软件。有分析称,M公司已经着手在新兴市场销售手机,但是M在拥有专利技术方面存在相对不足。因此,M高级副总裁王某表示,购买这些微软专利,再加上该公司去年申请的约3700项专利,是支持M开展国际性扩张的重要一步。

---

[1] 环球时报. 购入约1500项专利小米向微软买专利意在海外 [EB/OL]. [2016-06-02]. http://ip.people.com.cn/n1/2016/0602/c136655-28405417.html.

该时期正值 M 公司扩张海外销售渠道之时，却苦于海外知识产权布局的匮乏，因此必须在短时间内获得一些重量级的专利资产来平衡海外知识产权侵权风险，这些外购的专利的权利人为微软公司，且又是通信、云计算等热门专利领域，可以看出该项交易金额必然不菲。如果这项交易不是发生在 M 公司业务急剧扩展时期，而是发生在 M 公司初创期或业务成熟期，则海外知识产权布局的完善则有可能因为资金不足而告吹，或者等海外自有专利陆续获得授权而不必外购大量专利。

因此，在企业扩张期，知识产权部门开展知识产权工作不论是从配合产品研发、业务扩展的目标出发，还是从争取更多资源的目的出发，都应该顺应企业发展趋势，借势壮大知识产权工作。

2. 知识产权应领先业务扩张

对处于扩张期的企业来说，很多时候产品的成功研发并非能够一蹴而就，产品线的丰富和完善也不一定能一夕完善。知识产权特别是专利，保护的是一种构思或者创意，并不需要等到产品实物落地再开展相关布局工作，因此知识产权具备领先于业务扩张的特质。

知识产权有利于明晰产品扩张难点，在公司准备扩展产品线时，也是从一个自身熟悉的领域到另一个相对陌生的领域，这时除了需要扩充相关领域的研发工程师外，还可能面对其他一些障碍，这种障碍一方面来自研发困难点，另一方面来自他人的知识产权布局构建的知识产权法律壁垒。而专利文献由于涵盖了各行各业绝大部分公开的技术，通过知识产权分析工作，一方面可以向研发部门提供经过梳理之后的技术分析情报，帮助研发部门克服研发难点、空白点及把握技术路线可行性；另一方面还能够通过专利分析报告来评估产品进入市场的法律风险，并及时进行规避设计，降低侵权风险。

通过知识产权相关分析，将这种难点、空白点、法律障碍及风险等呈报给公司管理层，能够帮助公司管理层将技术可行性、法律风险与资金、人力资源、市场、组织架构等因素结合起来综合考虑是否开展产品线的扩张，或者产品线的扩展是否是紧迫的，又或者是否当下的任务仅仅需要进行技术预研等。

以 H 公司是否造车为例，H 公司是否造车一直是业内关注的焦点，在 2020 年 11 月 25 日，H 公司在其公司内部社区发布的《关于智能汽车部件业务管理的决议》也对外界的猜测进行了回应。那么，H 公司是否会造车还是如同该公司发布的《关于应对宏观风险的相关策略的决议》中提到的"打造 ICT 基础设施才是 H 公司肩负的历史使命,越是在艰苦时期,越不能动摇。因此公司再一次重申:H 公司不造整车,而是聚焦 ICT 技术,帮助车企造好车,造好车,成为智能网联汽车的增量部件提供商"呢?以"车"为关键词经过相关专利检索分析发现,早在 2015 年 H 公司已经就车机交互数据的问题开展了专利申请布局"一种与车机交互数据的方法、服务器、移动终端和装置"(CN 107430394B),该专利聚焦在用户对车机控制的人机交互领域,使用户可以通过智能手机远程控制车机,其交互界面如图 5-3-5 所示。❶

截至 2021 年 3 月底,H 公司在相关领域已经开展超过千件的专利布局。可见 H 公司造车并非空穴来风,那么 H 公司是造整车,还是仅愿意成为汽车的增量部件提供商呢?经过进一步分析,H 公司除布局相关车辆导航、人机交互、驾驶场景识别、车联网、自动驾驶相关技术领域之外,还布局了一定数量的汽车结构件专利。例如,"一种动力总成和电动汽车"(CN 212529295U)就是关于电动汽车中动力总成的换热器结构件的设计,换热器 2 结构件具体结构如图 5-3-6 所示。❷

图 5-3-5　手机与车机交互界面

通过将换热器 2 集成到电机控制器 1 的壳体 11 内,能够充分利用换热器 2 的外部冷却面,提高换热器 2 的利用效率,改善电机控制器 1 的散热。

而在另一篇专利"一种 DC/DC 变换器、动力电池组的加热方法及电动车辆"(CN 112550064A)中,则涉及针对电动汽车中动力电池组低温放电性能差的改进,DC/DC 变换器的电路连接如图 5-3-7 所示。❸

---

❶ 华为技术有限公司. 一种与车机交互数据的方法、服务器、移动终端和装置:201580076820.1[P]. 2017-12-01.

❷ 华为技术有限公司. 一种动力总成和电动汽车:202020579731.7[P]. 2021-02-12.

❸ 华为数字能源技术有限公司. 一种 DC/DC 变换器、动力电池组的加热方法及电动车辆:202011260869.1[P]. 2021-03-26.

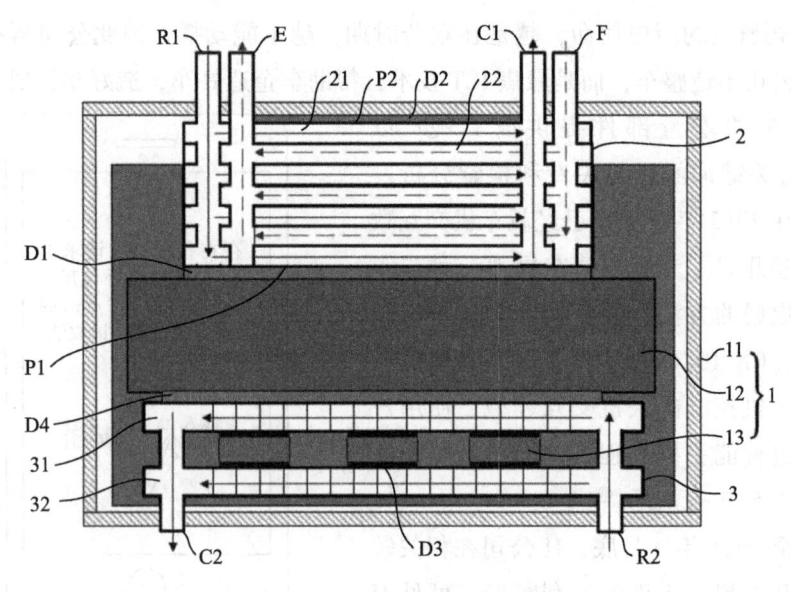

图 5-3-6 换热器结构示意图

1—电机控制器；2—换热器；3—散热器；11—壳体；12—第一功能单元；
13—第二功能单元；21—第一循环通道；22—第二循环通道；31—第一散热片；
32—第二散热片；C2—第二出口；R2—第二入口；D1 至 D4—界面材料；P1—第一外部冷却面；
P2—第二外部冷却面；R1—第一入口；E—第三入口；C1—第一出口；F—第三入口

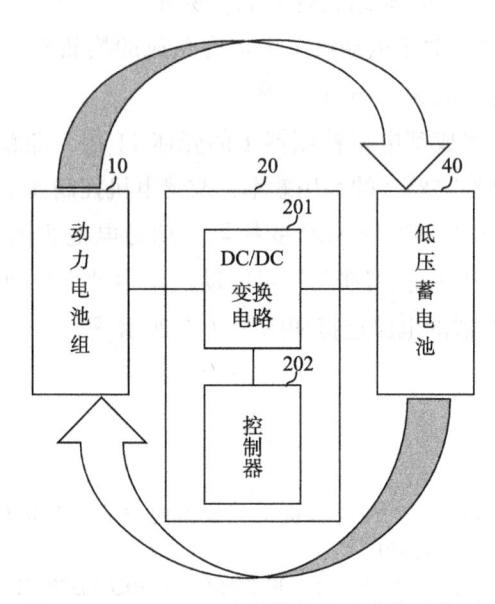

图 5-3-7 DC/DC 变换器的电路连接示意图

10—动力电池组；20—DC 变换器；40—低压蓄电池；201—变换电路；202—控制器

当动力电池组的温度低于预设温度时，控制 DC/DC 变换电路在两种工作状态之间切换，使得动力电池组产热，以实现动力电池组的自主加热。

此外，H 公司在另一篇授权发明专利"一种直流接触器及汽车"（CN 110783147B）中对新能源汽车直流充电回路中重要配电控制器件的高压直流接触器的结构进行了优化设计，直流接触器的结构示意如图 5-3-8 所示。❶

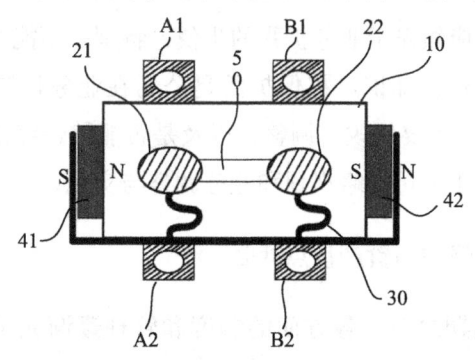

图 5-3-8　直流接触器的结构示意图

10—灭弧室；21—第一静触头；22—第二静触头；30—软线；41—第一磁铁；42—第二磁铁；A1—第三连接排；A2—第一连接排；B1—第四连接排；B2—连接排

该方案采用了两对触点实现两极线路通断的方式，总接触电阻相较现有技术降低了一半，解决了现有技术通流损耗大的问题。

从上述专利分析可以看出，在新能源汽车逐渐取代传统燃油汽车的当下，以及自动驾驶技术越来越成熟，H 公司已经在相关技术领域储备了相当的专利布局，并且在自动驾驶、人机交互某些领域甚至已经跃居行业领先位置，并且相关专利布局已经超过了一些造车新势力的专利储备，如 H 公司推出的 HiCar 人机交互功能，已经应用在相当数量的车辆上，由于新能源汽车在结构上比传统燃油车更简单、模块化程度更高，因此 H 公司其实是具备进入汽车整车制造的实力的，只是可能由于某些其他因素的影响暂时不进入该行业而已。

H 公司造车的案例给我们的另一个启示在于，公司原来的核心领域技术储备与专利布局能够为下一个发展的领域打下一定的基础，不管是通信、芯片设计制造、自主操作系统、机器视觉、智能终端设备等领域，还是智能驾驶领域的专利布局。虽然 H 公司在发展通信领域、芯片制造、自主操作系统时，其主观意图

---

❶ 华为数字能源技术有限公司. 一种直流接触器及汽车：201910936103.1 [P]. 2020-02-11.

并不一定是为了造车而做准备，但客观效果上却十分契合当下汽车智能化、网络化的"进化"方向。H公司雄厚的技术实力能够使其迅速成为汽车零部件及整体解决方案的重要供应商，而海量且完善的专利布局组合也能够使H公司轻松面对汽车行业频发的专利诉讼，这是其他零部件供应商、整体方案解决服务商所不具备的优势。

因此，知识产权应领先于业务扩张的步伐，特别是不能等到业务落地之后再开展相关知识产权工作，知识产权保护的是公司在业务拓展过程中设计的"蓝图"，而"蓝图"是否需要修改、调整，以及是否能够最终落实，起决定作用的并非知识产权，而在于公司战略规划和业务调整与实施。

三、成熟期攻城略地与资产盘点补强

企业在进入成熟期之后，各方面的制度和管理逐渐完善，产品线也相对稳定，各方面工作开展无不有章可循。此时知识产权工作也像大多数成熟公司一样，已经建立了较为完善的知识产权制度，并与之匹配了合适的知识产权工作推进流程，而且积累了相当数量的知识产权资产，除了知识产权日常工作之外，知识产权部门的知识产权目标会聚焦到知识产权资产的价值挖掘及布局薄弱环节的补强之上，并寻求实现知识产权对企业业务的更大支撑作用。

1. 已有知识产权资产盘点

提及知识产权资产的价值挖掘，大多会落脚到诉讼、许可、运营之上，但知识产权资产的价值挖掘离不开知识产权布局的质量，此时应该对已有知识产权资产进行盘点，从如下几个方面来对知识产权布局结构进行优化。

（1）知识产权资产盘点的动机

知识产权的价值是随着时间的变化、技术路线的演进而动态变化的，因此知识产权申请之日到盘点之时，可能公司的产品线发生了调整，市场需求发生了变化，技术已经更新迭代，因此对应的知识产权资产的价值也会发生变化。

知识产权资产盘点的其中一个动机就是要淘汰掉一些公司自身不会再使用，并且竞争对手或者其他第三方也不会使用到的技术，或者被市场淘汰掉的产品对应的知识产权，由于维护这些价值不大的知识产权资产往往需要消耗大量的费用，因此从知识产权资产的功效及节约成本支出的角度出发，对这些知识产权资产进行筛选和淘汰是非常必要的。

(2) 知识产权资产盘点的目的

除了对价值不大的知识产权资产进行淘汰外，盘点更重要的目的在于对知识产权资产进行授权后管理，来优化知识产权资产结构，优化工作可以通过以用途导向来推进。可以将专利用途大致划分为诉讼型专利、策略公开型专利、运营专利、储备型专利，上述划分可以通过标签进行标记，值得注意的是：同一件专利可能包括几种标签，比如同时具备诉讼、运营属性的专利则标记诉讼型专利、运营专利；并且以用途为导向进行标记时，还可以根据专利技术分类结果进行交叉标记，形成存在内在联系、具有不同用途的专利组合。

(3) 知识产权资产盘点的尺度

技术发展是专利取舍的重要标尺。以互联网领域为例，由于互联网领域的相关技术更新迭代较快，因此通过技术发展趋势对专利资产进行取舍尤为重要。在互联网领域中，技术大致可以分为底层技术、用户交互层技术及开发技巧相关的技术。比如编解码技术作为视频播放的底层技术，具有相当的稳定性，如果对应的专利资产涉及相关标准，则技术含金量会大大提高，对于这类技术相关的专利资产，应尽可能维持，并通过不断的技术改进、专利申请来维持该专利组合的效力和生命周期，同时完善专利布局组合形式。对于用户交互层，比如直播领域中虚拟礼物交互等相关技术，随着直播业务场景的不断丰富，在逻辑交互设计上会随之更新迭代，在考虑相关专利组合盘点时，不但需要考虑自身是否应用相关技术，也要考虑到竞争对手应用相关技术的可能性。❶

除了技术发展尺度之外，在进行知识产权盘点之时，知识产权保护范围大小、权利稳定性、侵权举证难度，是进行知识产权取舍的法律标尺；此外，知识产权对应的产品是否已经处于产品生命周期的末期，或者会被更优的产品进行替代，产品的市场销售情况等，是知识产权判断的经济标尺。

从知识产权盘点的三个尺度来看，参与知识产权盘点的部门和人员自然也应该包括研发部门的研发人员、市场销售部门的销售经理和市场调研人员、财务部门的财务人员、知识产权部门的专利工程师和法务人员等。

(4) 知识产权资产盘点的方式

在知识产权资产盘点时，正能够体现"慢工出细活"。具体而言，可以通过"线面结合"的方式提高知识产权资产结构的灵活性。"线"是指以权利要求保

---

❶ 知产力. 浅谈互联网公司专利布局"筑基"到"渡劫" [EB/OL]. [2019-03-08]. https://www.sohu.com/a/300057993_221481.

最后，有合适的外购目标时，应及早评估和实施转让，一方面是为了避免竞争对手抢先出手，另一方面在发生诉讼后转让的价格会远远高于之前的价格。

3. 通过知识产权扩大市场份额

企业在进入成熟期之后，通过知识产权扩大市场份额是盘活知识产权资产，实现知识产权对企业经营支撑价值的一个很重要的体现。

根据高工产业研究院（GGII）发布的《新能源汽车产业链数据库》，2020年，全球动力电池装机量约为136.30GWh，同比增长18%，同期中国动力电池装机电量为62.85GWh，同比仅微增1%。中国动力电池装机量从前些年高速发展期，转变为中低速增长期。根据中国化学与物理电源行业协会、智研咨询整理的数据，2020年中国动力锂离子电池企业三元电池装机量排名前10强见表5-3-1。[❶]

表5-3-1　2020年中国动力锂离子电池企业三元电池装机量排名

序号	企业	2020年累计装机量/MWh
1	宁德时代	16 755.77
2	LG化学	6 435.52
3	比亚迪	5 403.42
4	中航锂电	3 248.40
5	时代上汽动力电池有限公司	1354.40
6	孚能科技股份有限公司	683.99
7	塔菲尔新能源	616.67
8	天津市捷威动力工业有限公司	614.59
9	天津力神电池股份有限公司	555.99
10	星恒电源股份有限公司	542.19

可见，宁德时代在2020年的累计装机量处于绝对领先的位置，即使是这样，在中国动力电池装机量走过高速增长阶段之后，宁德时代也会毫不犹豫地通过知识产权诉讼来进一步巩固和扩大自己的领先优势。2020年，宁德时代起诉江苏塔菲尔新能源科技股份有限公司、东莞塔菲尔新能源科技有限公司、万国（福

---

❶ 产业信息网. 2020年中国新能源汽车三元电池装机量为39.7GWh，宁德时代装机量遥遥领先［EB/OL］.［2021-03-06］. https://www.chyxx.com/industry/202103/936163.html.

州）汽车贸易有限公司侵害实用新型专利权。根据2020年中国动力锂离子电池企业三元电池装机量排名，塔菲尔公司居第7位，装机量仅占宁德时代装机量的3.68%左右。该案经过福建省高级人民法院一审，法院判决：一是江苏塔菲尔新能源科技股份有限公司、东莞塔菲尔新能源科技有限公司应于本判决生效之日起立即停止制造、销售相关侵权电池产品（单体型号为LAE895-100Ah、FFH3D3-120Ah和FFH3D3-135Ah）；二是万国（福州）汽车贸易有限公司停止销售装配有侵害宁德时代实用新型专利权的电池产品（单体型号为LAE895-100Ah）的电动汽车；三是江苏塔菲尔新能源科技股份有限公司、东莞塔菲尔新能源科技有限公司连带赔偿宁德时代的经济损失22 979 287元；四是江苏塔菲尔新能源科技股份有限公司、东莞塔菲尔新能源科技有限公司连带赔偿宁德时代为制止侵权支出的合理费用326 769元。具体到该案对应的专利"防爆装置"ZL 201521112402.7，该专利在经过权利人主动修改权利要求，将原权利要求2、权利要求4的特征并入权利要求1中，形成了如下权利要求1的内容。[1]

> 一种防爆装置，其特征在于，包括顶盖加强机构（4）、用于对电池内部泄压的防爆片（6）和电池顶盖（2），所述顶盖加强机构（4）包括加强环，所述电池顶盖（2）上开设有纵向通孔（20），所述加强环固定在所述电池顶盖（2）的外表面上，且环绕所述纵向通孔（20），所述防爆片（6）覆盖所述纵向通孔，且所述防爆片（6）的周边固定在所述电池顶盖（2）的内表面上；所述防爆装置还包括保护层（42），所述保护层（42）贴附在所述加强环背离所述电池顶盖（2）的外表面的表面上，且覆盖所述纵向通孔（20），所述保护层（42）、防爆片（6）和所述纵向通孔（20）的孔壁共同围成密闭腔室；所述防爆装置还包括连通机构（8），所述连通机构（8）设置在所述加强环上，所述连通机构（8）的一端延伸至所述密闭腔室，所述连通机构（8）的另一端延伸至所述加强环的边缘，使得所述密闭腔室与外部相连通。

结合附图5-3-9，该专利技术方案主要是通过顶盖加强机构增加电池顶盖的强度，通过防爆片上的纵向通孔对电池内部产生的压力进行泄压，不仅能够使得电池顶盖的强度增加提高安全性，还能在固定防爆片时不易变形，降低对加工度的要求。

---

[1] 宁德时代新能源科技股份有限公司. 防爆装置：201521112402.7［P］. 2016-05-11.

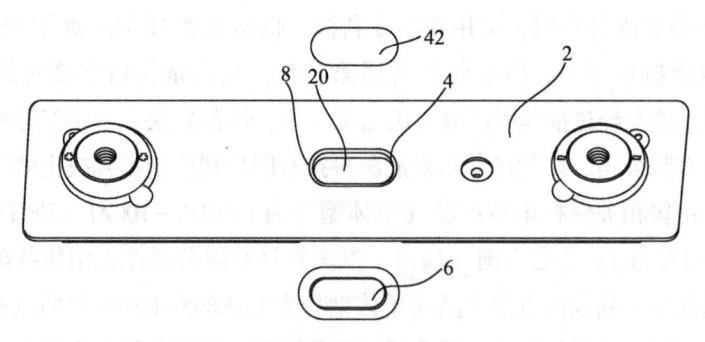

图 5-3-9　防爆装置的使用状态的结构示意图
2—电池顶盖；4—顶盖加强机构；6—防爆片；
8—连通机构；20—纵向通孔；42—保护层

宁德时代除了打击塔菲尔新能源的侵权行为之外，还不忘了通过知识产权诉讼来狙击更加强大的对手中航锂电，根据2020年中国动力锂离子电池企业三元电池装机量排名，中航锂电居第4位，对宁德时代的市场份额扩大的阻碍更大，根据界面新闻报道，2021年7月，宁德时代就中航锂电专利侵权案递交起诉书，并且获得受理，涉案专利涉及发明与实用新型专利。

可以看出，在企业在进入成熟期之后，通过知识产权扩大市场份额也是知识产权价值得以体现的重要手段。

四、企业衰退期知识产权如何力挽狂澜

如同人一样，企业也会经历"生、老、病、死"，百年企业毕竟是少数，根据美国《财富》杂志报道，我国中小企业的平均寿命仅2.5年，集团企业的平均寿命仅7~8年。造成这一现象的根本原因必然在于企业的内部管理不够完善，外部竞争激烈，企业每一次发起重大决策，都会直接影响企业的成长、扩张、转型及生存。相对于企业短暂的平均寿命，企业知识产权资产的生命周期要来得更长，且不论法人作品版权保护期高达50年，商标权10年到期之后可以再行续展并且续展次数不受限制，专利权也是10年、15年或20年不等，因此只要知识产权没有被主动放弃，将能够伴随企业整个生命周期。

那么既然企业不可避免达到衰亡期，知识产权如何发挥最后的价值，将是知识产权从业者需要思考的问题，事实上知识产权行业已有众多成功先例。

第五章　不同场景下知识产权运用与合规

1. 知识产权也能成为营收主业

曾几何时，诺基亚一直被视为手机的代名词，从 1996 年开始，诺基亚手机连续 15 年占据手机市场份额第一的位置。然而在手机智能化、触控化时代，诺基亚却败给了以苹果为代表的移动互联时代智能手机。虽然在手机市场上败给了苹果、三星、华为等厂商，但诺基亚凭借着多年的技术积累及知识产权完善的布局，依然从整个手机销售市场获得不菲收益，根据研究机构 Value Walk 统计，包括苹果、三星、华为等近 40 家公司都须向诺基亚缴纳专利许可费，诺基亚还通过发起专利诉讼等一系列手段来榨干知识产权价值。[1] 以 2017 年为例，诺基亚当年起诉苹果公司侵犯其 32 项专利，最后以双方和解告终，苹果公司向诺基亚支付了 20 亿美元的专利费，并且即使在 2021 年，诺基亚依然能够凭借其在 4G、5G 基础设施系统中的专利优势，向手机大厂收取专利许可费，2021 年 3 月 11 日，诺基亚宣布与三星签署了一项专利许可协议，其中涵盖了诺基亚在视频标准方面的专利。

诺基亚甚至将知识产权运用扩大到汽车行业[2]：

> 2020 年 8 月 18 日，德国曼海姆地方法院对戴姆勒和诺基亚的专利纠纷案作出裁决，法院认为戴姆勒公司侵犯了诺基亚的车联网等零部件技术专利，戴姆勒表示将上诉。根据法院判决，诺基亚可以对戴姆勒相关零部件专利产品实施销售禁令。而戴姆勒如果在上诉中失利，则要发行 70 亿欧元的债券作为赔偿的担保。

事实上，诺基亚这一策略也被证明是正确的选择，2021 年 6 月 1 日，戴姆勒与诺基亚联合宣布了双方达成的协议，两家公司都表示将停止起诉，事实上，除了戴姆勒之外，奥迪、宾利、宝马、Mini、保时捷、劳斯莱斯、西雅特、斯柯达、大众和沃尔沃都会向诺基亚支付专利许可费。[3]

诺基亚之所以能够参与跨界竞争、收费，其原因在于目前汽车逐渐走向智能

---

[1] 腾讯网财联社. 坐在专利上"数钱"诺基亚与三星签署专利许可协议 [EB/OL]. [2021-03-11]. https://new.qq.com/omn/20210311/20210311A0AIJM00.html.

[2] 中国汽车报网. 诺基亚告赢戴姆勒或索赔数十亿欧元车联网领域发生专利大战 [EB/OL]. [2020-09-07]. http://www.cnautonews.com/tj/lbj/202009/t20200904_646981.html.

[3] 中国经济网. 戴姆勒同意向诺基亚支付专利费 [EB/OL]. [2021-06-02]. https://baijiahao.baidu.com/s?id=1701414802406298538&wfr=spider&for=pc.

化、网络化，而在智能化、网络化过程中通信协议、通信数据交换等技术不可或缺，因此诺基亚在通信领域的专利优势将移植到汽车行业，虽然诺基亚从手机制造行业败退，也未开始涉足汽车制造行业，但其知识产权资产依然能够作为强有力的盈利手段源源不断为诺基亚带来价值，这就是知识产权资产的魅力所在。

诺基亚能够运用知识产权资产来丰富自身的营收渠道，得益于其知识产权资产的如下特点：①数量大，诺基亚持有的专利组合达数万件，诺基亚从2G时代已经开展了相关专利布局，德国的知识产权相关公司IPlytics发布一份关于5G技术专利的详细统计报告显示，即使到5G时代，诺基亚相关专利组合依然能够位居行业前列；②质量高，在5G标准必要专利池中诺基亚相关必要专利仍占有相当比例。

诺基亚的知识产权资产体量毕竟是很多企业难以复制的，在我国也有类似企业依靠知识产权资产为公司创造了大量营收。典型案例即朗科科技的U盘相关专利，根据上市公司朗科科技2019年半年报显示，朗科科技在2019年上半年实现营业收入4.63亿元，净利润为3284.03万元，其中专利授权许可收入达1614万元，毛利率是100%。1999年朗科科技创始人邓国顺申请了"用于数据处理系统的快闪电子式外储存方法及其装置"（以下简称"99专利"）。在2002年获得国家知识产权局的授权后，多次被强大的竞争对手提起无效但依然得以维持，并且在后续专利侵权案件中屡战屡胜，根据历年财报，朗科科技一路走来靠专利10年间赚了2亿元。虽然该"99专利"能够在各项专利诉讼中胜诉，但随着专利有效期届满，朗科科技凭借"99专利"创收之路也走到尽头。

在此不禁需要反思，为何朗科科技这些年只能依靠"99专利"创收，而诺基亚能够持续不断去丰富、完善自身专利组合呢？除了诺基亚的研发经费、研发实力远高于朗科科技之外，朗科科技未能及时围绕"99专利"布局一系列改进专利，并且对U盘的后续改进技术路线进行持续研发，以及基于研发成果形成U盘完善的专利组合，也是朗科科技只能依靠"99专利"单打独斗的原因所在。不论如何，朗科科技依靠"99专利"创收的业绩已经是整个知识产权行业的成功先例，只是我们对其期望更多，希望其走得更远。

2. 知识产权让企业"起死回生"

通过知识产权让企业实现"起死回生"最经典的案例莫过于漫威公司。当下最火热的IP电影当数漫威公司旗下的各路超级英雄相关电影，但在20世纪90年代因为电视电影的发展，传统漫画市场受到严重冲击，漫威公司因而濒临倒闭。为了自救，漫威公司选择将旗下的众多超级英雄角色出售给其他公司，当然这里的出售严格意义上只能算是出租，以漫威公司和索尼公司达成的蜘蛛侠角色相关协议为例，漫威公司将蜘蛛侠角色的电影改编权进行再次限缩，在索尼公司连续5年不推出任何蜘蛛侠相关的电影，则蜘蛛侠的电影改编权将自动回归漫威[1]，除此之外，在1990年，环球影业也买下了钢铁侠的改编权，然而1996年漫威公司还是破产了。1997年，玩具公司Toy Biz创始人Isaac Perlmutter凭借其对漫威公司问题了解及对漫威英雄价值的认可买下了漫威，1998年，两家公司合并，成立漫威娱乐集团，在重组之后的漫威娱乐集团以四位"复仇者联盟"核心成员做抵押，向美林证券贷款5.25亿美元作为启动资金，从此漫威命运扭转，以复仇者联盟为代表的漫威宇宙系列电影全球总票房接近200亿美元。[2]

如果漫威公司并非仅将角色的电影改编权进行出售，而是通过一揽子协议打包将所有角色的版权以买断方式出售，那么漫威公司将无东山再起之日，正是通过知识产权资产运营企业才起死回生，续写辉煌。

漫威公司的成功案例给企业知识产权运营提供了众多可借鉴之处。例如，版权运营可以更加精细化，又如漫画中角色的运营，电影改编权、网络传播权、周边礼品开发权、权利使用期限、权利回购、融资质押等。

因此，即使企业进入了衰退期，知识产权资产由于其相对独立的特性，并不一定也进入价值衰退通道，企业可以通过深挖知识产权资产价值、对知识产权资产进行盘点、对权利进行精细化运作帮助企业走出困境。

五、与企业发展同步，才能行稳致远

知识产权价值在企业生命周期的不同阶段会有不同体现，知识产权工作也不可能脱离企业上下自成一派，毕竟知识产权价值实现只有放在企业发展中才更有意义，并且知识产权工作的开展也离不开企业对知识产权价值的认可而投入的资源。正如初创企业不可能投入大量资金到知识产权上，知识产权工作无法实现面面俱到，快速发展期的企业自然也不会满足于知识产权工作"缝缝补补"式小家子气做派。

---

[1] 张梓恒. 版权之战——以迪斯尼公司和漫威公司为例浅谈版权保护和版权运营 [J]. 楚天法治，2017（3）：206-207.

[2] 中国经营网. 从破产到狂欢看漫威是如何打破僵局？ [EB/OL]. [2018-05-22]. http://www.cb.com.cn/special/show/1119.html.

因此在策划知识产权价值实现时应该注意从以下几个方面入手：看准企业当前发展势头，并抓住企业当下主要发展阻碍与矛盾，从主要发展阻碍与矛盾中寻求与知识产权工作的契合点。例如，当下知识产权主要任务是防守，还是主动进攻，如果企业当下的主要矛盾是进入市场受到知识产权壁垒，则知识产权工作目标就应该定位在寻求对等的知识产权资产作为武器，使得自身能够站在与竞争对手同一起跑线上；如果企业当下的问题是精细化运行，深挖企业自身潜力，则知识产权工作重点可以放在资产运营上，通过合理的运作方式降低知识产权支出，并扩大知识产权创收渠道。

此外，知识产权工作规划过程中也应该借企业发展之势进行扩张，因为并非企业各个阶段都愿意花大量的资源在知识产权工作上，知识产权发展的时机也是伴随着企业发展的步伐而产生的，一旦错过这个时机，则知识产权的价值、定位及在企业的地位也会受到相当大的影响。

第四节　如何开展知识产权合规工作

在合规管理要求中，知识产权合规只是其中一个环节，但知识产权合规不仅是国资委发布的《合规管理指引》中指出的"及时申请注册知识产权成果，规范实施许可和转让，加强对商业秘密和商标的保护，依法规范使用他人知识产权，防止侵权行为"，也具体涵盖了专利、商标、版权、商业秘密、反不正当竞争、域名等获取、运用、维护等方面的民事、行政、刑事合规要求。

一、知识产权获取环节合规管理

1. 知识产权获取行为不合规类型

（1）专利申请行为不合规的类型

一直以来，公司专利获取行为的合规意识相对淡薄，专利申请行为只需要符合《专利法》《专利法实施细则》及《专利审查指南2010》的相关规定即可。但事实上，专利申请行为也需要满足合规的要求。

2007年8月27日国家知识产权局发布的《关于规范专利申请行为的若干规

定》（国家知识产权局令第 45 号，以下简称"45 号令"）❶第二条首次对于专利申请人非正常申请专利的行为进行了列举：

（一）同一单位或者个人提交多件内容明显相同的专利申请，或者指使他人提交多件内容明显相同的专利申请；

（二）同一单位或者个人提交多件明显抄袭现有技术或者现有设计的专利申请，或者指使他人提交多件明显抄袭现有技术或者现有设计的专利申请。

可见，对于专利申请行为的合规，在很早之前国家知识产权就下发了相关的规定，只是当时的专利申请行为被认定为非正常，主要与《专利法》中规定的新颖性相关，因此各类创新主体并未予以重视。

2017 年 2 月 28 日，国家知识产权局发布了《关于规范专利申请行为的若干规定（2017）》（国家知识产权局令第 75 号，以下简称"75 号令"）❷，对 45 号令中的申请人的非正常申请专利的行为进行了修改，主要是增加了以下几种类型：

（三）同一单位或者个人提交多件不同材料、组分、配比、部件等简单替换或者拼凑的专利申请；

（四）同一单位或者个人提交多件实验数据或者技术效果明显编造的专利申请；

（五）同一单位或者个人提交多件利用计算机技术等随机生成产品形状、图案或者色彩的专利申请。

随后在 2021 年 1 月 27 日国家知识产权局发布的《国家知识产权局关于进一步严格规范专利申请行为的通知》❸中对于申请人的非正常申请专利行为类型进行了大幅补充：

---

❶ 国家知识产权局. 关于规范专利申请行为的若干规定（第 45 号）[EB/OL].［2021-10-23］. https://www.cnipa.gov.cn/art/2013/10/23/art_74_27559.html.

❷ 国家知识产权局. 关于规范专利申请行为的若干规定（2017）（第 75 号）. [EB/OL].［2022-02-28］. https://www.cnipa.gov.cn/art/2017/3/2/art_74_27619.html.

❸ 国家知识产权局. 国家知识产权局关于进一步严格规范专利申请行为的通知 [EB/OL].［2021-01-28］. https://www.cnipa.gov.cn/art/2021/1/28/art_75_156439.html.

（二）单位或个人故意将相关联的专利申请分散提交；

（三）单位或个人提交与其研发能力明显不符的专利申请；

（四）单位或个人异常倒卖专利申请；

（五）单位或个人提交的专利申请存在技术方案以复杂结构实现简单功能、采用常规或简单特征进行组合或堆叠等明显不符合技术改进常理的行为；

（六）其他违反民法典规定的诚实信用原则、不符合专利法相关规定、扰乱专利申请管理秩序的行为。

2021年3月11日国家知识产权发布的《关于规范申请专利行为的办法》（国家知识产权局令第411号）❶再次对于非正常申请专利行为进行了补充：

下列各类行为属于本办法所称非正常申请专利行为：

（一）同时或者先后提交发明创造内容明显相同、或者实质上由不同发明创造特征或要素简单组合变化而形成的多件专利申请的；

（二）所提交专利申请存在编造、伪造或变造发明创造内容、实验数据或技术效果，或者抄袭、简单替换、拼凑现有技术或现有设计等类似情况的；

（三）所提交专利申请的发明创造与申请人、发明人实际研发能力及资源条件明显不符的；

（四）所提交多件专利申请的发明创造内容系主要利用计算机程序或者其他技术随机生成的；

（五）所提交专利申请的发明创造系为规避可专利性审查目的而故意形成的明显不符合技术改进或设计常理，或者无实际保护价值的变劣、堆砌、非必要缩限保护范围的发明创造，或者无任何检索和审查意义的内容；

（六）为逃避打击非正常申请专利行为监管措施而将实质上与特定单位、个人或地址关联的多件专利申请分散、先后或异地提交的；

（七）不以实施专利技术、设计或其他正当目的倒买倒卖专利申请权或专利权，或者虚假变更发明人、设计人的；

---

❶ 国家知识产权局. 关于规范申请专利行为的办法（第411号）[EB/OL].[2021-03-12]. https://www.cnipa.gov.cn/art/2021/3/12/art_74_157677.html.

（八）专利代理机构、专利代理师，或者其他机构或个人，代理、诱导、教唆、帮助他人或者与之合谋实施各类非正常申请专利行为的；

（九）违反诚实信用原则、扰乱正常专利工作秩序的其他非正常申请专利行为及相关行为。

可见，专利申请行为是否合规的标准已经从早期的新颖性单一标准，逐渐扩展到专利申请中技术方案的真实性、专利申请的单一性、专利申请人的研发实力是否与专利申请中技术方案内容匹配以及专利申请提交行为等多个维度的评价标准。

(2) 商标注册行为不合规类型

在《商标法》第七条中规定了申请注册和使用商标，应当遵循诚实信用原则。这是申请注册商标行为合规的原则性要求。此外，在《商标法》第四次修正中，在第四条中增加了："不以使用为目的的恶意商标注册申请，应当予以驳回。"这是对于申请注册商标行为合规的禁止性规定。

第一，申请商标注册不符合诚实信用原则。基于《商标法》的第四次修正，国家市场监督管理总局 2019 年 10 月 17 日发布的《规范商标申请注册行为若干规定》（国家市场监督管理总局令第 17 号）❶ 对于认定申请商标注册不符合诚实信用原则的行为进行了列举：

（一）属于商标法第四条规定的不以使用为目的恶意申请商标注册的；

（二）属于商标法第十三条规定，复制、摹仿或者翻译他人驰名商标的；

（三）属于商标法第十五条规定，代理人、代表人未经授权申请注册被代理人或者被代表人商标的；基于合同、业务往来关系或者其他关系明知他人在先使用的商标存在而申请注册该商标的；

（四）属于商标法第三十二条规定，损害他人现有的在先权利或者以不正当手段抢先注册他人已经使用并有一定影响的商标的；

（五）以欺骗或者其他不正当手段申请商标注册的；

（六）其他违反诚实信用原则，违背公序良俗，或者有其他不良影响的。

---

❶ 国家知识产权局. 规范商标申请注册行为若干规定（国家市场监督管理总局令第 17 号）[EB/OL]. [2021-10-17]. https://www.cnipa.gov.cn/art/2019/10/17/art_74_28069.html.

互联时代知识产权管理

第二，商标恶意抢注行为。此外，2021年3月15日国家知识产权局发布了《关于印发〈打击商标恶意抢注行为专项行动方案〉的通知》[1]，对于商标恶意抢注行为进行了列举式规定：

（一）恶意抢注国家或区域战略、重大活动、重大政策、重大工程、重大科技项目名称的；

（二）恶意抢注重大自然灾害、重大事故灾难、重大公共卫生事件和社会安全事件等突发公共事件相关词汇、标志，损害社会公共利益的；

（三）恶意抢注具有较高知名度的重大赛事、重大展会名称、标志的；

（四）恶意抢注行政区划名称、山川名称、景点名称、建筑物名称等公共资源的；

（五）恶意抢注商品或服务的通用名称、行业术语等公共商业资源的；

（六）恶意抢注具有较高知名度的公众人物姓名、知名作品或者角色名称的；

（七）恶意抢注他人具有较高知名度或者较强显著性的商标或者其他商业标志，损害他人在先权益的；

（八）明显违背商标法第十条规定禁止情形以及其他违反公序良俗，对我国政治、经济、文化、宗教、民族等社会公共利益和公共秩序造成重大消极、负面社会影响的；

（九）商标代理机构知道或者应当知道委托人从事上述行为，仍接受其委托或者以其他不正当手段扰乱商标代理秩序的；

（十）其他明显违背诚实信用原则的。

可见，申请商标注册行为是否合规，除了《商标法》上关于商标注册的禁止性规定之外，还应该符合诚实信用原则，不符合诚实信用原则的类型主要分为恶意抢注行为以及不以使用为目的的囤积注册商标的行为。

---

[1] 国家知识产权局. 关于印发《打击商标恶意抢注行为专项行动方案》的通知[EB/OL]. [2021-03-24]. https://www.cnipa.gov.cn/art/2021/3/24/art_75_157972.html.

2. 知识产权获取不合规的风险

(1) 专利申请行为不合规的惩戒

2018年11月21日，国家发展改革委、中国人民银行、国家知识产权局、中央组织部、中央宣传部、中央编办、中央文明办、中央网信办、最高人民法院、科技部、工业和信息化部、民政部、财政部、人力资源社会保障部、自然资源部、住房和城乡建设部、交通运输部、农业农村部、文化和旅游部、应急部、国资委、海关总署、税务总局、市场监管总局、广电总局、医保局、银保监会、证监会、林草局、民航局、外汇局、药监局、国家乡村振兴局、全国总工会、共青团中央、全国妇联、中国科协、铁路总公司等部门和单位联合签署并发布了《关于对知识产权（专利）领域严重失信主体开展联合惩戒的合作备忘录》[1]（以下简称《合作备忘录》），《合作备忘录》中对于知识产权（专利）领域严重失信行为包括非正常申请专利行为，即被国家知识产权局认定为属于75号令所称的非正常申请专利的行为作出规定。对于专利申请过程中不合规行为的惩戒措施包括国家知识产权局采取的惩戒措施及跨部门的惩戒措施。

国家知识产权局采取的惩戒措施包括：取消进入各知识产权保护中心和快速维权中心的专利快速授权确权、快速维权通道资格；取消申报国家知识产权示范和优势企业资格；取消申报国家专利运营试点企业资格；在进行专利申请时，不予享受专利费用减缴、优先审查等优惠措施等。

跨部门联合惩戒措施列举了33条，包括但不限于限制资金支持，将失信行为计入征信系统，在上市公司或者非上市公众公司收购的事中事后监管中予以重点关注等。

(2) 申请商标注册不合规行为的惩戒与约束

第一，恶意申请商标注册行为的约束。 对于申请商标注册不以使用为目的等不符合诚实信用的恶意申请商标注册行为的约束包括：

其一，在商标注册受理阶段，依法驳回，不予公告；对初步审定公告的商标，在公告期内，因违反本规定的理由被提出异议的，商标注册部门经审查认为异议理由成立，依法作出不予注册决定；对申请驳回复审和不予注册复审的商

---

[1] 国家知识产权局. 关于对知识产权（专利）领域严重失信主体开展联合惩戒的合作备忘录 [EB/OL]. [2021-12-05]. https://www.cnipa.gov.cn/art/2018/12/5/art_75_131934.html.

标，依法作出驳回或者不予注册的决定；对已注册的商标，在法定期限内被提出宣告注册商标无效申请的，依法作出宣告注册商标无效的裁定。

其二，除了商标注册不成功之外，还可以由商标注册申请人所在地或者违法行为发生地县级以上市场监督管理部门根据情节给予警告、罚款等行政处罚。有违法所得的，可以处违法所得三倍最高不超过三万元的罚款；没有违法所得的，可以处一万元以下的罚款。[1]

第二，对于商标恶意抢注行为的约束。对构成商标恶意抢注行为的，启动快速驳回机制；对处于商标异议、无效宣告程序中的案件线索，构成商标恶意抢注行为的，采取提前审查审理、并案审查审理和重大案件口头审理等措施，依法不予注册或者宣告无效；对于恶意抢注商标并转让牟利的，依法不予核准。[2]

例如，国家知识产权局商标局就曾依据《商标法》第四条第一款、第十条第一款第（七）项的规定，对第51763155号等13件"丁真"商标注册申请作出批量驳回决定。

3. 知识产权获取环节合规管理

（1）专利申请行为合规管理

第一，从严把握专利申请前评审尺度。针对非正常专利申请中出现被认定为"同时或者先后提交发明创造内容明显相同、或者实质上由不同发明创造特征或要素简单组合变化而形成的多件专利申请的"等情形的，应该在专利申请前做好专利评审工作，将明显不具备新颖性、创造性的技术方案排除在专利申请范围外。

改变专利申请策略。例如，以往在公司自身不会使用的技术方案，为了避免竞争对手使用选择通过专利申请来公开技术方案，而技术方案本身创造性不高的，就应该在评审阶段终止专利申请流程。

第二，调整专利布局策略。以往可能有些公司为了提高竞争对手进行专利分析的难度，将具有关联关系的技术方案拆分为多件技术方案进行专利申请。这些具有关联关系的技术方案，有些可以合并为同一件专利申请提交，有些则不可以。

---

[1] 国家知识产权局. 规范商标申请注册行为若干规定（国家市场监督管理总局令第17号）[EB/OL]. [2021-10-17]. https://www.cnipa.gov.cn/art/2019/10/17/art_74_28069.html.

[2] 国家知识产权局. 打击商标恶意抢注行为专项行动方案 [EB/OL]. [2022-03-24]. https://www.cnipa.gov.cn/art/2021/3/24/art_75_157972.html.

在专利申请行为合规的新形势下，应该调整专利布局策略，在案件委托给知识产权服务机构及专利申请文件审核过程中，应该加强与专利代理师的沟通，避免正常的专利申请行为因为权利要求布局的差异性过小，或者专利申请文件内容的雷同，而被错误认定为"单位或个人故意将相关联的专利申请分散提交"的非正常申请行为。

此外，可以将明显符合单一性的技术方案放在同一专利申请文件中进行权利要求布局，但需要对权利要求的布局策略、方式进行相应的规划和调整。

第三，保留完整研发记录。在国家知识产权局发布的非正常专利申请行为的认定情形中，强化了专利申请文件内容的真实性和合理性的要求。例如，"所提交专利申请存在编造、伪造或变造发明创造内容、实验数据或技术效果，或者抄袭、简单替换、拼凑现有技术或现有设计等类似情况的"或者"同一单位或者个人提交多件实验同一单位或者个人提交多件实验数据或者技术效果明显编造的专利申请"，将被认定为非正常专利申请。

因此，在专利申请过程中，在处理好技术交底书中公开的技术方案与保密的技术方案的关系上，应该保留好完整的研发记录。例如，研发原始设计图纸信息、具体的试验过程、数据信息，试验设备使用记录信息、研发项目立项信息、项目研发人员组织调整信息、项目研发过程文档信息等，以便在后续意见陈述时使用。

第四，分散专利申请主体。很多集团公司都会要求集团各子公司将研发成果上报到集团公司进行统一管理，而现实中很多集团公司一般开展投融资、战略性方向及行动、审计、法务等职能活动，而不从事具体的研发活动。

由于集团各子公司的研发、经营活动各有不同，导致集团公司在专利申请活动中，技术方案涉及的领域过于宽泛，因而有可能被认定为"所提交专利申请的发明创造与申请人、发明人实际研发能力及资源条件明显不符"或者"单位或个人提交与其研发能力明显不符的专利申请"情形下非正常专利申请行为。

因此，集团各子公司的研发成果可以通过调整专利申请文件放在子公司名下申请，后期再通过转让或者通过协议控制的形式，实现集团公司对研发创新成果的统一管理。

上述手段仅仅是一些参考方式，为了避免出现被国家知识产权局认定为非正常专利申请行为，公司应该从保护研发创新成果目的出发，严格把关专利申请前的评审尺度，客观地描述和撰写技术方案的优点。

(2) 商标注册行为合规管理

商标注册行为合规管理相对于专利申请行为来说更为简单，主要从以下两个方面开展。

第一，商标注册聚焦公司产品或服务。商标的本质属性就是为了区分公司的产品或者服务来源，因此商标注册行为也应该聚焦到公司现有的产品或者提供的服务，以及公司未来的商业拓展所带来的产品类别或服务类型。

在商标注册类型选择上，以互联网公司为例，在进行商标注册规划和布局时，可以考虑在第9类、第35类、第38类、第41类、第42类上进行注册。此外，还需要根据互联网企业的行业属性进行商标注册规划。例如，从事互联网金融业务，还需要在第36类上进行注册。除非最为核心的商标，尽量避免全类注册行为。

第二，事先消除商标注册权利冲突障碍。商标注册权利冲突包括多种形式。以商标注册行为被认定为恶意抢注为例，很多都是因为欲注册的商标与他人的在先权利相冲突，或者抢注行为对社会公众造成不良影响。例如，在疫情防控期间抢注"火神山""雷神山"。

欲注册的商标与他人的在先权利相冲突，其中还包括将具有一定影响的人名、企业字号进行抢注。当然，在企业的正常商标布局行为中，往往也需要将一些具有社会影响力的人名或艺名进行注册，这也是为了避免他人或竞争对手抢先进行注册后，对企业的经营活动构成障碍。

例如，在互联网直播行业中，用户和观众除了通过核心商标标识（映客、虎牙、斗鱼等）区分直播平台之外，也会通过主播来区分直播平台提供的直播视频观看服务，而这些主播在直播平台上往往会通过艺名或者其他昵称作为直播房间名，而不会使用真实姓名。例如，知名主播"一条小团团OvO""阿冷""张大仙"，用户一看到这些主播的昵称，就会将其与对应的直播平台联系在一起，并且这些主播昵称自身也具备极高的流量价值和商业价值。因此，直播平台公司想要对知名主播的昵称进行保护，避免他人蹭流量等行为，也会考虑通过商标注册的形式对这种利益加以保护。在这种情况下，直播公司应该在做好商标注册前检索的前提下，与主播进行协商，通过书面协议的方式来获取商标注册的合法性，避免后续直播公司与主播之间关于直播房间名归属的争议，一方面可以约定直播房间名的相关权益归属于公司，另一方面还可以明确公司享有就直播房间名进行商标注册的权利。

二、知识产权运用合规管理

1. 合规运用知识产权的法律依据

(1)《民法典》的相关规定

《民法典》是一部用于调整平等主体的自然人、法人和非法人组织之间的人身关系和财产关系的基本法律规范，因此《民法典》中关于民事主体从事民事行为的原则自然也应该适用于公司如何运用知识产权。《民法典》中对于如何合规运用知识的原则性规定主要集中在以下几条。

《民法典》第六条规定了民事主体从事民事活动，应当遵循公平原则，合理确定各方的权利和义务。第七条规定了民事主体从事民事活动，应当遵循诚信原则，秉持诚实，恪守承诺。第八条规定了民事主体从事民事活动，不得违反法律，不得违背公序良俗。

除了原则性的规定，《民法典》还对技术转让合同、技术许可合同中平衡合同双方的权利义务进行了具体规定。

例如，《民法典》第八百六十四条规定了技术转让合同和技术许可合同可以约定实施专利或者使用技术秘密的范围，但是不得限制技术竞争和技术发展。如果相关合同中约定的内容限制了技术竞争和技术发展，不但合同相应条款的效力会受到影响，还可能带来相应的合规的风险，如受到《反不正当竞争法》《反垄断法》等其他法律的规制。

(2) 专门法律的规定

第一，《专利法》。版权权利人行使版权时，一直都存在合理使用、法定许可等制度来平衡版权权利人和社会公众之间的利益冲突，而以往并没有明确的法律条款来约束专利权人的权利滥用行为，仅在《反不正当竞争法》《民法典》有原则性规定，但在《专利法》第二十条中新增了如下规定："申请专利和行使专利权应当遵循诚实信用原则。不得滥用专利权损害公共利益或者他人合法权益。滥用专利权，排除或者限制竞争，构成垄断行为的，依照《中华人民共和国反垄断法》处理。"

从该条款可以看出，知识产权运用合规管理主要包括以下几个方面内容。

A. 权利运用要遵循诚实信用原则，这是权利运用合规的原则性规定，这就不仅要求遵循诚信原则，秉持诚实，恪守承诺，并且要求相关行为不得违背公序良俗。整体来说，诚实信用原则是一个较为宽泛、弹性较大的原则性要求。在本次《专利法》修改之后，将会有相关司法案例来丰富对于诚实信用原则的内涵和要求。在此次《专利法》修正之前，其实诚实信用原则也在一定程度上被应用到专利权运用行为中。例如，标准必要专利中的原则，就要求专利权人作出对专利实施人许可标准必要专利的公平、合理、无歧视（FRAND）的承诺。

B. 不得滥用专利权损害公共利益或者他人合法权益，这是《专利法》对于知识产权运用合规的禁止性要求。如果知识产权运用违反了该禁止性规定，则相关利益方有可能据此将权利人起诉至法院，权利人也可能因此承担相关赔偿责任或者其他法律责任。在2021年6月3日起施行的《最高人民法院关于知识产权侵权诉讼中被告以原告滥用权利为由请求赔偿合理开支问题的批复》中明确了"在知识产权侵权诉讼中，被告提交证据证明原告的起诉构成法律规定的滥用权利损害其合法权益，依法请求原告赔偿其因该诉讼所支付的合理的律师费、交通费、食宿费等开支的，人民法院依法予以支持。被告也可以另行起诉请求原告赔偿上述合理开支"。可见，滥用专利权不仅面临相关损失的赔偿责任，还将面临律师费、交通费、食宿费等合理开支的赔偿。

C. 滥用专利权，排除或者限制竞争，构成垄断行为的，依照《反垄断法》处理。这款说的是权利人滥用专利权的一种特殊情形，即相关行为已经构成了我国《反垄断法》中规定的垄断行为，则该行为不仅面临民事赔偿责任，还有可能遭受反垄断执法机关的行政处罚。

第二，《商标法》。 由于商标是用于区分生产、经营者的商品或者服务的来源的重要标识，为了保障商品和服务质量，维护商标信誉，以保障消费者和生产、经营者的利益，《商标法》对于商标权的运用合规，提出了多项要求。

A. 对于商标权合规运用的原则性规定

商标法第七条第一款规定了申请注册和使用商标，应当遵循诚实信用原则。

对于诚实信用原则，不但可以参考《民法典》的相关规定，还可以参考最高人民法院、国家知识产权局发布的相关司法解释、部门规章及部门规定等。

B. 对于商标权对应商品质量的要求

商标法第七条第二款规定了商标使用人应当对其使用商标的商品质量负责。

第四十三条规定了商标注册人可以通过签订商标使用许可合同，许可他人使用其注册商标。许可人应当监督被许可人使用其注册商标的商品质量。被许可人应当保证使用该注册商标的商品质量。

从上述规定可以看出，商标权的合规运用，不仅限于商标权本身，更包括商标权对应的商品质量的要求，如果商品质量无法得到保障，则可能面临工商行政管理部门的处罚。

C. 禁止作为商标使用的规定

商标法第十条列举了不能作为商标使用的标志。如同中华人民共和国的国家名称、国旗、国徽、国歌、军旗、军徽、军歌、勋章等相同或者近似的，以及同中央国家机关的名称、标志、所在地特定地点的名称或者标志性建筑物的名称、图形相同的，或者带有欺骗性，容易使公众对商品的质量等特点或者产地产生误认的，有害于社会主义道德风尚或者有其他不良影响的。

这条规定不仅禁止公司将上述标志去申请商标注册，而且也不能将其作为未注册商标在产品或者服务上使用。

D. 对于商标转让的规定

商标法第四十二条规定了转让注册商标的，商标注册人对其在同一种商品上注册的近似的商标，或者在类似商品上注册的相同或者近似的商标，应当一并转让。

对容易导致混淆或者有其他不良影响的转让，商标局不予核准，书面通知申请人并说明理由。

上述规定涵盖了两个方面的内容：一是对于商标注册人的转让行为提出了明确的要求，即容易引起混淆的商标应该一并转让；二是容易导致混淆或者有其他不良影响的转让将不会被核准。

E. 对注册商标规范使用的要求

《商标法》第四十九条第一款规定了商标注册人在使用注册商标的过程中，自行改变注册商标、注册人名义、地址或者其他注册事项的，由地方工商行政管理部门责令限期改正；期满不改正的，由商标局撤销其注册商标。

互联时代知识产权管理

在实践中，如果公司的注册地址发生了变动等情况，应该及时向商标局申请变更注册，避免出现注册商标使用不规范的情况，如果因此导致注册商标被撤销，将直接影响注册商标权利基础及使用行为。

F. 对于注册商标连续使用的要求

《商标法》第四十九条第二款规定了注册商标成为其核定使用的商品的通用名称或者没有正当理由连续三年不使用的，任何单位或者个人可以向商标局申请撤销该注册商标。

很多公司申请和布局了众多商标，但有些商标并非以使用为目的，或者由于注册商标过多，就有可能出现没有正当理由连续三年不使用的情况，那么其他人就可以向商标局申请撤销该注册商标。因此商标注册成功，也并未意味着注册商标权一直处于权利稳定的状态。

对于注册商标，特别是核心注册商标，一方面要保留使用相关证据，另一方面也要主动规划商标的使用。例如，在商品上进行标识，在官网上进行宣传或者其他使用行为等，在条件允许的情况下，可以通过建立商标使用数据库的形式对众多注册商标的注册日期、使用方式、使用场景、使用证据、使用日期等一系列信息予以存储和监控，避免出现"撤三"的情形。

G. 对未注册商标规范使用的要求

商标法第五十二条规定了将未注册商标冒充注册商标使用的，或者使用未注册商标违反本法第十条规定的，由地方工商行政管理部门予以制止，限期改正，并可以予以通报，违法经营额五万元以上的，可以处违法经营额百分之二十以下的罚款，没有违法经营额或者违法经营额不足五万元的，可以处一万元以下的罚款。

虽然该条规定的是未注册商标规范使用的要求，但在条件允许的情况下，公司知识产权部门可以将未注册商标进行注册，特别是一些核心商标，进行商标注册之后，其法律保护力度将会得到很大提升。

H. 对于必须进行商标注册的规定

商标法第六规定了法律、行政法规规定必须使用注册商标的商品，必须申请商标注册，未经核准注册的，不得在市场销售。

同时在第五十一条规定了违反本法第六条规定的，由地方工商行政管理部门责令限期申请注册,违法经营额五万元以上的,可以处违法经营额百分之二十以下的罚款,没有违法经营额或者违法经营额不足五万元的,可以处一万元以下的罚款。

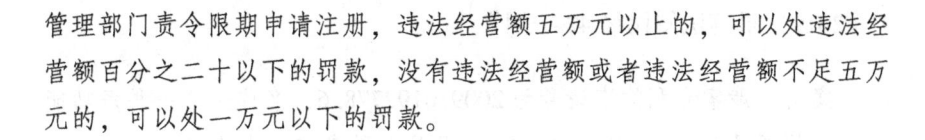

例如,《中华人民共和国烟草专卖法》规定:"卷烟、雪茄烟和有包装的烟丝必须申请商标注册,未经核准注册的,不得生产、销售。"在特殊的行业中,必须遵守法律、行政法规的规定,及时进行商标注册。

1. 对于商标权人恶意提起诉讼的规定

商标法第六十八条规定了对恶意提起商标诉讼的,由人民法院依法给予处罚。

如果注册商标权利人注册了大量商标,又未实际开展经营活动,无法提供注册商标的有效使用证据,在批量进行商标诉讼的情形下,有可能被认定为恶意提起商标诉讼。

此外,在最高人民法院发布《最高人民法院关于知识产权侵权诉讼中被告以原告滥用权利为由请求赔偿合理开支问题的批复》❶ 中作出强调:

在知识产权侵权诉讼中,被告提交证据证明原告的起诉构成法律规定的滥用权利损害其合法权益,依法请求原告赔偿其因该诉讼所支付的合理的律师费、交通费、食宿费等开支的,人民法院依法予以支持。被告也可以另行起诉请求原告赔偿上述合理开支。

上述规定不仅限于商标权,也适用于版权、专利权等知识产权侵权诉讼中。

2. 知识产权合规运用的案例

此处所指的知识产权合规运用,不包括相关行为和活动侵犯他人的知识产权的情况,而仅指作为权利人,如何合规地运用所拥有的相关权利。

(1) 专利权合规运用案例

案例一:专利权权属争议期间没有履行善良管理义务的损害赔偿责任

---

❶ 中华人民共和国最高人民法院. 最高法批复明确知识产权侵权诉讼中滥用权利的原告赔偿被告合理开支问题 [EB/OL]. [2021-06-03]. http://www.court.gov.cn/fabu-xiangqing-307061.html.

261

[（2019）最高法知民终424号]❶

案情：涉案专利的申请号为200910192778.6，名称为"一种多功能循环水处理设备"。专利申请公布说明书上署名发明人为姜××、李××、颉××，专利申请人为南海××研究所、宇××公司。

涉案专利于2012年5月30日获得授权，并因未及时缴费而于2012年9月28日被终止。

德××公司就涉案专利申请权问题以涉案专利属于职务发明为由起诉南海××研究所、宇××公司的（2011）穗中法民三初字第465号案件在专利权被终止时仍在审理中，涉案技术存在被认定为职务发明的可能性。

最高人民法院终审判决认为：

诚实信用原则是民法的基本原则，它要求民事主体在民事活动中恪守诺言，诚实不欺，在不损害他人利益和社会利益的前提下追求自己的利益，从而在当事人之间的利益关系和当事人与社会之间的利益关系中实现平衡，并维持市场道德秩序。专利权是经国家行政审查后授予的有期限的知识产权，其在权利保护期内有效存续需要专利权人持续交纳专利年费、不主动放弃等。当事人无论基于何种原因对专利申请权、专利权权属发生争议时，基于诚实信用原则，登记的专利权人通常应当负有使已经获得授权的专利权维持有效的善良管理责任，包括持续交纳专利年费等，因为专利权一旦终止失效，专利技术通常情况下即会进入公有领域，从而使专利技术所有人丧失市场独占利益，损害到专利技术所有人的合法权益。登记的专利权人未尽到该善良管理责任，给专利技术所有人造成损失的，应当负有赔偿责任。

可见，通常意义上放弃专利权是属于专利权人的权利，但如果违背诚实信用原则，相关放弃行为给第三方造成损失，将有可能面临赔偿责任。

---

❶ 中国裁判文书网．中国水产科学研究院南海水产研究所、广州宇景水产科技有限公司财产损害赔偿纠纷二审民事判决书［EB/OL］．（2021-06-07）[2021-12-22]．https://wenshu.court.gov.cn/website/wenshu/181107ANFZ0BXSK4/index.html?docId=9d90dbe3609e4a0985bfabb900c3adb6.

案例二：标准必要专利许可纠纷中禁诉令

案情：2018年1月，华为公司向江苏省南京市中级人民法院（以下简称"南京中院"）提起三案诉讼，请求确认中国地区标准必要专利的许可费率。2018年4月，为反制华为公司的中国诉讼，康文森公司向德国杜塞尔多夫法院提起标准必要专利侵权诉讼，请求判令华为公司停止侵权并赔偿损失。

2019年9月16日，南京中院作出三案一审判决，确定华为公司及其中国关联公司与康文森公司所涉标准必要专利的许可费率。康文森公司不服一审判决，向最高人民法院提起上诉，主张原审法院确定的标准必要专利许可费率过低。

2020年8月27日，最高人民法院知识产权法庭收到华为公司的禁诉令申请。该公司主张，德国杜塞尔多夫法院作出一审判决，认定华为公司及其德国关联公司侵害了康文森公司的欧洲专利（即本案涉案专利的同族专利），判令禁止华为公司及其德国关联公司提供、销售、使用或为上述目的进口或持有相关移动终端，禁止向客户提供或者交付侵权手机和平板电脑，提供相关侵权行为和销售行为信息，销毁并召回侵权产品，承担诉讼费用。该判决可以在康文森公司提供价值240万欧元担保后获得临时执行。该判决认定，康文森公司向华为公司提出的标准必要专利许可费率要约未违反公平、合理、无歧视（FRAND）原则。康文森公司的前述要约中多模2G/3G/4G移动终端产品的标准必要专利许可费率约为南京中院三案一审判决所确定中国标准必要专利许可费率的18.3倍。

最高人民法院裁定：

康文森公司不得在最高人民法院终审判决前，申请执行上述德国判决。如违反本裁定，自违反之日起，处每日罚款人民币100万元，按日累计。❶

---

❶ 最高人民法院知识产权法庭. 中国知识产权审判发出的首例禁诉令——案件合议庭详解康文森公司与华为公司标准必要专利许可纠纷案 [EB/OL]. [2021-02-26]. http://eni-pc.court.gov.cn/zh-cn/news/view-1056.html.

在标准必要专利许可纠纷中，往往争议点在于标准必要专利许可费率的确定，然而标准组织对标准必要专利权人的权利作出一些限制，要求专利权人承诺以 FRAND 原则向专利实施人许可标准必要专利的使用，这一限制在实践中由于标准必要专利权人和实施人对于许可费率有较大分歧，如果标准必要专利权人违背了 FRAND 原则，即使在某一国诉讼中获得了对许可费率有利的裁判结果，也有可能在我国收到法院的禁诉令，禁诉令制度作为一项法律防御武器，可以在一定程度上防止当事人择地行诉、恶意诉讼，这也对标准必要专利权人在与其他被许可对象进行许可费率谈判过程中的行为起到一定的约束作用。例如，出现在武汉市中级人民法院，禁诉令要求小米通讯技术公司及其关联公司（以下简称"小米"）与交互数字公司及关联公司（以下简称"交互数字"）在武汉诉讼期间，禁止"交互数字"在全球范围内提起相关诉讼，以排除不法干扰和诉讼妨碍。❶

（2）商标权合规运用案例

优衣库公司与指南针公司、中唯等公司侵害商标权纠纷再审案［（2018）最高法民再 396 号］❷。

案情：指南针公司、中唯公司系涉案注册商标的共有人，共同享有注册商标专用权。该注册商标的核定使用商品为第 25 类的服装、鞋、帽等，使用期限自 2013 年 6 月 21 日至 2023 年 6 月 20 日。

优衣库公司与迅销（中国）商贸有限公司（以下简称"迅销公司"）系株式会社迅销在中国设立的子公司，共同经营"优衣库"品牌，分别在中国各地设有专营店。

2012 年 11 月 3 日，株式会社迅速向国家工商行政管理总局商标局（简称商标局）申请 G1133303 号商标领土延伸（该商标的优先权日期为 2012 年 8 月 2 日，专用期限为 2012 年 8 月 13 日至 2022 年 8 月 13 日），申请注册商品为第 25 类。该商标领土延伸申请于 2014 年 4 月 15 日被商标局驳回。

---

❶ 央广网.武汉中院发出全球首个跨国禁诉令［EB/OL］.［2021-03-04］.http://henan.china.com.cn/legal/2021-03/04/content_41485057.htm.

❷ 中国裁判文书网.优衣库公司与指南针公司、中唯等公司侵害商标权纠纷再审案判决书［EB/OL］.（2018-12-28）［2021-06-23］.http://www.chinaiprlaw.cn/index.php?id=5548.

2014年3月，指南针公司委托北京盈科（广州）律师事务所向优衣库公司、迅销公司发出律师函，称在"天猫商城"及各地经营的"优衣库"专卖店销售的涉案商品突出使用G1133303号标识，侵犯了其享有的涉案注册商标专用权，要求优衣库公司、迅销公司立即停止侵权并作出合理赔偿。之后，指南针公司、中唯公司以优衣库公司及其下属分公司，迅销公司及其下属分公司侵害指南针公司、中唯公司涉案注册商标专用权为由，分别向全国多家法院提起诉讼。

一审法院另查明：根据商标局网站查询记录，指南针公司、中唯公司分别持有注册商标共计2600余个。2013年12月，迅销公司曾通过华唯商标转让网洽谈涉案注册商标转让事宜，转让价格不得低于800万元。

一审法院判决：一、优衣库公司停止侵权行为。二、驳回指南针公司、中唯公司其他诉讼请求。二审法院维持了原判决。

在最高人民法院再审过程中，查明了如下事实：北京市高级人民法院（2017）京行终5603号判决认定："中唯公司申请注册了1931件商标，指南针公司申请注册了706件商标，其中部分商标与他人知名商标在呼叫或者视觉上高度近似……指南针公司、中唯公司曾在华唯商标转让网上公开出售诉争商标，并向迅销公司提出诉争商标转让费800万元。"

指南针公司、中唯公司超出经营范围，非以使用为目的且无合理或正当理由大量申请注册并囤积包括诉争商标在内的注册商标，还通过商标转让、诉讼等手段实现牟利，其行为严重扰乱了商标注册秩序、损害了公共利益，并不当占用了社会公共资源，构成《商标法》第四十一条第一款规定的"以其他不正当手段取得注册"的情形。

2018年2月27日，商标评审委员会作出第309号裁定，对北京市高级人民法院的判决予以确认，并对涉案注册商标予以无效宣告。2018年8月6日，商标局发布第1610期商标公告，该期公告显示涉案注册商标在全部商品上宣告无效。

最高人民法院根据查明的事实，指南针公司、中唯公司以不正当方式取得商标权后，目标明确指向优衣库公司等，意图将该商标高价转让，在未能成功转让该商标后，又分别以优衣库公司、迅销公司及其各自门店侵害该商标专用权为由，以基本相同的事实提起系列诉讼；

在每个案件中均以优衣库公司或迅销公司及作为其门店的一家分公司作为共同被告起诉,利用优衣库公司或迅销公司门店众多的特点,形成全国范围内的批量诉讼,请求法院判令优衣库公司或迅销公司及其众多门店停止使用并索取赔偿,主观恶意明显,其行为明显违反诚实信用原则,对其借用司法资源以商标权谋取不正当利益之行为,本院依法不予保护;

优衣库公司关于指南针公司、中唯公司恶意诉讼的抗辩成立,予以支持。二审法院虽然考虑了指南针公司、中唯公司之恶意,判令不支持其索赔请求,但对其是否诚实信用行使商标权,未进行全面考虑,适用法律有所不当,本院予以纠正。遂再审判决:判决撤销一、二审判决,驳回指南针公司和中唯公司全部诉讼请求。

在再审判决中,最高人民法院对于商标运用过程中如何遵循诚实信用原则进行了详细阐述和说理:

《中华人民共和国商标法》(2013年修正)第七条规定:"申请注册和使用商标,应当遵循诚实信用原则。"虽然前述商标法于2014年5月1日方施行,但作为民事基本法,《中华人民共和国民法通则》早在1986年即已规定"民事活动应当遵循自愿、公平、等价有偿、诚实信用的原则"。民法基本原则在整个法律体系中发挥基础性和全局性的作用,商标领域也不例外。

诚实信用原则是一切市场活动参与者均应遵循的基本准则。

任何违背法律目的和精神,以损害他人正当权益为目的,恶意取得并行使权利、扰乱市场正当竞争秩序的行为均属于权利滥用,其相关主张不应得到法律的保护和支持。

在最高人民法院再审的该侵害商标权纠纷案中,指南针公司、中唯公司获得商标权之后,并非基于使用的目的,而是以获取不正当利益为出发点,在未能高价转让商标后,再以诉讼为手段来索取赔偿,主观恶意比较明显,虽然在该案再审时,《商标法》中并未明确规定恶意诉讼的行为,但基于民法通则中规定的"民事活动应当遵循自愿、公平、等价有偿、诚实信用的原则",驳回了原告的诉讼请求。

在《商标法》进行修改之后,增加了"对恶意提起商标诉讼的,由人民法院依法给予处罚"的条款,如果公司对于商标权的运用不合规,不但无法获得赔偿,还有可能受到法院的处罚。

三、知识产权刑事合规

随着国家政策和法律不断修订和完善，以及知识产权保护力度的不断加强，知识产权相关犯罪的入刑门槛也在降低，这种变化一方面能够便利公司通过刑事手段来保护自身合法权益，另一方面也对公司的经营行为提出了刑事合规的要求。

1. 商业秘密刑事合规

（1）立法修改

在《中华人民共和国刑法修正案（十一）》（以下简称《刑法修正案（十一）》）中，对侵犯商业秘密罪做了如下修改：

二十二、将《刑法》第二百一十九条修改为："有下列侵犯商业秘密行为之一，情节严重的，处三年以下有期徒刑，并处或者单处罚金；情节特别严重的，处三年以上十年以下有期徒刑，并处罚金：

"（一）以盗窃、贿赂、欺诈、胁迫、电子侵入或者其他不正当手段获取权利人的商业秘密的；

"（二）披露、使用或者允许他人使用以前项手段获取的权利人的商业秘密的；

"（三）违反保密义务或者违反权利人有关保守商业秘密的要求，披露、使用或者允许他人使用其所掌握的商业秘密的。

"明知前款所列行为，获取、披露、使用或者允许他人使用该商业秘密的，以侵犯商业秘密论。

"本条所称权利人，是指商业秘密的所有人和经商业秘密所有人许可的商业秘密使用人。"

二十三、在《刑法》第二百一十九条后增加一条，作为第二百一十九条之一："为境外的机构、组织、人员窃取、刺探、收买、非法提供商业秘密的，处五年以下有期徒刑，并处或者单处罚金；情节严重的，处五年以上有期徒刑，并处罚金。"

二十四、将《刑法》第二百二十条修改为："单位犯本节第二百一十三条至第二百一十九条之一规定之罪的，对单位判处罚金，并对其直接负责的主管人员和其他直接责任人员，依照本节各该条的规定处罚。"

(2) 对于公司合规要求的影响

相对于刑法修正之前，企业关于商业秘密的刑事合规管理应该注意以下几点变化。

第一，将犯罪构成要件"给商业秘密的权利人造成重大损失的"，改为"情节严重"，这使得企业侵犯商业秘密的行为构成犯罪的门槛降低了，不再是给被害人造成重大损失才被定性为犯罪，从结果犯改为了行为犯。

第二，侵犯商业秘密的行为增加了"贿赂、欺诈、电子侵入"几种类型。例如，在签订合同过程中，采取虚构事实或者隐瞒真相等欺骗手段，骗取对方当事人的商业秘密，情节严重的，极有可能构成侵犯商业秘密罪。

第三，将保密的义务从"约定"改为"保密义务"，使得公司在对外合作交往中，对于保密的要求不能仅限于双方之间约定的内容，还扩展到其他附随的保密义务，即使双方之间并未签订保密协议或者保密条款，只要公司负有保密义务，就应该予以遵守。

第四，将"获取、使用或者披露他人的商业秘密的，以侵犯商业秘密论"改为"获取、披露、使用或者允许他人使用该商业秘密的，以侵犯商业秘密论"，可以看出增加了"允许他人使用"的条款。例如，集团公司及子公司 A 共同与第三方签订了技术许可合同，并约定了相关保密义务，相关技术虽然披露给集团公司及其子公司 A，但许可合同中仅许可子公司 A 使用，如果集团公司允许其子公司 B 使用相关技术，相关行为将可能构成侵犯商业秘密罪。

第五，增加了"为境外的机构、组织、人员窃取、刺探、收买、非法提供商业秘密的"构成侵犯商业秘密罪的情形。这条是新增的内容，在以往公司对外合作过程中，往往可能不注意审核相关技术、信息等商业秘密出境的流程、合规要求，但在《刑法修正案（十一）》通过之后，如果缺少相关审核，则可能触犯刑法。

第六，刑罚力度加强，将旧法中拘役刑删除，最低即为有期徒刑，并将最高刑期从七年提高到十年。

可以看出，对于公司经营及对外合作过程中，应该根据刑法修正案的通过，对于公司内关于商业秘密刑事合规的要求、流程、制度进行相应的调整。例如，加强商业秘密相关的培训，完善对外合作过程中保守商业秘密的义务，补充商业秘密出境的合规制度及合规流程。

2. 版权刑事合规

（1）立法修改

在《刑法修正案（十一）》中，对侵犯著作权罪、销售侵权复制品罪做了如下修改：

> 二十、将《刑法》第二百一十七条修改为："以营利为目的，有下列侵犯著作权或者与著作权有关的权利的情形之一，违法所得数额较大或者有其他严重情节的，处三年以下有期徒刑，并处或者单处罚金；违法所得数额巨大或者有其他特别严重情节的，处三年以上十年以下有期徒刑，并处罚金：
>
> "（一）未经著作权人许可，复制发行、通过信息网络向公众传播其文字作品、音乐、美术、视听作品、计算机软件及法律、行政法规规定的其他作品的；
>
> "（二）出版他人享有专有出版权的图书的；
>
> "（三）未经录音录像制作者许可，复制发行、通过信息网络向公众传播其制作的录音录像的；
>
> "（四）未经表演者许可，复制发行录有其表演的录音录像制品，或者通过信息网络向公众传播其表演的；
>
> "（五）制作、出售假冒他人署名的美术作品的；
>
> "（六）未经著作权人或者与著作权有关的权利人许可，故意避开或者破坏权利人为其作品、录音录像制品等采取的保护著作权或者与著作权有关的权利的技术措施的。"
>
> 二十一、将《刑法》第二百一十八条修改为："以营利为目的，销售明知是本法第二百一十七条规定的侵权复制品，违法所得数额巨大或者有其他严重情节的，处五年以下有期徒刑，并处或者单处罚金。"

（2）对于公司合规要求的影响

在刑法修正之前，企业关于版权的刑事合规管理应该注意以下几点变化。

第一，关于复制发行，对刑法保护的版权作品的类型进行了拓展，从"文字作品、音乐、电影、电视、录像作品、计算机软件及其他作品的"拓展为"文字作品、音乐、美术、视听作品、计算机软件及法律、行政法规规定的其他作品的"，增加了美术作品以及法律行政法规规定的其他作品，并将"电影、电视、录像作品"调整为"视听作品",这种调整一方面是为了与著作权的修改相适应,另一方面也是与版权作品的类型拓展相适应。例如,随着互联网发展及移动终端的普及,侵犯著作权的对象已经不再限于电影、电视、录像作品,还可能包括短视频、手机拍摄制作的作品等。如果未经过权利人的许可,私自将版权保护的漫画作品上传到网站、App 上供社会公众点击浏览,将有可能构成侵犯著作权罪。

第二,将侵犯著作权的犯罪行为在复制、发行、出版的基础上增加了通过信息网络向公众传播的行为。

第三,增加了"未经表演者许可,复制发行录有其表演的录音录像制品,或者通过信息网络向公众传播其表演的",强化了表演者权的保护。例如,某在线音乐点播平台虽然购买了某首知名歌曲的原始版权,但在未取得该歌曲的原唱歌手许可的前提下,私自将该歌手演唱的该歌曲上传到音乐 App 上供社会公众下载、试听,将有可能构成侵犯著作权罪。

第四,增加了"未经著作权人或者与著作权有关的权利人许可,故意避开或者破坏权利人为其作品、录音录像制品等采取的保护著作权或者与著作权有关的权利的技术措施"条款。比较典型的如网络爬虫行为的认定,虽然通过网络爬虫爬取互联网信息是互联网领域通用的做法,但如果权利人采取了相关技术措施,不允许他人未经允许爬取相关版权作品,则如果未经许可进行爬取,则有可能构成侵犯著作权罪。

第五,将销售侵权复制品罪中的最低刑罚拘役删除,并将最高刑期从三年提高到五年。

(3) 相关案例

"网络爬虫非法抓取电子书"犯侵犯著作权罪案。[1]

被告单位北京鼎阅文学信息技术有限公司(以下简称"鼎阅公司")自 2018 年开始,在覃某某等 12 名被告人负责管理或参与运营下,未经掌阅科技股份有限公司、北京幻想纵横网络技术有限公司等权利公司许可,利用网络爬虫技术,爬取正版电子图书后,在其推广运营的"鸿雁传书""TXT 全本免费小说"等 10 余个 App 中展示,供他人访问并下载阅读,通过广告收入、付费阅读等方式进行牟利。经公安机关依法提取收集并经勘验、检查、鉴定的涉案侵权作品信息数据、账户

---

[1] 腾讯网. 北京高院:2020 年度北京法院知识产权司法保护十大案例 [EB/OL]. [2021−12−25]. https://new.qq.com/omn/20210425/20210425A01CL300.html.

交易明细、鉴定结论、广告推广协议等证据，法院查明，涉案作品侵犯掌阅科技股份有限公司、北京幻想纵横网络技术有限公司享有独家信息网络传播权的文字作品共计 4603 部。涉案作品侵犯中文在线数字出版集团股份有限公司享有独家信息网络传播权的文字作品共计 469 部。

最终法院以鼎阅公司及覃某某等 12 名被告人均犯侵犯著作权罪进行判罚，在该案中，法院针对爬虫技术网络抓取行为的"非法性"进行了论证，这也是一起典型的未经著作权人或者与著作权有关的权利人许可，故意避开或者破坏权利人为其作品、录音录像制品等采取的保护著作权或者与著作权有关的权利的技术措施的，通过信息网络向公众传播作品的典型案例。

3. 注册商标刑事合规

（1）立法修改

在《刑法修正案（十一）》中，对假冒注册商标罪、销售假冒注册商标的商品罪做了如下修改：

> 将《刑法》第二百一十三条修改为："未经注册商标所有人许可，在同一种商品、服务上使用与其注册商标相同的商标，情节严重的，处三年以下有期徒刑，并处或者单处罚金；情节特别严重的，处三年以上十年以下有期徒刑，并处罚金。"
>
> 将《刑法》第二百一十四条修改为："销售明知是假冒注册商标的商品，违法所得数额较大或者有其他严重情节的，处三年以下有期徒刑，并处或者单处罚金；违法所得数额巨大或者有其他特别严重情节的，处三年以上十年以下有期徒刑，并处罚金。"
>
> 将《刑法》第二百一十五条修改为："伪造、擅自制造他人注册商标标识或者销售伪造、擅自制造的注册商标标识，情节严重的，处三年以下有期徒刑，并处或者单处罚金；情节特别严重的，处三年以上十年以下有期徒刑，并处罚金。"

（2）对公司合规要求的影响

相对于刑法修正之前，企业关于版权的刑事合规管理应该注意以下几点变化。

第一，在假冒注册商标罪中，未经注册商标所有人许可，从"同一种商品上使用与其注册商标相同的商标行为"，扩大到"同一种商品、服务上使用与其注册商标相同的商标行为"。用于区分服务的商标被分到第35类到45类，包括广告经营、会展；房地产；金融；电信、网络服务；餐饮、住宿、旅游；文教、娱乐；交通、仓储、运输；医疗卫生、保健；中介、代理；商业销售、贸易领域。因此，以往只要不在同一种商品上使用与他人相同的注册商标，就不大会构成假冒注册商标罪，而随着本次刑法修正案的通过和实施，在服务领域，特别是互联网领域。例如，通过在App上未经权利人的许可使用与注册商标相同的商标行为，来实现用户的增长、导流行为的，比较典型的如权利人将公司平台下的App图标、文字进行了商标注册，而他人如果在应用市场上发布与相同的App，并通过商标予以标识，将有可能构成假冒注册商标罪。

第二，在销售假冒注册商标的商品罪中，将犯罪构成要件中的"销售金额数据较大"改为"违法所得数据较大或者有其他验证情节"，不再一味以销售金额为依据来确定是否构成犯罪。

第三，删除了假冒注册商标罪、销售假冒注册商标的商品罪以及非法制造、销售非法制造的注册商标标识罪中的拘役或管制刑，最低的刑罚为有期徒刑，并将最高刑罚期限从七年提高到十年，刑罚惩罚力度大大提高。

第六章

知识产权服务机构的选择与管理

第一节　为什么说知识产权服务机构是必需的

对于企业来说，知识产权服务机构是企业开展知识产权工作所必需的。具体而言，主要有以下几个因素决定了知识产权工作离不开知识产权服务机构。

一、借助服务机构资源，降低公司人力成本

一项高质量专利的产生，专利撰写是整个环节中的中心节点，不但需要与发明人进行技术方案的确认、补充，还承担着撰写之前的查新检索，并且需要将对技术方案进行理解消化，对权利要求书的架构、层次进行规划，还需要对实施例中的内容进行取舍和改写。这些因素决定了一个人完成一件专利申请文件的撰写需要一定的时间周期，据报道，美国专利代理师一年专利代理量在几十件左右，充裕的时间也让美国的专利代理师有机会和发明人进行技术方案的打磨和拓展，对专利申请文件进行精雕细琢，因此在新闻中报道美国专利诉讼动辄几百万美元的赔偿，背后其实包含了专利代理师的不少功劳。在当下企业专利申请量居高不下的形势下，如果企业脱离知识产权服务机构将会承担巨大的人力成本支出。特别是在技术密集型行业，年专利申请量动辄在上千件的情况下，完全由企业内部知识产权人员完成专利布局是一种几乎无法完成的任务。

二、专业的事情，更需要交给专业的人做

由于专利撰写是一项非常专业的事情，需要对技术方案进行理解消化，对权利要求书的架构、层次进行规划，还需要对实施例中的内容进行取舍和改写。专利代理师由于在长年累月撰写专利申请文件中积累了大量的撰写技巧，并且知识产权服务机构服务的行业内知识产权工作开展比较好的企业往往会有一整套标准

来衡量专利申请文件撰写的质量好坏，在这些企业的严格要求下，专利代理师在专利撰写中不断提高自己对于特定行业技术的理解能力才能符合客户的要求，这些锻炼机会和经历是企业内部知识产权工程师所无法获得的。以北京市××律师事务所代理的客户为例，国内申请人包括华为、联想、腾讯、北京大学、清华大学、中科院、航天科工等行业巨头和知名科研机构，国外申请人包括西门子、松下、丰田、索尼、三星等知名企业。反之，企业内部知识产权工程师如果不借助外部知识产权服务机构的力量来自行完成专利申请文件的撰写，由于缺乏撰写经验的积累，并且也不存在衡量专利申请文件撰写的质量好坏的完整体系，那么申请文件的质量很难得到保障。

三、提升流程管理效率，降低流程出错风险

知识产权事务除了涉及专利申请文件撰写之外，还包括专利申请文件的递交、专利官方来文的获取、各项费用缴纳及中间文件答复期限的管理，只要其中一个环节出现纰漏则有可能导致额外费用的产生，甚至可能导致权利的丧失。在专利数量巨大的情况下，这对于企业知识产权部门的内部管理提出了相当高的要求。比如专利申请文件的递交，需要符合《专利审查指南 2010》的各项要求，包括专利申请文件的格式、页数、行距、线条颜色等，这些要求并非很难满足，但是异常烦琐。如果这些需要企业知识产权部门亲力亲为，则知识产权部门人手的绝大部分精力都耗费到各种琐碎的流程事务中去，并且效果往往不是很理想。

因此，将专业的事务交给专业的人去办理才是将一个事情办好的关键，企业知识产权工程师自己虽然不撰写专利申请文件，但却必须负起监督和管理专利申请文件质量的职责。

第二节 如何选择合适的知识产权服务机构

知识产权服务不同于其他服务或者产品，具有特殊的属性。以专利从申请到授权为例，一项好的专利产生，包括研发人员、企业知识产权工程师、专利代理师、专利审查员等多方的共同参与，而代表服务机构的专利代理师只是其中的一个环节，因此如何选择好的知识产权服务机构至关重要。

目前各地也在进行知识产权服务行业的评选。例如，北京市专利代理师协会官网发布的专利代理机构等级判定，主要是根据《专利代理机构等级评定规范》（北京市地方标准 DB11/T 1182—2015，以下简称《规范》），将专利代理机构等

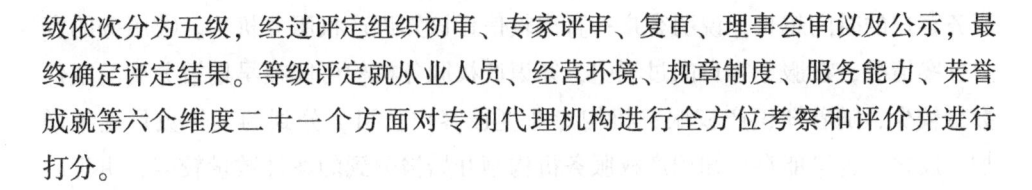

级依次分为五级，经过评定组织初审、专家评审、复审、理事会审议及公示，最终确定评定结果。等级评定就从业人员、经营环境、规章制度、服务能力、荣誉成就等六个维度二十一个方面对专利代理机构进行全方位考察和评价并进行打分。

一、选择知识产权服务机构过程中需要考虑的因素

有一句话叫"一千个读者眼中就会有一千个哈姆雷特"，由于不同企业的需求侧重点不同，因此不同企业对知识产权服务机构选择、判断标准也必然不完全相同。但即便如此，有些共同因素则是企业在选择服务机构所必须考虑的。

1. 成立年限很重要，但不可迷信

根据国家知识产权局知识产权运用促进司编制的《全国专利代理行业发展状况（2019年）》公布的数据，2019年，我国专利代理行业继续保持规模逐渐壮大、服务能力不断提升、服务范围不断拓展、运行体系更趋健全的良好发展态势。截至2019年年底，全国获得专利代理师资格证人数达到4.7918万人，执业专利代理师为2.0192万人，知识产权服务机构达到2691家（不含港澳台地区），仅在2019年一年就批准新设立知识产权服务机构524家。

从知识产权服务机构的成立时间来看，在2691家知识产权服务机构中，成立20年及以上的知识产权服务机构有211家，占全国知识产权服务机构总量的7.85%；成立10~19年（满10年不足20年，以下同此划分方式）的知识产权服务机构为510家，占比18.95%；成立3~9年的知识产权服务机构为753家，占比27.98%；成立时间在3年以内的知识产权服务机构为1217家，占比45.22%。

可以看出，成立年限能够在一定程度上反映服务机构持续提供服务的能力，因此，在选择服务机构时，可以将成立年限作为其中一个指标来进行考察。

2. 标杆企业选择的服务机构可供借鉴

知识产权服务机构服务的客户能够在一定程度上反映知识产权服务机构的实力和客户认可度，因此可以通过分析知识产权服务机构服务的客户来判断其专业水平。

具体分析可以从以下几个维度来展开：①服务的客户行业地位，一般来说，服务行业内巨头企业的知识产权服务机构的被认可度较高。②服务客户的时间，服务客户的时间越长，说明客户一直比较信任该知识产权服务机构。③服务的客户分案情况，在服务客户的过程中，知识产权服务机构可能在早期被分到的案件数量较少，随着知识产权服务机构专业度被客户认可，分到的案件数量逐年增加；反之，也可能存在知识产权服务机构刚开始被分到的案件数量较多，由于后期的懈怠，或者专利代理师骨干的流失导致专业程度下降，客户逐渐减少对该知识产权服务机构的案件投入，因此可以根据分案情况的变化去判断知识产权服务机构服务质量的连续性。

3. 是否具有稳定的专利代理师团队

在我国，专利代理师是一种流动性较高的职业，因此知识产权服务机构的专利代理师必须达到一定数量规模才能保证企业的专利案件能够持续分配到优质专利代理师的手上进行处理。因此在企业专利申请量达到几百件/年以上时，选择的任何一家知识产权服务机构对应的专利代理师团队稳定在5人以上，专利案件的处理事务才不会因为专利代理师流动失去连续性。

4. 最擅长优势专业领域有哪些

与律师事务所类似，知识产权服务机构也有几种表现形式：一是大而全的知识产权服务机构；二是小而精的知识产权服务机构。这两种形式不存在谁优谁劣的情况，区别仅在于哪种形式更能契合企业的需求。

对于大而全的知识产权服务机构，也并非意味着该机构的所有领域都是其优势领域；对于小而精的机构，更要去询问、核实该机构的优势领域。

例如，美国波音公司在中国境内布局的专利所委托的知识产权服务机构来看，截至2021年11月19日，在公开的专利申请量中，代理数量排名第一的是北京纪凯知识产权代理有限公司，比排名第二的北京三友知识产权代理有限公司多2000余件，而在行业内名气更大的北京市柳沈律师事务所、中国国际贸易促进委员会专利商标事务所反而代理量并不高。这并不是说北京市柳沈律师事务所等知名大所的服务质量就不如北京纪凯知识产权代理有限公司，而是说明一些能够真正重视客户的案件、提升服务质量的中小服务机构也可能匹配企业的需求。

5. 流程服务与案件质量同样重要

知识产权服务行业和别的服务行业不同，以单个专利服务为例，其可能涉及的环节和流程包括以下几个阶段。

撰写阶段：合同签订、费用减免手续办理、代理人案件的分配、撰写前查新检索、技术交底书技术方案的澄清/补充、申请文件的撰写、申请文件的技术审核修改、申请文件的法律审核修改、申请费用缴纳。

答复阶段：提起实审请求、审查意见/补正意见等官文转发、审查意见中与发明人进行技术沟通答疑、意见陈述书撰写、意见陈述书技术审核修改、意见陈述书法律审核修改。

复审阶段（如有）：复审请求提出、复审费用通知/代缴、复审期限监控、答复复审意见。

诉讼阶段（如有）：对复审决定不服提起的行政诉讼（如有）、诉讼受理费通知/代缴、上诉期限监控、开庭等。

授权阶段：办理登记通知书等官方转发、办登费用提醒或代缴。

授权后阶段：年费监控、年费提醒、年费代缴等。

从上述环节和流程可以看出，一个专利从诞生到获得审批，再到维持，中间涉及各个文件的转发、提交环节，也涉及费用的缴纳，更涉及各种期限的监控，一旦某个流程环节出现问题，轻则导致产生额外的费用支出，严重时可能导致整个专利权利的丧失。因此，在选择知识产权服务机构时，一定要将流程服务质量纳入重点考察对象中。具体而言，可以从以下几个维度进行考察。

①是否有专职的服务对接人员：一般而言，对于案件量比较大的客户，好的知识产权服务机构都会配备专职的服务对接人员，该服务对接人员可以去解答企业客户所有涉及服务范围的问题，即使在无法及时解答时，也能够向企业客户提供具体对接的专利代理师或者流程人员，因此具有专职的服务对接人员能够大大提高企业获得问题解答的效率。

②是否具有专职的流程管理团队：正如上面所指出的，流程管理是一项非常复杂并且非常琐碎的体系性工作，必须由专职的流程管理团队才能够保障案件的正常处理不受到影响。如果某知识产权服务机构内没有专人负责流程事务，或者仅有一两名流程管理人员，则很难保障企业客户的案件获得了良好的流程管控。

③是否应用了专门流程管理软件/系统：一个好的专门流程管理软件/系统，不但能够提高流程管理的效率，而且能够极大地降低流程出错的可能性。特别是目前很多公司客户内部都在推广使用线上 OA 管理系统，如果知识产权服务机构的专门流程管理软件/系统能够无缝对接公司客户的线上 OA 管理系统，必然会极大减少文件传输出错的可能性，也能够提高文件传输的时效性，这种不但对于知识产权服务机构流程管理有益，也能够极大降低企业内部知识产权部门的流程

管理工作量；反之，如果没有应用专门流程管理软件/系统，还是通过Excel或其他简单工具对流程事务进行管理，会导致很多流程管理事务无法进行追溯，增加流程出错的概率。

举一个具体例子，现有很多系统工具能够自动将官方发文的压缩包内的文件进行提取，并生成具有一定的规范格式的PDF，自动按照预先配置好的邮箱地址发送给企业客户，这种企业内部知识产权部门在收到邮件时，就能够从邮件title中迅速定位到具体的案件，并开展后续的处理。但如果没有应用专门的流程管理软件/系统，一些知识产权服务机构内负责任的流程管理团队还有可能人工进行提取，并且按照企业客户的要求进行文件的发送，如果责任心没那么强的流程人员可能直接将压缩包发送给企业客户，那么在企业案件量大的情形下，企业内部知识产权工程师需要耗费大量时间和精力在这些文件格式的处理上。

6. 行业内良好口碑更有说服力

在知识产权服务机构数量不断增长的同时，也暴露出了专利代理行业的一些问题。2019年，国家知识产权局启动为期2年的专利代理行业"蓝天"专项整治行动，严厉打击"黑代理"和"挂证"、代理非正常专利申请、以不正当手段招揽业务等违法违规行为，形成有力震慑。各地共提示谈话知识产权服务机构及分支机构1333家，约谈820家，责令整改406家，立案查处108起。可以看出，知识产权服务行业虽然是一个蓬勃发展的行业，但行业内也存在一些问题，对此，企业应该通过中华全国专利代理师协会、国家知识产权局、地方主管知识产权部门的网站去查证被考察对象的行业口碑，一旦发现曾经被处罚过或者具有一些不诚信的行为，就可以很好地避开这些风险。

事实上，官方的主管部门或者行业协会一般仅会关注一些重大的违法违规行为，比如上面提到的"黑代理"和"挂证"、代理非正常专利申请行为，不仅涉及专业资质问题，更涉及机构的诚信问题，而除了这些重大违法违规行为之外，知识产权服务机构也可能存在案件处理责任心不够等问题，这些方面的口碑和信息可能就需要企业内部知识产权工程师通过其他渠道来获得，比如同行的评价、新闻报道等。

7. 避免出现"利益冲突"的委托

根据《专利代理条例》的规定，专利代理机构接受委托，应当与委托人订立书面委托合同。专利代理机构接受委托后，不得就同一专利申请或者专利权的事务接受有利益冲突的其他当事人的委托。但在实践中，仍无法完全避免这一情况，这一方面是由于知识产权服务机构以利益追求为目标，有意或无意的放任了这一情况的发生；另一方面也是由于现在公司与公司之间竞争的形态越来越复杂，很多时候除了公司自身披露之外，知识产权服务机构很难主动识别其服务的客户之间是否存在利益冲突。

为了避免这一情况的发生，一方面在选择知识产权服务机构时，应该主动提供与其有竞争关系公司的相关信息；另一方面也可以通过专利数据库检索的方式来判断知识产权服务机构是否已经接受了竞争对手的委托，最大限度地避免技术信息交叉泄露而造成的损失。

二、考察知识产权服务机构可以采取哪些手段

1. 通过专利试写评估实际业务水平

专利服务不同于其他服务项目的一个因素在于所有的发明创造技术方案都是新的，而每个人对于技术方案的理解不同，文字表达有着强烈的个人色彩。判断知识产权服务机构中的专利代理师是否与企业客户的案件处理相匹配，不但要考察其之前处理的案子，更要看专利代理师是否匹配企业客户的行业、技术特点。因此，可以通过专利试写这个环节来考察专利代理师的检索能力、撰写水平、撰写效率、技术方案拓展能力及核心创新点把控能力，从而对知识产权服务机构的实际水平进行有效评估。

2. 开展公开招标吸纳优质服务机构参选

公开招标可以吸纳一些成规模的知识产权服务机构参与竞标，可以通过设置招标文件中各项指标数据来对知识产权服务机构进行筛选分析，比如知识产权服务机构的成立时间、年营收额、年代理量、服务的大客户信息、专利授权指标，这些指标企业内部知识产权部门可以灵活设置，对于企业自身比较看重的项目可以将权重值提高，比如某企业特别看重案件处理的时效性，则可以将时效性作为一个指标纳入招标文件中。

公开招标的另一个作用在于能够现场获得知识产权服务机构的介绍信息，并且能够现场回答评标人员的疑问，同时还能够侧面获取知识产权服务机构参与投标人员的介绍信息与投标文件中的介绍是否一致，来判断招标文件中的各项指标数据是否真实可信。

3. 实地考察获知服务机构硬件水平与实力

知识产权业务主要的完成对象是专利代理师，虽然专利申请文件在提交到国家知识产权局的过程中要写明完成该专利申请文件的专利代理师，但在实际专利实务中，往往存在的下述情形：某一项专利申请文件的实际撰写人员是A，但在国家知识产权局公布的数据中显示的专利代理师可能是B，如果企业客户对B的专业实力比较认可，可能会导致对该知识产权服务机构实力的误判。

此外，随着移动互联网的发展及移动办公、远程办公的兴起，很多知识产权服务机构选择将专利代理业务进行外包，这种外包不仅包括外包给不具有专利代理资质的专利工程师去撰写，也包括将原本应该位于A地的专利代理师处理的案件转交给B地的专利代理师，甚至还可能将专利代理业务整体外包给其他兼职撰写团队，因此，实地考察的重要性在于现场去考察是否有坐班的专利代理师，专利代理师团队、规模是否与招标文件中的各项指标数据相符。

4. 借助大数据分析复盘服务机构的综合实力

检索分析在知识产权服务机构的考察中起到复盘的作用，其中一个目的在于对招标文件中各项指标数据进行复核，判断知识产权服务机构是否提供了真实的数据，如果提供了虚假数据，说明知识产权服务机构的诚信值得商榷；另一个更为重要的目的在于通过检索分析去判断知识产权服务机构的专利申请文件质量，比如单个专利申请文件中权利要求的数量、历年代理案件的授权率及其走势、大客户业务在整个服务业务中的聚集度、大客户给知识产权服务机构的历年分案情况及其走势等，从而对知识产权服务机构的整体实力进行判断。

值得注意的是，由于检索分析是一种对已经发生的业务进行事后归纳总结的过程，因此检索分析只能对知识产权服务机构以往的服务水平进行评价，而不能直接将其等同于未来发生的业务的处理水平和能力，检索分析还应该和上述几个措施结合来对知识产权服务机构进行综合判断。

第三节　知识产权服务机构服务质量如何管控

一、"态度优先",对专利代理师的品行要求

当下知识产权事业正处于由"大"到"强"的阶段,因此知识产权服务机构也面临新形势下转型问题,随之而来的是专利代理师的流动性越来越高,因此一个技术方案从变成申请文件,进入专利局进行审核,再到最后获得授权或被驳回,在不同阶段很可能由不同的专利代理师进行处理。此外,专利代理师计件获得提成方式,也驱动着专利代理师谋求在同样时间内处理完更多的案子,这种动机与企业知识产权工程师希望专利代理师在案子处理上投入更多的精力去打磨申请文件存在难以调和的冲突,因此对专利代理师的要求正是为了在最大限度上缓解这种内在矛盾,企业知识产权工程师可以从以下几个方面对专利事务所提出要求,强化专利代理师的服务质量的管理。

1. 服务质量标准的传递

企业知识产权工程师在对接专利代理师时,往往发生在处理具体的个案期间,在企业知识产权部门内部统一了案件处理标准时,一方面通过将这种处理标准同步给各个知识产权服务机构,以实现企业知识产权案件的标准化处理;另一方面也会在企业知识产权工程师针对具体的个案审核时,对专利代理师提出要求,这种要求不仅是知识产权部门案件处理标准的具体实现形式,也可能是知识产权部门案件处理标准中所未能覆盖到的空白点。

由于各个知识产权服务机构对于企业知识产权部门发布案件处理标准在服务机构内部的内化程度不同,因此各个专利代理师对于知识产权部门案件处理标准的重视程度、理解程度也必然存在差异。因此,企业知识产权工程师对于专利代理师的要求首先必然是知识产权部门案件处理标准的落实程度,在具体个案中评估各个专利代理师对于知识产权部门案件处理标准的理解,督促这些标准在专利代理师中横向传递,并且阶段性汇总分析落实情况。

2. 敬业度考核

专利代理师的敬业度包括对于案件的投入程度、与发明人沟通配合程度、对

于企业知识产权工程师提出的审核/修改建议落实程度、再创作意愿等。

(1) 案件投入度

具体而言,对于案子的投入程度是考核的首要指标,因为再优质的专利代理师如果没有投入足够的精力到具体的案件,则会造成技术方案的理解不透彻、理解错误、技术方案细节未得到扩展、申请文件语言组织不到位、申请文件出现过多形式与实质问题、申请文件说明书中实施条例没有进行适当的再创作、审查意见通知书中具体内容未得到全面仔细分析、对比文件未进行全文阅读等,在没有足够的敬业度时,上述问题将极大影响专利权利的实现程度。

(2) 与发明人沟通程度

与发明人沟通配合程度也是衡量专利代理师敬业度的指标之一,发明人作为专利申请文件的方案提供者,掌握了技术方案最为全面的信息,包括改进的背景、现有技术的不足、发明的整体构思、技术实现的原理、技术方案的创新点等,如果专利代理师与发明人的沟通意愿不强,沟通不顺畅,将很难对技术方案有全面的理解,特别是对于技术方案的一些小细节,可能在发明人眼里觉得不写入技术交底书中不影响整个发明的实施,但对于专利代理师、审查员来说,则有可能构成申请文件中记载不全面影响专利申请文件的授权前景,或者即使获得授权也可能影响到权利要求的稳定性等问题,反之,如果专利代理师有足够的敬业度,通过与发明人积极沟通,不但可以将这些隐患及时排除,还可能在此基础上进行再创作,丰富整个申请文件的实施条例丰富程度。

(3) 修改反馈及时性

对于企业知识产权工程师提出的审核/修改建议落实程度关系到申请文件能否及时提交到专利局,进而影响到申请日的确定,因此对于企业知识产权工程师提出的审核/修改建议如果不能及时得到专利代理师的处理、反馈,或者对于审核/修改建议无法一次性得到全面解决,必然会影响整个专利申请的进度,甚至可能造成专利申请文件提交过晚丧失新颖性、创造性。

3. 胜任度考核

专利代理师能力是否胜任案件的处理同样是考核专利代理师的关键因素,也是决定企业的创新是否能够得到专利的全面保护的重要决定因素,因此在专利代理师在收到并阅读技术交底书的内容之后,如果认为不能很好地理解技术交底书中记载的技术方案,或者经过跟发明人的沟通之后还无法全面胜任案件的处理,那么知识产权服务机构应及时通知知识产权部门的流程人员,以协商更换专利代理师。而很多情况下，专利代理师并不一定主动申报自身无法胜任案件的处理，因此这需要知识产权工程师对不同的维度来对专利代理师进行胜任度考核。为了全面对专利代理师是否胜任案件处理，可以从以下几个维度来进行考核。

（1）技术方案是否理解透彻

能否理解技术方案是决定专利代理师能否撰写出合格、优秀的专利申请文件的前提条件。一般来说，知识产权工程师会优先考虑与技术方案领域对应专业相同的专利代理师来处理案件，但由于技术方案的复杂程度各不相同，既有相对容易理解的技术方案，也有特别复杂、难以理解的技术方案，即使专利代理师所学专业与技术方案领域对应专业相同，也无法保证专利代理师能够全面、透彻理解技术方案。因此知识产权工程师应该根据专利代理师能否从技术交底书中技术方案中捕捉需要补充的技术细节，跟发明人沟通的往来邮件是否正确描述技术交底书中技术方案的创新构思，能否正确指出技术交底书中技术方案的缺陷和错误，能否根据技术交底书中已经记载的技术方案启发发明人提供更多的实施例，以支撑专利保护范围的扩大。

在判断专利代理师能否理解技术方案时，也应该判断专利代理师在理解技术交底书中技术方案时所花费的时间，如果专利代理师在较短时间内就能够对技术方案的全貌进行理解，则对应案件的处理时间必然也不会因为前期理解造成延迟处理。反之，如果专利代理师花费了大量时间在技术方案理解上，或者需要跟发明人进行多次、多轮沟通才能理解技术方案，又或者对技术方案的程度无法一次性到位，不但会造成案件处理的迟延，也会大大增加发明人的时间沟通成本。

（2）书面表达功底

技术交底书由专利代理师撰写成专利申请文件，并展示给知识产权工程师、专利审查员及社会公众面前的文本形式，关键在于专利代理师的书面表达能力。不恰当的书面表达造成如下几种影响。

信息衰减，技术交底书中技术方案转换成专利申请文件中的内容，由于需要将技术、原理等通过自然语言形式进行转述，将或多或少存在信息的丢失，这种信息的丢失有的会降低技术交底书中技术方案本应有的可专利性，如原技术交底书中记载的技术方案具备创造性、符合《专利法》保护的客体，但由于专利代理师不恰当的表述，使专利申请文件不再具备创造性，或者不符合《专利法》保护的客体。例如，专利代理师不恰当使用了技术术语对应的上位化概念表达方式，或者未准确记载某一算法的实际应用场景、环境特征等，都会对专利申请文件的后期审查造成影响。

表述不够清楚简要，《专利审查指南2010》中明确要求权利要求书应当以说明书为依据，清楚、简要地限定要求专利保护的范围，如果专利代理师不能清楚、简要地将技术交底书中技术方案转化为权利要求中各个技术特征，不但行文上让知识产权工程师花费更多时间和精力去审核专利申请文件的内容，还极有可能因为冗长的表述造成权利要求保护范围受到不必要的限制，甚至可能因为表述不够清楚，使专利申请文件不再符合《专利法》第二十六条的规定。真正优秀的专利代理师大多"惜字如金"，能够通过寥寥数语准确而精当地还原技术交底书中的内容。

逻辑不够清晰，一份好的专利申请文件应该是权利要求层层限定，权利要求之间相互呼应，通过不同独立权利要求、从属权利要求之间的布局，使得技术交底书中的技术方案能够在争取获得授权同时，能够最大限度争取保护范围；并且说明实施例中能够对权利要求形成有效的支撑，说明书中不同实施例所起到的作用也能够形成一个逻辑缜密的体系。如果专利代理师的逻辑不够清晰，则很难实现上述要求。

4. 个人品质

专利代理工作归根到底还是一种文字性工作，需要专利代理师具有足够的意志力品质，主要体现在以下几个方面。

（1）耐心面对修改建议

是否能够耐心面对专利工作中所遇到的内容，如面对发明人、知识产权工程师提出的对专利申请文件的修改建议，能够愿意交流并针对所提出的问题进行响应，而不是抱着抵触的情绪。一般而言知识产权工程师会一次性提出所有需要修改的建议或者意见，但专利代理师并不一定一次性能够修改到位，又或者发明人对技术方案进行了再次补充导致申请文件需要进行修改，那么专利代理师如果不能有充分的耐心去面对这些修改的要求，则很难与企业一方达成有效的合作。

（2）动学习能力

主动学习能力也是专利代理师应该具备的品质，通常专利代理师在初次接触到一个新企业客户委托的案件时，往往很难对企业的研发、技术创新及产品特点有一个全面且深入的了解，因此在这种情况下应该主动通过与发明人沟通、阅读现有技术及查找相关资料，主动跟知识产权工程师沟通专利撰写的一些要求和特点，这样才能尽快适应新客户的需求。并且随着双方合作的深入，也应该保持持续学习的势头去匹配，甚至超过企业知识产权部门提出的新的需求点。

(3) 执行能力

执行能力是专利代理师能够快速响应企业知识产权工程师部门需求的关键，不但要求专利代理师能够尽量在短时间内完成专利申请文件的撰写，并且还需要对知识产权工程师、发明人提出的修改建议进行快速反馈，由于当下很多知识产权服务机构中专利代理师的案件处理工作量较大，因此执行能力也必然影响到案件的最终处理进度。

企业知识产权部门在对专利代理师进行胜任度考核时，应该从以上几个方面进行全面的考核，并且值得注意的是，同时在上述胜任度能力表现优异的专利代理师毕竟只占少数，因此企业知识产权部门应该综合考虑上述几个方面的因素，进行综合衡量。

5. 案件处理分歧的应对

在知识产权案件处理过程中，企业知识产权工程师与专利代理师之间不可避免地会出现分歧，这种分歧也分为几种不同的情况。

(1) 无原则分歧的处理

对于同样的技术方案，双方之间没有原则上的理解差异，但对于技术方案的具体表达形式存在不同见解，企业知识产权工程师应该在尊重专利代理师的表达前提下，根据《专利法》《专利法实施细则》《专利审查指南2010》的具体规定，只要不违背上述规定的要求，应该尊重专利代理师的表达习惯。

(2) 原则性分歧的处理

对于同样的技术方案，存在原则上的理解分歧，关键在于面对错误应该找出原因及解决方案。由于技术方案的信息在传达过程中，在发明人心中理解的技术方案、撰写的技术交底书、企业知识产权工程师/专利代理师眼中的技术方案不可避免地出现信息衰减，一旦信息衰减到一定的阈值，将会造成不同人对同样技术方案理解出现实质性的偏差。在出现上述分歧时，企业知识产权工程师可以要求专利代理师及时与发明人进行沟通，寻求问题出现的原因并加以解决才是争取处理分歧的方式。这些理解的错误发生在专利代理师或者企业知识产权工程师身上都是可以理解的，正是由于技术方案经过了企业知识产权工程师、专利代理师两轮独立的处理，才能更好地发现技术方案可能存在的隐患和不足。

(3) 分歧处理的方式

在知识产权案件处理过程中面对分歧，没有更有效的处理方式时，不能抱着甲方的理解一定优于乙方理解的态度，也不能一味过于轻信专利代理师的专业能力，只有站在客观的角度，针对每一个案件具体的分歧，按照标准化的处理流程和方式去应对，才能妥善处理好企业知识产权工程师与专利代理师的之间分歧，将这种分歧转化为更好处理知识产权案件的契机。

6. 结果反馈机制

对于专利代理师的要求和管理一定是动态的结果，因为专利代理师的队伍在不断变化、更新，专利代理师的敬业度也是一个动态变化的过程，因此建立一个结果反馈机制显得尤为重要。如果不建立一套完善的结果反馈机制，则即使企业知识产权工程师向知识产权服务反馈了专利代理时存在的问题，也不一定能够得到很好的解决和改善，另外，即使知识产权服务机构针对特定的专利代理师进行了沟通和反馈，则同样的问题也可能发生在其他专利代理师身上，下次在不同的专利代理师身上出现同样的问题时，还需要企业知识产权工程师再进行指出和纠正，这无疑增加了知识产权部门的整体沟通成本和工作量。因此，这种结果反馈机制包括如下内容：具有明确的对专利代理师的考核标准，在知识产权服务机构方配有问题反馈专门对接人，具有将企业知识产权部门反馈结果中所存在问题在知识产权服务机构中内化的机制，向企业知识产权部门迅速反馈整改方案及效果的机制。

二、以"数据化、标准化"为导向，强化案件质量管控

1. 形式要求

所有案件的处理必须通过书面形式来进行管理，书面形式包括纸件和邮件形式，这是为了在后续案件的处理过程中发生不可预知的纰漏时，便于厘清知识产权服务机构与企业知识产权部门之间的责任划分。

例如，知识产权部门向知识产权服务机构发出的案件流程性指示，包括申请文件撰写委托函、申请文件定稿提交函、答复审查意见的陈述书定稿函等，企业知识产权部门指定的流程人员应该通过指定的公司邮箱与知识产权服务机构的对接人进行传递。即使在特殊、紧急情况下，知识产权服务机构事先基于有利于委托人的原则进行了事务性处理，也应该事后再通过书面形式与企业知识产权部门及时进行事实情况、处理方式的确认。

2. 开案的管理

应根据准备委托案件的技术方案实际内容选择专业素养最合适的知识产权服务机构的专利代理师，如果与之合作的知识产权服务机构已经组建了公司案件处理的专案组，则可以直接根据专案组中各成员目前处理的案件量灵活分配。发出新申请案件委托时，同时向知识产权服务机构提交《专利立案信息表》和《技术交底书》。

（1）《专利立案信息表》

在《专利立案信息表》中至少应载明如下信息：

发明人信息：包括发明人的姓名、第一发明人的身份证号码、发明人的排序，以及是否公开发明人的信息。

申请人信息：包括公司名称、企业信用代码、地址、邮编。

公开信息：在何时提实质审查请求、是否提前公开，以及是否走加快审查的渠道。

技术对接人信息：包括技术对接人姓名、对接人企业邮箱、对接人电话号码。

知识产权工程师信息：包括对接该案的知识产权工程师姓名、企业邮箱、电话号码。

前案评估期限：至案件委托给知识产权服务机构之日起多少个工作内反馈委托案件的技术方案的评估结果。

申请文件撰写初稿的期限：至案件委托给知识产权服务机构之日起多少个工作内返稿。

关联案信息：由于很多案件可能前案与后案之间可能存在关联，如果在《专利立案信息表》中不载明关联案的信息，可能会导致后案在撰写过程中与前案发生冲突，不利于权利要求的布局及关联案之间的布局，在《专利立案信息表》中记载关联案信息时，应至少载明前案的开案时间、撰写前案的专利代理师信息、申请日信息（如果已经递交）、前案的发明人信息。

指定专利代理师信息：专利代理师在撰写公司案件过程中，可能对于公司某些特定领域的案件有着独到、深刻的理解，抑或与发明人之间建立了良好的沟通机制，因此在新申请案件委托时，可以有针对性选择指定的专利代理师来处理特定的案件。当然，指定专利代理师信息时，为了保证专利代理师有足够的时间在保证质量的情况下完成申请文件的撰写，应该事先了解欲委托的专利代理师手头同时处理的案件，如果该专利代理师手头同时已经存在大量正在处理的案件，则应该及时选择其他专利代理师，或者选择其他知识产权服务机构的专利代理师进行处理。

(2) 技术交底书记载的信息

对于技术交底书，除了需要详细描述发明创造的技术方案之外，还应该标注该案件对应企业内部案号，便于后期对该技术方案在整个专利申请、审查、办理登记、维护、奖励发放等各个环节进行管理，也有利于将该案件的处理嵌入到企业内部管理系统中。

在开案之后，应要求知识产权服务机构及时通过邮件向企业知识产权部门流程人员指定的邮箱反馈开案完成信息，以及案子具体由哪个专利代理师进行处理的信息，并开始进行撰写期限监控。

3. 案件前期评估的管理

前期评估是指在新案委托给知识产权服务机构之后，专利代理师反馈的案件是否符合《专利法》授权条件，包括"三性"（新颖性、创造性、实用性）、是否符合《专利法》保护客体等要求的初步评估意见，专利代理师应该在知识产权部门开案的《专利立案信息表》中要求的知识产权服务机构在指定的期限内反馈案件的前期评估结果，前期评估结果关系到案件后期的分类、分级，以及是否终止委托开案的结果。因此专利代理师在依据技术交底书撰写申请文件之前，必须经过前期评估方可进行，具体而言，前期评估需要包括如下内容。

(1) 对比文件的检索情况

对比文件是案件进行前期评估的基础，对比文件的检索范围应该至少包括专利公开文献、出版物及互联网公开内容，对于计算机、网络、通信等技术领域，互联网公开应该尤为重视，很多前沿技术选择在互联网论坛、博客上进行公开，如果不重视互联网公开这一渠道，将极大影响案件前期查新评估的准确性。如未检索到影响案件授权的对比文件，则也应该至少提供一篇最接近的对比文件作为现有技术。

技术交底书评估结果：对比文件的检索情况是评估结果的依据，而技术交底书评估结果则是前期评估的重点结论性内容，技术交底书的评估结果内容至少应该包括对比文件中，对比文件是否公开开案案件中技术方案及初步分析过程，如未检索到影响案件授权的对比文件，则应该初步分析最接近的对比文件作为现有技术未影响开案案件中技术方案授权的原因。

(2) 案件前期评估结果使用

当然，上述技术交底书评估结果部分的内容，并不需要必须形成完整的分析报告来展示，但前期评估结果中必须包含对于对比文件及开案案件的技术方案的完整分析对比的过程及内容，在收到专利代理师反馈的前期评估报告时，知识产权工程师应该对前期评估报告进行再次分析，以避免前期评估流于形式。

值得注意的是，专利代理师反馈的前期评估结果只能作为知识产权工程师对案件评估的参考，而不能直接作为案件撤案、分级的依据，只有在专利代理师反馈的前期评估结果与知识产权工程师在开案之前的评估结果一致时，才可以直接将评估结果作为案件撤案、分级的依据。如果专利代理师反馈的前期评估结果与知识产权工程师在开案之前的评估结果不一致，则知识产权工程师应该重新组织评估案件的评估结果，重新评估应该以专利代理师反馈的对比文件，以及对比文件的分析意见进行分析，必要时重新对案件进行查新检索。

4. 定稿件的管理

在知识产权服务机构收到知识产权部门发出的定稿提交邮件指示后，应该将申请文件提交到专利局，之后应该将定稿提交信息反馈给知识产权部门，反馈的信息至少应该包括：

定稿提交的申请文件，申请文件应该是可编辑文件（如 Word），有利于后期知识产权部门在主动修改、根据审查意见通知书、补正通知书、主动补正、复审/无效阶段对申请文本进行修改。

请求书文件，在申请文件提交到专利局之后，在请求书中记录了哪些发明人，以及发明人信息是否与《专利立案信息表》中的发明人信息一致，在专利申请获得授权之前，均不得而知。虽然知识产权服务机构在提交申请文件之前会仔细核对发明人信息是否正确，但不能保证一定不发生纰漏，一旦发明人信息填报错误，在整个专利申请、审核、驳回阶段，没有人会注意到是否需要核对发明人信息。由于专利申请审查周期，特别是发明专利申请周期较长，很多专利申请在最后获得授权时，可能发明人已经离职，一旦提交到专利局的发明人信息错误，则很难再联系到发明人进行更改、签字等手续，并且容易出现发明人纠纷。因此，要求知识产权服务机构提供请求书文件，并对请求书文件中记载的发明人信息与《专利立案信息表》中的发明人进行一致性核对，有利于避免出现发明人填报错误的问题，即使发生了填报错误，也能够有利于及时进行发明人更正操作。

5. 中间文件的管理

很多企业并不要求知识产权服务机构反馈所有的中间文件，一般仅要求提供专利申请受理通知书、专利审查意见通知书、办理登记手续通知书、驳回决定、授予发明专利权通知书及专利证书，这几个官方文件也是专利申请、审查、授权过程中的重要节点文件。但中间文件其实还至少包括：费用减缴审批通知书、补正通知书、发明专利申请初步审查合格通知书、发明专利申请公布及进入实质审查通知书等。有的知识产权服务机构并不完全及时提供上述中间文件，也有的企业知识产权部门并不要求知识产权服务机构主动提供。

但上述中间文件也应该由知识产权服务机构及时主动提供给企业知识产权部门，以发明专利申请公布及进入实质审查通知书为例，很多企业基于整体专利布局战略考虑，对于不同的专利申请会有如下不同的处理。

第一，选择将有些专利申请文件提前公开，并在专利申请提交同时提出实质审查请求，以期更快获得授权。

第二，选择将有些专利申请文件正常提交，并不提前公开，但在专利申请提交同时提出实质审查请求，在正常审查周期内获得审查结果，如授权或驳回。

第三，选择将有些专利申请文件正常提交，并在提交出实质性审查请求的同时提出延迟审查，根据《专利审查指南2010》（2019年版）的修改，新增了延迟审查相关内容。

> 申请人可以对发明和外观设计专利申请提出延迟审查请求。发明专利延迟审查请求，应当由申请人在提出实质审查请求的同时提出，但发明专利申请延迟审查请求自实质审查请求生效之日起生效；外观设计延迟审查请求，应当由申请人在提交外观设计申请的同时提出。延迟期限为自提出延迟审查请求生效之日起1年、2年或3年。延迟期限届满后，该申请将按顺序待审。必要时，专利局可以自行启动审查程序并通知申请人，申请人请求的延迟审查期限终止。

选择延迟审查，在某些特定的领域（生物医药、化学）及特定的情形，通过使专利申请延迟获得授权，使得竞争对手无法获得一个准确的权利要求保护，扩大竞争优势。

上述控制发明专利申请文件何时进入实质审查阶段，以及采用什么答复策略，很大程度上取决于中间文件上记载的日期和内容，如果无法全面掌握这些中间文件上的内容，则有可能导致提前审查、延迟审查等专利审查策略无法得到很好的实施。

6. 案件状态的管理

知识产权服务机构应该定期反馈其代理的案件状态，案件的状态决定了企业知识产权部门对案件的下一步处理行为和方式，如果知识产权服务机构未及时反馈案件状态，可能会贻误案件的处理时机，因此企业知识产权部门应该要求知识产权服务机构定期反馈如下案件状态：

案件事务性信息：至少包括专利申请受理信息、专利初审合格信息、专利申请公布信息、专利申请进入实审信息、专利审查意见信息、驳回信息、复审受理信息、复审决定信息、授权信息。

案件费用信息：至少包括专利受理费用缴纳信息、实质审查费用缴纳信息、复审费用缴纳信息、案件办理登记费用缴纳信息、年费缴纳信息等。

基于不同的案件事务性信息的轻重缓急区别，可以针对不同类型的案件事务性信息设置不同的案件状态反馈周期。如果知识产权服务机构未按照规定定期反馈案件信息，轻则贻误案件处理时机，增加滞纳金、案件恢复费用，重则导致专利权利可能挽回的灭失。例如，知识产权服务机构未及时将案件驳回决定转发给企业知识产权部门，则企业知识产权部门就无法针对驳回决定进行分析，判断是否需要专利复审无效部门提出复审，如果被驳回的案件确有可能通过复审来撤销驳回决定，则该案的驳回状态将因为错过期限而终止。因此案件状态管理是案件管理关键一环。

7. 关联案件的管理

关联案件是指不同案件中的技术方案因为某些技术特征之间具有关联关系，而因为这些关联关系又影响到案件的分配，如果处理不恰当将可能导致各关联案件中权利要求布局范围、布局方式不合理，进而影响专利布局效果。

关联案件的提出通常有以下几种类型。

（1）同时提交具有关联关系的技术交底书

同一发明人或者同一批发明人在短期内同时提交具有关联关系的技术方案，如针对某个零部件的性能改进，采用了不同的改进技术路线，而基于这些改进技术路线提交的技术交底书经过评审均达到委托案件的标准。

(2) 先后提交具有关联关系的技术交底书

同一发明人或者同一批发明人先后提交不同具有关联关系的技术方案，由于研发人员的本职工作还是侧重于项目、产品研发，因此如果研发人员因为研发任务繁重或者其他原因，而未能及时提供技术交底书，则可能导致一些具有关联关系的技术方案在不同的时间点提交给企业知识产权部门，如某研发工程师在上半年提交若干件技术交底书，经过评审顺利委托给知识产权服务机构进行处理，而在几个月后，该研发工程师又提交若干件与前案具有关联关系的技术交底书，则对于后面提交的技术交底书应该当作关联案件处理。

在对关联案件进行管理时，应该注意以下几点：

①对关联案件尽量委托给相同的知识产权服务机构，便于对这些关联案件进行集中管理，比如返稿时限的管理，案件处理进度的管理及对专利代理师撰写标准的管理。

②在允许的情况下将关联案件尽量委托给同一个专利代理师或者同一个专案团队进行处理，因为将案件委托给固定的专利代理师或者专案团队，有利于专利代理师理解技术方案，理解各个关联技术方案之间的差异及创新侧重点，并且由于关联案件一般由相同发明人提出，也便于专利代理师与发明人直接沟通技术方案细节。

③在处理先后提交具有关联关系技术交底书的案件时，应该提醒知识产权服务机构相关专利代理师，注意前案的申请日期及公开日期，尽快缩短后案的处理时限，尽可能在前案未公开之前定稿提交后案，以免前案公开构成影响后案的新颖性、创造性的现有技术对比文件。

④在反馈关联案件的专利申请文件时，应该要求专利代理师简要说明关联案件申请文件中权利要求保护范围之间的差异和构思，有利于知识产权工程师对关联案件的申请文件进行审核。

8. 对案件质量的管理

(1) 撰写质量评价数字化

在专利申请文件环节，企业内部知识产权工程师往往要对专利代理师撰写的申请文件进行审核，并提出修改意见。对于单个案件而言，上述做法无可厚非，但如果仅仅是对每个申请文件进行审核，往往会因为专利代理师的表达风格、技术方案的理解、不同知识产权服务机构的内部要求不同，导致专利申请文件的最终呈现形式完全不同。例如，有的专利代理师喜欢将申请文件中独立权利要求归纳一个较宽的范围，将实际的区别特征放入从属权利要求中，而有的专利代理师可能直接将发明点写入独立权利要求中。又或者不同专利代理师对同一个技术方案的描述简要程度存在差异，这些都是在对申请文件进行审核中遇到的。事实上，同一个技术交底书，交给不同的专利代理师撰写，最终定稿文件可能大不相同。

因此，撰写质量评价数字化就是为了剔除掉专利代理师的表达风格等不影响专利保护范围、权利要求稳定性的因素，保留对专利申请文件的质量起实质性作用的因素，进而通过最终的评分来对撰写质量进行评价。比如某公司对权利要求书的数字化评分表部分见表6-3-1。

表6-3-1　权利要求书数字化评分表

问题描述	扣分情况/分
权利要求保护的主题与发明名称不一致	3
独立权利要求缺乏必要技术特征	10
在存在多个实施条例的情况下，独立权利要求未进行合适的上位化概况	10
权利要求超项时，部分从属权利的附加特征对创造性无贡献	2
权利要求书不够简要	2

表6-3-1仅仅是一个示例性的案例，实际对于整个权利要求书、说明书的撰写要求可以设置更为细致的评分项目，并且对于每个评分项目可以采取不同的扣分或者加分数值。

通过对撰写质量评价数字化评价，不但是对每一个专利申请文件的审核指标进行细化，还可以通过这些指标数据进行复盘，判断一段时间以来知识产权服务机构、专利代理师的水平是否发生波动，为后续有可能的调整提供依据。降低了因为企业内部知识产权工程师的审核偏好不同导致最后对知识产权服务机构、专利代理师的评价所产生的偏差。

（2）答复阶段质量标准化

实践中，不少公司的知识产权管理部门会重视专利申请文件审核，轻视在实审过程中审查意见答复的质量管控。

而答复阶段质量至少关系到如下几个方面：

①专利权利是否能够顺利获取，最近几年来专利申请，特别是发明专利申请的审查尺度越来越严格，很多审查员在专利审查过程中，往往倾向于先发出无授权前景的第一次审查意见，然后根据申请人的意见陈述材料来判断专利申请是否

能够获得授权，因此，在答复阶段中一份高质量的意见陈述材料直接关系到专利权利是否能够顺利获取。

②专利权利的保护范围是否合适，因为在专利审查过程中，越是限缩权利要求的保护范围，则专利越可能获得授权，因此如果一味追求专利授权，则专利代理师在未得到较好的审核前提下往往倾向于尽量往权利要求中添加特征来寻求授权，并且，即使没有将一些非必要技术特征添加到权利要求书中，也可能因为在意见陈述书中过多地陈述导致意见陈述书本身作为中间文件构成对权利要求的不恰当限制。对于企业来说，专利获得授权的目的就是为了后续可能的许可、诉讼、运营，而一份权利要求保护范围过窄的专利对企业来说是毫无意义的，因此在答复阶段如果质量管控不到位会直接影响到专利权利的保护范围。

为了在尽可能获取专利获得授权的同时，为专利争取一个合适的保护范围，可以将答复阶段质量标准化，以一份专利申请不符合授权要求的专利审查意见来说，可以再对专利代理师的操作是否符合企业知识产权部门设置的质量标准进行逐项审核。

三、对流程要求不可忽视，要求越细致结果越满意

知识产权服务商提供的流程服务直接影响案件的顺利开展，如果流程出错，则会立即产生各种对阻碍案件顺利处理、损害权利有效性及增加纠纷等后果。为了有效降低流程出错的可能性以及提升流程对于企业知识产权部门的协助作用，企业知识产权部门可以从以下几个方面对知识产权服务商的流程服务提出以下要求。

1. 案件及时提交

案件是否能够及时提交到专利局，关系到专利申请日的获得，从而直接影响到对比文件的范围，因此知识产权服务机构的流程人员必须严格按照知识产权工程师指定的日期提交各种文件，这些文件包括专利申请文件、答复各种通知书的中间文件、各种手续文件等，并且流程人员在提交完之后，应该将文件回执及递交日期通过邮件发送到企业知识产权部门指定的邮箱。

2. 期限管控精确

知识产权案件中存在各种期限，这些期限的长短、计算方式、对权利/费用的影响、是否能够恢复等各不相同，因此知识产权服务商提供的一项重要服务就

是保障期限监控不发生错误。在期限监控时，流程人员不仅需要向企业知识产权部门及时提供各种期限的绝限日期，在格式上也应该按照知识产权部门指定的形式。例如，以下是某知识产权服务商向企业知识产权部门发出的期限提醒邮件：

尊敬的客户，您好！

根据我司专利监控系统记载，如下专利应向国家知识产权局缴纳专利年费，以维持专利有效，如贵方未按照规定缴纳年费，专利权将自应当缴纳年费期满之日起终止。费用信息列表见表 6-3-2。

表 6-3-2 费用信息列表

序号	我方案号	贵方案号	申请号	申请日	发明名称	期限	年费/元	代理费/元	阶段
1	P1261	PAT2233	2018×××6591X2	2018-04-23	一种××方法	2021-04-23	180	100	第 4 年
2	P11339	PAT2204	2018×××5194X4	2018-04-13	一种××方法	2021-04-13	135	100	第 4 年
3	P08401	PAT1067	2017×××4416X2	2018-04-11	一种××系统	2021-04-14	180	100	第 5 年
4	P09412	PAT1080	2017×××8759X3	2017-04-27	一种××系统	2021-04-27	180	100	第 5 年

如贵方有意委托我方代为缴纳上述费用，请至少在缴费期限届满前 5 个工作日将上述款项汇款到我方账户，贵方汇款时请备注申请人及费用类型，汇款后请及时联系顾问或回复邮件到××@××.COM，针对委托缴费并监控后续时限的，我方将收取代理费 200 元/件，另有约定的除外。如贵方已经向专利局缴纳上述费用，或放弃缴纳上述费用，请回复此邮件。

3. 费用缴纳及时

在案件处理过程中，部分费用需要知识产权服务机构代缴来保证案件顺利进入下一个处理环节，因此这些需要知识产权服务机构代缴的费用需及时缴纳给专利局，并向企业知识产权部门反馈费用缴纳情况。

4. 文件格式统一

由于企业很多情况下会同时选聘多家知识产权服务机构来进行知识产权案件的代理，如果各个知识产权服务机构完全依照自身喜好、习惯来将文件提供给企业，那么企业知识产权部门需要花费大量精力从邮件中挑选出自身所需要的信

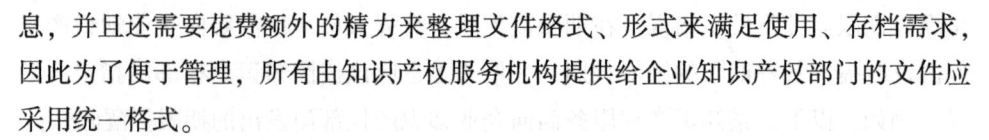

息，并且还需要花费额外的精力来整理文件格式、形式来满足使用、存档需求，因此为了便于管理，所有由知识产权服务机构提供给企业知识产权部门的文件应采用统一格式。

（1）对邮件的要求

标题必须清楚标明提供的文件内容，如提供专利申请受理通知书，还必须附上企业一方的内部案号，便于后续查找。例如，某知识产权服务机构对于邮件标题的规定如下：

【官文转发】××公司 PAT3045-H13578PA 办理登记手续通知书（电子印章）

知识产权工程师或者知识产权部门流程人员可以不打开邮件就能从该知识产权服务机构发送的邮件标题中迅速定位如下信息，这是一封发送给××公司（即我方）的邮件，目的是将专利局下发的官方文件转发给我方，我方的案件编号为PAT3045，知识产权服务机构的案件编号为H13578PA，官方文件的内容是专利申请已经通过专利局审批获得授权，并且该办理登记手续通知书加盖的印章为电子形式。

邮件正文部分是完整记载知识产权服务机构想要传达给企业知识产权部门信息的载体，因此邮件正文部分需要将传达信息的重点经过提炼后简明扼要地表述。例如，某知识产权服务机构发送的一封传递审查意见通知书的邮件正文部分如下：

您好，贵司以下专利于2018/03/04 收到了专利局发出的第 N 次审查意见通知书
专利号：20171×××5609×
申请日：2017/1/1 OA 答复期限：2021/5/19
专利名称：提升×××××的方法、存储介质、电子设备及系统
申请人：×××××科技有限公司 发明人：×××
代理师：××× 电话：010-×××××××××转×××× 邮箱：××××@×××.com

该邮件正文中准确抓住了知识产权工程师所需求的信息，即该审查意见通知书是什么时候发出，并且最迟应该在何时之前处理完才不会超期，如果需要进一步与专利代理师进行细节沟通，也能顺利通过邮箱或电话进行联系。

（2）对往来文件的要求

除了某些官方下发的纸质文件、票据原件之外，知识产权服务机构传递文件

的方式大多通过电子邮件渠道,因此这些文件往往作为邮件附件进行发送。为了便于企业知识产权部门流程人员统一进行存档管理和信息录入,文件的命名和文件的格式应该采取统一的方式。

例如,文件命名形式可以如下:PAT2883+实质审查+第三次审查意见通知书,官方文件格式最好统一为 PDF 或者类似格式,便于存档。

5. 对各个服务机构的流程要求统一

对于公司知识产权部门与知识产权服务机构的往来沟通流程,知识产权部门应该事先规划好统一标准,以便于与其合作的各个知识产权服务机构能够按照统一的流程、标准来执行。例如,某公司对于专利审查意见答复事宜,向知识产权服务机构发送《官文通知书处理指引》,规定如下:

1. 审查意见通知书/授权通知/驳回决定的传达

在收到审查意见/授权/驳回决定通知书后,应在收到通知书后 3 日内,将通知书传达给××公司知识产权部(联系方式见附文)。

2. 审查意见通知书处理规范

2.1 技术问题沟通

a. 针对第一类审查意见

第一类审查意见为不影响授权及保护范围的形式问题,原则上专利代理师应自己处理该类审查意见,需要跟发明人沟通时,应提前与知识产权部进行沟通。

b. 针对第二类审查意见

第二类审查意见为部分权利要求有授权前景的审查意见,专利代理师应在收到通知书 5 日内,向知识产权部给出合并权利要求或对不具有创造性的权利要求进行争辩意见。

在知识产权部确认为合并权利要求处理意见时,专利代理师应在 3 日内完成意见陈述所需材料并发送知识产权部进行确认。

在知识产权部确认为不具有创造性的权利要求进行争辩意见时,专利代理师应遵循下列处理规范:

专利代理师应提前整理需要沟通技术问题,列出需沟通问题清单;

沟通方式优选电话沟通,如需要发明人提供书面意见,需提炼并列明需要发明人答复的问题清单,杜绝仅仅转发通知书原文及对比文件;

如发明人无法联系或无法沟通，专利代理师及时联系知识产权部进行协调；

跟发明人沟通应采用发明人易于理解的术语，尽量避免专利专业术语。

c. 针对第三类审查意见

第三类审查意见为不具有授权前景的审查意见

第三类审查意见不具有授权前景的审查意见，专利代理师应在收到通知书15日内，向知识产权部给出初步答复策略，在经过知识产权部进行确认后。

在审查意见通知书指出权利要求不清楚、无法得到说明书支持等问题时，专利代理师除应遵循不具有创造性的权利要求进行争辩意见处理规范外，专利代理师还应：

引导发明人提供行业内知识、规范等背景知识进行答复支撑。

在需要针对新颖性、创造性的审查意见进行答复时，专利代理师除应遵循不具有创造性的权利要求进行争辩意见处理规范外，专利代理师还应：

在第一次答复审查意见时，找到主要答复点进行答辩；

在第 N 次答复审查意见时，需要穷尽所有答复点。

2.2 审查意见通知书处理期限

a. 第一次审查意见通知书的答复期限

代理人需要在审查意见通知书发文日起的3个月内完成意见陈述，并将答复文件最终答复材料传达给××公司知识产权部进行确认。

b. 第 N 次审查意见通知书的答复期限

代理人需要在第 N 次审查意见通知书发文日起的1.5个月内完成意见陈述，并将答复文件传达给××公司知识产权部。

c. 加快审查意见通知书的答复期限

根据知识产权部确定期限进行答复，代理人在转发通知书时，应注明"加快审查"。

2.3 答复文件的提交

所有答复材料需专利组确稿后方可提交，严禁任何未经知识产权部确稿提交行为。

3. 驳回决定通知书处理规范

代理人应在1个月内完成前期审查意见、答复材料分析，并向专利组发送驳回决定要点分析意见，以及提出复审与否建议，并根据合同和知识产权部要求完成可能发生的复审工作。

技术问题沟通参考审查意见通知书处理规范。

附文：文件接收人

上述相关文件，发送给〈×××<×××@×××.×××〉，抄送给VP〈×××@×××.×××〉；专利工程师〈×××@×××.×××〉〈×××@×××.×××〉〈×××@×××.×××〉

第四节 如何用好知识产权服务机构

一、构建有利于案件处理结果为原则的合作方式

1. 合作的目标

企业知识产权工程师在于知识产权服务机构的专利代理师进行沟通时，切忌以甲方对待乙方的方式展开。虽然从业务合作层面来说，公司知识产权工程师处于相对强势地位，但就案件处理来说，并不意味着知识产权工程师的专业技能、撰写能力就强于专利代理师。相对而言，专利代理师由于长时间撰写某一领域的专利申请文件、答复专利审查意见，在特定技术领域的理解能力和表达能力不仅不弱于知识产权工程师，甚至在某些方面还会超过知识产权工程师，并且由于一些大型知识产权服务机构服务于行业内的大客户，这些专利代理师经过大客户的知识产权工程师不断地"挑刺"和要求，已经成为特定技术领域的专家，如机械领域、电学领域的一些专利代理师大咖。

虽然知识产权工程师在案件撰写、答复技巧等方面可能比不上专利代理师，但知识产权工程师在对案件的重视程度，对公司产品、技术方案的了解深度，与发明人沟通的便利性上，远比专利代理师有优势。因此，知识产权工程师与专利代理师在案件处理合作目标应该是一致的，都是为了打造一件高质量的专利申请文件和专利答复文件，为专利争取合适的保护范围。只是在分工上有所区别，专利代理师撰写出专利文件反馈给知识产权工程师时，就好比完成了"毛坯房"，

提下，让知识产权工程师减少很多弯路。

再如涉及计算机程序类的专利申请文件撰写时，在《国家知识产权局关于修改〈专利审查指南〉的决定》（国家知识产权局令第 74 号）中对运行的撰写方式进行了很大调整。[1]

> 将《专利审查指南 2010》第二部分第九章第 2 节第（1）项第一段中的"仅仅记录在载体（例如磁带、磁盘、光盘、磁光盘、ROM、PROM、VCD、DVD 或者其他的计算机可读介质）上的计算机程序"修改为"仅仅记录在载体（例如磁带、磁盘、光盘、磁光盘、ROM、PROM、VCD、DVD 或者其他的计算机可读介质）上的计算机程序本身"。
>
> 将《专利审查指南 2010》第二部分第九章第 2 节第（1）项第三段第一句中的"仅由所记录的程序限定的计算机可读存储介质"修改为"仅由所记录的程序本身限定的计算机可读存储介质"。
>
> 将《专利审查指南 2010》第二部分第九章第 5.2 节第 1 段第 1 句中的"即实现该方法的装置"修改为"例如实现该方法的装置"。
>
> 将《专利审查指南 2010》第二部分第九章第 5.2 节第 1 段第 3 句中的"并详细描述该计算机程序的各项功能是由哪些组成部分完成以及如何完成这些功能"修改为"所述组成部分不仅可以包括硬件，还可以包括程序"。
>
> 将《专利审查指南 2010》第二部分第九章第 5.2 节第 2 段中所有的"功能模块"修改为"程序模块"。

根据修改后《专利审查指南 2010》的规定，可能之前常用的涉及计算机程序类的专利申请文件中权利要求的撰写方式，不再符合更好地保护技术方案的要求；之前不被允许的撰写方式现在也可以通过审查。对于这些变化，知识产权工程师一方面可以进行分析来调整专利申请文件的审核标准，另一方面还可以与知识产权服务机构进行交流、沟通，特别是借鉴一些国外的撰写方式，对这些新的撰写方式进行调整使其能够符合修改后《专利审查指南 2010》的规定。

---

[1] 国家知识产权局. 国家知识产权局关于修改《专利审查指南》的决定（国家知识产权局令第 74 号）[EB/OL]. （2017-02-28）[2021-12-28]. http://www.gov.cn/gongbao/content/2017/content_5222951.htm.

三、服务领域横向扩张，助力知识产权资产增值

企业知识产权部门在选用知识产权服务机构时，会同时与多家知识产权服务机构进行合作，其目的在于知识产权部门需要的是一个知识产权服务整体解决方案，而不是仅仅局限在知识产权代理等基础业务上。

知识产权代理服务不仅是购买的服务中最为重要的部分，也是最为基础的部分。企业知识产权工作除了知识产权代理工作之外，还涵盖了申报各级知识产权主管部门发布的知识产权项目、知识产权奖，授权后专利资产的运营和盘活，其他知识产权相关商业开发等工作。而知识产权服务机构如果想要同时具备提供这些服务的实力，不仅需要服务机构内的专利代理师、专利分析师、专利律师等专业人员熟悉、精通知识产权相关法律、规章、司法程序等专业知识，可能还需要服务机构合伙人、市场人员拥有维护公共关系、拓展专利资产转化商业合作人脉等资源。可以看出，很难有单个知识产权服务机构同时具备上述能力，因而企业知识产权部门会根据各个知识产权服务机构的优势和长处来调整与其合作的方向和重点。

具体而言，知识产权服务机构可以向企业提供以下延伸服务。

1. 授权后知识产权运营

运营是公司知识产权资产积累到一定程度的必然要求，也是知识产权部门从成本部门转变成营收部门的重要途径之一。

造成目前知识产权资产运营现象不如人意的原因有很多。例如，知识产权质量有待提升、知识产权价值认可度不高、知识产权保护还未达到预期等，其中有一个重要原因在于供需双方的需求不匹配，简单来说即需求方想要在众多的知识产权公开信息中找到自己所需要的目标太难，而供给方又不容易在市场上找到知识产权资产的真正需求方，这使得知识产权相关交易，如转让、许可等行为的发生频次相对较低。

想要真正实施知识产权运营离不开知识产权服务机构的介入。知识产权服务机构天然与市场上的需求更为接近。例如，某公司可能为了保护自身研发成果找知识产权服务机构开展专利代理活动，也可能因为要应对专利诉讼找知识产权服务机构去市场上购买专利，比较典型的如 A 公司通过外购专利资产来对 Sigmatel 公司发起专利反诉。在这些需求汇总到知识产权服务机构之后，就可以形成一个大的"专利供需池"。这种供需池不仅对于知识产权资产的需求方有利，也给知

识产权供给方运营知识产权资产带来更多可能性和便利性。

2. 商业机会撮合

知识产权服务机构能够为企业带来的另一项服务即提供商业合作的机会。现在很多知识产权服务机构不仅是开展知识产权代理业务，还提供法律咨询、诉讼，科技成果转化，各种企业资质申报、认证，投资、并购等综合性业务。

企业在发展过程中，知识产权只是作为其中一个助力因素之一，如资本、人才、市场渠道、政策等，都会在很大程度上影响或者改变企业的发展前景。有些中小企业初期可能拥有核心技术，但市场开拓、组织规模因为资金问题而无法拓展，这时知识产权服务机构如果能够提供资本介入的商业机会，则企业的发展就有可能进入快车道。事实上，提供这种服务也并非没有先例，著名的知识产权运营中介高智公司，就不仅提供专利交易的服务，还会根据专利技术的先进性和市场化前景，直接向拥有核心技术及专利资产的公司注入资金以支持公司的运营和扩张。

参考文献

[1] 吴汉东. 知识产权前沿问题研究 [M]. 北京：中国人民大学出版社，2019.

[2] 吴汉东. 知识产权法：第五版 [M]. 北京：北京大学出版社，2019.

[3] 曹新明. 知识产权法学：第四版 [M]. 北京：中国人民大学出版社，2021.

[4] 曹新明. 知识产权侵权损害赔偿数额确定标准研究 [M]. 武汉：湖北人民出版社，2019.

[5] 曹新明. 现有技术抗辩理论与适用问题研究 [M]. 北京：知识产权出版社，2017.

[6] 宁立志. 专利的竞争法规制研究 [M]. 北京：中国人民大学出版社，2021.

[7] 林炮勤，柯晓鹏，覃波. IP之道 2：中国互联网企业知识产权实践集结 [M]. 北京：知识产权出版社，2021.

[8] 中华人民共和国国家知识产权局. 专利审查指南 2010 [M]. 北京：知识产权出版社，2010.

[9] 刘建，黄璐. 中国医药企业知识产权管理 [M]. 北京：知识产权出版社，2021：231.

[10] 中华人民共和国国家知识产权局. 专利审查操作规程·实质审查分册 [M]. 北京：知识产权出版社，2011：79.

[11] 马天旗. 专利布局：第 2 版 [M]. 北京：知识产权出版社，2020：31-35.

[12] Robin Feldman. Rethinking Patent Law[M]. Boston：Harvard University Press，2012.

[13] 吴汉东. 中国知识产权法院建设的理论与实践 [J]. 知识产权，2018（3）：3-13.

[14] 曹新明. 建立知识产权法院：法治与国家治理现代化的重要措施 [J]. 法制与社会发展，2014（5）：60-62.

[15] 黄玉烨，李青文. 我国知识产权上诉审理机制的变革与优化之策——由知识产权法庭到知识产权上诉法院 [J]. 东南学术，2020（5）：223-230.

[16] 曹新明. 著作权法上作品定义探讨 [J]. 中国出版，2020（19）：10-16.

[17] 曹新明. 我国增加局部外观设计专利保护研究 [J]. 知识产权，2018（4）：3-10.

[18] 曹新明. 新编影视剧所涉版权问题研究 [J]. 知识产权，2011（3）：56-60.

[19] 何蓉，黄玉烨. 私法自治原则下职务发明奖酬制度研究——关于《职务发明条例（草案）》相关规定的思考 [J]. 科技进步与对策，2018（17）：112-118.

[20] 刘琳，詹映. 论专利法第四次修订背景下的专利开放许可制度 [J]. 创新科技，2020

(8): 39-44.
- [21] 彭学龙. 网络时代的版权限制 [J]. 中国版权, 2005 (1): 55-57.
- [22] 曹新明, 咸晨旭. 中美贸易战的知识产权冲突与应对 [J]. 知识产权, 2020 (9): 21-30.
- [23] 詹映. 试论新形势下我国知识产权战略规划的新思路 [J]. 中国软科学, 2020 (8): 1-9.
- [24] 王经伦. 逻辑思维学: 有待认知的逻辑学新领域 [J]. 广东社会科学, 2004 (3): 73-77.
- [25] 王丽君. 扁平化理念在App界面设计中的应用研究 [J]. 数码设计, 2019 (12): 334.
- [26] 王镭, 庞有俊, 王亚芳. 智能座舱HMI人机交互界面体验及未来趋势浅析 [J]. 时代汽车, 2021 (3): 15-17.
- [27] 任声策, 范倩雯. 我国中小企业IPO市场表现影响因素分析 [J]: 商业研究, 2016 (5): 111-119.

后　记

　　十四载知识产权行业从业经历，七年在企业，七年在知识产权服务机构；本想靠手艺在某个细分领域做一名专业的知识产权人，没想到最终成为一个知识产权服务机构的管理者。一直以来很感恩在 F 的七年时间，特别是那些曾经在专业上给予我很多帮助的同事和领导，也正是这一段经历的磨砺，才让我有信心成立了武汉智嘉联合知识产权代理事务所。智嘉联合也跌跌撞撞地走过了 6 年的时光，从一个默默无闻的小所，逐渐形成了一定的规模，在发展的过程中，我始终将"专业+服务"作为立身之本，始终没有放弃对专业上的追求。

　　我与覃波曾有一段短暂的共事经历，在离开原来的平台后都忙于自己新的事业，也许是我们在专业上都有相同的追求，也许是志同道合，后来就慢慢形成了亦师亦友的关系。我和覃波会经常讨论一些专业上的问题，也许是大家的站位不一样，我站在知识产权服务机构的角度，他站在企业 IPR 的角度，后来发现正是基于这种不同角度的站位，在某些问题上可能才会讨论得更深，看得更远，这也是我与他共同撰写这本书的主因。

　　本书共分 6 章，结合我国最新的法律、政策及当前万物互联的大环境，全面、系统地介绍了互联网、大数据、新能源汽车等领域企业在知识产权管理中的理论和实践。本书可作为中国企业知识产权管理实践的参考书。特别是覃波以自己的亲身经历，系统地讲述了如何做好企业知识产权工作的经验。虽然不同技术领域的企业以及企业的不同发展阶段，企业知识产权的管理方法不尽相同，但仍有很多共通之处，所以我也特别推荐本书所涉及案例之外领域的同行阅读。

　　专业的道路任重道远，但我们一定会坚持走下去！借此机会，感谢在 F 期间在专业上给我帮助的诸多同事；感谢回武汉创业阶段，在企业管理和专业理论上给予我帮助的武汉理工大学刘介明教授；感谢在创业的路上给我无私帮助和支持的朋友；最后，特别感谢一路与我走下来的智嘉联合的小伙伴们，让我们共同见证智嘉联合的第一个"十年"！

黄君军

2022 年 4 月于武汉